第四版

奢侈品品牌管理

LUXURY
BRAND MANAGEMENT
IN DIGITAL AND SUSTAINABLE TIMES

Fourth Edition

Michel Chevalier
Gérald Mazzalovo

[法] 米歇尔·舍瓦利耶　热拉尔德·马扎罗夫————著

上海交通大学奢侈品品牌研究中心————译

格致出版社　上海人民出版社

译者序

　　第一次拿到《奢侈品品牌管理(第四版)》的原版书时，扎扎实实500多页的精致装帧，相比七年前在国内出版的第二版中文书又厚重了不少。本书的两位作者米歇尔·舍瓦利耶和热拉尔德·马扎罗夫在奢侈品品牌研究领域颇负盛名，其在罗意威、巴利等奢侈品公司丰富的经历和经验与多彩的法兰西文化让第四版更符合读者品位，耐人寻味。

　　2020年初，格致出版社与我取得了联系，希望结识深谙此道的学者翻译第四版。我彼时对格致出版社不甚了解，踌躇之间有所推辞。但是经过多次沟通与交流，他们对出版工作的专注与认真让我对格致出版社增加了一份尊重、平添了一份信任。我最终决定组织上海交通大学奢侈品品牌研究中心的团队翻译本书。

　　我深耕奢侈品相关领域的研究数十载，我创立的上海交通大学奢侈品品牌研究中心已出版《奢侈品品牌管理：方法与实践》《战略性品牌管理与控制》《品牌审美与管理》等多部在业界和学界均颇具影响力的著作。在注重立足于中国市场，研究中国经济结构变化与发展规律的同时，本中心基于国际化视野，探索欧洲奢侈品品牌成长与发展的内在规律，研究方向与手中的这本《奢侈品品牌管理》完美契合。作者在本书的开篇就向读者发问："何为奢侈？如何定义奢侈品？"作者引用伟大时装设计师可可·香奈儿的话向读者揭示了奢侈品及其品牌的本质,即"奢侈是粗俗的对立面"。

奢侈品世界的语言表述已变得越来越丰富,中国拥有沉淀了5 000年的历史文化与艺术底蕴,用历史悠久的中华文明和智慧的代表性思想"儒、释、道",同样可以诠释奢侈品的内涵,中国的礼仪文化、饮食文化、茶文化等与西方奢侈品的启蒙、发展不无关系。但是,中国停留在奢侈品之"品"这个层面的时间太久,没有向奢侈品品牌之"牌"这个层面提得更高、扩得更广、走得更深!中国本土品牌如何壮大,并进一步走向国际化是我们需要深思的。

"极致理念、卓越追求"是我提出的奢侈品品牌管理之道,也是我治学、处事的准则,对待手中的这本译著也是如此。

突如其来的新冠肺炎疫情导致全球各个国家都磕磕绊绊、走走停停,但我们团队却获得相对更多的时间,踏上细细品味作者观点的"旅程"——系统把握、准确表达本书涉及的管理学、经济学、哲学、逻辑学、心理学、伦理学、影视学、艺术史学、美术学、设计学、法学、社会学、统计学、数学、计算机科学知识,从产品到品牌,从潮流到审美,从伦理到企业社会责任。考虑到中文阅读习惯和文中背景,我们通过直译、意译、加注释等诸多形式,力求将奢侈品行业千年发展历程中涌现的专属语言——新奢侈品、原真性与正统性、奢侈品行业主流的"引领"而非"迎合"的基本原则、美学与伦理、符号与艺术,以及信息爆炸时代的无缘由设计与可持续发展——完整、优雅地表达出来。本书的诸多观点都具有前沿性,揭示了向往高质量美好生活这一亘古不变的人类天性。

历经近500个日夜的焚膏继晷和在遣词造句上的六轮打磨,本书中文版终于在三审三校后完工,40多万字的中文翻译集聚了本中心团队成员们的共同心血。为了让中国读者更全面、系统地理解本书内容,我们为书中一些深奥晦涩的理论,添加了大量译者注。

感谢我的母校上海交通大学以及中国价格协会的大力支持。

感谢本中心团队成员孙立本、张家铭、蔡炜灏的辛勤付出。

感谢耶鲁大学建筑学硕士毕业生夫妇RJ先生和孙凯伦女士,上海交通大学研究生陈沛然、王伟楷、江天佑，以及安永（中国）企业咨询有限公司王海骁、路易威登（中国）公司史宇轩、瑞士斯沃琪集团（中国）公司旗下 WOSTEP 制表学校认证钟表师黄君超等人不同形式的参与。

还要感谢格致出版社范蔚文社长、忻雁翔副总编辑和编辑程倩、赵杰的认真负责。

期待本书以及中心另外两部作品《奢侈品公司兼并与收购》和《奢侈品之路：奢侈品品牌的前沿话题（第二版）》的出版面世能够让中国读者阅读时不再雾里看花，而能曲径通幽！

李　杰
上海交通大学奢侈品品牌研究中心主任
2022 年 7 月 5 日

前 言

　　《奢侈品品牌管理（第一版）》于 2008 年出版,我们为何要将其修订到第四版?

　　我们的更新与修订基于五大理由:

　　第一,奢侈品的概念一直在发生变化。首先,与奢侈品相关的消费和行业在当今经济、社会和生活方式中起到了越来越重要的作用,也是推进人类创新工作、去满足对美和卓越的基本渴望的重要引擎。奢侈品行业的发展动态非常值得人们去观察,而我们紧随奢侈品的本质、机制和意义,并将此分享给各位读者。就在 2020 年 1 月,我们正忙于这本新版修订时,路威酩轩集团(LVMH Group)收购了蒂芙尼(Tiffany);尼曼百货(Neiman Marcus)、J.Crew 时尚零售集团、彭尼百货公司(J.C. Penney)、布克兄弟(Brooks Brothers)、无印良品(Muji)美国公司、巴尼斯百货(Barney's)根据《美国破产法》(U.S. Bankruptcy Code)第 11 章的规定相继申请了破产保护;法国设计师服装品牌索尼亚·里基尔(Sonya Rykiel)进入了破产清算阶段,该品牌已经被两位年轻的投资者收入囊中;路威酩轩集团与蕾哈娜(Rihanna)共同执掌的新品牌 Fenty 在同年 2 月出现在了纽约波道夫·古德曼商场(Bergdorf Goodman)的各个橱窗内。新冠肺炎疫情暴发以来,许多大大小小的品牌齐心协力,积极应对危机。面对这场灾难性的新冠肺炎大流行,奢侈品品牌展现了它们的韧性,它们不仅开启了电商平台,还在条件允许的情况下,让传统的线下零售店重新开门营业。

　　第二,我们了解的内容增多。自 2015 年第三版出版以来,我们两位作者一直为个人消费品、香水、经销和教育领域的奢侈品公司和服务型品牌做经营管理和咨询工作。我们在亚洲、中东地区和欧洲积累了丰富的品牌管理经验,这让我们进一步加深了对品牌现有和未来管理问题的认知。因此,关于奢侈品主题的学术文献和知识要点越来越丰富。我们也整理了很多经验教训,并将其收录在本书中。

第三,我们正处于数字时代。这是影响公司业务最重要的因素之一,对奢侈品品牌更是如此。数字技术带来的变革正影响各个行业、企业的品牌战略与品牌运营、消费者的思维方式和购买行为等。

第四,可持续发展成为我们的生活方式。这是影响奢侈品品牌管理和消费的第二大因素。以往,奢侈品品牌在解决可持续发展问题时有些滞后,但如今已经完全跟上了可持续发展的势头,常常是领军者。

第五,新冠肺炎疫情成为主要的行业破坏因素。疫情终有一天会被控制住,但它的暴发不仅揭示了一些行业现象,并且加速了现有行业的发展趋势。它将对地缘政治产生深远的影响,也将对与流动性(mobility)相关的一切事务产生巨大影响,进而会影响行业与商业流程。

考虑到以上这些因素,我们在本书中增添了新内容,并更新了大部分案例和财务数据。

第 1 章探究奢侈品的概念,补充关于新奢侈品(new luxury)的思考,即奢侈品的独特性(exceptionality)比排他性(exclusivity)更重要。

第 2 章阐释奢侈品行业的独特性、定义方式,以及与其他行业(尤其是快消品和普通时尚行业)的不同之处。

第 3 章从市场规模和主要竞争对手的角度阐述不同的奢侈品业务:时装(fashion)、香水与化妆品(perfumes and cosmetics)、皮具(leather goods)、葡萄酒与烈酒(wines and spirits)、珠宝与腕表(jewelry and watches)。第四版补充了对酒店与服务业(hotel and hospitality)的分析,涉及市场规模、主要竞争对手、主要管理问题等。

第 4 章阐明奢侈品品牌的经济价值及其发展,以及如何评估其价值。

第 5 章根据地域分布、收入水平和富裕程度三个维度细分主要奢侈品顾客,并阐述不同类型的奢侈品顾客对奢侈品内涵的不同态度。

第 6、7 章列举我们现在采用的品牌分析工具。由于工具数量较多,我们将第三版的第 6 章拆分成了新的两章。本书的第 6 章介绍三个工具:品牌链接点模型(brand hinge)、EST-ET© 图解法、品牌美学分析表(brand aesthetics analytical grid)。其中,第三个是新提出的分析工具,我们用其分析了泰国品牌吉姆·汤普森(Jim Thompson)。我们还会介绍美学处理(aesthetic treatment)的三个目的,并在该章结尾总结品牌识别(brand identity)概念的优点与缺陷,以及品牌识别方法在品牌管理的其他广义方法中的定位。第 7 章介绍另外七个分析工具,包括品牌生命周期(brand life cycle)、品牌识别棱镜模型(identity prism)、玫瑰窗模型(rosewindow),以及其他符号学工具,如可应用于不同品牌(尤其是市场导向或设计师导向的品牌)的符号方阵模型(semiotic square)。我们在该章最后探索,对奢侈品品牌而言,何谓有效的符号学分析。

第 8 章探讨创意(creation)与产品策划(merchandising)。这一章展现了大量的来自我们最新管理经验的新案例,并补充了关于产品系列结构(collection structure)和日程计划的真实案例。我们还基于在伊夫圣罗兰(Yves Saint Laurent)和宾尼法利纳汽车设计公司(Pininfarina)的工作经验,思考了关于设计风格的问题。有兴趣深入探索品牌美学管理(brand aesthetics management)的读者可参考该章列举的参考书目。这一章还探讨了艺术与品牌越来越紧密的联系。

第 9 章被完全修订过,探讨数字时代的品牌传播,从全局纵览数字化如何影响整个世界、奢侈品品牌及消费者。考虑到数字媒体的作用,我们更新了品牌传播链(communication chain)模型,以及关于传播方案与日程计划的内容。此外,这一章对比了奢侈品电商网站与传统零售网站关键绩效指标(key performance indicator)的异同。

第 10 章探讨打造一个全球化品牌的不同路径。这一章阐述一个品牌如何具备所有国际化特征,有时是通过国外的分子公司,但大多数情况还是通过本地进口商和分销商。这一章还解释网店(online operator)如何能成为主要资源,为何企业必须与电商进行业务往来。我们讨论品牌如何在旅游零售商(travel retail outlet)内提高曝光率并保持强势,并阐述通过特许经营(licensing)打造一个品牌的利弊。

第 11 章探究利用有形资源和数字资源进行的各类零售活动。我们会解释"消费者不会选定某一两个经销渠道,但会将之作为购物的备选方案"的现象。当一个消费者在线挑选品牌花费的时间越多,他越有可能在实体店内购买商品;当他在实体店内接触品牌的时间越久,他在线购物的可能性就越大。在消费者访问门店时,品牌必须学会展现自身魅力,激发他们的兴趣,并说服他们购买。当消费者对门店产生了坏印象或经历了糟糕的体验后,他们一定不会再去在线购买。品牌必须重视这类现象的发生。

第 12 章探讨可持续性与原真性(authenticity)。首先,我们总结奢侈品的未来趋势,并更深入地探索两个基本消费趋势和文化趋势。这一章重点阐述关于"不断提升的可持续发展敏锐度"(increasing sustainability sensibility)的一些指标,以及一些主要奢侈品品牌的相关举措。我们会辩证地验证奢侈品的奢侈性与可持续性共存的可能,并基于消费者对可持续性的态度,试着提出一个比较可行的消费者细分方案。原真性是指物品与特定参照物之间的关系特性,参照物可以是物品的固有特性或品牌的内在特性,比如品牌识别,也甚至可以是与消费者心智相关的特性。这一章还整合了本书的所有结论。

附录 A 摘录马扎罗夫在 2020 年主持的一个关于品牌识别的研究,研究在位于曼谷的泰国顶级商学院——朱拉隆功大学(Chulalongkorn University)的撒辛管理学院(Sasin School of Management)内完成。

附录 B 收录一些当下最常用的与数字时代相关的术语。

这本书不是一本小说,和之前的版本一样,第四版也综合了宏观与微观经济学的知识,我们非常希望本书的拙见可供读者参考。奢侈品品牌可以作为一面明镜,透射出人类社会的演变。本书面向奢侈品公司高管和员工,对奢侈品感兴趣的消费者、学生、教师,以及任何关心社会演变的读者。当他们需要解决特定的管理问题时,他们可以参阅我们的思路与看法。

目 录

奢侈品品牌管理(第四版)

第 **1** 章
奢侈品的概念

　　"奢侈"(luxury)一词的含义已经成为人们茶余饭后讨论的话题。这正是我们在本书第二版出版时增加这一章并保留至今的原因。既然我们致力于通过文字和图表的形式撰写关于奢侈品的书,那么,只有探索奢侈品这个热点词背后的纷繁难懂之处才是有意义的。在这第四版中,我们增加了探讨"新奢侈品"含义的一小节,在过去几年,它的使用变得越来越频繁。

1.1　饱含争议的定义

　　何谓奢侈? 乍看之下,我们似乎可以用简单的术语区分哪些是奢侈品而哪些不属于此范畴。但我们仔细想想,并不是每个人都会认同这种区分:一件物品对一个人来说是奢侈品,但对其他人来说却不一定是。

　　奢侈品的概念涵盖了美学维度,这涉及一个西方哲学主题:如何刻画美?[①]在 20 世纪,哲学家西奥多·W. 阿多诺(Theodor W. Adorno)曾这样表述这个问题:"我们不能定义美,但也不能丢弃这个概念。"[②]我们认为,奢侈品也是如此:我们不想把它与美学混为一谈,但经过实践表明,奢侈品的定义同样难以描述,且或许同样必不可少。

　　因此,要确定奢侈品的一般定义基本上是不大现实的。但是,这让我们注意到一个很重要的基本结论:奢侈品的定义随着时间的推移而改变。

1.1.1 始终变化的概念

我们平时所说的"奢侈品"与一个世纪前或再之前的工业革命前夕的"奢侈品"已没有多少共通之处。我们在此并不讨论具体某件奢侈品,就如肥皂在中世纪是奢侈品,而此后全民都能够使用上,但如今我们已经不会视肥皂为奢侈品。因此,当今奢侈品的含义已经与过去(如17世纪)的概念大相径庭。这其中蕴含了奢侈品正面和负面共存的形象:大多数负面形象源于历史遗留问题,而正面的形象大多在近期逐渐建立而得。

可以看到,尤其在过去的两个世纪里,"奢侈品"一词的语义发生了重要的变化,这反映了我们现代消费社会的建设发展与变革。对我们的研究主题而言,这些转变具有十分重要的意义:它们不仅直接影响了全球奢侈品市场细分的演化,并且还直接影响了奢侈品行业中各个品牌的现有定位。

1.1.2 当代奢侈品的悖论

当代奢侈品市场存在一个悖论。一方面,奢侈品体现拥有者的社会身份,它是一种专为将"少数幸运儿"与大众区分开来的标记;另一方面,当代奢侈品由品牌推广,它们的发展依然与产量、销量存在逻辑联系。因此,奢侈品品牌的两难困境便产生了:我们如何平衡产品排他性与产量、销量逻辑之间的冲突? 每个奢侈品品牌都会试图通过创意、品牌传播、分销等创新策略调整自己的定位。

事实上,当代奢侈品呈现出一种广泛而鲜明的特征,即使一开始这些特征并不一定显现出来。为了理解并领会奢侈品的错综复杂之处,我们需要回顾奢侈品演进的曲折的历史脉络。

1.2 奢侈品的语义演进史

"奢侈品"这个关键词在我们的日常生活中被使用得越来越频繁。在关于品牌传播的资料中,这个词语更加常见;我们在日常交流中也更频繁地提及它["谷歌搜索趋势"工具(Google Trends)的数据显示,从2004年到2020年,"奢侈品"一词的使用量平均增加了30%以上]。这一增长的背后有两个原因:

（1）品牌已经意识到奢侈品定位（有时仅停留在表面上）提升了它们的竞争力。

（2）很多消费者已经对具备奢侈品特征的产品、服务或体验产生了积极的态度。

我们生活在一个奢侈品为金字塔尖的世界。但是，这个词本身并非刚刚诞生——它的定义已经延续了好几个世纪。生产和财富象征始终可以激发一个时代的哲学家、社会学家和观察者的浓厚兴趣，无论他们是柏拉图、伊壁鸠鲁、凡勃伦（Thorstein Veblen）、卢梭、伏尔泰，还是当下的意见领袖。

我们现在对"奢侈品"一词的理解源于前人的理解，而有些观点甚至相互矛盾。在过去的20年，"奢侈品"的定义数量明显增加，这证明了人们对这一话题的兴趣日益提升。

1.2.1 当代定义的分化

为了量化关于奢侈品定义的数量，我们可以关注不断上升的人们在日常表达中使用该词的频率。该词需要借助一些冠词和形容词来明确其含义。

我们可以举一些当下发生的例子："原真的奢侈品"（authentic luxury）一词的使用频率很高，我们在后文会进一步探讨；1931年，伟大的汽车设计师巴蒂斯塔·宾尼法利纳（Battista Pininfarina）在一幅广告海报上为"奢侈品和顶级奢侈品"（lusso e gran lusso）做了宣传，一辆汽车被放置在如同博物馆展示柜的底座上。为预算不同的消费者提供对应其消费能力的奢侈品，这种细分方式十分有趣。近年来，经济学家丹妮尔·阿莱雷斯（Danielle Allérès）根据宾尼法利纳的分类方式提出了自己的观点，她认为可以将奢侈品划分为易获得的奢侈品（accessible luxury）、不易获得的奢侈品（inaccessible luxury）和介于两者之间的奢侈品（intermediate luxury，即"中等奢侈品"）*。现在，甚至连"奢侈品酸奶"的概念也开始出现在食品营销中。我们在日常谈话和广告中越来越多地听到这样的说法："我的奢侈品"——"我的"表明不属于他人的，但这个"奢侈品"

---

* 从此处起，本书开始使用"intermediate luxury"一词。为便于读者理解，后文均用"中等奢侈品"指代这类奢侈品。如无特殊说明，本书页下注释均为译者注。

定义的问题在于"我"不能构成一个市场。

媒体上早已出现"炫耀性奢侈品"(ostentatious luxury)、"珠宝金光闪闪"(bling-bling)等词语。这些指代的是"传统奢侈品"(traditional luxury),这与"新奢侈品"的概念截然相反。人际传播(甚至学术研究)趋势经常可以创造出关于奢侈品的新表述方式。

在如此多样的定义中,我们依然可以找出两个共通点。第一,每个人都拥有自己的奢侈品:这个概念已不再区分富裕和贫困——它现在需要额外的特定属性来区分这个物品在不同人群中的作用。事实上,奢侈品市场是可以无限细分的,它已经可以通过转变定义,融入大众消费的现代社会。

第二,当代奢侈品的内涵似乎更加正面,但依然包含奢靡无度、荒淫的负面内涵。不过,我们现在能够通过关于"奢侈品"的正面词汇来解析其显著的语义演进。为了量化这种演进,我们必须溯源至词源(etymology)上来。

1.2.2 词源及其演进

"奢侈"一词来自拉丁语"luxus",原意指"倾斜地生长,过度"。它的词根是一个古老的印欧语系词,意为"弯曲扭转"。"luxury"的英文同根词还有"luxuriant"(丰饶的)、"luxation"(脱位混乱)。简而言之,这个术语最初指偏离秩序的东西,它几乎没有任何正面内涵。

我们参考《法语宝库》(Le Trésor de la Langue Française Informatisé)词典,简要概述两个世纪以来"奢侈"一词的用法。

1607 年:"一种生活方式,通过大量消费展示自我的优雅和精致。"

1661 年:"昂贵与精致",可用来形容服饰。

1797 年:"昂贵且多余的物品、娱乐。"

1801 年:"数量过多",比如指植被很茂密。

1802 年:"多余的,没有必要的东西。"

随着时间流逝,"奢侈"一词中关于"罪恶感""无节制"的内涵逐渐淡化,"高贵""精致"的含义占据了主流。在古典时代(Classical Age),奢侈的含义已经非常多样:拉方丹(La Fontaine)从女性梳妆打扮的角度出发,将"奢侈的物品"与一切"整洁且精致"的东西联系在一起。但是,他依然从道德层面谴责奢侈:"这些女性在 20 岁就发现了衰老的秘密,在 60 岁显得格外年轻。"③ 几乎与此同时,语法学家皮埃尔·尼可(Pierre Nicole)希望以"伟大的人"为榜样,阻止我们"奢侈享乐、亵渎神明、骄奢淫逸、投机赌博、放纵无度"。④ 总之,奢侈的定义已经开始变得精炼,但依旧在道德层面被质疑。

工业革命初期,"奢侈"一词中"多余"(superfluous)的内涵开始固化下来,但这种固化并非由经济行为和实用主义的逻辑驱动。随着大众消费和享乐文化的出现,"奢侈"的定义开始变得微妙起来。"多余"并不是骄奢淫逸,它超出了商业领域,标志着生活质量的提升。

关于奢侈品价格的讨论似乎很早就出现了,并且多年来几乎都没有发生什么变化:奢侈品是需要花大价钱购买的东西。

在《法语宝库》中,我们找到了"奢侈"一词当前用法背后内涵的演进——相较于最初的定义已经丰富了很多,既融入了日常的体验[可称之为"小奢侈"(little luxuries)],又延伸至简单的快乐[可称之为"纯粹的奢侈品"(innocent luxury)]:

● 浪费的行为、高消费娱乐的追求或铺张的商品,通常是出于炫耀性和冲动的品位和欲望而追逐的。

● 奢侈(作为形容词)代表了质量上乘、做工精细、价格昂贵。比如,奢侈、极度奢侈的物品,准奢侈品级别的物品、物件、产品。

● 可以指一件事或一个行为因产生乐趣变得有价值。"牙刷仍然在捉弄我,牙膏也总是从牙膏管身底部漏出来。人必须牺牲这些小奢侈换取时间这种更重要的奢侈品。"⑤

● 用以表达一件事或一个行为因稀缺而具有价值,它有时甚至可以没有什么实用功能。"当下新兴社会并没有把知识的奢侈性作为生存的必要条件之一。也许知识引不起他们的兴趣,也不应该引起他们的兴趣。"⑥

"奢侈"一词的演进反映了相关术语的变化过程。"奢侈"最初指少数人为了与他人区分才拥有的合法体验,随着大众都想表现自己的与众不同后,这种行为就演绎成了一种普遍体验。奢侈品的内涵从词源上的"无节制"(excess)和"植物生长偏差"(botanical deviation),拓展至过多、不必要、多余、昂贵。之前的定义依然存在,但随着词义演进,增加了稀缺性的意思。随即,赋予给奢侈品的贵重、稀有、昂贵的含义被运用到形容奢侈品所有者的生活方式,意指财富、炫耀,因此也意味着权势。

随着后现代的品牌接连出现——奢侈品通过品牌传播将奢华的生活方式与想象空间联系到一起,并非仅仅展现昂贵或稀有的物品本身——新的内涵出现并叠加在先前的定义上。

这些都与物体、设计和创造力的美学处理更加息息相关。在社会层面,奢侈的效价(valence)*涵盖了诱惑力(seduction)和精英主义(elitism)的附加价值,与权势和名声价值紧密相连。奢侈的效价还新增了享乐主义,这是我们所处的后现代消费主义时代的特征。

1.2.3 "中等奢侈品"的诞生

"奢侈"内涵的演进源于当代社会革命,大规模生产和品牌化思想崛起的直接结果便是"中等奢侈品"的诞生。当下,人们在交流过程中比以往更常提及真正奢华的生活方式,但这只是奢侈概念的一部分而已。中等奢侈品为中产阶层人群象征性、部分或虚拟地接触奢侈品世界提供了很多之前不可实现的路径。

因此,在这个世界上,奢侈品的布局至少可以分成两个层面。一个层面是极少人可以负担得起的"真正的奢侈品"(true luxury),它们的市场份额正在扩大。富裕人群(尤其"金砖国家"的富裕消费者)的数量增长使奢侈品的供给量上升,奢侈品行业的投资回报率一直高于普通品牌。新闻媒体往往非常积极地报道那些名贵的日常生活,这也导致奢华的生活方式被更多大众所认知。

另一个层面是中等奢侈品品牌通过量产和品牌传播确保了奢侈品的大众化。它们为中产阶层消费者提供了很多接触想象空间的机会。还有什么比追求社会认可、成功、舒适和名望更能反映人性呢?奢侈品的大众化是遍地开花的:意大利男士成衣品牌 Nervesa 果断地推出了"低价尊贵系列"(low-cost prestige)。美国珠宝品牌 Terner 在机场商店里推销产品,其广告板上标明"12欧元的奢侈品"。

一些比 Terner 和 Nervesa 大牌得多的奢侈品品牌将奢侈品的大众化推向了极致。它们开始关注足球这个风靡世界的体育运动,提供优质产品,反对纯

---

　　* 效价在管理学中特指某项工作或目标对于满足个人需求的价值。

粹的精英主义。1998 年,在位于法国巴黎的法兰西体育场举办的世界杯开幕式上,伊夫·圣罗兰(Yves Saint Laurent)先生通过模特们展示其历史悠久的经典时装。2010 年南非世界杯期间,路易威登推出了一则广告,在广告中,世界杯冠军传奇巨星贝利(Péle)、马拉多纳(Maradona)和齐达内(Zidane)在玩桌式足球(baby-foot)。瑞士钟表制造商帕玛强尼(Parmigiani Fleurier)在 21 世纪 10 年代是马赛俱乐部的官方赞助商。它的直接竞争对手宇舶表(Hublot)赞助了尤文图斯、切尔西和本菲卡等足球俱乐部,以及著名主教练何塞·穆里尼奥(Jose Mourinho)、巴西传奇球星贝利和巴黎圣日耳曼俱乐部现役顶级球星基利安·姆巴佩(Kylian Mbappé)。宇舶表也是 2018 年世界杯的官方计时器。英超联赛在全球范围被广泛报道,是顶级腕表商非常乐于赞助的足球赛事。比如,泰格豪雅(TAG Heuer)赞助了曼联俱乐部,尚维沙(JeanRichard)赞助了阿森纳俱乐部,等等。

品牌是奢侈品概念近年来发生演进的主要因素。散文家黛娜·托马斯(Dana Thomas)把引发这种演进的原因追溯到 20 世纪 60 年代,那时随着渴望打破社交壁垒的年轻一代消费者的出现,人们越来越关注排他性、质量、经典及可获得的方式和美学。⑦20 世纪 90 年代,"奢侈"的现代内涵开始延伸,后现代品牌通过对奢侈品世界多元化的表达和倡议,不断发展壮大。

无论如何,我们都可以说"奢侈品"的内涵有悠久的历史演进过程,其含义十分多元、丰富。"奢侈品"的概念一直在演进,本质上仍然难以确定它的定义。它的各类定义在本质上都是主观的:它们反映了顾客角度的职业、社会和文化的演进轨迹。无论是经济学家、品牌管理者、哲学家、社会学家、心理学家,还是一般消费者,他们所理解的奢侈品都有明显不同的特征。

不过,"奢侈品"概念的延伸并非毫无意义。这些丰富的定义是有内在逻辑的,能让我们了解经济的整体发展状况,并理解奢侈品的内涵。

1.3 现有定义的分类

奢侈品或服务有其有形属性,但我们还需要从生产、营销和品牌传播的角度考虑整个奢侈品行业。奢侈品是一种生活方式的主张,需要被表述出来。因此,我们需要区分这种表述的提出方式和对表述的感知。

结合前文内容,当前对奢侈品的不同定义和分析可以分为两大类:第一类是与产品或服务提供相关的表述;第二类是与产品或服务的心理和社会意义相关的表述,即消费者感知(consumer's perception)。

一方面,我们找到了与奢侈品生产相关的定义;另一方面,我们找到了与消费者感知相关的定义(如图1.1所示)。用经济学的说法,我们可以用供需逻辑对奢侈品进行定义。

图1.1 奢侈品定义的分析框架

1.3.1 消费者感知角度的分类法

很自然地,社会学家和心理学家对奢侈品在人群中的共鸣现象感兴趣。他们研究消费者的感知机制。

皮埃尔·布尔迪厄(Pierre Bourdieu)等学者认为,购买奢侈品品牌是一种体现社会地位的方式。在布尔迪厄看来,奢侈品在本质上是由社交维度定义的。[8]美国经济学家索尔斯坦·凡勃伦的"炫耀性浪费"(conspicuous waste)观点也属于这一维度。[9]他认为,消费过于昂贵的商品是有闲阶层人群树立社会地位的一种方式。让·鲍德里亚(Jean Baudrillard)也有类似的观点。他认为,我们使用的物品一直在使用价值和交换价值之间徘徊,"最终折中成为一件反映社会地位认知的物品"。[10]同样,吉尔·利波维茨基(Gilles Lipovetsky)等学者最近写道:"奢侈品被视为世俗的商业文化中心延续的一种神话思维形式。"[11]换言之,在万事万物皆能被量化和购买的社会中,奢侈品可以再引入一种重要的个体区分方式,但这种方式不能进行严格意义上的量化。

经济学家认真思考了奢侈品现象,非常希望能将其定价问题纳入一个全球宏观经济模型。因此,他们也研究消费者的感知机制。例如,根据需求弹性理论,奢侈品的需求价格弹性是正的,且大于1,即当奢侈品价格上涨时,需求反而会反常地增加。这显然是奢侈品的独特效应(即象征性价值)造成的结果。

1.3.2 生产角度的分类法

这是另一种角度的分类法。高管、运营经理等会用到奢侈品生产方面的表述。他们关心品牌的运营效果、生产条件,以及能否产生奢侈品的独特效应。因此,他们需要从更贴合实际操作的角度定义奢侈品。

普拉达集团(Prada Group)总裁帕吉欧·贝尔特利(Patrizio Bertelli)将奢侈品定义为创意(creation)和直觉(intuition)的融合。此外,法国精品行业联合会(Comité Colbert)在 2020 年重组后*,其成员包括了 82 家法国公司(外加 16 家文化机构和 6 家欧洲其他国家的公司),该联合会强调它需要将经典与现代、技术知识与创意、国际名望与追求卓越的文化结合起来。

从这些定义方式来看,定义奢侈品或服务的并非其社会含义,更多的是蕴含在奢侈品或服务产出中的一系列标准——材料质量、技术知识及有胆识和创造力的人才,它们的可持续发展是通过经典手工艺的迫切需求、对完美的追求等无形价值的传递来实现的。

伟大的时装设计师可可·香奈儿(Coco Chanel)曾把"奢侈"简单地定义为"粗俗"(vulgarity)的对立面。其实,这个表述回避了"奢侈"的定义,它只是指向了消费者感知。不过,她用了这组反义词向我们揭示:在后现代时期,奢侈品世界的语言表述变得越来越丰富。

我们分别阐述了两种明显相异的分类法,它们所给出的定义存在歧义,甚至相互矛盾。不过,未来的研究可以进一步优化这种分类。

---

* 1954 年,法国娇兰公司第三代掌门人让-雅克·娇兰(Jean-Jacques Guerlain)创立了法国精品行业联合会,参见 www.comitecolbert.cn。2020 年 4 月,法国精品行业联合会任命贝内迪克特·埃皮奈(Bénédicte Epinay)为新任总裁兼首席执行官,并重组了旗下成员,参见 www.luxurydaily.com/benedicte-epinay-takes-over-as-presidentceo-of-frances-comite-colbert-at-critical-time。

1.3.3　社会与个体角度

心理学家和社会学家专注研究奢侈品的感知问题。他们的首要兴趣在于研究一些自相矛盾的行为,如热衷于明显无意义的消费。那么,奢侈品消费背后隐藏的动机是什么?

从消费者感知角度来看,有两种不完全相同的动机:一种是消费奢侈品就是为了炫耀,也可能只是无意识地炫耀;另一种动机更偏向个人,为了给自己带来愉悦。虽然第二种动机很少出现在社交场合,但并不能与第一种混为一谈。第二种动机更私密,涉及获得舒适感和个人享乐主义。就像让-保罗·萨特(Jean-Paul Sartre)在著作《存在与虚无》(*L'Être et le Néant*,1943)中描述的那样:"奢侈并不是指你拥有的一件物品的品质,而是你拥有这件物品的感觉。"

举个例子,假设我买了一块奢侈品香皂,"因为我值得拥有",这表明了我和广告代言名人的想法一致。也就是说,我买它可以展现我的社会地位。但是,我买它的另一个原因是它闻起来很香,揉出的泡沫比其他香皂品牌更柔顺。我使用这块香皂,但我没有必要向其他任何人炫耀这个产品的优质。香皂满足了我的个人享乐:它让我愉悦、开心,如果该品牌的香皂气味闻起来没有其他品牌的好,即使这个品牌名望再高,我也很可能不会再购买它了。

此外,奢侈品的品牌故事也能给消费带来愉悦感。奢侈品让我们拥有梦想,并且我们可以有属于自己的梦想。我怎么知道我买的这块香皂真的比其他品牌更好?或者名人广告代言怎么能说服我去买它?从这个意义上说,社会地位的展现与个人体验有某种联系。这就是让·鲍德里亚在其作品中强调的,"只有在日常想象中,个体行为与社会表现才是相互排斥的"。[12]

不可否认的是,人们很想知道社会学家在研究奢侈品时是否不会在伦理方面存在某种偏见——鼓励人们忽视享乐主义的问题。在他们的道德原则中,社交体验的作用应该远超纯粹享乐(即产品的内在品质)。消费者会认同这些优质体验的本质。

1.3.4　品牌及其展现方式

如上所述,运营主管会用到关于奢侈品生产方面的表述。这种表述也是通过品牌形成,是定义奢侈品的第二种重要方式,即生产角度的分类法。这些奢侈品公司的管理者必须意识到这个问题:不能将品牌与产品本身混淆。

例如,爱马仕(Hermès)围巾具有独一无二的高品质,人们从视觉和触觉感知上就能认出这是爱马仕的围巾,这就是其不可或缺的决定性属性。不过,我们还期待获得一种更无形的资产、信念和名望,即"爱马仕"——我们可以称之为品牌,更精准地说是品牌识别(brand identity)。

实际上,品牌"超越了产品本身",产品必须在维护品牌的前提下进行推广。产品仅仅是品牌可能的展现方式之一,品牌管理的涉及面复杂得多。广告、销售点、门店橱窗、网站、社交网络、赞助等都是品牌的其他展现方式,对品牌识别的推广而言同样重要。

品牌识别的两个维度通常是有区别的。其一是品牌伦理(brand ethics),指价值观、世界观和理想表现组成的直观部分;其二是品牌美学(brand aesthetics),指影响品牌外在的有形表现或品牌与消费者之间所有可能接触面的感官部分。品牌感官的美学处理融入了品牌感官体验中。那些"生活方式品牌"的诞生告诉我们一个道理,体验范畴已经超出了产品本身,扩展到品牌传播、空间展示或购物行为(见第 8 章关于创意的内容)。

我们已经将奢侈品定义的生产角度细分为品牌和展现方式,将消费者感知角度细分为社会和个体,目前为止本书提及的所有奢侈品定义都可以放在图 1.1 的分析框架内(如图 1.2 所示)。

奢侈品的本质	
机制	
生产角度	消费者感知角度
品牌 法国精品行业联合会	**社会** 凡勃伦 布尔迪厄　　可可·香奈儿 鲍德里亚 利波维茨基
展现方式 贝尔特利 莫里哀	**个体** 萨特 思琳(Celine) 阿勒斯

图 1.2　一些学者、组织和品牌管理者关于奢侈品的定义（应用于分析框架中）

在本节的最后,我们仍然需要回顾之前阐述的"奢侈品"语义演进史,把"奢侈品"的各类内涵放在图1.1的分析框架内(如图1.3所示)。

奢侈品的本质					
词源:过度					
机制					
生产角度			消费者感知角度		
品牌					社会
品牌力			奢华的生活方式		
			华丽		
			炫耀		**社会地位**
			财富		**诱惑力**
					精英主义
展现方式					个体
昂贵	奢华	**设计**	精美	愉悦	**享乐主义**
多余	质量	**创造力**	优雅	独特	
无意义	珍贵	**卓越**		大胆	
大量	稀少				
过度					

图1.3   "奢侈品"一词定义的语义演进史

注:楷体的词为古代定义,宋体的词为现代定义,黑体的词为后现代定义。

从图1.3可以发现,奢侈品的概念转变显而易见。许多代表当代奢侈品的现代或后现代价值观(指生活方式品牌),如精英主义、享乐主义、美学创造力和诱惑力,在上述分析框架中被重新分类。这些概念主要聚焦奢侈品的社会感知及其展现方式的正面内涵:这表明了奢侈品(尤其是中等奢侈品)消费在现代社会中的重要性日益增长,也反映了品牌作为奢侈品的重要的展现工具正在崛起。毫无疑问,在新兴的中等奢侈品市场中,品牌崛起是重要的市场结构化现象。

1.4   奢侈品的价值

奢侈品正在将积极的内涵传递至当今社会,那么消费者如何感知它?他们认同哪些奢侈品价值?

1.4.1 三个量表

学者维吉尼·德·巴尼耶(Virginie de Barnier)、桑德林·法尔西(Sandrine Falcy)和皮埃尔·瓦莱特-佛洛伦斯(Pierre Valette-Florence)在法国做了一项有500多人样本的相关调研,对上述问题给出了答案。此调研综合了当下消费者与奢侈品相关的各种价值感知。这项调研采用了 Kapferer(1998)[13]、Vigneron 和 Johnson(1999)[14] 和 Dubois 等(2001)[15]的三个独立量表,做了量表的对比,并测量了消费者对奢侈品的感知。

关于三个量表的数据分析结果验证了奢侈品的四大主要价值,并按重要程度对它们进行排序。我们发现,消费者认为,当一个品牌属于奢侈品品牌时,必须包含如下四个基本维度:

(1) 精英主义("差异""选择")。这是三个量表共有的维度。奢侈品的历史与社会维度仍然完全作为一个人社会成就(即成功象征)的指标。为特定人群创造归属感是必不可少的体验维度。

(2) 产品质量和高价。毋庸置疑,这也是奢侈品的显著特征。质量可以泛指品牌所有的展现方式,如品牌传播、实体店、虚拟场所、人群等。

(3) 个人的情感因素。例如,享乐主义,但这与奢侈品的相关性较弱。这是快乐和情感产生的原因,是后现代消费的关键要素,适用于奢侈品品牌。

(4) 品牌力。该维度包括名望和独特性,可反映在消费者过去的购买决策和行为中。

在这次调研过程中,消费者各自提出了对奢侈品的定义。虽然社会学家的基本感知*被证实是显著的,但我们发现,相比奢侈品对个体和社会的影响,消费者同样关注奢侈品及其品牌的生产方式(如图 1.4 所示)。我们必须再次强调,奢侈品并不是仅用于炫耀展示。

这项研究的结果还引发了其他思考。

首先,大多数消费者只从品牌的角度去理解和使用奢侈品。除去品牌因素,人们还能从其他地方体验到奢侈吗?我们可以从《逆流》(*À Rebours*)[16] 和《物》(*Les Choses*)[17]这两部法国小说描绘的虚拟世界中一探端倪。两部小说中

---

* 根据上下文,此处的"基本感知"应指奢侈品的历史与社会维度。

奢侈品的本质		
机制		
生产角度	消费者感知角度	
品牌 品牌力 名望	精英主义	社会
展现方式 质量 高价	享乐主义	个体

图1.4 消费者提出的奢侈品定义要素

的消费者都痴迷奢侈品,但在他们的意识中,并没有品牌的概念,他们关注的还是产品质量。然而,在现今的后现代消费时代,品牌作为奢侈品的天然载体发挥着主要作用。

其次,每个品牌都制定各自特定的战略。这些战略不一定完全涵盖了本书提出的奢侈品定义分析框架的四个区间。

最后,巴尼耶、法尔西和瓦莱特-佛洛伦斯的研究表明,奢侈品是由极其昂贵的奢侈品、中等奢侈品、大众奢侈品(mass luxury)三类组成的连续统(continuum)＊,并且三类奢侈品的重合度越来越高。

1.4.2 消费价值观的符号方阵模型

我们在此介绍一个关于奢侈品消费的分析工具(将在第 7 章更详细地阐述它)。我们采用这个工具的原因在于它解释了一些奢侈品消费的原因,尤其是消费者的行为逻辑,从而能完善我们对奢侈品定义的分析框架。

该工具被称为符号方阵模型。该模型列举了一组对立概念(contrary con-

＊ 这是一个数学概念,表示在某个集合中各元素之间具有连续性,与离散概念相对。此处指不同等级的奢侈品(极其昂贵的奢侈品、中等奢侈品、大众奢侈品)并非完全独立或割裂,前后之间存在连接关系,参见 Virginie De Barnier, Sandrine Falcy and Pierre Valette-Florence, 2012, "Do Consumers Perceive Three Levels of Luxury? A Comparison of Accessible, Intermediate and Inaccessible Luxury Brands", *Journal of Brand Management*, 19(7):623—636。

cept）和矛盾概念（contradictory concept），并关注它们存在的方式。对立概念
是动态变化的，它们之间会互相产生各种效应。（好比动作片中的"善"与"恶"、
英雄与敌人间的对立可以推动故事情节的发展。）

　　该模型也同样适用于关于奢侈品消费者购买动机的论述。让-马里·弗洛
克（Jean-Marie Floch）设计了最初的消费价值观模型，用于帮助设计超市的陈
列布局。该模型涵盖了前文列举的所有奢侈品定义，有助于我们探索奢侈品消
费的动机。

　　如图1.5所示，该模型细分了四类可能的购买消费逻辑，它们对立或矛盾：
需求逻辑（如"我们没有面包了"）、利益逻辑（如"我家里咖啡已经足够多，但我
想好好利用这次促销活动"）、欲望逻辑（如"把享用一顿异国菜肴当作是旅
行"）、享乐逻辑（如"我特别迷恋巧克力"）。即使这几个购买消费逻辑之间有明
显的矛盾，但很显然每次的购买行为可以同时符合其中多种逻辑，如"我可选择
买有机巧克力或优质的意大利面"。

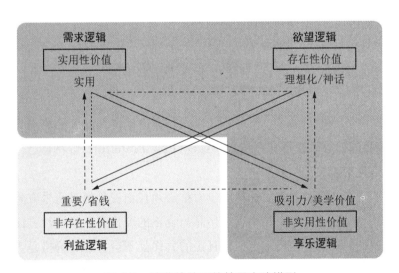

图1.5　消费价值观的符号方阵模型

注:不同顶点决定了奢侈品品牌的不同类型。

　　如果把该模型应用到奢侈品消费中，我们可以发现，模型右侧的欲望逻辑
和享乐逻辑是两大主要的奢侈品购买动机。享乐逻辑的背后是奢侈品的吸引

力和美学价值,它激活了人们的享乐主义;精英主义位于模型的右上角(参见图 1.4),展现了神话价值和理想化价值。正如前文所述,相比其他品牌,奢侈品品牌必须让顾客拥有无限的梦想,并提供强烈的情感、梦想和享乐体验。

所谓"划算的奢侈品"(good deal luxury)是利益逻辑的部分表现结果。近年来,"私人销售"(private sales)网站在互联网上蓬勃发展,销售高折扣的奢侈品。

事实上,购买消费真正的奢侈品和中等奢侈品品牌的省钱逻辑并不相同。顾名思义,中等奢侈品(或易获得的奢侈品)都是根据顾客消费得起的价格精准定义的。

除了私人销售外,奢侈品品牌往往会利用它们的品牌名气,开发价格更亲民的系列或产品。不过,这种做法很可能导致品牌名望受损,风险非常高。然而,一些品牌在这方面做得非常成功。例如,法拉利(Ferrari)在过去 10 年对外授权开发各种周边产品,如腕表、服装、香水、电脑设备、在波斯湾和中国的法拉利主题公园等,但始终谨慎地将之与其核心业务保持距离。法拉利在维持其真正奢侈品形象的前提下,将印有"法拉利"品牌名和颜色的帽子或钥匙圈推向了广大的消费市场,这无疑是非凡壮举。

更重要的是,位于消费价值观符号方阵模型左侧的中端市场品牌将随着时代潮流向右侧移动,它们会采用传统奢侈品品牌的行为准则(包括品牌传播、创意等),从而契合奢侈品品牌识别的管理方式。这是芙拉(Furla)、珑骧(Longchamp)、蔻驰(Coach)和兰姿(Lancel)等中档皮具品牌的典型做法。美国品牌蔻驰的前首席执行官卢·法兰克福(Lew Frankfort)曾将自己的品牌定义为"大众化的奢侈品品牌"。[18]

当然,现在所有品牌为了保持竞争力都必须在消费价值观符号方阵模型的四个顶点上表现出色。不过,中等奢侈品与真正的奢侈品在经济性方面存在差异,即品牌如何在利益逻辑上定位。真正的奢侈品不会担心其价格是否相对昂贵,中等奢侈品则寻求成本最小化,并制定消费者支付得起的价格。

1.5 真正的奢侈品与中等奢侈品

我们从感知角度和生产角度对奢侈品的历史和当前定义进行了分类。这也是奢侈品消费者对奢侈品概念常见表述的应用。此外，我们还引入了一些分析工具。

我们发现，大众品牌已经学会了采用传统奢侈品公司的行为准则来管理运营：它们寻求在消费价值观符号方阵模型的四个顶点上展现自我。

因此，真正的奢侈品品牌与中等奢侈品品牌的差异到底在什么地方？前者的概念在 50 年前就有了；后者是行业的新进入者，它们对奢侈品行业有一定的战略性理解，也有帮助运营奢侈品的人才资源。人们会说两者的差异在于持续性（即经典与传承），但在前文提及的三个量表研究中，被试消费者并没有将这个因素考虑在内，至少有意识地忽略了它。还有其他的差异化因素吗？例如，如何将爱马仕与葆蝶家（Bottega Veneta）或芬迪（Fendi）区分开来？

我们可以引用让-马里·弗洛克的观点"违背经济性逻辑"[19]来区分两者，这是一种强调利润外其他价值的品牌态度。换言之，中等奢侈品需要的是消费者负担得起；但真正的奢侈品不仅把自己定位为买不起的商品，还要完全舍弃消费价值观符号方阵模型左侧的两个顶点，它的关注点在别处。

当那些十分高端的奢侈品品牌向消费者保证提供终身商品服务〔如巴利（Bally）总部至今提供 2000 年 Scribe 男士系列鞋履的保养服务〕，或者甚至声明不存在优惠待遇时，它们向消费者传递这样一个信号：无论消费者买了多少商品，他们都会得到品牌始终如一的极致服务。一些非常高端的品牌甚至可以通过联名推出产品，提升销售，它们至少在表面上并不将消费者的购买力考虑在内。这就是所谓的"我们将对质量的要求置于金钱之上"。这便印证了真正的奢侈品品牌不同于那些处于消费价值观符号方阵模型中"重要/省钱"顶点的品牌（参见图 1.5）。

在严格的商业逻辑中，这是一种非理性的行为，而且事实上，这种商业逻辑存在局限。但有趣的是，品牌表明的一种立场往往成功地成为了其关键的品牌识别要素之一。这也是真正的奢侈品和中等奢侈品之间的一个主要差异：后者不能无视那些经济性需求（甚至一丝怠慢也不可）。一个真正奢侈品品牌略显做作的立场可以让我们重回"奢侈品"一词的来源。奢侈品意味着超出平常、产生鸿沟、造成间断、形成差异。它体现的是一种标准定位发生转变。

1.5.1 不一样的奢侈品

我们可以说奢侈品品牌不同于普通品牌。这种差异产生的条件有哪些？真正的奢侈品品牌会打破哪些规范或标准呢？

让-马里·弗洛克认为，随波逐流是一家企业寻求短期利润最优化的传统逻辑。但事实上，奢侈品行业的商业逻辑与大众市场大相径庭：奢侈品消费者不应该都在寻求具备独特性的标志吗？

根据奥利维尔·拉勒芒（Olivier Lallement）的文章，已故的爱马仕前主席让-路易·杜马-爱马仕（Jean-Louis Dumas-Hermès）曾对奢侈品做了类似的定义："奢侈品品牌设法满足三个条件：第一，设计精美；第二，将消费者作为品牌传播的最佳媒介；最后还有一个，传递自由精神。"[20] 奢侈品拥抱美学，重视消费者口碑，并且崇尚自由精神——这再一次体现了其"违背经济性逻辑"的特征。

但我们发现，美是一个主观概念，设计美观不再是奢侈品的专属特征[请想想宜家（IKEA）、康兰（Conran）等的产品设计]。选择消费者作为品牌的传播媒介已经是最受欢迎的传播策略，一些生活方式品牌就使用了这个策略。但它同样适用于奢侈品以外的领域，如互联网社交网络的激活。

杜马关于"奢侈品"的定义还有第三条：自由。奢侈品有这样的特权摆脱限制、标准、习俗，它是一种意义非凡的产物，代表了一种特定的差异。奢侈品使我们与众不同，它是独特及自由（相对于既定标准而言）的象征。因此，在奢侈品经销和推广过程中，应该以一种极为出色的方式传递自由的信念。

打破标准

这是奢侈品的本质，也是前文提及的生产和消费者感知角度的奢侈品定义中的基本要素。

奢侈品不仅与遵循传统商业逻辑的商品相悖，也会打破一些特定的标准。社会学家重点指出：奢侈品的独特属性与一般大众消费者接受的惯例特征不同。奢侈品代表了稀有、精英主义、昂贵、美感、原创、惊艳、多余、精致、创造力、难以获得、权力的象征等，这些都与一般标准相对。不过，这也取决于标准的选取和感知偏离的类型。

如果大家公认这个定义是其他所有定义的源头，那么这会给我们带来很多启示。当企业打造一个奢侈品品牌时，必须考虑要打破哪些常规标准，用哪些差异化要素制造品牌的鸿沟,使品牌具有竞争力。

事实上,大多数主流奢侈品品牌非常谨慎地培育其独创性(即品牌的差异化元素)。它们往往同时创造好几个差异之处,其中一个表达产品的奢华,一个展示其品牌识别的丰富性。只有当一个品牌定位于消费价值观符号方阵模型(参见图 1.5)右侧的两个顶点(欲望逻辑——展现品牌神秘感,激发消费者梦想,与享乐逻辑——愉悦体验,美学感受),它才具备了奢侈品品牌的特征。

以法拉利为例:这家闻名于世的制造商限制每年汽车的产量。从 2007 年到 2017 年,年产量始终保持在 5 000—7 000 辆之间。这种马尔萨斯主义保证了那些"少数幸运儿"(顾客)的品牌独有感。自 2017 年起,公司政策有所改变,汽车产量增加至 8 500 辆左右,出货量为 10 131 辆。法拉利的竞争对手保时捷(Porsche)在 2019 年的出货量为 280 800 辆,前者由此打造了不同于竞争对手的显著差异特征。法拉利的另一个奢侈品特征的体现是,在近乎一个世纪里一直在参与国际汽车赛事,尤其是 F1 赛事。自 1950 年首届 F1 赛事以来,法拉利车队赢得了 238 场大奖赛冠军、16 次车队世界冠军、15 次车手世界冠军。委婉地说,连赛车业余高手都梦想驾驶法拉利汽车:在 70 年的 F1 赛事历史中,法拉利始终保持其神话般的地位。相对于所有其他(被击败的)竞争者而言,法拉利品牌建立了巨大的差异性优势。

法国国宝级水晶品牌都慕(Daum)是唯一一个使用失蜡法完成水晶料工艺的欧洲品牌,这是该品牌打造的差异性特征。它的历史与 20 世纪初的装饰艺术发展和南锡学派(École de Nancy)密切相关。都慕是传统奢侈品品牌通过描述辉煌历史(常与艺术运动相关)打造品牌的范例。这是那些年轻竞争对手难以超越的品牌资产。不过,仅凭历史名声并不足以保证都慕如今依然维持竞争力。

1.5.2　合理的奢侈品

与上述两个品牌产生鲜明对比的品牌是飒拉(Zara)。飒拉的案例可以让读者更深入地理解奢侈品的概念。这个以成衣为主营业务的品牌通过快速、高效地推出最新时尚单品形成了其商业模式。飒拉的差异化建立在服务(每隔一周推出新品)和心理舒适感(能表现时尚)上,并通过高效专业的物流系统为顾客提供服务,在这一方面比竞争对手出色得多。飒拉产品的上市时间(即从二维设计到商店陈列的时间)不到两周。

飒拉的做法非常有创新性,在行业中是最成功的商业模式。飒拉将品牌定位在真正的奢侈品范畴之外,它的成功基于薄利多销的商业逻辑,并且得到强大的物流支持。我们可以从飒拉在消费价值观符号方阵模型上的定位中找到理论依据。飒拉快速推出新产品既是它的优势,也是它的劣势:品牌不断推陈出新无法给消费者提供进入一种梦寐以求的世界的感受。飒拉无法立足于理想化与神话顶点上。不过,它植根于享乐主义,反映了时尚的愉悦感和乐趣,这给品牌带来了竞争力。此外,飒拉始终致力于研究成本最小化,尽可能为消费者提供最低价的商品——这种做法与真正的奢侈品战略显然背道而驰(参见图1.5)。

因此,飒拉是一个人们买得起的大众消费品品牌,它尽可能把销售量提升到最大。当然,飒拉以合理的价格提供了风格独特、时尚的产品,但这种独特风格是在不断变化的。毫无疑问,这种定位的目的非常明确,品牌的未来十分光明;但真正的奢侈品不能与之混为一谈。

1.5.3 原真的奢侈品

为了对比人们买得起的大众快时尚品牌飒拉,我们以钟表品牌百达翡丽(Patek Philippe)2018年的男士系列广告为例:黑白胶片,穿越时光的基调,父亲带着幼子,母亲带着女儿,在全球各地领略奢华的风景。视频的结尾展示了一块腕表,在此之前,视频中打出了一句极其经典的标语:"没有人真正拥有百达翡丽,只不过为下一代保管而已。"这句广告语用了10多年之久,是百达翡丽使用时间最长的标语。这则广告突出了产品的正统性、传承价值、持久性和独特性,与"多销"的商业逻辑背道而驰。真正的奢侈品的核心元素融合在这种品牌传播中,巧妙地消除了购买奢侈品或多或少的负罪感。它完全隐藏了产品的经济性和实用性特征,传递了这样一种价值观:这款昂贵的腕表不是心血来潮购买的奢侈品,它是纯粹的传承象征,也是一次明智的投资。

我们将"真正的奢侈品"与"中等奢侈品"区分开来,两者之间决定性的差异在于原真性。真正的奢侈品从不造假或谎称一些虚无的特征。百达翡丽通过品牌识别和品牌传播间的透明度来提升它的原真性。这个钟表品牌的历史可追溯至 19 世纪的家族企业,其始终捍卫产品卓越功能和创新的传承,通过传递其品牌价值推广品牌。百达翡丽如此评价自己的广告:"我们的镜头展示了一位父亲向他的儿子介绍百达翡丽的理想世界。在这个世界中,我们的顾客可以获得并分享我们家族企业的永恒价值。"很显然,这则广告清晰地展现了品牌在消费价值观符号方阵模型右上角顶点的存在性价值。

1.6 奢侈品的"存在"与"表现"

原真性是这个时代让我们非常困扰的问题。在学术界,这个问题是热点。对绝大多数的奢侈品公司而言,无论它们主要提供产品还是提供服务,这个问题都困扰着公司管理者:这恐怕是 21 世纪品牌面临的主要挑战。《韦氏词典》(*Merriam-Webster Dictionary*)给出了形容词"原真的"(authentic)的定义:"真实地反映自身个性、精神或性格。"

法语词典《小罗贝尔词典》(*Le Petit Robert*)对其的定义为:"表达个人深刻的本质,而非肤浅的习惯或惯例。"一个人在现实世界中不断追求卓越和自信,他会试图获得奢侈品这样的高质量商品。那么,品牌应该如何满足人们的这种需求呢? 另一个符号方阵模型可以帮助我们解答这个问题。

1.6.1 真实性符号方阵模型

符号学家 A.J.格雷马斯(A.J.Greimas,1917—1992)提出了符号方阵模型,它被广泛用于分析词义的基本结构。我们可以将"存在"(being)和"表现"(appearing)引入到该方阵模型的符号轴中,从而建立真实性符号方阵模型(semiotic square of veracity)。

该模型似乎比较抽象,但使用起来很简单。与前文提及的方阵模型一样,对立与矛盾的关系产生了四类概念:存在、表现、不存在、不表现。

不同概念之间的关系产生了不同含义,我们由此对奢侈品的表述进行分类,从而更明确地认知品牌必须面对的问题。

存在和表现的同时出现代表了真实,即一个人确实是他看起来的样子。存在但不表现代表了秘密,即一个人不会表现出他的真实身份。不存在但表现代表了谎言、虚构和模仿,即一个人一开始就掩盖了自己的真实身份。不表现也不存在的情况与表述无关,它代表了错误、虚假或幻象,即不显示且什么也不是。

基于此,我们可以将前文提及的不同类型奢侈品归类在该模型中(如图1.6所示)。我们可以将不同的奢侈品(实际上是品牌)定位在方阵模型的四条边上。

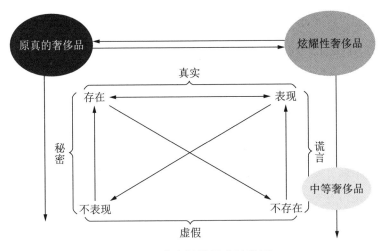

图1.6　真实性符号方阵模型

"原真的奢侈品"位于模型的左上角顶点附近,代表了真实,与"中等奢侈品"存在明显差异。不过,我们需要再辨析一下表现的不同方式:真正的奢侈品既可以展现得如鲜红色法拉利汽车那样耀眼,也可以表现得如百达翡丽腕表那样低调。

当然,这个昂贵的瑞士腕表品牌也十分引人瞩目:华丽展现对于很多潜在顾客而言非常重要,百达翡丽也不会将这些顾客拒之门外。不过,百达翡丽腕表不会像鲜亮的意大利豪车或镶钻的劳力士(Rolex)金表那样如此展示外表。百达翡丽在品牌传播过程中非常注重细节。在它们的产品宣传册上,产品本身并不是传播重点,甚至产品图片出现在不显眼之处,它反而展现一些象征性的场景细节，传递家庭价值观。法拉利的品牌传播则相反，车一定要抓人眼球。

如果说百达翡丽位于真实性符号方阵模型左上角秘密和真实两轴的交汇处，那么法拉利就在该模型上方横轴的右侧。

没有人会质疑法拉利是不是原真的奢侈品，它的差异化来源于三个方面：

（1）汽车高性能动力和设计方面的创新能力；

（2）在 F1 赛事中不断提升的竞争力；

（3）通过严格的产量限制保持汽车的相对稀有性。

因此，我们可以发现，法拉利和百达翡丽两个品牌都清晰地确立了原真奢侈品的品牌地位。消费者对法拉利和百达翡丽的使用方式决定了前者是带有炫耀性的，而后者是低调的。大多数品牌使用者的形象会最终影响品牌形象。不过，什么事情都有例外，如"Ferrarista"（法拉利迷）会低调地驾驶他的豪车，而新贵到处炫耀他新买的百达翡丽腕表。

原真的奢侈品定位于真实性符号方阵模型上方，而中等奢侈品出现在模型的右侧。从动态对立的角度来看，中等奢侈品受到经济性的限制，不得不从表现顶点向虚假轴移动。它可以位于谎言轴上的任何位置，除了不存在顶点（若位于此处，它将完全消失）。中等奢侈品说明了现代奢侈品并不存在断档：品牌遍布在谎言轴上，从昂贵的炫耀性奢侈品到低档、廉价的仿制品，每个品牌都具备了独特的差异性，即便这种差异性是通过伪造或模仿而获得的。

当然，我们在模型分析中不会做出品牌价值的判断。换言之，所有的品牌定位都是合情合理的，只要定位清晰，它在模型中就有相应的位置，其品牌形象也得到维持。

中等奢侈品的目标是给顾客一种独有感和原真奢侈品的形象，大多数消费者又能买得起。它需要外在表现，也需要模仿，因此，它位于真实性符号方阵模型的右侧。受到经济性的限制，这些品牌无法仅靠其产品的顶级质量就建立差异化优势。它们自身缺少强大的原真性，因此，它们的顾客用不着很低调或私下里悄悄使用，毕竟它们没有任何值得炫耀的地方。

中等奢侈品需要被人们看到，也必须向大众展现。它们在大众传播中具有优势，不需要精挑细选特定的传播渠道来维持品牌的独特性。杜嘉班纳（Dolce &

Gabbana)、珑骧,甚至拉夫劳伦(Ralph Lauren)和迈克高仕(Michael Kors)等品牌都凭借这种传播手段取得了成功。这都要归功于强大的品牌传播能力,它们创造了一个看似只提供给少数人的想象空间,但实际上很多人都能实现这个梦想。这就是中等奢侈品的策略:打造一个入门级奢侈品,让每个人都能买得起。

施华洛世奇(Swarovski)等品牌的崛起说明了中等奢侈品策略的成功。很少有人买得起钻石,它就用水晶代替钻石。它是水晶,但它闪闪发光,它就是被用来展示的! 这种"假钻"(或称为"水钻")正是这个时代的产物,它激发了人们追求虚幻(如时装珠宝)的虚荣感。这种"似是而非"的感觉恰恰是品牌与消费者之间达成的默契,品牌通过花哨的宣传形象激发了消费者疯狂的购物欲。

因此,中等奢侈品分布在真实性方阵模型的谎言(如假钻)轴上,两端分别是表现和不存在。这揭示了这类产品效仿高社会阶层、血统和独特性的需求。

真实性方阵模型强调了中等奢侈品和炫耀性奢侈品之间不存在断层。两者的差异只在于品牌等级或销售渠道,并且在某种意义上来说,中等奢侈品可以视为低一等的炫耀性奢侈品。这也因此给奢侈品市场带来了全新的细分。法拉利在这种细分策略上做得极为出色。在法拉利门店,所有人都可以买到各式各样"法拉利红"的小件商品,如 T 恤、钥匙链等,这培养了顾客对法拉利品牌的热情;而法拉利豪车只有在完全不同的分销渠道才被卖给那些"少数幸运儿"。

1.7　正统性的五大来源 *

如果说奢侈品意味着要打破常规标准,奢侈品品牌的信誉和竞争力建立在背离一些特定标准的基础上,那么奢侈品品牌的正统性的主要来源有哪些?

詹姆斯・H.吉尔摩(James H.Gilmore)和 B.约瑟夫・派恩二世(B.Joseph Pine II)在他们的著作《原真性》(*Authenticity*)中提出了品牌原真性的五个主要来源。[21]这些来源也可以应用到奢侈品领域中。

---

* 本节的主题为奢侈品的正统性(legitimacy),作者在此重点阐述正统性最重要的构成之一原真性。

两位作者所说的"原真性"与我们在真实性符号方阵模型中的"真实"概念稍有不同。他们的概念与品牌信誉相关,也就是说,品牌信誉被认同的程度才是奢侈品真正的标志。无论是原真的奢侈品、中等奢侈品、低调的奢侈品,还是炫耀性奢侈品,每个奢侈品品牌都有原真性的需求。例如,中等奢侈品有原真性的需求,但它受到经济性的限制,需要将精力集中于最有效的品牌传播和营销方式上,而不是产品本身。

　　以下是吉尔摩和派恩二世归纳的原真性来源。

　　第一个是天然性。使用天然材料或卢梭主义者提倡的自行养殖野生动物都是品牌保护生态环境的做法。奢侈品一直采用这种方法:亚麻、羊绒、小羊驼毛、贵金属、木材和植物提取物等经常被用于奢侈品生产和品牌传播中。原料越单一,产品的稀缺程度越高,真正奢侈品的象征性价值就越得到提升。

　　第二个是原创性。两位作者特别提及了产品或视觉效果的原创性。这种差异化的正统性可以应用到所有品牌的展现方式上。原创意味着前无来者。中等奢侈品在品牌传播中会展现原创性,甚至对一些大牌发起挑战。对迪奥(Dior)、香奈儿(Chanel)、菲拉格慕(Ferragamo)、华伦天奴(Valentino)、圣罗兰(Saint Laurent)等大牌时装屋而言,原创性也是它们主要的原真性来源。它们将传承的价值观与才华横溢的女装设计师的大胆设计相结合,赋予了品牌强大的品牌识别。

　　第三个是创造独特性。这是另一种超越平凡的方式。两位作者主要将独特性应用到服务业,阐述了为了满足顾客需求的一系列快速响应行为。奢华酒店都以独特性而闻名,如著名的冰岛冰雪酒店(Ice Hotel),建筑完全用冰雕制而成;又如安缦酒店(Aman Resorts),这个连锁型奢华酒店的员工会亲手在热带海洋里养护鱼礁。我们也可以把独特性应用到艺术品、手工艺品和那些手工艺极其突出的品牌上,如爱马仕及其集团旗下的品牌,包括博艺府家(Puiforcat)、尊湛鞋履(John Lobb)和圣路易(Saint-Louis)等。

　　第四个是可参照性。两位作者认为品牌需要唤醒顾客对历史背景的记忆,并将此作为一种基准,如罗马帝国奢华耀眼的黄金时代。在这种情况下,差异化是通过时间来表现的:奢侈品的目的是让我们拥有梦想,这种梦想是通过对比当今和历史而产生的品牌联想来实现的。这种对比会围绕标志性产品或历史人物展开。菲拉格慕通过讲述 20 世纪五六十年代*奥斯卡影后[奥黛丽·赫本（Audrey Hepburn）、索菲亚·罗兰（Sophia Loren）和安娜·麦兰妮（Anna Magnani）]的故事打造品牌；托德斯（Tod's）则是寻找优雅的英国名人代表，如史蒂夫·麦奎因（Steve McQueen）和西格妮·韦弗（Sigourney Weaver）。其他品牌也会提及与那个时代贵族、艺术家或传奇运动员有关的逸闻趣事。历史悠久的品牌可以很容易地凭借历史名人打造品牌的正统性。新兴品牌必须用最近或十分明确的故事叙述自身的原真性，但往往没有那么成功。

第五个是权威性。权威性代表了在社会事业上影响他人的能力。这种原真性的来源往往被品牌用于呼吁团结、保护生态、公平贸易等。至今，只有在传闻中才说某个奢侈品品牌采用了权威的手段。品牌都会十分谨慎地传达它们的社会倡议，只有少数的奢侈品品牌会以此打造品牌识别。事实上，奢侈品与生态之间的关联很少：前者具有稀缺性、排他性和独特性，而后者与环境和群体现象（mass phenomenon）有关。独特的价值使奢侈品与普通的商业逻辑背道而驰：即使奢侈品公司向其手工艺品供应商支付合理的酬金，它依然会因原料稀有而被质疑破坏生态环境。

1.8 新奢侈品

以下是皮埃尔·贝尔热（Pierre Bergé）在 2015 年接受《纽约时报》（*New York Times*）采访时的节录。

> 首先，我想说的是，香奈儿、巴黎世家、迪奥，当然还有伊夫（圣罗兰）的时代，很遗憾，已经结束了。其次，高级定制的时代也同样结束了。完全结束了，没有了。这就是为什么我们今天再说"奢侈品"是很荒诞的。对我来说，现在整个行业都流行说谎，充斥着铜臭味和营销投机。人们对奢侈品的看法已经发生了翻天覆地的变化。他们现在对时尚的观点与当初伊夫

---

* 根据奥斯卡奖官网数据库（www.awardsdatabase.oscars.org），奥黛丽·赫本获 1954 年奥斯卡最佳女主角奖；安娜·麦兰妮获 1956 年奥斯卡最佳女主角奖。原文"1960s or 1970s"可能为笔误，已修正。

和我共同创造的那种时尚已大不相同。那种时尚已经不存在。一个女人随身携带一只手提包去任何地方,比如去杂货店、穿过候机厅。我无法想象这种包怎么能被视为奢侈品。那真的不能算奢侈品。㉒

这段话出自一位奢侈品行业的领军人物——伊夫圣罗兰的联合创始人皮埃尔·贝尔热。他在奢侈品领域从事了 40 年之久,说出了这么一段意料之外又情理之中的评论,将很多奢侈品消费者无奈和困惑的心声透露了出来:绝大多数所谓的奢侈品品牌通过工业化生产产品,在很多地方大量销售其产品,用品牌传播和高价把自己包装成奢侈品品牌——这一切都是互相矛盾的做法。

1.8.1 奢侈品与体验

有证据表明,在市场上,一些品牌已经逐渐脱离传统的奢侈品概念,转而定位于更容易获得、更重视体验、更遵循伦理的奢侈品。事实上,20 多年来,除了所谓传统意义上的奢侈品外,我们一直在观察体验型奢侈品的发展。人们对传统意义上奢侈品(如腕表、服装、珠宝、配饰、香水和美妆等)的渴求不断提升,对探险或豪华旅行(从未有如此多的旅客去攀登勃朗峰和珠穆朗玛峰)、太空旅行、高级美食、水疗、观赏性演出或节目(歌剧、音乐会、体育赛事)等的渴望也随之增长。一个新兴行业由此诞生,它不仅包含前文列举的各种奢华体验,还包括围绕产品产生的体验——与实体环境、购物历程(包含购前和购后),以及超越产品本身的体验主题等紧密相关。

这种变化不可小视。品牌想在奢侈品行业更具有竞争力,必须探究这种变化带来的很多管理启示。不可否认的是,所有奢侈品品牌都要考虑体验这个维度。零售需要体验,香水品牌也是如此。互联网的出现使得售前和售后的服务变得更加重要。此外,所有服务型品牌都已经开启了体验管理。体验并没有中断消费者的购物历程,正如我们在图 1.4 中总结的那样,产品购买与拥有产品的满意度有关,也与产品的社交属性有关(如“他们有没有看到我新买的劳力士表?”)。体验带来的不仅是微观经济层面的变革,如产品在渠道、时间、消费者购物历程等方面更加关注周围环境;它也是宏观经济层面的转变,新兴行业和服务的崛起带来了一种新的奢侈品类型。

体验型奢侈品引发的大多数管理问题一般与创意有关。你如何比竞争对手创造更卓越非凡、令人难忘的体验？格调、氛围、环境设计比产品设计更复杂和宽泛，通常需要具备多种设计能力。品牌活动尤其需要格调、氛围和环境的设计，品牌活动管理在奢侈品行业中变得越来越重要。

1.8.2 奢侈品的"升华"

伊夫·米肖（Yves Michaud）就关注奢侈品本身向奢侈品体验转变做过一个有意思的比喻：这是奢侈品的"升华"（vaporization）现象。[23]

由于体验比产品本身更重要，产品会融入一个更广阔的多感官空间中。罗兰·巴特（Roland Barthes）在首创"惯用法*的普适语义化"（universal semantization of usage）这一概念[24]时，提出了产生这种状态的前提条件。他认为这就像水蒸气等气态物质终将会找到其在大自然的归宿，产品概念会被消费概念语义化。鲍德里亚则指出，一个物体会成为上级意义体系的符号，我们购买的商品在这个意义体系中都是虚拟化、透明的微观符号。[25]

我们还发现，产品"升华"的概念与瓦尔特·本雅明（Walter Benjamin）提出的"光晕"（aura）概念之间存在关联。本雅明将"光晕"定义为使艺术品显得原真且独特的原因，换言之，"一定的距离所产生的独特现象，无论这个距离多么近"。[26]我们可以从中推断，一些消费品（如订婚戒指、古董收藏车、名贵珠宝等）非常特殊，可以产生情感冲击，具有真正的"光晕"并拥有了某种"光环"（halo）。这种"光环"可以美化产品，让它们产生距离感，让人无法接近——不过可以通过购买行为获得。这种现象可以用于定义奢侈品。奢侈品具有明显的难以获得性、独特性、品牌力量，有时也会产生一种奇异感。奢侈品已经超出了产品的功能性范畴，将顾客带入一个完全不同的想象空间。

1.8.3 奢侈品的排他性与独特性的比较

正如我们在本章开头强调的，奢侈品的内涵及其相关认知至今仍在发生演变，并非亘古不变、容易预测。关于奢侈品的认知及其相关价值观会随文化和

---

* 在语言学中，"惯用法"指的是一套存在于特定社会的语言习惯。

历史背景的变化而变化(如图 1.7 所示)。

奢侈品市场价值观的演进		
传统的奢侈品	不变的共同特征	新奢侈品
排他性		独特性
社会性/政治性		个体性
关注产品		关注体验
难以获得 富足 非必要的 投资 过度 炫耀 精英主义 会员	精妙 愉悦(享乐主义) 贵重 非凡 专业 精密 传承 记忆	创新 原真性 激情 私人 寻求 新颖 重制 私密 技巧 资源 旅行 容易获取

图 1.7　传统奢侈品向新奢侈品的演进

　　体验是新奢侈品的关注点,这佐证了米肖关于奢侈品"升华"的观点。新奢侈品保留了传统奢侈品的一些价值观,如享乐主义、贵重、记忆和精妙。除了"产品—体验"和"排他性—独特性"二分法外,两者的差别还在于社会性与个体性的辩证关系。传统奢侈品特有的炫耀性本质和有限、排他的消费群归属感在本质上是一种社会属性,而新奢侈品更多地给予了一种属于个体自身的感受,其社会属性并不那么重要。尽管如今一些人非常热衷于在体验到独特东西时,马上自拍分享到互联网上。

　　2015 年末,我们在分析吉姆汤普森品牌识别的研究过程中,邀请了马德里康普顿斯大学信息理论客座教授豪尔赫·洛萨诺(Jorge Lozano)思考"新奢侈品"这个新兴术语的现实意义。他提出了一个符号方阵模型(见图 1.8),符号轴两端分别是"排他性"和"独特性",该模型于 2018 年发表。[27]

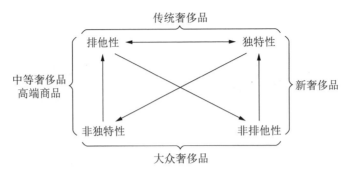

图 1.8   不同类型奢侈品的符号方阵模型

排他性的特征在前文已提及,如稀缺性、昂贵、难以获得。独特性与排他性对立,前者的概念偏重主观,关注个体性、私密性,而后者更关注社会性和公众性。因此,我们以独特性与排他性这组对立概念构建符号方阵模型,并将本章提及的奢侈品类型归类在这个模型中。

●传统奢侈品同时具备了独特性和排他性,如捷豹 E 系列古董车。

●大众奢侈品(这种说法其实是悖论)兼具非排他性和非独特性,这类产品在大规模生产时仍试图想让顾客将其视为奢侈品,如莫杰之马克(Marc by Marc Jacobs)或宜必思酒店(Ibis Hotels)就是这种定位。

●高端产品或中等奢侈品兼具排他性和非独特性,如大多数葡萄酒和烈酒品牌,还有施华洛世奇和奥迪。

●独特性和非排他性定义了新奢侈品,与传统奢侈品相比,这类奢侈品更容易获得。

鉴于我们在本书中引入了"独特性"这一概念,我们可以大胆地给奢侈品做出一个全新的定义。这个定义不仅反映独特性特征,还可以给奢侈品消费一个正当的理由。奢侈品是否是品牌和消费者共同投资的独特商品? 定义如下:

当品牌和顾客分别在推出和获得产品、服务、体验的过程中投入了超出常规的资源时,这些产品、服务、体验均可被认为具备了奢侈品性质。

顾客的投入超过了购买的价格,他们会长时间调查、研究这个产品,产生了很多成本。

在本节的结尾,我们引用豪尔赫·洛萨诺关于新奢侈品的观点:

今天,在大数据统治下的概化模拟(generalized simulation)*领域,未来主义变得无关紧要,现代主义成为主要趋势,原真的物品开始显现。虽然它不能取代那些同时具有独特性和排他性的物品,但它可为个人带来温暖。新奢侈品本身就具备了原创和原真的独特性,拥有"光晕",符合奢侈品特征的核心。它采用了其他具有重要意义的品牌主观展现方式,在互联网中传递信息,并利用了新型材料。我认为,新奢侈品可以完美地将独特性和排他性结合在一起。[28]

1.9　本章小结

本章简单总结并归纳了奢侈品的不同维度,从中我们可以得到如下启示。

最初,奢侈品是精英主义的,是作为自我奖赏的物品。在品牌的推动下,奢侈品行业成为了不断上升发展的细分行业。如今,奢侈品不再是唯一的,有很多种类型,分别定位于特定的消费人群。这些人群有不同的购买力、社会地位、梦想。我们必须承认奢侈品的涵义已经比过去宽泛得多。因此,人们在说到奢侈品时,必须先阐明要聊哪一类的奢侈品。

尽管奢侈品有很多种,但是它们有共通之处。奢侈品既有共性,也有差异;它们因品牌而变得独特;除了那些非常排他的奢侈品外,它们摇摆于不安和富有两种感知之间,但各种社会阶层的人通过购买顶级商品(如真正的奢侈品)或比较好的商品(如中等奢侈品)将其自身与同类人区分开来。那些"少数幸运儿"通过分享体验性或象征性产品重新划分了人群。他们会分享产品的卓越性能、原创性、新颖风格,甚至某一种思维方式。奢侈品应该会让我们产生梦想(欲望逻辑),也会让我们产生感官或情绪上的愉悦(享乐逻辑)。

奢侈品与大多数普通人遵循的标准背道而驰。可可·香奈儿用一句极其经典的话完美地揭示了奢侈品的本质:"奢侈是粗俗的对立面。"在词源学上,"粗俗"(vulgarity)的词根正是"普通人"(vulgar)。

奢侈品品牌面临的挑战是它们需要展现哪些差异性、用什么方式展现差异

＊　"概化模拟"是指将某一真实情境中获得的研究结论或测验结果虚化推广到另外情境中。

性。因此，不同类型的奢侈品有不同的定位和策略。原真、低调的奢侈品诠释了什么叫作"金钱无关紧要"，它们需要打破传统的商业标准。永恒的价值观抹去了经济性的问题。总而言之，它们只考虑如何对独特性进行投入，其中涉及美学研究、完美质量、反对短视的做法等。中等奢侈品需要打破人们日常生活的循规蹈矩，提供一些独特、能让人产生幻想的变化。

　　吉尔摩和派恩二世提出了奢侈品正统性的五大来源：天然性、原创性、创造独特性、可参照性和权威性。不过，一些其他因素也需要被提及，包括生活方式、文化、技术知识（如那些质量极高的手工艺）、科技（如一度要破产的特斯拉致力于成为电动汽车界的奢侈品品牌）。这些都是打造真正奢侈品的潜在要素。奢侈品能始终提供非凡、独特的体验，并一直让我们拥有梦想。

　　最后，如何理解奢侈品是一个人类学问题，是研究人类快乐的永恒课题。

注释

① 这个问题源于柏拉图的《大希庇亚篇》(*Hippias Major*)，后由康德与黑格尔做了更广泛的研究。

② Adorno, T. W., 1982, *Äesthetische Theorie*, translated by Marc Jimenez, Paris：Klincksieck.

③ Jean de la Fontaine, 1669, *Les Amours de Psyché et de Cupidon*.

④ Pierre Nicole, 1670, *De l'Éducation du Prince*.

⑤ Paul Morand, 1941, *L'Homme Pressé*.

⑥ Paul Valéry, 1931, *Regards sur Monde Act*.

⑦ Dana Thomas, 2008, *Deluxe：How Luxury Lost Its Luster*, Penguin.

⑧ Pierre Bourdieu, 1979, *La Distinction et Critique Sociale du Jugement*, Minuit.

⑨ Thorstein Veblen, 1899, *The Theory of the Leisure Class*, The MacMillan Company.

⑩ Jean Baudrillard, 1972, *Pour une Critique de l'Économie du Signe*, Gallimard.

⑪ G.Lipovetsky and E.Roux, 2003, *Le Luxe Eternel*, Gallimard.

⑫ 同⑩。

⑬ J.-N. Kapferer, 1998, "Why are we seduced by luxury brands?", *Journal of Brand Management*, 6 (1)：44—49.

⑭ F. Vigneron and L. W. Johnson, 1999, "A Review and a Conceptual Framework of Prestige-Seeking Consumer Behavior", *Academy of Marketing Science Review*, 3(1)：1—15.

⑮ B. Dubois, G. Laurent and S. Czellar, 2001, "Consumer Rapport to Luxury：Analyzing Complex and Ambivalent Attitudes", HEC Research Papers Series 736, HEC, Paris.

⑯ J.-K. Huysmans, 1884, *À Rebours*, Charpentier.

⑰ G. Perec, 1965, *Les Choses*, Julliard.

⑱ Suzy Menkes, "Coach Gallops into Europe", *International Herald Tribune*, 2010-11-1.

⑲ J.-M. Floch and E. Roux, 1996, "Gérer l'Ingérable：La Contradiction Interne à Toute Maison de Luxe", *Décisions Marketing*, 9：15—23.

⑳ O. Lallement, 2000, *Caractérisation des Éléments Spécifiques de la Marque de Luxe dans l'Esprit du Con-

sommateur，*Une Étude des Images Mentales Associées a un Visuel Publicitaire*，IAE Montpellier.

㉑ J. H. Gilmore and B. J. Pine II，2007，*Authenticity：What Consumers Really Want*，Harvard Business School Press.

㉒ Elizabeth Paton，"Pierre Bergé on luxury，Morocco and Hedi Slimane"，*New York Times*，2015-10-29，www.nytimes.com/2015/10/29/fashion/pierre-berge-on-luxury-morocco-and-hedi-slimane.html?_r = 0.

㉓ Y. Michaud，2013，*Le Nouveau Luxe：Experiences，Arrogance，Authenticité*，Paris：Stock.

㉔ R. Barthes，1964，"Réthorique de L'Image"，*Communications*，4(4)：40—51.

㉕ J. Baudrillard，1978，*Le Système des Objets*，Paris：Gallimard.

㉖ W. Benjamin，1936，*La Obra de Arte en la Época de la Reproductibilidad Técnica*，Madrid：Taurus.

㉗ J. Lozano，2018，*Semiótica del（Nuevo）Lujo，Entre lo Exclusivo y lo Excepcional*，*in Documentos del Presente*，*Una Mirada Semiótica*（Jorge Lozano y Miguel Martín Coord.），Madrid：Lengua de Trapo.

㉘ 同㉓。

第 **2** 章
奢侈品行业的独特性

任何一个行业的销售员都声称他们的业务与其他行业不同,但事实上,恐怕只有奢侈品行业的经营者才能理直气壮地这么说。奢侈品行业确实不一样。一方面,一个成功的奢侈品品牌拥有大量的创造性人才;另一方面,奢侈品品牌在全球市场的运营的确是非常不同的。本章将阐述奢侈品行业的三大特殊性,并提出了奢侈品的关键成功因素。本章的最后会列举几个主要的奢侈品集团。

2.1 奢侈品行业为何与众不同?

与其他行业相比,奢侈品行业的特殊性在于以下三个方面:公司规模、财务特性、周期与时间。

2.1.1 公司规模

在比较公司或行业时,规模就算不是最重要的评判因素,也是一个非常重要的评价指标。但是,奢侈品公司的规模就没有那么重要。总体而言,奢侈品公司的规模不大,但它们得到众人的重视,并且声望很高。迪奥时装部(Dior Fashion)在2019年的年销售额约为35亿欧元,标致集团(Peugeot Group)的年销售额为740亿欧元,标致集团的销售额是迪奥时装部的20倍。通用汽车公司(General Motors)的年销售额约为1350亿欧元,是迪奥时装部的40倍。这些公司的员工人数与销售额的比例基本是相同的。

但如果你去让美国、日本或中国的消费者列举法国品牌或法国公司的名字,迪奥肯定出现在标致之前。可以用品牌认知度来解释这种现象:在全球范围内,迪奥的品牌比标致更被人熟知。这种品牌的高认知度源于消费者对奢侈品和时尚品牌的浓厚兴趣。他们在杂志上看到这些品牌,就想要了解有关它们的更多信息。

路威酩轩集团是一家拥有 70 多个品牌的奢侈品巨头。2019 年的年销售额约为 540 亿欧元。相比之下,飒拉的母公司印地纺集团(Inditex)的年销售额为 280 多亿欧元,盖璞(Gap)为 150 多亿欧元。换句话说,虽然路威酩轩集团旗下拥有一些奢侈品行业中最具影响力的品牌,但每个品牌的平均销售规模仅仅为飒拉或盖璞的 1/20 左右;销售额最大的品牌可能也比飒拉或盖璞小。

因此,我们可以得出结论,奢侈品品牌的规模虽然很小,但消费者对它们的认知度非常高。尽管奢侈品公司的品牌形象极具声望,在全球各地都投放广告,但它们通常都是中小型企业(由数家奢侈品公司组成的大型奢侈品集团除外)。有些公司的规模极小。皮尔卡丹(Pierre Cardin)的全球年销售额仅为 1 000 万欧元,卡纷(Carven)的年销售额维持在 500 万—1 000 万欧元。这种营业额甚至比在雅典的大众汽车分销商或在伯明翰的 5 家超市的收入都要小得多。不过,皮尔卡丹和卡纷依然是全球大牌。

这些相对较小的奢侈品公司如何在消费者心目中占据如此重要的地位呢?

1. 很难对比销售额

事实上,比较奢侈品公司的销售水平没有太多意义,这就像比较苹果和橙一样,因为不同奢侈品公司的销售组成也各不相同。以路易威登(Louis Vuitton)为例,它的销售额组成相对简单,只需要计算全球 450 家门店的销售情况。再以卡纷为例,它的销售数据则需要包括门店的零售数据、批发店和百货公司的成衣销售额、出口销售额,以及授予其他公司的特许经营收入。一般而言,批发销售约占整个零售额的一半,出口销售约占 20%,特许经营收入约占 10%,而特许经营收入又可以进一步源自门店零售、批发销售和出口销售。因此,对比两家公司的销售数据是没有太多意义的。

要比较两个品牌的实力,我们必须引入一个系数,举例来说通过出口销售和批发销售占最终销售额的百分比来比较两者的差异。但是,这种比较也可能误导人,因为有特许经营业务的奢侈品公司的品牌力要比全直营零售公司的品牌力弱不少。而且,这种比较方式也难操作,大多数奢侈品公司不会明确地提供零售、批发、出口和特许经营收入的信息,因此,我们很难估计相关的比例。

一些品牌有特许经营业务,如香水品牌的特许经营收入只占总销售额的3%—4%。不少奢侈品公司在世界各地都设立了令人震撼的门店,但它们的规模非常小。不过,像爱马仕(除了香水业务)这样的品牌,只在直营店里销售产品,2019年的年销售额仍然可以达到68亿欧元。爱马仕没有标致或雷诺(Renault)的规模那么大,但在奢侈品行业,它无疑是巨头。

当一位奢侈品公司的高管宣布该公司在中国或日本的销售目标为1亿欧元时,人们很难去判断这1亿欧元指代的是哪种销售方式。他指的是财务合并报表中的总销售额,还是指让公司获得3 000万—5 000万欧元的特许经营收入的实际销售额?两者存在显著差异。

通常,我们需要仔细地判别这类财务信息。事实上,从财务角度比较两家奢侈品公司是非常困难的。

2. 员工数有限

大多数奢侈品公司都是中小型企业,我们可以从中得出一个明显的结论:员工数量很有限。例如,那些成功的奢侈品公司在中国的员工数仅仅为100—1 000人,其中大部分员工还是在门店工作。奢侈品品牌一定是具有全球影响力的,这也造成了这些"小企业"规模较大的假象。可以肯定地说,宝洁(Procter & Gamble)或雀巢(Nestlé)等公司的营销主管人数比整个奢侈品行业的员工数都要多。造成这种现象的原因有好几个:

第一,一些奢侈品公司的规模较小,而且可以非常小。它们可能只有一个小型设计工作坊,其专门负责研究市场趋势和设计产品,所有其他业务被外包给特许经营商和分销商。除此之外,公司另一个重要的部门是法务部门,有些也将其外包给律师事务所,后者负责准备和跟进与外部合作方的协议。一些时装公司的全球员工数甚至只有15—30人。例如,莲娜丽姿(Nina Ricci)有一个设计工作坊和有限的几家直营店,生产和分销都是外包的。

第二个原因就是奢侈品公司将生产外包。香奈儿的成衣或皮具不是全部都依靠自己的工厂完成制作的。通常,奢侈品公司只有一两个工厂,制作模板和一部分产品线。其余的生产交给外包工厂,但公司会严格管控。例如,大多数奢侈品腕表的零件通常由不同的公司生产,最后在瑞士的全资工厂完成组装。

汽车行业的业务都与工厂、机械和设备有关,但奢侈品品牌关注的都是设计和信息传播。奢侈品在哪里生产?谁来生产?有多少消费者知道路威酩轩集团、巴利、普拉达的不少商品的零部件在中国生产?这样的生产方式会面临哪些挑战?这些问题似乎从来没有被提出过。

第三个原因是,撇开创意活动,奢侈品行业最看重的就是销售。兰蔻(Lancôme)约80%的员工是站柜台的。古驰(Gucci)的重要关注点也同样在门店内。普拉达或菲拉格慕刚入职的员工都从店员开始做起,那里是直接接触消费者的地方。奢侈品公司总部的员工人数极少,因为公司的所有投入最终都体现在门店。菲拉格慕集团在佛罗伦萨费罗尼·斯皮尼古堡(Palazzo Spini Feroni)的全球总部被打造成了全球旗舰店和博物馆,是与消费者沟通交流的场所。

因此,奢侈品公司的规模一般都很小。它们的销售情况很难被评估或比较,生产和分销往往被外包,员工数也非常有限。

2.1.2　财务特性

研究奢侈品行业就可以明显发现,相当多公司是亏损的,我们将在后文详细阐述原因。在其他行业,亏损的公司会迅速被淘汰,被竞争对手吞并,或宣告破产。在奢侈品行业,有些品牌已经亏损了5年甚至10年之久,但它们作为奢侈品集团旗下的品牌或其他行业公司的多元化业务幸存了下来。法国比克公司(BIC)以生产书写文具而闻名,曾拥有姬龙雪(Guy Laroche)品牌非常长的时间,在出售它之前,姬龙雪已经连续亏损了10多年。卓丹(Charles Jourdan)曾隶属于瑞士的一家大型水泥公司,被出售前也亏损了多年。克里斯汀·拉克鲁瓦(Christian Lacroix)在被路威酩轩集团收购后直至被出售的期间,从未实现盈利,最后宣告破产。

奢侈品公司的高管都是有智慧、有理智的,为什么他们能接受长期亏损?主要有两个原因:其一是品牌价值。姬龙雪、卡纷等品牌亏损了多年,但它们的品牌知名度很高,仍然对消费者有强大的吸引力。其二是一旦品牌打造成功,利润率非常高,足以弥补多年的亏损。1994 年,咨询公司 Eurostaf 对法国成衣奢侈品公司进行了一项调研。研究发现,在接受调研的 14 家公司中,有 10 家处于亏损状态,香奈儿的盈利能力比其他公司合起来都要强。香奈儿的利润率如此之高让其他品牌认为自己也有潜力为股东获取同样丰厚的回报。此外,奢侈品品牌可以通过品牌延伸,转型成一个生活方式品牌,这可以带来极强的市场增长能力。我们将在第 6 章具体阐述这种策略。

从这方面而言,奢侈品公司都在豪赌,不是说未来不可预测,只能靠运气成功,而是说品牌打造成功后可以让公司利润翻数番。

奢侈品公司或亏损,或盈利能力极强,主要是由两个特点造成的:其一是奢侈品公司的盈亏平衡点很高,其二是奢侈品公司的现金流需求不高。

1. 盈亏平衡点很高

在一般行业,盈亏平衡点由销售收入、变动成本和固定成本决定的。在奢侈品行业,即使品牌规模较小,也必须"展现"自己强大的品牌力和现金流,最终导致盈亏平衡点非常高。

奢侈品品牌的门店必须在世界各地都能被人们看到。如果一个日本游客去米兰或纽约游玩时,找不到纪梵希(Givenchy)或雅格狮丹(Aquascutum)的门店,那么他很可能会认为这些品牌日渐式微,回到日本后也不会再去购买了。

品牌建立之初,它的门店只会出现在一个地方,如古希腊咖啡馆(Antico Caffè Greco)的第一家店位于罗马。当它走向国际化时,消费者就会希望在任何地方都能找到它。世界上的每家门店开门营业前就会产生固定成本,包括租金、员工薪水和其他成本。

此外,奢侈品品牌在从生产到销售的过程中,都必须具备顶级品质。其提供的服务必须是无可挑剔的。无论在哪个国家,顾客离店时都应该带着一个印有品牌标志、配上品牌代表色的手拎购物袋(葆蝶家购物袋的手柄甚至是全皮的)。产品被包装得十分精美后才能放入购物袋中。门店内必须事先准备好昂贵的玻璃外壳、纸板箱、丝带或购物袋等。如果奢侈品公司在这方面节省成本,后果将十分危险,这会严重影响产品的奢华感和个人购物体验。

建立奢侈品品牌的市场地位往往产生巨大的费用,这种投资与利润不成正比。一个时装品牌必须每年举办两次时装秀展示产品,举办时装秀的成本巨大,并且秀场的成衣与门店出售的产品也不尽相同:秀场上成衣的肩宽会大一些,腰部会比较紧,裙子会短一点。这件特殊的时装可能永远卖不出去,因此,制作成本几乎无法收回。奢侈品公司为了提升品牌形象,并使其脱颖而出,才举办巴黎高级定制时装秀,它们的目的并不是为了赚钱。

奢侈品公司在品牌起源地开设旗舰店是另一项巨大的投入。为了胜过竞争对手,奢侈品公司会把旗舰店开得尽可能大。当然,对于规模较大的奢侈品公司而言,开设旗舰店不是一件难事;但对于规模一般的品牌来说,这是一个两难决定,旗舰店会造成亏损。

上述所有因素都导致了奢侈品公司有很高的盈亏平衡点。奢侈品公司需要打造自己的品牌,建立信誉,并通过开设一定数量的门店弥补前期的巨额投入,这都给新品牌的创建增加了难度。

2. 现金流需求不高

当一个品牌达到盈亏平衡点后,实现盈利就变得容易很多。奢侈品行业的利润率非常高,当销售收入高出所有固定成本时,高出的部分几乎都转换成了利润。

在传统制造业,当公司销售额增长时,需要投资开设新工厂。在奢侈品行业,公司将生产或附加生产外包出去。应收账款是大多数公司面临的一个问题。当品牌运营自己的门店时,通常以现金或其他可立即变现的支付方式交易。

那么,库存问题应该如何解决呢?事实上,由于产品毛利率非常高,当销售情况比较乐观时,库存成本的问题并不难解决。主要的财务难题是如何确保全球所有的品牌直营店和分销店都有库存。当然,相对于销售规模很大、增速很快的企业而言,一家新成立的公司要想解决库存的问题则困难得多。

时装行业的另一个难题是分销商退还商品。当一季结束时,一些商品会被分销商特价出售或退还给品牌。这是小品牌面临的主要难题。它们必须在每一季为客户准备大量多样化的产品;若销售量小,那么促销出售的比例就会非常大。如果品牌的销售规模较大,分销商会以全价销售80%—85%的商品,以特价销售剩下15%—20%的商品。如果品牌经营遇到困难,情况就不一样了:总销量65%的商品将以特价出售。因此,如果小公司想确保分销商继续购买它们下一季的产品,就必须解决这个问题。品牌需要避免分销商退货的事情发生,一旦商品被退回,那么只能通过厂家直销渠道售出,甚至被全部销毁。因此,品牌商一般都会给予分销商一些特殊的折扣优惠政策。这对于中小品牌来说是个大难题。对于规模较大的品牌而言,退货量只占总销量的很小一部分,公司还可以用向内部员工或媒体特价出售的方式,来处理过季商品。

唯一急需现金流的业务活动是品牌门店开设。时装或配饰品牌在发展过程中急需资金开设门店。不过,化妆品、葡萄酒及烈酒、大多数腕表品牌并不需要大量资金开店。

综上所述,奢侈品品牌一旦打造成功,其利润率非常高,否则会遇到重重困难。一旦产品不再受消费者喜爱,或出于某种原因失去时尚感,销售额会迅速减少,高盈利也会很容易变成巨额亏损。

因此,奢侈品行业非赢即输,行业领头的品牌利润率非常可观。一些品牌仍在苦苦挣扎,希望给顾客留下好印象。那些在巴黎、米兰、纽约、东京或北京开不起旗舰店的品牌,不得不在持续亏损的情况下举办一些活动,仅仅是为了维持品牌追逐的梦想和闪光点,但对这些品牌而言,这无疑是一场噩梦。

2.1.3 周期与时间

汽车行业为了更频繁地更新产品线,一直试图缩短新车研发时间。很多公司可以在一年多一点的时间内扭转危局。快消品公司推出一款产品后,马上能清楚地了解商店中的销售情况,短短 6 个月内就能收回最初的投资成本。

奢侈品行业的新品发布通常需要更长时间、更多投资。推出一款新香水需要设计完整的产品线和生产线,产品线从香精香水到淡香水,甚至沐浴香氛系列,而且每一款都需要配有一个昂贵的玻璃瓶和塑料瓶盖。制作这些模具需要长达 12 个月的时间,然后才会再大规模生产,以便在新款香水发布后,产品可以在许多国家和地区立即上市。整个研发到上市的时间周期约为 18 个月到 2年。在大多数新品发布后的第一年里,广告和品牌推广的成本往往与年销售额相近。新品通常需要 3—4 年时间才能有所盈利。

在腕表行业,时间安排也十分重要。设计和制作必须赶在每年 2 月底或 3月初的日内瓦钟表展、巴塞尔钟表展、特定品牌珠宝展之前完成。如果不能按期完成,只能推迟到下一年发布新品。

1. 时装行业的时间周期

在时装行业,所有时间安排按表2.1严格执行。

表2.1　成衣秋冬系列的时间周期

流　程	时　间
选用独家面料,签订协议	前一年9月—10月
设计版型,配备面料	前一年9月—10月,当年2月
时装秀	当年2月—3月
品牌集合店接受订单	当年3月
商品到店	当年7月
全价销售	当年9月—12月
特价销售	次年1月—2月

时装行业的时间周期从面料生产商展示新样算起。它们提供新颜色、新面料和新设计。每年9月或10月,设计师们都会参加巴黎服装面料展览会(Première Vision)和意大利服装面料博览会(Idea Como),拜访各个面料生产商,选择他们下一个秋冬系列中将要使用的颜色和面料。为了让品牌次年新品系列的设计具有排他性、外观具有独特性,他们必须与面料生产商达成协议,购买满足最小码数要求的面料。

然后,设计师们回到其工作室,为次年2月或3月的时装秀准备新品系列。届时,媒体及来自世界各地百货公司和品牌集合店的买手都会参加。这些买手有针对各个品牌的固定预算,订购他们认可的产品,随后陈列在他们的门店内销售。

这些女装最迟在每年7月底生产并完成交付,在9月作为“秋冬系列新品”推出。只有在次年2月底,特价销售结束后,品牌才能知道这个新品系列是否成功,以全价出售了多少,以特价出售了多少,最后还剩多少商品没有卖出。

时装行业的时间周期为18个月。这个周期内还有一次春夏系列新品的发布。和秋冬系列一样,品牌要选用独家面料、签订协议、举办时装秀、让门店接受订单,直到特价销售结束后才知道成功与否。这就是为何一家奢侈品公司更换设计师后,新任设计师至少需要两年时间来重新定义品牌,打造全新的风格,然后才可能获得成功。

时装行业的时间周期非常固化,但一些品牌通过举办额外的新品系列[即所谓的度假系列(cruise collections)*]发布会来摆脱这种约束。大众市场的一些新兴品牌(如飒拉)就已经摒弃了时装界的传统,每年发布 26 个产品系列。不过,除非这些品牌有能力应对如此频繁的新品发布,否则它们很难采购到独家面料,不得不使用最普通的标准面料来生产并展示新品系列。

如此长的时间周期迫使品牌必须提前很长时间制定新品规划,消费者也需要在很长时间后才能真正在门店内观察到品牌风格或定位发生的重大变化。

2. 扭亏为盈的周期

从前文可以发现,奢侈品行业的重大战略决策都不会是短期行为。比如,一个奢侈品时装品牌更换设计师的影响要等到 2—3 年后才会显现。

品牌不可能在一夜之间发生改变。它们在消费者心智中具备了一定的品牌识别,并且很难被改变。例如,思琳是一个非常女性化的品牌,它推出男士产品系列的尝试显然不太成功。凡事总有例外:帕克·拉邦纳(Paco Rabanne)是一名女装设计师,但在百万夫人系列(Lady Million)女士香水成功前,他的香水品牌主要以男士香水而闻名。有些品牌很现代、时尚,有些品牌会被认为很经典。要改变消费者的这些观念是非常困难的。香奈儿是为女性打造的品牌,但它也有男士香水、领带和腕表系列。目前,它没有男士成衣,但从长远来看,它可能会推出这个系列。香奈儿已经准备在女装秀上展示男士产品系列,这不得不说是一个重大转变。这么做的目的是希望顾客将香奈儿视为一个男女皆宜的品牌。这可能还需要一些时间,男士成衣暂时还没有出现在香奈儿的门店内。当消费者改变了对香奈儿品牌的看法时,香奈儿男装就会正式出现。

圣罗兰的案例验证了我们的结论:品牌扭亏为盈非常需要时间。当这个时尚品牌被古驰集团收购时,每个人都认为它即将回到正轨。然而,由于此前已

---

* 例如,香奈儿每年五月前后会发布早春度假系列。

累计亏损了数亿欧元,该品牌被收购后又持续亏损了几年,直到2013年才扭亏为盈,如今已经是非常成功的奢侈品品牌。

一些投资者想收购或重塑那些失去形象、销售业绩惨淡的品牌,圣罗兰的案例则能给他们很多启示。收购或重塑腕表、葡萄酒和烈酒品牌相对容易,但时尚和香水品牌则非常困难。如果一个品牌现在做得不好,它的识别必须随着时间的推移而改变。但很矛盾的是,当品牌识别发生改变时,消费者往往会认为品牌被糟蹋了,品牌背离了创立之时的初衷。除非品牌愿意持续地投入大量时间、精力和资金维护品牌,否则最后的结果只能是失败。

当然,古驰和博柏利(Burberry)的转型做得比较成功,销售额大幅提升,我们将在后文做详细阐述。但是,像雅克法斯(Jacques Fath)、波比莫瑞尼(Popy Moreni)等小品牌,它们在失去品牌魅力、消费者兴趣和立足市场的条件后,再也无法回到镁光灯下了。

奢侈品公司漫长的转型时间决定了私募基金或个人买家很少收购小型奢侈品品牌。只有巴黎世家(Balenciaga)、巴尔曼(Balmain)和范思哲(Versace)等少数几个品牌成功,绝大多数转型都宣告失败。

这就是为什么奢侈品公司是家族企业起家,只有它们才可能接受长达几年的糟糕业绩,然后重振旗鼓再次实现盈利。很多品牌都有过类似的经历,包括香奈儿、菲拉格慕、阿玛尼(Armani)、范思哲、罗兰百悦(Laurent-Perrier)、保乐力加(Pernod Ricard)。更加值得一提的是,路威酩轩集团、开云集团(Kering)、历峰集团(Richemont)这三大奢侈品集团也是由家族控制的。事实上,除了少数几个品牌外,如博柏利、帝亚吉欧(Diageo)、雨果博斯(Hugo Boss)、海尔姆特朗(Helmut Lang),法国、意大利、美国、中国和日本的几乎所有奢侈品公司都被家族控制或属于一个家族控股的集团。

2.2 奢侈品的关键成功因素

伯纳德·杜布瓦(Bernard Dubois)教授曾从奢侈品的营销悖论(如表2.2所示)出发,探讨了这个主题。他认为奢侈品的关键成功因素与传统营销课程中讲述的内容完全相反。

表2.2 奢侈品的营销悖论

高价格	数量受控的经销渠道
高成本	频率较低的品牌推广活动
手工艺	文案简洁的广告

资料来源：Bernard Dubois, 1998, *L'Art du Marketing*, Paris: Village, 292.

乍看之下，高价格、高成本、没有在生产制造上的投资、数量受控的经销渠道与传统营销实践截然相反。不过，这一切都建立在品牌严控稀缺性的基础上。一方面，产品要有认知度，需要被人们看到；另一方面，产品价格要显露出高价格，并且不能被非常轻易地获得。顾客必须竭尽全力才能买到它。这是一种小众市场独特的营销方法，只有当品牌识别足够强大、在市场上立足时才能奏效。它还需要展示自己的美学理念：产品必须易于识别，并符合时代特征和时尚趋势。

2.2.1 需要一个强有力的品牌名

我们再探讨一下品牌识别的问题。奢侈品的品牌名通常以人名命名，其内涵逐渐延伸，始终给品牌带来附加值，诠释品牌存在的意义。

大多数奢侈品品牌一开始以工匠或设计师的名字来命名，他们与常人相比表现出非凡的创造力。路易·卡地亚（Louis Cartier）制作钟表和珠宝；索帝里欧·宝格丽（Sotirio Bulgari）在他的作品中融入古希腊和古罗马艺术，同时还保有当代艺术的特质。这些名字成为了顾客的参考，带有创始人姓名的产品绝对拥有独一无二的高品质。此外，还有为女演员制作鞋履的萨尔瓦多·菲拉格慕（Salvatore Ferragamo），为时尚的好友制作衣服的可可·香奈儿，创立同名时装系列的乔治·阿玛尼（Giorgio Armani）和华伦天奴·格拉瓦尼（Valentino Gara-vani）。宝诗龙（Boucheron）、尚美巴黎（Chaumet）和梵克雅宝（Van Cleef & Arpels）都是以家族姓氏来命名。

有些品牌并非以创始人的名字命名。比如，珀蒂让（Petitjean）家族创立了兰蔻。拉夫劳伦的品牌名由创始人独创，甚至逐渐取代了自己的本名。* 将奢侈品

---

* 拉夫劳伦的创始人原名为拉夫·利夫席茨（Ralph Lifschitz）。

公司的品牌识别与家族姓名联系在一起可以看出命名的重要性。像雅格狮丹和艾斯卡达(Escada)不是用人名命名,就缺少了一些显示品牌识别的元素。使用家族姓名命名品牌体现了一种传承,并告知他人,产品是为一小部分好友制作的(至少在品牌创立之初如此)。

2.2.2 品牌延伸及其正统性

建立品牌的第一步是确定品牌名。品牌名往往将业务范围限制在创始人的技艺内:菲拉格慕和普拉达做鞋,古驰制作手袋,路易·威登制作旅行包,查尔斯·克里斯托夫勒(Charles Christofle)制作镀银餐具[*],等等。

为了快速发展品牌,奢侈品公司需要扩大和多元化产品线,并通过广告投放增加销售量。在美国,卡尔文·克莱恩(Calvin Klein)非常出名,但在全球投放大量香水系列广告并一举成功之前,它在欧洲和亚洲的知名度很低。借此,它得以在欧洲和日本开设了时装系列的门店。

将产品线从一个品类拓展到另一个品类,我们称之为产品线延伸(line extension),奢侈品品牌需要很谨慎地对待这种策略。宝格丽(Bulgari)腕表从发布到成功历时 7 年。宝诗龙也几乎花费了同样的时间才建立腕表业务。虽然从珠宝到腕表的心理距离似乎很近,但消费者仍然需要很多时间来适应这种转变。

一些产品线的快速延伸不会带来明显的问题。普拉达从鞋履延伸到手袋,再延伸到女士和男士成衣,几乎每次都大获成功。古驰的产品线延伸也是如此。

其他一些品牌就没有那么一帆风顺了。20 世纪 90 年代,昆庭觉得餐具市场增长缓慢,考虑到自己是做银器起家的,该品牌决定推出一条铂金珠宝系列。推出后,它又生产了一款铂金腕表。然而,产品延伸得离其经典业务太远,它又未能在广告和推广方面投入足够的资金,结果,第一次产品延伸的尝试失败了,对品牌来说是一个重大挫折。如今,昆庭正在酝酿第二次产品延伸。

香奈儿非常谨慎地将产品线延伸到珠宝业务。它首先在巴黎旺多姆广场

---

[*] 查尔斯·克里斯托夫勒于 1830 年在法国创立品牌昆庭(Christofle)。

（Place Vendôme）和蒙田大道（Avenue Montaigne）特地开设了独立精品店,在门店内推出了一款腕表。香奈儿腕表成功打入了市场。直到四五年后,香奈儿才选择在珠宝品牌的集聚地——巴黎的旺多姆广场开设了一家大型珠宝店。这一次同样成功了。

巴卡拉（Baccarat）的发展故事也同样有趣。当时,巴卡拉主营水晶杯业务,并遇到了与昆庭相似的难题:餐具市场萎靡不振。巴卡拉随即决定专注家用灯具和烛台,并进军水晶首饰市场。它投入巨资,为这一产品线在门店内提供了最好的陈列位置。如今,灯具、烛台、水晶首饰占了该品牌的大部分销售额。

产品线延伸的管理原则可概括如下:

- 永远不要相信产品线延伸很容易;
- 必须投入很多资金和精力;
- 不要把产品线延伸当作副业;
- 别急于立即说服消费者,需要给他们一些时间;
- 强调品牌风格的一致性;
- 给出延伸的产品线适合品牌的足够理由。

当然,只要有时间和资金投入,一切延伸皆有可能,但在延伸之前谨慎地思考新品类将给品牌带来的差异和难题是至关重要的。

2.2.3 容易辨认的产品

无论哪种型号的奔驰或宝马轿车,人们都能马上辨认出来。设计、工艺、整体外观都不会被误认。

毫无疑问,当消费者购买奢侈品时,享受到的服务必须完美;产品也必须有卓越的品质,它像一件独特的手工作品,是为消费者精心准备的。仅这些还不够,它还要具有很高的美学价值。它不仅需要作为某产品系列中的一部分被呈现出来,而且要能被人们清晰地辨认出来。每个品牌都应该有自己的美学符号,并在其整个产品系列中保持很强的一致性。香奈儿香水瓶经典、简单、精致;圣罗兰的外套应该看起来与众不同,它的香水瓶也应该富有浪漫色彩、巴洛克情调、女性化特点。这些都应该第一时间被消费者辨认出来。

1. 设计的首要地位

奢侈品公司都会将设计工作列为优先事项。时装品牌如此,腕表和香水品牌也应如此。事实上,在创造一款香水时,两支不同的创意团队会参与其中:研发香水的"鼻子"团队和香水展示瓶的设计团队。同一香水品牌内的产品系列也应该具有内在的一致性[如法国娇兰(Guerlain)香水的气味普遍较重,带有1—2个小时之久的香草中调*],且每个产品都应该为品牌带来附加值。同样,圣罗兰的男装也应该与其女装有共通之处。

这就是奢侈品品牌管理层应该与各种类型的设计师沟通交流的原因。只要他们有共同语言和对品牌的共同理解,他们就能够讨论开发新产品需要探索的各类问题。

2. 立足市场的理由

品牌下的每个产品系列都应该有立足市场的理由。例如,阿玛尼集团推出了眼镜产品,这些眼镜不应该只是带有阿玛尼品牌标志的普通眼镜,必须有特别之处。每条新产品线或新品类都需要根据品牌识别的两大方面(即品牌伦理和品牌美学)进行重新设计,我们将在本书第6章详细阐述这部分内容。

这就是为何品牌无法真正管控的特许经营产品现在大部分已经被市场淘汰。长久以来,巴黎罗莎(Rochas)在欧洲主营全时尚系列和香水产品,在日本特许经营女士成衣。兰姿在欧洲主营皮具,但在日本特许经营女士成衣、内衣、鞋履与男士衬衫、袜子。这种经营方式在20世纪六七十年代完全不会存在问题,因为当时旅游业没有那么发达,信息也不通畅。如今,特许经营存在一个巨大的弊端:当顾客了解到足够的品牌信息后,会拒绝购买它们的商品,消费者对品牌不再那么感兴趣,品牌认知度会降低,顾客的需求也不会再那么苛刻,也就是说,它们会迅速沦落为中端品牌。

一般而言,这些都是通用的定位原则,适用于任何产品的营销分析。不过,奢侈品与普通商品有很大的差异,我们必须回归到工艺的概念上去。奢侈品是精心制作和设计的。奢华香水如此,女装和外衣也是如此。奢华香水的精致程

---

* 香水的气味按时间变化可分为前调(top note)、中调(heart note)和尾调(base note)。其中,中调在前调消散后出现,在尾调前结束,是香水真正表现魅力之处。

度应该与其外观相匹配。从瓶形到内外包装,产品的每一个元素都应该经过精心设计,让消费者每次都能感受到品质感和完美设计。巴黎欧莱雅花蕊系列(Plénitude)和兰蔻的抗皱霜虽然都是一个集团旗下的产品,但两者包装瓶的形状、重量、封口都大不相同,这体现了普通商品和奢侈品的差异。

然而,普通商品的外观和营销方式正在逐渐升级,奢侈品公司需要更加努力地保持领先地位。

工艺应该是所有奢侈品独特的标签,每个奢侈品品牌都应该展示其品牌伦理和美学价值。

2.2.4 社会与文化环境

品牌伦理和美学价值产生了其他影响,它们将奢侈品行业融入艺术领域和当下的文化趋势。奢侈品行业寻求新的形状、颜色、触感或消费模式,比其他任何行业都贴近文化圈。因此,奢侈品广告不同于传统的,其为目标消费群寻找一个特殊的美学环境和艺术共鸣。奢侈品一定反映了某种文化。

1. 紧随社会潮流

奢侈品行业的头部品牌始终紧随社会潮流,这点非常重要。例如,古驰曾经性感别致的品牌定位得到了当时目标顾客的强烈认可;范思哲性感女装的定位及其品牌交流方面都很好。如今,性感别致似乎不能再吸引消费者,古驰就把产品重新定位于更经典、年轻化、色彩丰富。可惜的是,范思哲未能解读到消费者的转变而重新定位,这导致其销售额大幅下降;直到后来,范思哲推出了精美的女士晚宴礼服和男士西服套装,它才回到了正轨。

帕克·拉邦纳和他设计的闪耀眼球的金属连衣裙代表了1968年前后的性解放精神。当时,这种解放精神无处不在,唤起了公众的强烈兴趣。拉邦纳为简·方达(Jane Fonda)和碧姬·芭铎(Brigitte Bardot)定制了礼服,以表对全新生活方式的致敬。时尚杂志不断展示他设计的服装款式,并采访他谈论新的社会潮流。当时,他是关键意见领袖;但如今,几乎没有人会对他的看法和评论有兴趣。

消费者会用奢侈品来表明自己的与众不同、位于社会潮流的最前沿,而非脱离了社会发展。

契合社会潮流和时代精神是奢侈品十分突出的特征。当那些女性消费者渴望回归自然和简单的社会时,她们钟爱丹麦设计师派尔·斯布克(Per Spook)设计的天然厚羊毛针织外套和米黄色棉质西服套裙装。当她们希望自己看起来很性感,就选择范思哲。当时代潮流变得传统和保守,流行女性的成熟感时,香奈儿则有很多符合她们品位的潮流产品。

从结果来看,有些品牌一度发展得很快,然后衰落了。这并非一定源于管理效率低下或营销手段出错,而只是被时代潮流淘汰了。成功的营销方式应该与消费趋势保持一致。一个难题随之产生:奢侈品公司为了适应社会变革而对产品和品牌定位做出改变,如何把握这个"度"呢?

2. 对变化趋势的反应

如前文所述,当帕克·拉邦纳的设计理念与 20 世纪 90 年代后期出现的性感潮流趋势格格不入时,他的魅力随即消失殆尽。把产品设计定位为性感、设计出精致的金属连衣裙的设计师本应是帕克·拉邦纳,而非詹尼·范思哲(Gianni Versace)。然而,他当时认为,这不是他的风格,他没有必要做出改变。

菲拉格慕的例子也十分有意思。它的产品线从高品质鞋履延伸到市面上最优质的丝绸领带和围巾。人们可以通过迷人的色彩和精美的印花认出哪个是菲拉格慕的领带,这些印花基本源于古老的波斯手绘图案。但如今,纯提花真丝领带是流行趋势,菲拉格慕是否应该改变其产品理念呢?事实上,它的确推出了一些提花真丝领带新品,但却难以将自己的新品与竞品区分开来。

在本节的结尾,我们希望提醒奢侈品公司的管理者,这个行业存在很多潜在的不确定因素。成功(或失败)往往既源于社会环境的变化,也是个人管理风格的结果。

2.3　主要的奢侈品公司

我们有必要在本节介绍奢侈品行业的主要公司。很多文章写道:未来趋势是向大集团方向发展,独立公司从长远来看在奢侈品市场中没有立足之地。真的是这样吗?

2.3.1 奢侈品的市场规模

如前文所述,奢侈品公司的规模是相对的概念。关于奢侈品市场的数据来源非常少,我们只能参考贝恩公司(Bain & Company)发布的年度报告,从中提取精确的数据,然后做出估算。

当然,估算数据取决于奢侈品的定义范畴,是狭义概念(即时尚、皮具及其配饰、化妆品和香水、葡萄酒和烈酒等),还是包括豪华汽车(贝恩市场估值为5 000亿欧元)、私人飞机、旅行和酒店与服务业(贝恩市场估值为1 900亿欧元)的广义概念。更广义地来说,还可以涵盖奢侈品的生产工厂和服务型公司,它们的市场规模甚至可达1.2万亿欧元。贝恩统计的是"个人奢侈品"的市场规模,如表2.3所示。

表2.3 贝恩预测: 2018年全球个人奢侈品的市场规模　　　　　　　　　　单位: 十亿欧元

品　类	规　模
服　装	60
配　饰	75
珠宝和腕表	51
美　妆	51
总　计	237

资料来源:贝恩公司2018年奢侈品市场研究报告。

上述统计应该是经过严谨的分析得到的精准数据。我们在此基础上补充葡萄酒和烈酒、餐具,小计710亿欧元(如表2.4所示)。

表2.4 本书估算: 2018年全球奢侈品的销售规模　　　　　　　　　　单位: 十亿欧元

品　类	规　模
服　装	60
配　饰	75
烈酒与优质葡萄酒	65
香水与化妆品	65
腕　表	26
珠　宝	45
餐　具	6
总　计	342

　　　　　　　　　　　　　　　　　　　　　　　　　　奢侈品品牌管理(第四版)

这里需要解释一下我们的数字与贝恩的预测有哪些异同。贝恩的"配饰"数值非常大,应该包括了皮具的市场规模,我们在此不做细分。我们把"优质葡萄酒"定义为每瓶零售价超过 10 欧元的葡萄酒。我们对"珠宝和腕表"的估算有所不同,本书将两者单独列出,并将珠宝品牌旗下腕表业务的市场份额也计算在"珠宝"中。

基于此,我们对比了法国和意大利奢侈品公司的相对规模(如表 2.5 所示)。表中数值仅为本书的估计值,且已四舍五入。

表 2.5　法国和意大利奢侈品公司市场份额估算

品　类	总　计 (十亿欧元)	法　国 (%)	意大利 (%)	其他国家 (%)
成　衣	60	20	30	50
配　饰	75	25	35	40
烈酒与优质葡萄酒	65	15	10	75
香水与化妆品	65	35	5	60
腕　表	26	5	5	90
珠　宝	45	7.5	5	87.5
餐　具	6	40	10	50
总　计	342			

资料来源:作者与各行业专家研讨后估算。

成衣品类中,意大利和法国奢侈品公司占了 55% 的市场份额,其中,意大利显然处于领先地位。其他国家包括美国、英国等。由于我们仅探讨奢侈品公司,不考虑美国的丽资克莱本(Liz Claiborne)、盖璞或香蕉共和国(Banana Republic)等品牌,因此美国只有拉夫劳伦和迈克高仕,在这一品类中并无优势。

腕表品类中,瑞士稳稳占据了市场主导,法国和意大利只能位于第二梯队。

从市场总额来看,法国和意大利奢侈品公司分别占了 750 亿和 600 亿欧元的市场。法国主导了配饰和香水市场。意大利没有强势的香水品牌,阿玛尼、古驰和杜嘉班纳的香水也不是意大利公司研发、销售的。意大利在全球烈酒市场同样表现一般。

不过,意大利在时装品类上的实力有目共睹。法国有 8 个销售额超过 10 亿欧元的品牌,它们是巴黎世家、卡地亚(Cartier)、香奈儿、迪奥、爱马仕、路易威登、圣罗兰和梵克雅宝,其中 5 个品牌的核心业务在成衣品类。而意大利有 14 个销售额超过 10 亿欧元的品牌,它们是阿玛尼、葆蝶家、宝格丽、杜嘉班纳、芬迪、古驰、诺悠翩雅(Loro Piana)、麦丝玛拉(MaxMara)、盟可睐(Moncler) * 、普拉达、菲拉格慕、华伦天奴、范思哲和杰尼亚(Zegna),其中有 13 个来自时装和成衣品类。

从长远来看,香水产品通常凭靠成衣优势打造而成,意大利在时装市场上的主导地位可以促进其香水业务的发展。假设有一天古驰、普拉达和范思哲的香水能与香奈儿、迪奥和圣罗兰平分秋色,那么意大利品牌很可能占据最大的香水市场份额。

在过去 30 年中,法国时装和成衣品牌的发展速度十分缓慢,原因在后文将详细阐述。近年来创立的时装品牌还得追溯至圣罗兰和凯卓(Kenzo)——这看上去离现在实在太过遥远。

2.3.2　寡头垄断还是竞争市场?

很多媒体报道认为,奢侈品行业已经成为大型集团竞争的行业,小公司已无立足之地,但事实并非如此(如表 2.6 所示)。

表 2.6　主要的奢侈品公司　　　　　　　　　　　　　　　　　　　　　单位:百万欧元

奢侈品公司	奢侈品业务营收 (2019 财年或 2018/2019 财年)	备 注
路威酩轩	38 989	加上分销收入,总计 53 700
开 云	15 383	
历 峰	13 989	
帝亚吉欧	12 926	加上健力士(Guinness),总计 15 389
雅诗兰黛	12 098	

---

* 盟可睐于 1952 年在法国莫内斯蒂耶·德·克莱蒙小镇(Monestier-de-Clermont)创立,此品牌名即为该小镇的法文缩写。2003 年,盟可睐被意大利企业家雷莫·鲁夫尼(Remo Ruffuni)收购;2013 年,它在米兰证券交易所上市;截至 2022 年,盟可睐公司总部位于米兰。品牌国籍不应随公司目前总部的所在国、收购方的国籍或上市地而发生改变,但此处保留原书的观点,将盟可睐列为意大利品牌,参见 www.moncler.com.cn。

奢侈品公司	奢侈品业务营收 （2019 财年或 2018/2019 财年）	备 注
欧莱雅	11 000	加上中低端市场，总计 29 900
依视路-陆逊梯卡 （Essilor Luxottica）	8 880	集团总营收为 16 160
科蒂（Coty）	8 646	
保乐力加	8 448	
香奈儿	8 400	
爱马仕	5 960	
拉夫劳伦	5 704	
Capri	5 566	
Tapestry	5 409	

资料来源：公司年报或作者估算。

如果小型奢侈品公司在全球市场有足够多的拥护者，它们一样能在奢侈品行业中做得很好。

2.3.3 三大奢侈品集团

人们经常会谈及奢侈品行业的三大集团，即路威酩轩集团、开云集团和历峰集团。事实上，历峰集团的规模与雅诗兰黛集团、欧莱雅集团、帝亚吉欧集团和保乐力加集团（后两者经营葡萄酒与烈酒）相差无几。本节仅讨论上述三大集团，我们将在下一章详细介绍其他公司。

1. 路威酩轩集团

表 2.6 中，路威酩轩集团 2019 年的营收约为 390 亿欧元，是因为我们从总营收 537 亿欧元（如表 2.7 所示）中除去了分销收入。

路威酩轩集团的财务数据令人惊叹，近一半的营收由时装与皮具部门贡献，并且该部门的营业利润占了集团的 64%。

对于路威酩轩集团来说，2019 年是成功的一年。2009 年到 2019 年的营收增长非常惊人。这不仅归功于运营能力提升，也要归因于集团收购了一系列品牌，如思琳、芬迪、诺悠翩雅、宝格丽等。

表 2.7 路威酩轩集团的财务数据

| | 营收(百万欧元) | | 营业利润
(百万欧元) | 利润率(%) |
	2019 年	2009 年	2019 年	2019 年
葡萄酒与烈酒	5 576	2 740	1 729	31.0
时装与皮具	22 240	6 302	7 344	33.0
香水与化妆品	6 835	2 741	683	10.0
珠宝与腕表	4 405	764	736	16.7
精品零售	14 711	4 533	1 395	9.5
其他业务	(67)	(27)	(383)	
总　　计	53 700	17 053	11 504	21.4

资料来源:路威酩轩集团年度报告。

路威酩轩集团在 2009 年、2014 年和 2019 年的整体业绩表现如表 2.8 所示。

表 2.8 路威酩轩集团的营业数据

| | 2019 年 | | 2014 年 | | 2009 年 | |
	金额 (百万欧元)	占比 (%)	金额 (百万欧元)	占比 (%)	金额 (百万欧元)	占比 (%)
营　收	53 700	100.0	30 638	100.0	17 053	100.0
营业利润	11 540	21.4	5 715 *	18.7	3 352	19.6
净利润	7 171	13.3	5 648	18.4	1 973	11.6

资料来源:路威酩轩集团年度报告。

2019 年,路威酩轩集团的净利润率为 13.3%,表现中规中矩。时装与皮具部门的营业利润率为 33%,葡萄酒与烈酒部门的为 31%,数据十分可观,它们可能是奢侈品行业中利润率最高的部门。不过反观香水与化妆品部门,录得 68.35 亿欧元营收和 6.83 亿欧元营业利润(如表 2.7 所示),我们可估算净利润为 1.37 亿欧元[①]。换言之,香水和化妆品部门的盈利能力远低于其他业务部门,也低于香水行业的普遍预期水平。

---

* 2014 年路威酩轩集团的营业利润为 57.15 亿欧元,原文此处的数据为"5 718",已修正,可参考 2014 年路威酩轩集团年度报告(r.lvmh-static.com/uploads/2015/04/lvmh_ra2014_gb.pdf)。

时装与皮具部门及葡萄酒与烈酒部门的业绩尤为突出。后者旗下包括库克香槟(Krug)、唐培里侬香槟王(Dom Pérignon)、酩悦香槟(Moët & Chandon)、凯歌香槟(Veuve Clicquot)和轩尼诗(Hennessy)等品牌。前者旗下也有很多品牌,如路易威登、迪奥、芬迪和诺悠翩雅等。路威酩轩集团要解决的难题是哪些品牌的地位更优先。思琳似乎凭借现有规模和未来潜力获得了很多重要资源和研发资金;但是,伯尔鲁帝(Berluti)作为路威酩轩集团旗下仅有的只经营男性时尚业务的品牌,其商业计划中却包括大量开设品牌独立门店。难题仍然没有解决:如果其他品牌的盈利能力较弱,对集团的利润贡献很小,它们的未来该何去何从?

从地域分布情况来看,路威酩轩集团表现得非常平衡(如表2.9所示)。

表2.9　路威酩轩集团业绩的地域分布情况（2019年）

区　域	份额(%)
法　国	9
欧洲其他国家	19
美　国	24
日　本	7
亚洲其他国家	30
全球其他国家和地区	11
总　计	100

注:集团下不同部门和品牌的地域分布情况不尽相同。
资料来源:路威酩轩集团年度报告。

2. 开云集团

开云集团创立于1999年。其前身皮诺-春天-雷都集团(Pinault-Printemps-Redoute Group)收购了古驰集团的少数股权,以及伊夫圣罗兰时装部门和伊夫圣罗兰美妆部门。此后,集团又收购了许多其他品牌,包括葆蝶家、宝诗龙和巴黎世家等。在本就为数不多的奢侈品集团中,它是通过收购成熟品牌和培育全新品牌[如亚历山大麦昆(Alexander McQueen)]发展壮大的。

2013年,集团更名为"开云"。表2.10汇总了开云集团的营收和营业利润情况。

表 2.10　开云集团的财务数据　　　　　　　　　　　　　　　　　　　　单位: 百万欧元

	营　　收				营业利润		
	2019 年	2015 年	2010 年	2005 年	2019 年	2009 年	2008 年
古　　驰	9 628	3 898	2 266	1 807	3 947	618	625
圣罗兰	2 049	974	269	162	562	(10)	0
葆蝶家	1 168	1 286	511	160	215	92	101
其他奢侈品品牌及业务	2 538	1 708	564	907	318	(8)	5
总　　计	15 383	7 865	4 011	3 036	5 042	692	731

资料来源:开云集团年度报告。

　　古驰和圣罗兰在过去 5 年内业绩表现突出。葆蝶家的发展则起伏得多。2005 年,葆蝶家和圣罗兰的营收水平相近,但此后至 2013 年,葆蝶家的营收增长极快。再看看圣罗兰,在 2013 年前,它的业绩表现十分糟糕,但 2013 年后转型成功,如今业绩表现越来越好。反而,葆蝶家的销售和盈利能力遇到了快速下降的难题。它的业绩也许正在好转,我们需要拭目以待。

　　3. 历峰集团

　　历峰集团的总部位于日内瓦,年营收达 139.89 亿欧元。它一度是全球第二大的奢侈品集团,主营时装、珠宝和腕表业务。然而,历峰集团在腕表业务上遇到瓶颈,又鲜有涉足时尚业务,这导致过去 5 年的发展速度比竞争对手缓慢(如表 2.11 所示)。2019 年,它整合了两个电商平台,即 NAP(www.net-a-porter.com)和 YOOX,组建了 YNAP 电商平台。

表 2.11　历峰集团的财务数据　　　　　　　　　　　　　　　　　　　　单位: 百万欧元

年份	营　　收	营业利润	净利润
2019	13 989	1 943	2 787
2018	10 979	1 844	1 221
2017	10 647	1 764	1 210
2015	10 410	1 339	2 837
2013	10 150	2 426	2 005

资料来源:历峰集团年度报告。

表 2.12 汇总了历峰集团各品类的业绩表现。

表 2.12　历峰集团各品类的业绩表现 *　　　　　　　　　　　　　　　　　　　单位: 百万欧元

| | 营　　收 | | | | 营业利润 |
	2019 年	2015 年	2010 年	2005 年	2019 年
珠宝业务	7 083	5 657	2 688	844	2 229
腕表业务	2 980	3 123	1 437	1 750	378
在线销售	2 105				(100)
书写工具	2 537		551	297	
皮具与配饰			584	780	
其他业务	1 881	1 630			(264)
未分配项			46		
总　　计	13 989	10 410	5 176	3 671	1 943

注:2010 年起,"皮具与配饰"被并入"其他业务"。
资料来源:历峰集团年度报告。

2019 年,历峰集团的珠宝业务(即卡地亚和梵克雅宝)总营收占集团的51%,营业利润是集团的 1.15 倍。其中,卡地亚的贡献最大,梵克雅宝在过去10—12 年业绩的强劲增长也有目共睹。江诗丹顿(Vacheron Constantin)、名士(Baume & Mercier)、积家(Jaeger-LeCoultre)、朗格(A. Lange & Söhne)、沛纳海(Panerai)、万国(IWC)和伯爵(Piaget)等腕表品牌也表现不俗。

书写工具方面,万宝龙(Montblanc)的业绩十分突出;万特佳(Montegrappa)曾是集团旗下的品牌,后被出售。历峰集团唯一的短板在于皮具业务,如今旗下品牌只剩登喜路(Alfred Dunhill),并且一直在亏损。皮具与配饰已经被并入其他业务,追踪皮具业务的相关数据变得更加困难。

历峰集团主营珠宝和腕表,旗下有卡地亚和梵克雅宝两大明星品牌,以及非常强大的腕表品牌架构。经过几年的艰难运营后,历峰集团的业绩将会反弹并稳步提升。这就是奢侈品行业的奇妙之处。

---

* 原文 2015 年的业绩数据有误,已修正,可参考 www.richemont.com/media/td5ffps3/annual-report-2015.pdf。

2.3.4　独立品牌的奢侈品公司能否生存下去?

这个问题的答案很简单。只有一个品牌的独立奢侈品公司能够生存下去,并能良好地运营下去。阿玛尼、爱马仕、香奈儿、普拉达都是独立奢侈品公司的成功范例。

在多品牌的奢侈品集团,管理层必须决定在哪些方面重点投资,"地位较低"的品牌将会遇到困难。同时,集团为了弥补这些品牌造成的亏损,可能导致潜力很大的品牌由于投资不足陷入苦苦挣扎的困境。

很显然,大型的多元化集团不一定比独立公司(如香奈儿或爱马仕)的盈利能力更强。不过,集团可以为小品牌提供现金流,扶持它们成长,未来这些品牌能反过来为集团带来业绩增长和利润。一些集团就是如此,但有一些却无法做到。

总结本章内容,我们可以发现:奢侈品行业与普通行业非常不同,前者遵循不同的市场规则,在时间周期、财务特征和规模方面明显不同。奢侈品公司的关键成功因素也很特殊。多品牌的大型奢侈品集团非常有市场竞争力,但一些小型的独立公司仍然可以保持盈利,旗下的单一品牌不断发展壮大。

下一章,我们将分析奢侈品行业的各个业务类型。

注释

① 计算过程如下:路威酩轩集团的营业利润率减去净利润率约为 8%。香水与化妆品部门的营收为 68.35 亿欧元,营业利润为 6.83 亿欧元。我们假定该部门的财务情况与集团一致,则可计算净利润为 6.83 亿×(10% − 8%) = 1.37 亿欧元。

第 **3** 章

奢侈品的主要业务类型

　　我们已经用惯了"奢侈品品牌"的说法，甚至忘记了这其实是一个相对较新的概念。多年来，奢侈品行业的各个业务被认为是完全独立的，每个业务都有各自的联盟组织：时装联合会、皮具联合会、香水与化妆品联合会等。一瓶香槟和一件女装似乎在生产和销售过程中没有太多共同之处。香槟通过十分现代化的机器自动化生产而得，不仅在酒类专卖店，也在大型超市和商场里销售；而高级女装往往是手工制作，产量有限，在全球独家奢侈品专卖店出售。

　　法国人可能最先发现了香槟与高级女装的共同之处。因此，他们在 1954年创建了法国精品行业联合会，向外界推广奢侈品的理念。

　　法国精品行业联合会的价值观可以作为奢侈品的全球性理念："多元化的联合会成员分享当代生活艺术的共同理念，并不断发展和丰富这一理念。它们对国际化追求、真正的专业知识、高标准、设计和创意、职业道德的重要性有共同的看法。"联合会成员来自以下几个业务类型 * ：

- 汽车
- 设计与装修
- 香水与美妆
- 黄金与贵金属

- 水晶
- 陶瓷
- 美食
- 高级定制与时装

---

　　* 截至 2022 年 6 月，汽车类型已不存在，布加迪（Bugatti）于 2015 年加入法国精品行业联合会，但它已不在最新名单中；"银与铜饰品"和"黄金与贵金属"合并，统称为"金银器"。

- 服务业
- 出版物
- 音乐

- 皮具
- 银与铜饰品
- 葡萄酒与烈酒

在法国精品行业联合会成立时,奢侈品行业的概念仍在慢慢发展,上述业务的共同之处还并不明显。然而现在,这本书本身就可以证明,奢侈品的概念已经很普及了。

该联合会业务类型的组成非常有趣,涵盖范围不仅包括各个行业,还包括原材料。例如,时尚行业包括鞋履吗?美食行业肯定包括餐厅,但是否包括高级巧克力或糕点呢?又如,联合会业务类型包括黄金与贵金属,也包括银与铜饰品,这都涉及珠宝业务,但是否包括复杂腕表呢?值得一提的是,法国精品行业联合会有一位豪华汽车成员,即创立于1909年的布加迪,而谛艾仕(DS)和阿尔派(Alpine)并不在内。此外,业务类型还包括服务业、美食、装修与装饰。

联合会正式成员中并没有航空公司[法国航空(Air France)仅仅为该联合会的文化机构成员]或旅行社。

我们将在本章阐述奢侈品行业的各个独立业务,从而读者可以清晰地了解不同业务类型的特征和关键成功因素。

3.1 成衣

本节内容包括女士成衣、男士成衣和高级定制。在第2章中,我们已经估算过,这部分业务的市场份额约为600亿欧元。

虽然香水与化妆品、葡萄酒与烈酒等其他业务的销售额可能更高,但就奢侈品形象而言,奢侈品时装业务无疑是最重要的。奢侈品公司举办时装秀,不断推出新品,始终引领新潮流、新版型和新色彩,此业务仍然是媒体报道频率最高的业务,与艺术领域的联系最为密切。

尽管大多数奢侈品专业的学生都希望从事时装业务的工作,但奢侈品行业中时装岗位的占比不到20%,并且大部分员工在门店内负责向终端消费者展示并销售商品。正如前文提及,奢侈品公司的营销部门规模非常小,生产往往外包,实现盈利也并易事。很多品牌的时装业务始终亏损,我们将在后文解释其原因。

本节将详细阐述奢侈品时装市场状况、关键管理问题，以及最常见的公司组织架构。

3.1.1　时装业务及其运营

1. 市场状况

当下，意大利的奢侈品时装业务（包括配饰）的市场份额是最高的，其规模约为 650 亿欧元。

意大利的时装业发展较法国晚，如阿玛尼、古驰、普拉达、华伦天奴和范思哲等品牌直到 20 世纪 70 年代中期和 80 年代才开始崭露头角。最后一批主流的意大利创意品牌有 1983 年的莫斯奇诺（Moschino）和 1985 年的杜嘉班纳，以及 2003 年被意大利企业家收购的盟可睐等。相比之下，最后一批成功的法国奢侈品时装品牌就数 1961 年的圣罗兰、1975 年的雅昵斯比（Agnès B.）和 1980 年的凯卓等。此后，虽然阿莱亚（Alaïa）、高缇耶（Jean Paul Gaultier）、克洛德蒙塔那（Claude Montana）和蒂埃里穆勒（Thierry Mugler）等品牌相继在法国诞生，但这些品牌都未能在时装界带来重要的影响力。在这个业务领域，意大利人似乎比法国人更有优势，他们的品牌仍然非常新颖，产品非常多样，在全世界主要城市开设新店。意大利时装品牌的新潮正是顾客们所喜爱的。30 年前，东京帝国酒店（Imperial Tower）或香港半岛酒店（Peninsula Hotel）等奢侈品购物商圈的门店大多数是法国品牌，而如今，意大利品牌取而代之，其影响力更强。消费者被它们的精湛工艺和质量折服。

值得一提的是，许多顶级的意大利品牌并非从时装业务起步。例如，古驰奥·古驰（Guccio Gucci）最初是一名手袋制作师；萨尔瓦多·菲拉格慕是一名鞋匠；爱德华多·芬迪（Edoardo Fendi）和阿黛勒·芬迪（Adele Fendi）夫妇是皮草专家；马里奥·普拉达（Mario Prada）从手袋、鞋履、衣箱和行李箱的设计和销售起家。他们凭借各自的工艺基础，延伸创造了有趣、有创意、时尚的女士成衣系列。

以芬迪为例，作为一个皮草起家的品牌，芬迪的知名度和影响力远不及莱维安（Revillon）。然而，莱维安是一个纯粹的皮草品牌，皮草市场衰落之时，它仍只销售皮草。与此同时，芬迪先后推出鞋履、皮具和成衣，随后，其女士手袋获得了巨大成功。20世纪70年代，它聘请了卡尔·拉格斐（Karl Lagerfeld）设计女士成衣系列。一开始，芬迪的销量很小，但它坚持了下来；2019年，芬迪的销售额预计约16亿欧元。芬迪的产品线逐渐完善，在手袋和成衣业务方面非常有竞争力。反观莱维安，它直到20世纪90年代才决定剥离皮草业务。然而，莱维安缺乏变革的力度，缺少对奢侈品行业的理解，产品线也失去一致性，这个品牌如今几乎已经消失在人们的视线范围内了。

意大利品牌从创立之初的业务转为成衣，成功的原因在于意大利有强大的面料供应商、成衣制作工坊和外包商，以及勇于承担风险、富有创造力、开放的市场环境。这构成了一个极其良好的成衣商业生态。多年以来，芬迪成衣都是特许授权给外部工坊制作，销售额非常低。虽然成衣业务有时还会发生亏损，芬迪始终有力、明智地支持这个业务。若干年后，芬迪的成衣业务已经开始盈利。

尽管诸如阿玛尼或华伦天奴这样的品牌非常乐于参与巴黎时装秀，但意大利时装品牌从未着力推广高级定制（haute couture）系列*。它们相信，把有创意的成衣系列放在门店里销售，把所有精力投入在每年两次的高级成衣时装秀上，足以让产品畅销。

相较于法国时装品牌，意大利时装品牌较少有特许经营业务，不过它们仍然有很多独家授权商。我们将在后文详细阐释这种现象。时装市场充分竞争，并且快速发展，没有一个品牌会自诩完全独占鳌头。例如，普拉达的成衣已经被公认为翘楚，似乎品牌自创立起便是如此，但事实上，成衣业务发展至今不足30年。

意大利品牌始终有一众创意人才，其商业运营的能力也很强。弗兰科·莫斯奇诺（Franco Moschino）联手一位能力超群的品牌管理者提齐安诺·古斯蒂（Tiziano Gusti）发展自己的品牌。詹尼·范思哲最初是与他的商业能力很强的同窗好友克劳迪奥·卢蒂（Claudio Luti）合作，运营自己的品牌。1975年，乔

---

* 包括乔治阿玛尼高级定制系列（Giorgio Armani Privé）、华伦天奴、范思哲高级定制系列（Atelier Versace）、詹巴迪斯塔·瓦利（Giambattista Valli）在内的意大利品牌或产品线都是法国高级定制和时装联合会（Fédération de la Haute Couture et de la Mode，FHCM）的高级定制会员，通过每年两次参加巴黎高级定制时装秀，推出高级定制系列，向时尚爱好者展示品牌形象、设计理念和制作工艺。可参考：www.hautecouture.fhcm.paris。

治·阿玛尼（Giorgio Armani）与塞尔吉奥·加莱奥蒂（Sergio Galeotti）一起开创了品牌，加莱奥蒂已经过世，而阿玛尼本人如今已成为少有的设计师和商人的结合体。

法国的时装业务则传统得多，如香奈儿和迪奥等世界顶级品牌都是在第二次世界大战前后创建的。当时的法国人充满了创新之举：克里斯汀·迪奥（Christian Dior）创造了特许经营的方式，后来成为包括皮尔卡丹在内的许多品牌创立的基础。他们不仅创造高级定制，他们也是首批以自己名字命名、凭借自身形象发展香水业务的设计师。可可·香奈儿于 1921 年推出其第一款香水；第二次世界大战后，卡纷和迪奥也推出香水产品。时至今日，这些法国时装品牌在香水业务上仍具有强大的表现力。

法国人也以传统"高卢雄鸡"式的方式建立了市场壁垒。20 世纪七八十年代，在法国新创一个时装品牌十分困难。推出高级定制时装系列成本高昂且极其艰难。法国的成衣制作工坊数量极少，它们都不愿意接收小品牌或新品牌的订单。因此，很多法国新品牌不得不将成衣生产线外包给意大利公司。

很多新兴的设计师将自己定位为创新者，希望推出抓人眼球的服装产品。遗憾的是，他们的努力没有起效。过去 40 年，只有凯卓发展成为一个比较成熟的品牌。蒂埃里·穆勒（Thierry Mugler）和让·保罗·高缇耶（Jean Paul Gaultier）的品牌有了一定知名度，香水业务发展迅速，但时装业务还有待挖掘潜力。克洛德·蒙塔那（Claude Montana）无疑是他那一代人中最有天赋的设计师之一，但他的品牌已经日落西山。其他有才华的设计师，如安杰罗·塔尔拉兹（Angelo Tarlazzi）、梅勒内·德·普莱蒙维尔（Myrène de Prémonville）、阿瑟丁·阿莱亚（Azzedine Alaïa）和荷芙·妮格（Hervé Léger）*等，都有资本打造出经久不衰的时装品牌，但最终都未能成功。

新一代具有强烈商业意识的设计师，创立了诸如 Regina Rubens 和 Paule Ka 等正在崛起的品牌，但它们并不被视为奢侈品品牌。在过去 20 年里，一些法国创意品牌取得了比较成功的业绩，如 Maje、桑德罗（Sandro）、Claudie

---

* 该设计师原名为荷芙·珀涅（Hervé Peugnet）。1985 年，他在卡尔·拉格斐的建议下将姓改为美国人更容易发音的妮格（Léger），并创立了同名品牌荷芙·妮格（Hervé Léger）。2000 年，他又更名为荷芙·L. 勒鲁（Hervé L. Leroux），并使用至 2017 年去世。品牌名荷芙·妮格始终未变。

Pierlot、萨迪格&伏尔泰（Zadig & Voltaire）和巴安斯（ba & sh），它们是高端时装品牌，也并不属于奢侈品市场。

表3.1列出了销售额超过10亿欧元的一线品牌。它们业绩如此斐然的原因是它们在广告上投入了大量资金，在全球各个国家开设了门店，其丰富的产品线吸引了不少顾客。这些都是门店实现盈亏平衡的必要条件。我们通常可以在很多主要的奢侈品购物商圈内找到这些品牌的门店。

表3.1　一线品牌列表（销售额超过10亿欧元）

法国品牌	意大利品牌	
巴黎世家	阿玛尼	麦丝玛拉
香奈儿	葆蝶家	盟可睐
迪　奥	杜嘉班纳	普拉达
爱马仕	杰尼亚	菲拉格慕
路易威登	芬　迪	华伦天奴
圣罗兰	古　驰	范思哲
	诺悠翩雅	

表3.2列举了一些二线品牌，它们的年销售额超过1亿欧元。（一般来说，那些销售额不足1亿欧元的品牌在原产地国家或在两三个国家有一定的知名度，但在全球奢侈品市场上并不是主流品牌。）二线品牌在纽约、北京和香港等国际大都市开设门店，能吸引大量的奢侈品人才在那里就职，盈利并不成问题。这些品牌并不一定会在所有大城市都设有销售点。

表3.2　二线品牌列表（销售额为1亿—10亿欧元）

法国品牌	意大利品牌
雅昵斯比	阿尔伯特·菲尔蒂（Alberta Ferretti）
巴尔曼	蓝色情人（Blumarine）
伯尔鲁帝	布莱奥尼（Brioni）
思琳	布内罗·古奇拉利（Brunello Cucinelli）
蔻依（Chloé）	艾绰（Etro）
纪梵希	费雷（Ferre）

法国品牌	意大利品牌
凯卓	祈丽诗雅(Krizia)
浪凡(Lanvin)	罗贝拉(La Perla)
逦媛纳(Leonardo)	罗娜(Laura Biagiotti)
	莱卡门(Les Copains)
	玛丽安娜·布兰妮(Mariella Burani)
	梅琳娜·丽娜蒂(Marina Rinaldi)
	玛尼(Marni)
	米索尼(Missoni)
	缪缪(Miu Miu)
	莫斯奇诺
	纳萨雷诺·加布里埃利(Nazareno Gabrielli)
	罗伯特·卡沃利(Roberto Cavalli)
	楚萨迪(Trussardi)

年销售额低于1亿欧元的奢侈品公司无法承担在全球范围开设新店的成本。即使它们开出了门店,也鲜有足够的商业意识、品牌潜力或产品吸引力来实现盈利。

我们原本在表3.1中只列举时装品牌,法国那列只有巴黎世家、香奈儿、圣罗兰和迪奥。但是,路易威登和爱马仕这两个法国最具影响力的奢侈品品牌也有成衣业务,将它们也列进表3.1中才比较合适。

从表3.1和表3.2中我们可以清晰地发现,意大利品牌在规模、多样性和品牌力方面呈现了巨大优势。不过,我们不能忽视法国人在皮具业务上同样也具有巨大优势,路易威登和爱马仕两大品牌领衔了奢侈品皮具市场。我们将在后文介绍这些皮具品牌。

成衣市场还有其他国家的品牌,但都不能与法国和意大利相提并论。美国品牌有拉夫劳伦、卡尔文·克莱恩、迈克高仕、汤丽柏琦(Tory Burch)和唐娜卡兰(Donna Karan),它们成功地发展成为生活方式品牌——在这个全新的品牌理念下,产品有独特的设计风格。上述每个品牌的创始人也是杰出的商人,他们针对特定顾客推出了成衣产品,并在门店内展示。拉夫劳伦用旧英格兰和新英格兰式的传统风格完美地做到了这一点,其产品非常适合那些恋家的富裕人群,他们希望在大城市能穿上具有自然乡村精神的服装。

美国品牌想要获得市场效果,需要投入大量广告和使用社交媒体传播美式生活方式,庞大的财务预算形成了市场壁垒,新品牌很难与成熟品牌抗衡。

也许与气候因素有关,英国的两大时装品牌(博柏利和雅格狮丹)都是从雨衣起家。保罗史密斯(Paul Smith)、登喜路、达克斯(Daks)等英国男装品牌也很具实力。耶格(Jaeger)主打中等价位的针织衫。薇薇恩·韦斯特伍德(Vivienne Westwood)和斯特拉·麦卡特尼(Stella McCartney)的品牌规模虽然不大,但也给成衣市场带来全新的元素。

德国有艾斯卡达和雨果博斯两大时装品牌,后者曾隶属于意大利的玛卓托集团(Marzotto Group)。还有两个德国品牌形成了强烈对比:一个是吉尔·桑达(Jil Sander),它专为女性高管打造成衣系列;另一个是乔普(Joop),通过特许经营的方式在德语国家发展成为一个强势品牌。

西班牙的知名品牌有罗意威(Loewe)、Purification Garcia 和阿道夫·多明格斯(Adolfo Dominguez)。其他设计师品牌,如 Pertegaz、Victorio & Lucchino、Roberto Verino 和 Antonio Miró 等,在西班牙国内非常有知名度,但并未走出国门发展。

比利时设计师品牌安·迪穆拉米斯特(Ann Demeulemeester)、马丁·马吉拉时装屋(Maison Martin Margiela)和德赖斯·范诺顿(Dries Van Noten),以及瑞士品牌艾克瑞斯(Akris)均主营时装业务。

时装业务是奢侈品行业的重要组成部分之一,很有必要大篇幅地分析探讨品牌原产地和销售量。奢侈品成衣品牌的目标是在世界范围内取得成功。设计师的国籍对其品牌在其他国家市场的定位会产生深远的影响,我们在后文将会详细讨论这一点。

2. 打造品牌的方式

品牌在其原产地创立之时起就需要一个杰出的品牌创立者和商业总监。品牌创立者必须创出一种独特的风格,也需要有一个值得信赖的商业伙伴负责发展业务和销售渠道。他们需要将创意转化为销售业绩,并且不能束缚设计师的创造力。乔治·阿玛尼与塞尔吉奥·加莱奥蒂、伊夫·圣罗兰与皮埃尔·贝尔热这两对黄金组合就是团队合作的成功范例。这其中蕴含着两者互相信任、紧密无间的合作,以及风格和直觉互补的关系——这些对一个成衣品牌的发展至关重要。

女士成衣系列成功地给很多品牌带来了鲜明特征。媒体在世界范围内争相报道,在零售商和消费者中为品牌提升了知名度。如今,品牌已经向"整体形象"概念的方向发展,成衣业务扮演品牌支柱的角色:如果女装的产品形象不尽如人意,那么该品牌的腰带、内衣或鞋履也很难售出。

为了打造一个奢侈品品牌,必须在全球各地大城市中开设门店。女士成衣店是一条可行的路径,它可以建立起品牌的门店网络布局。不过,这些门店配饰和手袋的销售量比成衣大得多,但正是成衣让门店的橱窗更有吸引力,营造了一种时尚的店铺环境。这就像"先有鸡还是先有蛋"的命题:销售配饰和手袋需要有影响力的品牌名和成衣系列,而为了打造一条有影响力的成衣产品线,必须通过销售手袋和配饰获取现金流。

3. 如何盈利

事实上,很多品牌的女装业务是亏损的,这就是悖论所在。新开一个女士成衣系列需要原型样本、秀场作品、陈列作品等,成本非常高,只有达到足够的销售量才能确保不发生亏损。我们将在后续章节具体阐述这些内容。男装的情况也同样如此,很难完全地将一个男装品牌与其竞争对手区分开来。门店开展的各类活动也与销售水平紧密相关。换言之,就如我们前文所述,一个知名度较低、不够时尚、不够吸引人的品牌开店后是很难盈利的。

事实上,为创立和发展一条女士成衣产品线提供资金支持的最好方式是,通过特许经营销售品牌的其他产品线。我们将在后续章节具体阐述相关内容。

必须再次强调的是,许多品牌在成衣业务上亏损。

3.1.2 关键管理问题

1. 创作过程

我们现在回过头来讨论影响成衣设计风格最重要的因素:创意。

成衣业务的管理任务是制定下一季新品的时间安排计划:需要多少男士西服套装? 多少女士套装? 多少晚宴礼服? 这个计划还需要明确零售价范围,确定面料成本。随后,设计师将在该计划的指引下完成创作,并确保最终交付的成品能在门店内以一个合理的价格出售。

配饰和其他产品线也需要如此,产品需要容易识别,并与品牌形象保持一致。迪奥的领带一定要与圣罗兰有差异。每件产品都应该体现品牌的品质,给整个产品组合创造附加值。这些都只能通过公司各部门的协调和制定明确的设计方向来实现。

管理层不应该直接参与创作过程,但他们必须制定产品时间安排和回顾销售业绩,协调不同的产品线,分析哪些产品卖得好、哪些产品的销售不尽人意。管理层还需要确保原料(如面料、纽扣、高科技材料、内衬等)和制作的高品质。

举个例子,古驰的亚力山卓·米开理(Alessandro Michelle)或圣罗兰的安东尼·瓦卡雷洛(Anthony Vaccarello)等设计师的创意不应该受公司限制。公司该做的仅仅是明确方向、设立目标、回顾销售业绩,设计师通过充满创造力的设计使品牌稳稳立足于市场。

2. 在全球范围内展现品牌

时装品牌需要考虑两方面的平衡:其一是品牌形象的塑造,包括在主要大城市开设独立旗舰店等;其二是利用品牌形象来运营,包括次要产品线的特许经营等。

成衣时装业务的分销决策取决于市场的独特诉求。以美国、日本、澳大利亚为例,奢侈品时装品牌主要通过百货公司的店中店进行分销。各类店铺的买手参加米兰和巴黎时装秀,根据采购限额(open to buy)计划中的预算,选购他们认为合适的品牌。这是品牌发展最重要的推动力。如果品牌希望进一步提升实力和知名度,它们必须在纽约、洛杉矶、北京、上海、东京、大阪及其他主要城市开设旗舰店。

欧洲品牌有时很难进入某些国家和地区的市场,它们需要依靠进口商或分销商进行销售。有时,品牌商需要在品牌集合店或当地百货公司开设展示厅陈列产品,时尚买手到此选购(并非消费者直接购买)。

在一些国家和地区,成衣业务由独立的时装零售商代理运营,如中国香港的连卡佛载思集团(Joyce Lane Crawford)、新加坡的 Glamourette 公司。这些零售商善于判断哪些新品牌有潜力,在消费者熟悉这些品牌之前将其抢先收入店中。

3. 盈利困难的原因

成衣业务的盈利与否完全取决于产量和销售。当产量较低时,服装的单件生产成本会变得非常高。

假设一件女装的零售价为 1 200 欧元,批发价为 500 欧元(即溢价系数为2.4)。表 3.3 揭示了单位生产成本与产量之间的关系。

表 3.3　女装在法国的生产成本　　　　　　　　　　　　　　　　　　单位: 欧元

	大批量生产	小规模生产
制作成本	100	300
配件(纽扣、内衬等)成本	50	60
面料成本	100	110
总成本	250	470

当产量较低时,制作成本甚至是大批量生产时的两至三倍。在这种情况下,用激光切割布料的成本就高得多,成衣的制作可能得完全由简单的手工完成,难以保证最终的质量。

成衣业务的收益还取决于产品全部以全价销售,还是以部分三折至七折的价格出售。当产量较低,且大多数产品以折扣价出售时,产品的盈利能力与大规模生产的品牌无法相提并论。需要谨记的是,即便在销售旺季,那些运营遇到困难的品牌也只有不到半数的商品会以全价售出。

因而,特许经营出现了。品牌可以在早期获得必要的现金流,将大量资金用于发展成衣业务,确保品牌的成功打造。

4. 最常见的公司组织架构

很多奢侈品时装品牌并没有营销主管一职。原因在于,传统的营销主管从消费者那里挖掘品牌应该是什么定位,而时装设计师的工作是创造消费者的需求,两者有明显的矛盾。不过,我们非常需要设立一个职位,提示或协助指导设计师了解当下的消费者市场动态。这个职位在英美时装界一般被称为产品策划主管(merchandiser)。

奢侈品公司的另一个重要职位是传播与公共关系主管(通常直接向总经理汇报工作)。这个职位是总经理和设计师之间重要的沟通渠道。

奢侈品时装公司的组织架构中很少有生产部门(一般来说,会有一名采购主管或供应链主管专门负责产品原料采购工作)。由此可见,时装公司的重要岗位都与门店相关,如店长、区域主管、全国零售主管、地区零售主管、全球零售运营主管等。

如前所述,奢侈品公司的员工数量是有限的,他们或与设计师直接沟通,或与终端消费者直接交流。

3.2 香水与化妆品

我们在第 2 章中提到,香水与化妆品是奢侈品行业最大的市场之一,规模约为 650 亿欧元。其员工数量也是最多的,占整个奢侈品行业的 30% 以上。它也相对集中,巴黎、纽约、巴塞罗那和日内瓦是主要的总部所在地。

香水与化妆品业务出售的都是标准化产品,销售量很高,单个商品的售价较低。因此,从某种角度来说,它与快速消费品市场很类似。不过,这类业务也很特殊,消费者都希望能找到一款非常具有美感又很特别的产品。我们将在后文详细阐述这些内容。

3.2.1 市场状况

有意思的是,香水与化妆品是一个相对新兴的市场。多年以来,就像帕特里克·聚斯金德(Patrick Süskind)所著小说《香水》(*Das Parfum*)以及后来的同名电影描述的那样,香水师通过蒸馏瓶从鲜花中提取香味。① 香水师通常还会开辟手套业务。这就是为何现在法国香水制造商会以香水与手套业务注册零售店。18 世纪,德国科隆诞生了古龙香水(Kölnish Wasser)品牌 4711,此后,标准化的香水产品开始大规模生产并销售。1828 年,法国娇兰诞生。20 世纪起,其他品牌的香水产品线陆续诞生,如卡朗(Caron)、香奈儿、巴杜(Patou)、兰蔻、浪凡。大多数品牌的香水产品线在 1950 年后才创立,如雅诗兰黛、迪奥、阿玛尼、拉夫劳伦等。

事实上,香水与化妆品的平均零售价低于 100 欧元,650 亿欧元的市场规模包含了批发销售和出口。根据估算,每年可能有多达 30 亿件香水与化妆品被生产并售出。在主要的发达国家,产品渗透率可达80%,换言之,平均每个家庭每年至少购买1—2件香水或化妆品。由此可见,这个市场非常庞大。

1. 消费者期望

当消费者购买香水时,他们寻找的是一种强烈的个体感官愉悦感,他们几乎能完全陶醉其中(当消费者拿起一只极具美感的香水瓶,打开它,闻到一缕芬芳时,便感受到了奢华感和个人满足感)。他们也在寻求一种社会认同,希望自己看起来更成熟,拥有好品位。香水以合理的价格给人们实现了属于个人的奢侈品梦想——不到80欧元就能买到一瓶精美的香奈儿或圣罗兰香水,这感受无比美妙。

对于化妆品,消费者的期望非常不同。女性经常把化妆品放在手袋里,它具有很强的社会内涵:打开手袋,拿出香奈儿或爱马仕口红,比拿出一支普通口红所传达的信息多得多。对于护肤品,消费者的期望也不尽相同,他们对个人形象进行长期投资,希望一直能保持年轻美丽的容颜。

显然,消费者想要的远不止这些瓶瓶罐罐装着的东西。这就是为什么仿制品从未畅销过[美国超市有卖售价仅几美元的廉价香水,标语牌上写着"如果你喜欢雅诗兰黛的青春露系列(Youth Dew),那么你一定会爱上这款17号香氛"]。香水本身自然是购买的重要因素,但香水瓶的质量、美学价值及香水象征的社会地位更加重要。

事实上,消费者更感兴趣的是产品的使用情境,并非产品本身。

2. 产品类型

香水不会在大众市场取得成功。只有20%的香水在大众市场出售,过去30年始终保持这样的比例。大众市场的主流商家销售价格低廉的产品,零售单价在10—15欧元左右,但它们都算不上成功。大多数女性,不管她们收入如何,宁愿在精美的香氛店或百货公司购买60欧元一瓶的迪奥香水,也不愿意在超市买10欧元一瓶的廉价小品牌香水。

美妆产品可以细分为两类。其中一类是用于社交的美妆,如口红或补妆品,女性通常会购买合适的品牌(往往会回购),将之放在手袋内,在公共社交环境下使用。另一类是个人用的美妆,如指甲油,这一类约占75%的销售量,往往在超市或者大众市场的分销商店销售。

护肤品又有所不同。在 20 世纪五六十年代,大多数产品在百货公司或香水店出售,那时消费者想知道哪种产品适合他们的肤质。如今,消费者已经非常了解护肤品,大部分产品(约 80%)在大众市场的分销店出售。欧莱雅花蕊系列或宝洁旗下的玉兰油(Olay)等大众品牌在迎合大众市场的消费者方面做得尤为出色。

我们前文提到的 650 亿欧元仅仅指奢侈品香水与化妆品的市场规模。这个市场的未来发展有待观察,但很显然,一个品牌的市场地位完全取决于产品质量和奢侈品行业的多元化程度。对于香水与化妆品而言,消费者关心的是瓶身或罐身、瓶盖、外包装的美感,产品的奢华定位,品牌传递的梦想概念,这些都能提升消费者在购买过程中和使用产品后获得的愉悦感。

消费者同样关心购物环境是否足够优美。他们希望能买到想要的产品,但又非常看重稀缺性,最好这些产品只卖给他们这一类人。当然,每年香水与化妆品市场要售出几十亿件商品,消费者这种想法是很难实现的。

在这样的环境条件下,顶级奢侈品品牌延伸出亲民的轻奢产品线仍然是未来若干年的发展趋势。

3.2.2 大众高端香水、小众香水的辨析

小众香水可定义为销量非常低的高档香水,它们一般不在传统的香氛品牌集合店内出售,通过社交博客或口碑传播,而非媒体广告。

为了细分香水产品,我们创造了一个分类,即"大众高端香水"(mass selective perfumes)。例如,古驰或拉夫劳伦的香水显然是大众高端香水,在所有主要的百货公司和连锁精品店[如丝芙兰(Sephora)、道格拉斯(Douglas)]内分销。它们拥有广大的消费者基础,也有足够的广告和社交媒体传播预算,让消费者争相购买。

香奈儿五号系列香水(N°5)、迪奥真我系列香水(j'adore)、雅诗兰黛如风系列香水(White Linen)等经典香水产品有大量广告预算支持,宣传广告出现在每家香水店、免税店,甚至遍布折扣店、商品批发店的各个角落,消费者对这些品牌的认知度非常高。但是,小众香水的新品推广策略就完全相反。

小众香水是那些专家级香水客户的首选,他们不希望和身边人使用相同款

式的香水。小众客户对自己的购买选择很有自信,他们根据气味和基本成分来挑选产品,不在意产品的市场宣传信息,仅关注产品本身的基本属性和品质。

1. 最早创立的小众香水品牌

小众香水并非刚刚兴起。例如,创立于 1976 年的阿蒂仙之香(L'Artisan Parfumeur)开发了特殊的香水产品,其差异点在于它们的天然成分,如花朵、香料或水果。20 世纪 80 年代末,该公司开始在巴黎以外的地区拓展业务,在纽约开了两家门店,但始终未能实现收支平衡。几年后,该公司不得不关闭在美国的商店,因为其可能没有足够的营收支付门店租金和员工薪水。

安霓可·古特尔(Annick Goutal)创立于 1981 年。几年后,它在法国的直营店内独家销售其产品。为了迎合不同消费者的品位,品牌开发了很多不同类型的香水产品,产品系列非常多。品牌在法国运营尚可,但在其他国家和地区发展独立门店却遇到了瓶颈,它没有足够的前期投资资金。在 20 世纪 80 年代末,安霓可·古特尔尝试在美国各大百货公司开设大型品牌专柜,但营收不足以支付员工薪水,濒临破产。它不得不节省开支,限制香水的销售点数量,最后几乎仅在法国本土销售,之后再次尝试慢慢地将香水业务拓展出法国。

值得一提的是,还有一些香水品牌创立很早,如资生堂集团(Shiseido Group)创立的品牌芦丹氏(Serge Lutens)、英国品牌潘海利根(Penhaligon's),前者在法国很有影响力,后者走出英国国门后就出现亏损。

2. 第二批小众香水品牌

第二批小众香水品牌出现在 20 世纪 90 年代末和 21 世纪初,如馥马尔(Frédéric Malle)和祖玛珑(Jo Malone)。

与第一批小众香水品牌相比,它们拥有两大优势:

(1)它们可以通过社交媒体、博客主提升品牌知名度。在各个国家和地区,它们都有很多粉丝,这些粉丝对香水有浓厚的兴趣,非常了解品牌,特别关注香水新品和创意。

(2)它们通过互联网向国外销售产品,在国外开设的门店主要用于陈列和公关投资。在这种情况下,独立品牌零售网络成为一种营销的支持手段,但这并非发展业务和营利的唯一渠道。

3. 传统品牌的应对

自 2000 年起,主流的大众高端香水意识到这些新兴的小众品牌创造了香水的新概念,它们也决定开拓这个市场(如表 3.4 所示)。在保留原有香水产品线的基础上,它们推出了全新的小众香水系列,使用了香水新理念,在自己的时装精品店一角开设香水专柜,或开设售卖香水的独立门店,以此打造新型的分销网络。

表 3.4 主流的大众高端香水延伸的小众香水产品线

推出年份	产品线	款式数量(个)	零售价(欧元)	容量(毫升)
2003	阿玛尼高定系列(Armani Privé)	29	180	100
2003	兰蔻大师殿堂系列(Maison Lancôme Collections)	7	179	100
2013	香奈儿清新古龙水(Les Exclusifs de Chanel)	27	175	125
2014	迪奥定制系列(La Collection Privée)	34	198	125
2015	圣罗兰香粹衣橱系列(Le Vestiaire des Parfums)	11	210	125
2016	路易威登	18	225	100

注:(1) 该表列举了一些奢侈品品牌推出的小众香水系列。法国娇兰和爱马仕在推出香水之初即融合其他品牌的概念提出了自己品牌独特的香水理念,因此该表不将两者收录其中。
(2) 就零售价而言,在法国,香奈儿五号淡香水 50 毫升零售价为 75 欧元,迪奥真我浓香水 50 毫升装零售价为 87 欧元。一般而言,从 50 毫升装上升至 100 毫升装,大众高端香水的售价会提升约 60%,如香奈儿五号淡香水 100 毫升装零售价为 110 欧元,迪奥真我浓香水 100 毫升装零售价为 130 欧元。

4. 小众香水的预期增长

法国香水协会(Société Française des Parfumeurs)前主席热拉尔·德尔库(Gérard Delcour)在 2015 年预测,小众香水销售额为 11 亿欧元,约占高端香水总销售额(140 亿欧元)的 8%(我们估计,2019 年香水与化妆品整体的销售额能达到 650 亿欧元)。他还预测,小众香水业务销售额将以 25% 的平均年增长率增长,这意味着到 2020 年,销售额可达 30 亿欧元。实际上,若将大众高端香水的小众系列或传统奢侈品品牌的香水产品系列(如路易威登香水系列,我们预计其 2019 年的销售额超过 5 亿欧元)计算在内,2019 年的这个数值已经超过了 30 亿欧元。迪奥、圣罗兰、路易威登加速了小众高端香水市场的增长速度,这些品牌将在未来香水市场中占据主导地位。

5. 小众香水的经济模型

小众高端香水的经济模型与大众高端香水非常不同。对于后者而言,广告和推广费用占批发价的 25%,若零售价为 100 欧元,则占 10 欧元左右。如果香水在零售连锁店出售,毛利润减去广告费用成本后已经所剩无几。

相比之下,小众香水的售价要高得多,至少瓶装容量更大。它们的主要成本在于门店租金,这也是小众香水最重要的可变成本。不过好在这些品牌的门店无须开设在奢侈品商圈,只需要开在吸引顾客眼球的时尚街。

此外,一些消费者喜欢香水的高品质原料和小产量,这些特性的价格弹性相对较低。他们会为自己购买这些香水或者将其作为礼物,在寻找高品质原料和原生态香水的过程中获得了独特的购物体验。

未来,大众和小众香水品牌的运营方式是不同的。前者先推出香水,再推出美妆和护肤品;后者会开设自己的门店,可能只聚焦于化妆品中的香水业务。

3.2.3 香水与化妆品的财务分析

奢侈品香水与化妆品业务的基本原则是,在至多三个工厂生产出同样的产品(一般只在一个工厂生产),在世界各地都能买到这些产品,向不同国家的顾客展示相同的奢华形象。

因此,产品会被运往世界各地,公司需要支付关税。在不同的国家和市场,一款产品的分销流程也不同。

我们以法国和智利为例(如表 3.5 所示),假设一款法国商品的零售价在两国相同。在法国,财务计算相对简单:公司有自己的销售团队,所有成本出现在批发成本,换言之,每销售一款 100 欧元的产品,公司净利润为 50 欧元。在智利,财务计算要复杂一些:产品通常由当地分销商销售,分销商的利润是批发价的 50%。此外,15% 的费用用于当地广告与推广活动,即 8.25 欧元。到岸成本(landed cost)为 19.25 欧元,其中包含关税、运费和保险费。这意味着法国品牌要在智利销售零售价为 100 欧元的产品,出厂价只能维持在 14.80 欧元。因此,只有当产品的毛利率非常高时,品牌才有可能在智利实现盈利。一般而言,产品的毛利率需要高达 70%,甚至 80%。

表 3.5　产品在不同国家的价格结构

	法　国	智　利	商品在智利的溢价系数(%)
零售价	100.00	100.00	675.76
批发价	50.00	55.00	371.62
分销商或代理商利润		27.50	185.81
当地广告成本		8.25	55.74
到岸成本		19.25	130.00
法国出厂价格		14.80	100.00

注:假设这个法国商品在法国和智利的零售价均为 100 欧元。

价格结构会应国家而异,但香水与化妆品业务的利润率一定很高。同样需要记住的是,这些产品的广告和推广活动(包括媒体广告、样品及试用品投放、店内展示和其他公关活动)的费用很高,通常占批发价的 15%—25%。

3.2.4　主营香水与化妆品业务的公司

1. 主要品牌

全球市场的强势品牌的年销售额都在 3 亿欧元以上。表 3.6 列举了达到这个销售水平的品牌。

表 3.6　年销售额达到 3 亿欧元以上的品牌

阿玛尼	倩碧(Clinique)	爱马仕	兰　蔻
碧欧泉(Biotherm)	迪　奥	雨果博斯	莲娜丽姿
宝格丽	杜嘉班纳	祖玛珑	帕克拉邦纳
卡尔文·克莱恩	雅诗兰黛	凯　卓	圣罗兰
香奈儿	古　驰	科颜氏(Kielh's)	法国希思黎(Sisley)
娇韵诗	法国娇兰	鳄　鱼	蒂埃里穆勒

在这 24 个品牌中,有 11 个品牌的年销售额超过 10 亿欧元,其中包括阿玛尼、香奈儿、娇韵诗、倩碧、迪奥、雅诗兰黛、古驰、法国娇兰、科颜氏、兰蔻和圣罗兰。除了小众香水品牌祖玛珑外,其他品牌的广告预算十分惊人,大多数超过了 1 亿欧元,但也在全球范围内形成了巨大的影响力。

大多数品牌同时有香水与化妆品业务。24 个品牌中半数有香水、护肤品和美妆全业务产品线,其中包括香奈儿、娇韵诗、倩碧、迪奥、雅诗兰黛、法国娇兰、兰蔻、圣罗兰和法国希思黎。8 个品牌有香水产品线,无化妆品产品线,其中包括宝格丽、古驰、雨果博斯、祖玛珑、法国鳄鱼、帕克拉邦纳、拉夫劳伦和蒂埃里穆勒。

表 3.7 列举了二线香水品牌,它们的年销售额在 1 亿—3 亿欧元,但同样在全球市场很有影响力。

表 3.7　年销售额在 1 亿—3 亿欧元的二线香水品牌 *

阿莎露(Azzaro)	吉米周(Jimmy Choo)
巴黎世家	兰嘉丝汀(Lancaster)
卡夏尔(Cacharel)	浪凡
卡罗琳娜·埃莱拉(Carolina Herrera)	万宝龙
蔻驰	菲拉格慕
大卫朵夫(Davidoff)	植村秀(Shu Uemura)
艾斯卡达	梵克雅宝
三宅一生(Issey Miyake)	维果罗夫(Viktor & Rolf)
高缇耶	

很显然,这些品牌都为继续在奢侈品市场生存而努力。这 17 个品牌中,有一些品牌成长非常迅速,而有一些品牌已经在走下坡路。

那些年销售额在 1 亿欧元以下品牌的运营方式有所不同。这些品牌有很多,如宝诗龙、毕加索香水(Paloma Picasso)**和莎娃蒂妮(Salvador Dali)等。

2. 主要集团

尽管香水与化妆品业务具有富含创造力的特点和国际化特色,但其市场集中度很高,表 3.8 中列举的 10 大集团/部门占整个香水与化妆品市场份额的 85%以上。

---

　*　原书的表 3.6 和表 3.7 中同时出现了凯卓。凯卓或其母集团路威酩轩集团未公布其香水与化妆品业务年销售额。译者根据其研究经验和奢侈品公司咨询经验,将凯卓定为一线香水品牌,在表 3.7 中将其删去。

　**　原书的表 3.7 中出现了毕加索香水。毕加索香水未公布其年销售额,译者根据其研究经验和奢侈品公司咨询经验,认为毕加索香水的年销售额应小于 1 亿欧元,在表 3.7 中将其删去。

表 3.8　主要奢侈品香水与化妆品公司业绩（2019 年）　　　　　　　　　　　　　　　单位：百万欧元

	属　　　性	营收	营收利润	净利润	集团总营收
雅诗兰黛集团	家族集团,上市公司	13 671	4 079	1 510	13 671
欧莱雅集团奢侈品部	上市公司欧莱雅集团的一个部门	11 000	2 490	1 800	29 900
路威酩轩集团香水与化妆品部	上市公司路威酩轩集团的一个部门	6 835	683	268(E)	53 700
科蒂集团高档化妆品部	上市公司科蒂集团的一个部门	3 030	213	—	7 956
香奈儿集团香水与美妆部	独立公司香奈儿集团的一个部门	3 000(E)	840(E)	540(E)	11 000(E)
普伊格集团	独立公司	2 250(E)	—	250(E)	2 100(E)
欧舒丹集团	上市公司	1 427	151	117	1 427
资生堂集团化妆品部	上市公司的一个部门	900(E)	—	—	10 000(E)
娇韵诗集团	独立公司	998(E)	—		998(E)
法国希思黎集团	独立公司	750(E)	—	—	750(E)

注:"(E)"表示作者估算。
资料来源:公司财报或作者估算。

　　（1）雅诗兰黛集团。其总部设在纽约,集团旗下最初只有雅诗兰黛一个品牌。如今,它已成为一个大型集团公司,旗下拥有倩碧、雅男士（Aramis）、Prescriptives、魅可（MAC）、海蓝之谜（LA MER）和祖玛珑等品牌。它的美妆与护肤品业务十分有影响力,香水业务也如此。在过去几年,雅诗兰黛重新定位于现代生活,从收购的悦木之源（Origins）即可看出这一点。除祖玛珑外,它还收购了几个小众品牌,如馥马尔、凯利安（Kilian）和勒拉博（Le Labo）等。雅诗兰黛集团应该是第一个达到拥有 10 亿欧元小众香水业务的公司。集团旗下的品牌各有特色,都定位为自然、有效,且全都在自己的品牌门店内出售这些商品（除了少数例外）,而非入驻百货公司。如今,集团仍为家族控股,在纽约证券交易所上市,盈利能力很强。

　　（2）欧莱雅集团奢侈品部。其总部位于巴黎,实力同样十分强大。旗下品牌包括来自巴黎的兰蔻、碧欧泉,来自巴黎的阿玛尼美妆,来自纽约的拉夫劳伦和科颜氏，以及来自东京的植村秀等。其中，兰蔻在化妆品市场有很强的影响力，2019年营收达40亿欧元，但它的香水产品线则相对较弱。集团旗下还有其他香水品牌，如毕加索香水、姬龙雪、卡夏尔等。整个奢侈品部的盈利能力极强。2008年，欧莱雅集团从古驰集团手中收购了圣罗兰（如今仍为特许经营）、亚历山大麦昆、香邂格蕾（Roger & Gallet）等品牌的香水业务；此后，集团又收购了小众品牌欧珑（Atelier Cologne）。2018年和2019年，欧莱雅集团陆续收购了香水品牌蒂埃里穆勒和阿莎露，以及普拉达和华伦天奴香水业务的特许经营权。当香水与化妆品市场在未来几年恢复增长时，这些品牌的销售量将会快速成长。

（3）路威酩轩集团香水与化妆品部。由于迪奥业绩的巨大贡献（占部门一半的销售额），该部门在香水与化妆品市场规模排行中位列第三。法国娇兰是顶级品牌，但它在法国本土的知名度远比在其他国家高得多。纪梵希近年来遇到了发展瓶颈，但有迹象表明已经步入正轨。凯卓的业绩成长令人感到惊喜。路威酩轩集团还收购了玫珂菲（MAKE UP FOR EVER）。即便如此，整体业绩并不如人意。由此可见，一方面，迪奥的盈利能力十分强大；另一方面，其他品牌都或多或少遇到了财务困境。

（4）科蒂集团高档化妆品部。集团在巴黎和纽约都成立了总部。1992年，德国本基泽尔公司（Benckiser）收购了科蒂集团，并将业务从洗涤剂延伸至香水。此后，该集团还收购了大卫朵夫、卡尔文·克莱恩、蔻依、兰嘉丝汀、吉尔·桑达、乔普、王薇薇（Vera Wang）、莫杰（Marc Jacobs）等品牌香水业务的特许经营权。集团旗下还拥有明星香水品牌，如詹妮弗·洛佩兹（Jennifer Lopez）和莎拉·杰茜卡·帕克（Sarah Jessica Parker）。这个主营香水与化妆品的集团成长十分迅速。2017年，集团决定收购宝洁公司的奢侈品香水部门，其中包括古驰、雨果博斯、法国鳄鱼、艾斯卡达等众多品牌的香水业务。然而，这笔收购遇到了重重阻力，反而导致很多品牌的香水业务离开了集团，如杜嘉班纳、华伦天奴等。科蒂集团还从香奈儿集团手中收购了妙巴黎（Bourjois），但其全球业绩黯淡。未来，本基泽尔公司这个德国家族企业可以通过收购股权来加强家族的运营能力和控制力，这也许能给旗下品牌带来发展的机遇。

（5）香奈儿集团香水与美妆部。香奈儿集团（独立公司）的注册地位于瑞士,主要经营香奈儿品牌,几乎所有业务都围绕香奈儿打造。不过,在时装业务方面,集团还收购了英国服装品牌 Holland & Holland 和法国泳装品牌 Erès。与迪奥和雅诗兰黛一样,香奈儿努力超越兰蔻,想要成为全球第一大的香水与化妆品品牌。

(6) 普伊格(Puig)集团。其总部位于西班牙,在西班牙国内极具影响力。集团旗下品牌包括莲娜丽姿、帕克拉邦纳、高缇耶、卡罗琳娜·埃莱拉。其中,卡罗琳娜·埃莱拉的时装和香水业务都被普伊格集团收购。此外,集团通过授权经营路铂廷(Christian Louboutin)和川久保玲(Comme des Garçons)的香水业务。集团旗下还有小众品牌(如阿蒂仙之香、潘海利根),以及明星香水品牌安东尼奥·班德拉斯(Antonio Banderas)。

(7) 欧舒丹(L'Occitane)集团。近 10 年,欧舒丹的成长速度非常惊人。集团旗下开设了直营店、特许经营店和百货公司店中店,共计 1 572 家。大多数产品在这些店内出售,极少数在品牌集合店中销售。它传递的是怀旧记忆和普罗旺斯的文化传统,且传递方式极其精妙。

(8) 娇韵诗集团。1954 年,娇韵诗在法国创立,后来成长为一家十分有影响力的奢侈品公司。然而,在 2019 年,它将香水业务(旗下品牌有蒂埃里穆勒、阿莎露和克洛德·蒙塔那)出售给欧莱雅集团。集团拥有欧舒丹集团的少数股权,具体数额并未公开。

(9) 资生堂集团化妆品部。三宅一生香水开启了资生堂集团的香水业务。此后,其推出了高缇耶香水,后出售给了普伊格集团。资生堂集团收购了思妍丽(Decleor),并取得了骄人的业绩,还收购了凯伊黛(Carita)。如今,旗下香水品牌包括杜嘉班纳、三宅一生、纳茜素(Narciso Rodriguez)和阿莱亚。

(10) 法国希思黎集团。修伯特·多纳诺(Hubert d'Ornano)在出售了家族品牌幽兰(Orlane)后,成立了法国希思黎集团。在过去的 30 多年内,多纳诺家族一直维持着独立家族企业的身份。

上述 10 家集团占据了全球香水与化妆品业务 85% 的销售额,旗下的品牌极具影响力。其中,只有科蒂集团一家拥有很多特许经营的品牌,它从 30 年前通过这种方式奠定了市场基础。奇怪的是,很多法国公司很难再进一步发展特许经营业务,例外是欧莱雅集团和伊特香水集团(Inter Parfums),它们的业绩蒸蒸日上,尤其后者拥有万宝龙、吉米周、浪凡、蔻驰、巴黎罗莎(Rochas)、都彭(S.T.Dupont)等品牌香水业务的特许经营权。然而,伊特香水集团的年营收约为6亿欧元,虽然其发展十分迅速,但仍属于二线。

3. 新进入者还有发展空间吗?

我们在整理分析大型集团时,提出了一个疑问:这个市场是否壁垒过高,已经没有给新进入者的发展空间了?

其实,这一切都取决于消费者对新品的反应。如果新品一开始就能被消费者关注和接受,那么它就能在市场上立足。由于香水与化妆品市场的利润率很高,即使创业资金十分有限,仍然有可能获得成功。

同样,失败的风险也非常高,资金有限的公司只有一次机会,不成功便成仁。当然,也有一些品牌是独立推出的,它们的资金有限,但仍然取得了成功。这样的例子包括宝格丽、洛俪塔(Lolita Lempicka)、凯卓(后被路威酩轩集团收购)和魅可(后被雅诗兰黛集团收购),以及不少小众品牌。

综上所述,新的情况是,小众香水品牌也可以在预算相对有限的情况下创立并发展。

3.2.5 关键管理问题

1. 高水准的市场营销

一般而言,香水与化妆品业务的营销不同于普通商品。首先,一款香水可能会被大多数人"厌恶",但如果全世界3%—5%的目标受众非常喜欢它,那么它仍然获取了成功。要想成功,香水必须与众不同,即使很多消费者闻后感觉不适,它仍然能卖得很好。在公开评测和盲测中表现良好的香水不一定有出色的销售业绩。举个极端的例子,古龙水在产品测试中表现最好:对很多人来说,古龙水不能让人亢奋起来,但是在测试中没人会说讨厌古龙水。产品测试是必要的,但最终的产品投放并非完全取决于测试结果,而是需要在测试过程中发现这款香水是否有致命的缺陷和瑕疵。

其次,产品测试另一个难点在于:一款很成功的香水的市场渗透率可能仅约4%,很难找到这些消费者,并对他们进行访谈。例如,卡朗计划更新"Pour un Homme"男士系列香水的包装,决定访谈法国消费者,但只有0.5%的法国男性使用这款香水。若要访谈 200 位消费者,必须随机抽取 40 000 个样本。因此,卡朗通过消费者在香水门店购买商品时留下的通信地址找到他们,在获得他们的同意后,再完成访谈。显然,这种方式获得的香水消费者并不完全具有代表性。如今,互联网技术兴起,寻求样本和调研变得非常容易。

遗憾的是,由于上述限制的存在,香水的细分市场很难去研究、定位或评估,因此,精准营销对香水业务而言仍然十分困难。

不过,市场调研对产品外观、产品定位、广告投放、品牌标语等方面的营销决策起到了非常重要的作用。

2. 全球广告投放与推广

与普通商品相反,奢侈品香水与化妆品的消费者希望在每个地方看到的广告都是相同的,产品定位也是相同的。在大众市场,品牌会根据当地消费者诉求和消费环境调整产品定位和传播方式;但对于香水与化妆品市场而言,在任何地点都需要保持品牌平台的一致性。

这并不是意味着品牌不需要根据特定环境的变化对产品线做出一些微调。例如,日本男士非常需要护发产品,香水产品线中包含很多整发液和生发水产品。同样,化妆品也必须根据亚洲、美国和欧洲顾客的具体需求做出调整。在一些市场,人们更喜欢广口瓶形;在另一些市场,消费者更喜欢管瓶形或药瓶形。在一些市场,香水味应偏淡,或几乎闻不到。这些需要在统一的产品平台上做出本地化的调整。

在产品推广的过程中,我们需要特别关注三类差异很大的国家:

第一类国家以西班牙、意大利、阿根廷和巴西为代表,小型香水店是最重要的分销渠道。

第二类国家以法国和德国为代表,香水产品在大型化妆品连锁店内集中销售,如法国的丝芙兰、德国的道格拉斯。

第三类国家以美国、日本、墨西哥和澳大利亚为代表,超过半数的产品在百货公司内出售。

此外,免税店的营收占据了很大一部分销售额。尤其是香水,很多销售在机场免税店或飞行途中完成。

因此,产品的推广活动需要因地而异。在第三类国家,免费赠品或折扣赠品是一种非常重要的营销方式;在第二类国家,产品策划就变得至关重要;在免税店,品牌也需要相应调整产品的推广方案。

总而言之,香水与化妆品业务需要在一个系统性强大的营销平台上完成本地化的调整。

3.管理分销网络

几乎每家公司都会使用全资子公司、当地分销商,甚至代理商完成销售。因此,营销方案必须根据不同的分销方式做出调整。该部分将在本书的第10章中讨论。

3.2.6　公司组织架构

香水与化妆品公司的组织架构与普通公司非常相似。营销和销售员工对化妆品业务至关重要。品牌直营店和品牌集合店的销售员都需要熟知品牌定位和每一款产品的特性。因此,员工培训是重中之重。

3.3　皮具

前文我们阐述了时装与配饰都包含哪些,本节我们聚焦于皮具业务。皮具的概念一般包含鞋履,但是鞋履的生产和营销活动非常特殊,因此,本节我们不探讨这个市场。

3.3.1　市场状况

包括零售和批发在内,全球皮具业务市场规模约为350亿欧元,可细分为三大品类。

1.女士手袋

手袋作为时装的配饰,是女性整体形象的一部分。事实上,如果某位女性穿着一条漂亮的连衣裙或一件惊艳的女装,却搭配一只廉价的塑料手袋或劣质皮包,其形象就会大大受损。同样,一条全新、时尚的连衣裙搭配一款破旧、过时、难看的手拎包,该连衣裙便瞬间失去了时尚底蕴。日本人、意大利人、中国人和美国人都将手袋视为时装的配饰,但法国人却不这么认为。相反,他们认为一只新款的品牌手袋可以让略微过时的服装焕然一新,并赋予其不同的风格。一只奢侈品手袋的价格范围大约在 200 到 5 000 欧元之间,比一件时装便宜,使用寿命也更长。

2. 行李箱

当人们在周末驱车旅行或将行李带上飞机、火车时,他们会找一款优雅、轻便的行李箱。他们乐于向朋友们展示不同的行李箱来彰显其时尚品位和社会地位。不过,当他们需要托运行李时,会买一款耐磨、轻便的标配行李箱,因为他们担心过于高档的行李箱很容易被认出,被机场工作人员随意翻动,甚至被小偷窃走。因此,行李箱系列必须满足两类看似矛盾的标准,一类是精美、吸引关注,另一类是低调、深藏不露。

3. 小型皮具

这类产品通常放在手袋内。钱包必须有不同的配色,可以搭配不同的手袋。这些产品的购买频率较高,必须契合当地的消费习惯。例如,装美元、欧元、人民币的钱包尺寸是不同的。同样,驾照或身份证的尺寸也有所不同,因此,小型皮具的设计必须符合当地消费者的生活习惯,款式设计上无须限制。

皮具的产品系列非常广泛,有时甚至有数百个单品。从生产角度来看,皮具的利润率比成衣更高,盈利能力十分强大。原因之一在于皮具比成衣更耐用,消费者愿意购买使用时间更长的商品。一只手提箱甚至可以用上 10 年之久,买它更像是一种长期投资,并不用每隔一段时间就更换它。此外,皮具在特定场合非常适合当作赠礼。不过,送礼用的皮具要有足够的品牌知名度和品牌价值,产品要有特色,容易辨认,也要很有吸引力,否则可能会产生尴尬。

3.3.2　主营皮具业务的品牌

表3.9列出了主营皮具业务的品牌,但该表并不完整。例如,我们将普拉达作为皮具品牌,但事实上它经营鞋履起家,而非皮具。我们将古驰排除在外,它主营时装,如果把古驰奥·古驰先生创办的品牌作为生产并销售女士手袋的品牌,我们认为并不妥当。

表 3.9 主营皮具业务的品牌（2019 年） 　　　　　　　　　　　　　　　　　　　　单位：百万欧元

品　牌	创始地	营　收	所属集团
路易威登	法　国	13 000(E)	路威酩轩集团
爱马仕	法　国	6 883	上市公司
蔻驰	美　国	3 900	Tapestry 集团
芬迪	意大利	1 600(E)	路威酩轩集团
普拉达	意大利	1 570	上市公司
凯特丝蓓(Kate Spade)	美　国	1 260	Tapestry 集团
珑骧	法　国	800	独立公司
芙拉	意大利	700(E)	独立公司
狩猎世界(Hunting World)	美　国	400(E)	独立公司
罗意威	西班牙	350(E)	路威酩轩集团
玛珀利(Mulberry)	英　国	180	上市公司
兰姿	法　国	60	独立公司
意大利鸳鸯(Mandarina Duck)	意大利	50	独立公司
万莱斯特(Valextra)	意大利	50	独立公司

注："(E)"表示作者估算。
资料来源：公司财报等信息以及作者估算。

该表中有五六个品牌占据了市场主导，利润率应该非常高。值得注意的是，除了珑骧、罗意威和芙拉，主营皮具业务的小品牌很难成为全球大牌。

3.3.3 关键管理问题

我们先探讨皮具业务的创意需求，再展望一下生产和商业化运作面临的挑战。

皮具产品的风格需要十分易于辨认。仅推出一款新手袋是远远不够的。品牌间需要有差异性，每个品牌的产品之间需要有共通点。要设计一款入门价格的产品并不难：设计一款特殊的帆布包，加上品牌标识或标志性印花，然后印上品牌名或其他代表品牌的细节图案，最后添上主色调便大功告成。路易威登、古驰、芬迪和迪奥都是这么做的。其他品牌也曾推出过经典帆布手袋，如兰姿，但后来这款产品下线了。珑骧最近也推出了一款特殊的帆布手袋。

品牌必须打造完整的易于辨认的手袋产品线，开创新的设计元素，提升品牌价值。迪奥戴妃包(Lady Dior)和香奈儿于1955年推出的系列*就达到了这样的目的。菲拉格慕和阿玛尼等品牌并没有设计过自己独特风格的手袋,圣罗兰也如此,但它们的所有产品都非常容易辨认。这种要求不仅适用于手袋,也适用于行李箱。行李箱品牌需要一条设计主线,产品易于辨认,并且随着时间推移仍然不过时。

皮具制作也是一个重点管理问题。首先,产品使用的材料(包括帆布和皮革材料)一定要有顶级的质量。其次,产品外观也必须十分美观、精致、经典时尚。

一般而言,顶级皮具工坊位于意大利、法国,还有一小部分位于西班牙。不过,由于中国、泰国等亚洲国家和地区的劳动力成本较低,一些品牌经不起成本诱惑,将生产工序转移到了亚洲地区。例如,蔻驰公开声明大部分产品的产地位于亚洲国家和地区;卡罗琳娜·埃莱拉的皮具产品全部都在中国生产。

虽然中国皮具工坊的生产水平还达不到欧洲工匠的水准和极小细节上的精致,但近15年来,中国的生产工艺进步极快。原则上,只要皮革材料来自意大利、西班牙或法国,中国生产的产品可以达到品牌的质量要求。

产品分销是另一个主要管理问题。皮具直营店需要设立在全球最顶级的商圈,门店设计必须精美、简约,销售人员需要讲述产品先进的手工艺。为了提高认知度,一些品牌也会在品牌集合店内设立专柜,以此提升销售业绩。品牌需要非常谨慎地挑选品牌集合店,否则最终会沦落到出售塑胶手袋或劣质皮具的境地。

对于皮具业务而言,免税店十分重要。它们不仅能为品牌带来销售,也能帮助提高品牌的认知度和形象。需要注意的是,品牌必须要拥有最好的营业环境,尽可能地比直接竞争对手做得更好。

本节的内容是关于皮具产品。在本节的结尾处,我们必须强调,香奈儿、迪奥、古驰或杜嘉班纳等品牌的女士手袋是它们时尚业务的重要组成部分。盈利能力强的皮具产品可以帮助门店更早实现盈亏平衡。在亚洲,皮具业务可占门店销售的40%以上。假如撤走皮具产品,许多亚洲的品牌精品店都将发生亏损。

---

* 1955年2月,香奈儿女士推出了一款手袋,它被命名为"2.55"。

3.4 葡萄酒与烈酒

这是唯一在超市（非即饮）或俱乐部和餐厅（即饮）出售的奢侈品。免税店对这类业务至关重要，甚至可占总销售额的20%。

尽管销售渠道非常特殊，但葡萄酒与烈酒产品很精美，在全球市场销售，仍然可以视为奢侈品业务的一类。这类业务也有十分关键的管理问题，本节将详细阐述。

3.4.1 市场状况

我们之前提到过，葡萄酒和烈酒的市场规模约为550亿欧元（不包括优质葡萄酒），它们可细分为：棕色系洋酒，即苏格兰威士忌（whisky）和干邑（cognac）；白色系烈酒，即伏特加（vodka）、金酒（gin）和朗姆酒（rum）；香槟（champagne）；其他酒类。

1. 棕色系洋酒

这类产品的市场规模约为200亿欧元，其中苏格兰威士忌占75%，干邑占25%。虽然这两类洋酒很畅销，在免税店和夜总会都有销售，但如果它们希望建立一个有影响力的全球品牌形象，还需要在超市和酒类专营店内销售。

干邑在欧洲市场十分受欢迎，在其他国家的情况有所不同。在亚洲市场（尤其是日本和中国），大多数陈年干邑和高价干邑在那里出售，对这些国家的消费者而言，这种酒是社会地位的象征如XO（eXtra Old，特陈酒）系列。不过，如今干邑只是餐酒的选择之一，不少消费者偏爱进口红葡萄酒了。在美国市场，消费者更喜欢价格相对较低的VS（Very Superior，优质酒）和VSOP（Very Superior Old Pale，优质陈年酒）系列。

威士忌占酒类业务中的主导，始终保持稳定的市场份额，产品已经延伸至陈年麦芽威士忌。不过，这类洋酒的发展潜力受限，市场份额几乎不会再增长，很多消费者喜欢将其他烈酒与可乐等软饮混合饮用，不再愿意使用棕色系洋酒。

2. 白色系烈酒

伏特加、金酒和朗姆酒的年销售额均在50亿—100亿欧元之间。其中，伏特加是年轻一代的首选用酒,非常适合与其他酒或软饮混饮,因此,销售增长十分迅速,已达到110亿欧元。金酒的市场份额有所下降,但仍然是烈酒中的代表性酒类。在白色系烈酒产品中,我们不能忽视龙舌兰(tequila)的地位,它虽属于"其他酒类",市场份额很小,但仍有30亿欧元左右的年销售额,在拉丁美洲和美国的一些地区非常受欢迎。

白色系烈酒有一个很大的优势——无须陈年。烈酒业务的广告预算一般都很有限,在某种程度上,它们很容易通过品类定位完成营销活动,只需让消费者了解烈酒品类,激发对烈酒的兴趣即可。朗姆酒非常适合于调酒,如著名的自由古巴(Cuba Libre),在北美和拉丁美洲畅销。表3.10列举了朗姆酒品牌的销售业绩情况,其中很多品牌欧洲消费者都不了解。

表3.10　朗姆酒品牌一览　　　　　　　　　　　　　单位:百万箱(每箱为9升)

坦度伊(Tanduay)	20.1	哈瓦那俱乐部(Havana Club)	4.6
百加得(Bacardi)	17.1	巴塞洛(Barcelo)	2.2
摩根船长(Captain Morgan)	11.7	博兹科夫(Božkov)	1.7
麦克道尔(McDowell's)	11.2	老波特(Old Port)	1.3

资料来源:Statista,2019.

3.香槟

香槟有60亿—70亿欧元的市场规模。"香槟"仅指来自法国兰斯和埃佩尔奈及附近产区生产的起泡酒(sparkling wine)。如果这款酒在世界上其他任何地方生产,只能被称为起泡酒,意大利有一种起泡酒名为普罗赛克(Prosecco)。香槟的年销售量约为3.2亿瓶,而香槟产区的葡萄最多只能生产3.6亿瓶。考虑到这个限制条件,酒商开始引导消费升级,给其品牌和产品增加附加值。与干邑和威士忌一样,香槟也必须陈酿,用不同葡萄酿造不同类型的香槟酒。

全球一半以上的香槟在法国境内被消费,其次是英国和美国。

4.其他酒类

这类酒的市场规模约为50亿欧元,除了前文提及的占据该类酒市场最大销售额的龙舌兰外,还包括白兰地,柑曼怡(Grand Marnier)和君度(Cointreau)等利口酒品牌,以及其他特定产区的酒,如法国的卡尔瓦多斯(Calvados)和雅文邑（Armagnac）、希腊的梅塔莎（Metaxa）、荷兰的波士（Bols）等。

3.4.2 主营葡萄酒与烈酒业务的公司

1. 主要品牌

英国无形资产评估咨询公司（Intangible Business）每年发布"全球最具影响力的烈酒与葡萄酒品牌排行榜"。这个榜单并非简单地通过产量或销量排名，而是经一系列指标计算后得出总分。这些指标分别是：

- 市场份额：基于销量来计算；
- 品牌增长：基于近 10 年的历史数据预测增长率；
- 价格定位：衡量品牌的溢价能力；
- 市场范围：品牌产生巨大影响力的市场范围；
- 品牌认知度：分为消费者主动认知和被动认知；
- 品牌相关度：品牌力与购买意愿；
- 品牌传承：一个品牌的积淀时间及对当地文化的汲取；
- 品牌感知：激发购物欲的品牌忠诚度和品牌形象。

调研的结果出人意料。如表 3.11 所示，杰克丹尼（Jack Daniel's）和摩根船长并非在全球各地都十分有名，仅在一部分地区拥有大量顾客群和很高的品牌知名度。

表 3.11　全球最具影响力的烈酒与葡萄酒品牌 20 强（2018 年）

	品　牌	销量	所属集团	原产地	细分品类
1	茅台	19.5	—	中　国	中国白酒
2	五粮液	13.5	—	中　国	中国白酒
3	洋河	7.1	—	中　国	中国白酒
4	尊尼获加（Johnnie Walker）	3.9	帝亚吉欧集团	苏格兰	威士忌
5	泸州老窖	3.5	—	中　国	中国白酒
6	杰克丹尼	3.2	百富门公司（Brown Forman）	美　国	威士忌
7	轩尼诗	3.1	路威酩轩集团	法　国	干　邑
8	斯米诺（Smirnoff）	3.2	帝亚吉欧集团	英格兰	伏特加
9	古井贡酒	2.2	—	中　国	中国白酒

品 牌	销量	所属集团	原产地	细分品类
10 百加得	2.2	百加得集团	百慕大	朗姆酒
11 绝对伏特加(Absolut)	—	保乐力加集团	法 国	伏特加
12 灰雁(Grey Goose)	—	百加得集团	百慕大	伏特加
13 阮考(Ruang Khao)	—		泰 国	开胃酒
14 芝华士(Chivas Regal)	—	保乐力加集团	苏格兰	威士忌
15 尊美醇(Jameson)	—	保乐力加集团	苏格兰	威士忌
16 人头马(Rémy Martin)	—	人头马君度集团(Rémy Cointreau)	法 国	干 邑
17 长官之选(Officer's Choice)	—	调酒酿酒师联盟(Allied Blenders & Distillers)	印 度	威士忌
18 皇冠威士忌(Crown Royal)	—	帝亚吉欧集团	加拿大	波 本
19 百龄坛(Ballantine's)	—	保乐力加集团	苏格兰	威士忌
20 摩根船长	—	帝亚吉欧集团	牙买加	朗姆酒

注:销量的单位为百万箱(每箱为9升)。
资料来源:Intangible Business, 2019; "Spirits 50", Brand Finance.

榜单前20名中有6个威士忌品牌、1个波本品牌、5个中国白酒品牌、3个伏特加品牌和2个干邑品牌,这凸显了相应酒品类的重要性。

2. 主要集团

表3.12列举了2019年大型集团旗下的品牌数量情况。

表3.12 排名前30的酒品牌所属集团情况

	国 家	排名前30的酒品牌数量
帝亚吉欧集团	英 国	7
保乐力加集团	法 国	5
百加得集团	英 国*	4
宾三得利公司(Beam Suntory)	美 国	3
路威酩轩集团	法 国	1
百富门公司	美 国	1

资料来源:Impact Databank, 2019.

_____

* 英国百加得集团在古巴圣地亚哥创立,公司总部位于英属百慕大哈密尔顿。

表 3.13 列举了主要集团的市场规模和盈利情况。

表 3.13　排名前 9 的葡萄酒与烈酒公司的业绩情况（2019/2020 财年）　　单位：百万欧元

	营　收	营业利润	净利润	备　注
帝亚吉欧集团	10 805	1 964(E)	2 113(E)	我们预估健力士营收为 22.64 亿欧元,利润率与集团相近
保乐力加集团	8 448	2 260	1 654	
百加得集团	6 500(E)	——	——	百加得集团为独立公司,未公布任何财务数据
路威酩轩集团	5 576	1 729	1 283(E)	
百富门公司	3 934	1 052		
宾三得利公司	3 500	——	768	集团总营收超过 100 亿欧元,其他酒类业务超过 65 亿欧元
星座集团	2 679	374(E)	249(E)	加上分销收入、啤酒业务的总营收达 74.66 亿欧元
金巴利集团	1 842	——	267	
人头马君度集团	1 125	264	159	

注：“(E)”表示作者估算,基于作者与酒类行业专家的讨论和研究。
资料来源：公司年度报告与作者估算。

（1）帝亚吉欧集团。集团的销售额和盈利情况位列第一,旗下有 7 个品牌进入了 30 强,即斯米诺、尊尼获加、百利甜（Bailey's）、珍宝（J&B）、摩根船长、添加利（Tanqueray）和哥顿（Gordon's）。1997 年,健力士公司和大都会公司（Grand Metropolitan）合并组建而成帝亚吉欧集团,后成功上市。值得一提的是,集团虽然极具影响力,但旗下并没有主流的干邑或香槟品牌。多年以来,健力士公司、帝亚吉欧集团先后与路威酩轩集团成立了合资公司,分销轩尼诗干邑和部分路威酩轩旗下的顶级香槟。此外,帝亚吉欧集团拥有路威酩轩集团葡萄酒与烈酒业务 25% 的股权。

（2）保乐力加集团。最初,公司仅在法国销售一款本土茴香酒品牌百诗利（Pastis）。2001 年,它收购了施格兰（Seagram's）38% 的业务；2005 年,收购联合多美集团（Allied Domecq）的大部分股权；2008 年,又收购了绝对伏特加。至此,集团在原有经典的百诗利 51 系列和力加(Ricard)系列基础上,增添了非常多的发展潜力巨大的产品,其中包括芝华士、百龄坛、坎贝尔、尊美醇等威士忌,绝对伏特加,哈瓦那俱乐部、马利宝(Malibu)等朗姆酒,马爹利(Martell)干邑,施格兰、必富达(Beefeater)等金酒,以及巴黎之花(Perrier-Jouët)、玛姆(Mumm)等香槟。

(3)百加得集团。作为独立公司,它的公开数据非常少。百加得朗姆酒公司(Bacardi Rum)和马提尼 & 罗西公司(Martini & Rossi)合并而成百加得集团,旗下还有著名的灰雁伏特加、孟买(Bombay)金酒、帝王(Dewar's)威士忌等。

(4)路威酩轩集团。它的酒类业务十分强大。旗下有干邑品牌轩尼诗;它在香槟领域明显处领先地位,有香槟品牌唐培里侬香槟王、库克香槟、酩悦香槟、凯歌香槟等。它与帝亚吉欧集团合资成立了经销公司,在全球范围内维持强大的影响力。路威酩轩集团的酒类主营业务是干邑和香槟,但它在 2005 年收购了威士忌品牌格兰杰(Glenmorangie)和雪树(Belvedere)伏特加。

(5)百富门公司。一名药剂师在美国肯塔基州路易维尔创立了这家上市公司。旗下著名品牌有杰克丹尼、金馥力娇酒(Southern Comfort)和芬兰伏特加(Finlandia Vodka)。它还有多个品牌的田纳西威士忌,以及加利福尼亚州、意大利和法国葡萄酒。

(6)宾三得利公司。它与三得利(Suntory)和法奇那(Orangina)均为三得利控股集团(Suntory Holdings Limited)的子公司。该集团 2019 年的总营收为25 692 亿日元,旗下国际品牌包括波本品牌金宾(Jim Beam)和力爵(Legent),以及干邑品牌馥华诗(Courvoisier)。

(7)星座集团(Constellation)。其烈酒业务销售额为 26.72 亿欧元,啤酒业务销售额超过 10 亿欧元。不过,星座集团是葡萄酒市场的领导者,旗下拥有240 个品牌,占美国葡萄酒市场的 25%。集团旗下的新瑞加(Svedka)和巴顿(Barton)伏特加、卡萨诺宝(Casa Noble)龙舌兰及威士忌、金酒和朗姆酒也十分有市场影响力。

(8)金巴利集团(Campri)。这家意大利公司在米兰证券交易所上市,目前仍由家族企业控股。旗下品牌包括金巴利、仙山露(Cinzano)、西娜尔(Cynar)和塞亚莫斯佳(Sella & Mosca)。近年来,它的发展十分迅速,这要归功于阿佩罗鸡尾酒(Aperol Spritz)(普罗赛克起泡酒为基酒之一)的成功推广。最近,集团还收购了柑曼怡和干邑品牌百事吉(Bisquit)。

(9)人头马君度集团。其为法国第三大酒业集团,主要生产人头马干邑和和君度。2011 年,它出售了旗下品牌哈雪香槟(Champagne Charles Heidsieck)和白雪香槟(Piper-Heidsieck),并公开表示,集团已有足够的现金流完成一次大型收购。

上述公司都有强劲的业绩表现,这几乎都归功于一系列品牌并购的成功,并且并购还远远没有结束。在过去的 10 年,外延扩张增长(external growth)已经成为各个公司最重要的战略之一。

3.4.3 关键管理问题

1.处理好与众多经销商的业务关系

公司需要确保产品能在世界各地的超市货架上销售。首先,产品需要先出售给严格把控质量的采购主管,经销商在门店事无巨细地管理好商品,由采购主管监管。事实上,只销售单一的酒类产品会承担太多的成本压力,因此,必须建立当地分销系统,同时销售各类互补产品,这样才能有效地产生利润。最理想的组合是一个威士忌品牌、一个顶级伏特加品牌、一款优质的干邑酒和一些香槟。这就需要不同品牌或公司之间协同增效。

在夜店和餐厅的情况也是如此。这些渠道对品牌形象的打造很重要,但触达这些渠道较难,且销量并不会很高。

同样重要的还有免税店。这个渠道可以让消费者更多地接触到酒类产品,建立起葡萄酒和烈酒的品牌形象。

2.建立全球架构合作体系的必要性

每个品牌都需要在世界各地产生影响力,这往往需要品牌建立合资伙伴关系,比如前文提及的帝亚吉欧集团与路威酩轩集团之间的合作。另一家著名的合资公司是英国寰盛集团(Maxxium),原本由人头马君度集团、宾三得利公司旗下的金宾、苏格兰爱丁顿集团(Edrington Group)旗下的威雀(Famous Grouse)威士忌合资组建而成,可惜已经倒闭。事实上,几乎每个酒业公司都会在各个国家寻找竞争对手,友好地进行合作,分销旗下的一个或多个品牌。

3.库存成本管理

葡萄酒与烈酒业务的一个主要管理难点在于库存成本管理,即如何管理陈酿酒在销售之前的库存。一般而言,香槟需要陈年 44 个月才能具备独特和浓郁的口感。干邑平均需要 68 个月,即将近 6 年之久,而那些陈酿威士忌的时间需要更长。这就产生了相应成本,甚至可占单品总成本的 40% 之多。

如前所述,白色系烈酒的一个巨大优势是,它们不需要陈年,因此,其产品的成本结构也合理得多。

4. 拉动式营销的必要性

消费者购买陈列在超市货架上的商品的前提条件是,这个产品被消费者熟知和喜爱。品牌应该想尽办法让顾客把产品买回家。因此,大规模的广告投放必不可少。不过,葡萄酒与烈酒的广告宣传有两个限制条件。其一,很多国家禁止在电视上投放酒类广告,只能杂志和广告牌上刊登广告。其二,酒类产品对于很多消费者来说大同小异,唯一的不同在于他们对品牌的认知,这点我们将在后文具体阐述。无疑的是,酒类营销和品牌定位的工作非常有难度,极具挑战性。

3.4.4 公司组织架构

与香水与化妆品业务类似,酒类的营销和全球销售是最重要的企业活动,需要在直营经销店或合资经销店安排大量人力负责品牌的销售活动,其中包括全国运营主管、区域主管、免税店专员、负责品牌推广的市场专员等。

3.5 珠宝与腕表

在本节,我们先概述珠宝市场现状,然后介绍腕表市场。虽然这两个业务有很多相似之处,但它们的顾客期望和营销手段并不相同。

3.5.1 市场状况

1. 珠宝市场

珠宝专家估算,除中国大陆外的全球珠宝市场规模约为 450 亿欧元。其中,无牌产品占了约三分之一,这也包括了家族企业为私人顾客定制的珠宝。这些产品是通过金重或银重来定价的。一般而言,在自由市场上,顾客购买根据尺寸、纯度和形状来估价的宝石,然后把宝石交予值得信赖的珠宝商,后者负责把宝石镶嵌在戒指或其他珠宝上。

家族珠宝商一般都历经了几代人运营,通常自己制作珠宝。有时,家族珠宝商也会将制作外包出去。顾客都会特别信任这些家族珠宝商,或者也会根据顾客的不同喜好定制产品。

品牌珠宝业务有一个重要特性——顾客通常与店员互不相识,对产品的信任感完全取决于品牌。品牌珠宝店通常只销售标准化商品,只有极少数 VIP 顾客可以享受保养旧珠宝或在产品上镶嵌新宝石的服务。

(1)消费者期望。

考虑到不同珠宝的价格差异很大,也有买到赝品或售价过于离谱的产品的风险,消费者只会买他们信任的珠宝。这种信任感来源于品牌,或个人对销售员的信赖。这就像人们找家庭医生一样。

珠宝主要用于特殊场合。例如,美国珠宝品牌蒂芙尼就是以订婚戒指而闻名的。在一些更私密的家庭场合,如结婚纪念日或婴儿出生时,人们会购买一些特殊的礼物,会逛几家门店,然后再决定买些什么,在哪里买。如果一个人售出了公司或房产,他会希望再购买一些名贵珠宝。在这种情况下,消费者很明确地知道他们的需求,会有目的性地逛几家商店,并买到想要的珠宝。

不管是为了特殊节日还是其他购物目的,顾客在珠宝购物过程中希望享受到至尊服务,并且售卖者必须是可信赖之人。他们希望被门店销售员给予关注,后者应一直提供优质服务直到满足他们的所有需求。

(2)产品范畴。

珠宝产品的范围很广,包括金饰品、银饰品、宝石及其镶嵌饰品。众所周知,钻石等珍贵宝石的收藏价值非常高。在美国制作一枚钻戒再由日本分销商在当地出售并非易事,因为利润会层层叠加,且最终的零售价还必须处在合理范围。这就是为何金饰品的盈利能力相对更强,价格弹性更高。

巴西珠宝品牌诗获恩(H. Stern)通过自己的方式解决了这个难题。品牌主营半宝石(semiprecious stone)业务,销售蓝宝石、紫水晶、黄水晶等彩色宝石。

(3)财务方面。

定价是珠宝业务的难点。宝石的零售价区间较窄;金饰品依据标准的每克重金价确定产品价格。很多商店都出售金饰品。例如,在哥伦比亚波哥大(Bogotá)

和秘鲁利马(Lima)等地的市场上有许多小型零售商,消费者能在大量珠宝首饰中进行挑选,但这些地区的珠宝仅按单位克重数价格计算售价。

最简单的黄金产品标价方式是显示每克重金价,但很多品牌都反对这种做法。它们不愿让自己表现得像兜售黄金,希望给消费者的印象是它们在销售黄金艺术品。每件商品、每项工作都不一样,不同品牌的时间沉淀和技术工艺也各不相同,无法互相比较。

此外,品牌总部很难保证全球利润能合理地分配到手工艺作坊、营销推广部门、分销商、终端零售商和百货公司。

2.腕表市场

腕表专家认为腕表业务的市场规模约为 260 亿欧元。它比珠宝业务复杂得多,市场可以根据定位和消费者性别、国籍进行细分。

(1)复杂功能腕表。这类高端腕表不是石英产品,有独立机芯,通常为手工制作,可自动上链。它们被称为复杂功能腕表的原因是,其不仅显示时间和日期,通常还有记时功能,还可以提供阳历、阴历、季节等复杂功能。一般而言,这类腕表限量发布,甚至只生产一枚,单价高达 20 万欧元,甚至更高。

(2)珠宝腕表和专业功能腕表。这类腕表的功能并不复杂,产量相比高得多,批发价在 1 000—5 000 欧元之间,零售价在 2 000—10 000 欧元之间。这类腕表大多数制作精美,大部分是机械腕表,一小部分是石英表,是想赠送贵重礼品时的理想选择。

(3)时尚腕表和个性腕表。这类腕表的零售价在 100—2 000 欧元之间,品牌包括汤米希尔费格(Tommy Hilfiger)、卡尔文·克莱恩和阿玛尼。这类腕表品牌传递了这样一种理念:顾客可以同时拥有好几枚腕表,可以根据彼时的心情随意更换。

男性还是女性专属?腕表是少有的男性会购买和收藏的奢侈品。近 90%的复杂功能腕表是男性购买的,他们会像集邮一样把老款顶级腕表收藏起来。

女性会青睐珠宝腕表和专业功能腕表,她们会根据佩戴场合选购这些产品。她们也是时尚腕表和个性腕表的主要购买人群。

哪些国家的消费者喜欢购买腕表?有两个国家不得不提。其一是中国,中国的腕表市场非常大。另一个是意大利。意大利人购买的腕表比其他任何欧洲国家的人都要多,他们会在发售斯沃琪(Swatch)限量版腕表的前一晚排队等候在专卖店门外。他们认为戴一块昂贵、知名品牌的腕表是优雅和成熟的终极体现。

日本和美国腕表市场也同样重要。这些国家的消费者会购买个性腕表或更昂贵的腕表(如女性往往偏爱表盘镶钻的腕表),这样他们会拥有非常"高级"的谈资。

在拉丁美洲、中东地区和东南亚,腕表对男性的社会地位和着装标准产生了非常重要的影响。世界各国消费者的偏好也各不相同:欧洲人喜欢皮质表带,而亚洲和热带地区的消费者偏爱钢表带。

3.5.2 主营珠宝与腕表业务的公司

1. 珠宝品牌

我们估算了珠宝市场规模和主要珠宝品牌的业绩情况(如表 3.14 所示)。例如,卡地亚总销售额的约 33%来自其腕表业务。对梵克雅宝而言,这个比例为 10%;对蒂芙尼而言,这个比例仅为 2.5%。不过,珠宝品牌的总销售额减去腕表业务并非就是珠宝业务的销售额,如卡地亚还有皮具业务和围巾等配饰业务,宝格丽还有香水业务等。我们从表 3.14 也可以发现,只有 10 个珠宝品牌在珠宝市场中有重要的影响力,我们后续会详细阐述相关的重点内容。

我们并未将香奈儿、迪奥、古驰和路易威登等品牌列在表 3.14 内,它们珠宝业务的销售额很难估算。

表 3.14　主要珠宝品牌的珠宝与腕表业务销售额估算(2019 年)　　　　单位: 百万欧元

品　　牌	创始地	总销售额	腕表业务销售额	所属集团
卡地亚	法　国	5 600(E)	1 900(E)	历峰集团
蒂芙尼	美　国	3 900	100(E)	路威酩轩集团
宝格丽	意大利	3 200(E)	275(E)	路威酩轩集团
梵克雅宝	法　国	1 500(E)	150(E)	历峰集团
萧邦(Chopard)	瑞　士	850(E)	450(E)	独立公司
大卫雅曼(David Yurman)	美　国	650(E)	—	独立公司
格拉夫(Graff)	英　国	650(E)	—	独立公司
诗荻恩	巴　西	600(E)	—	独立公司

品　　牌	创始地	总销售额	腕表业务销售额	所属集团
海瑞温斯顿(Harry Winston)	美　国	500(E)	300(E)	斯沃琪集团
桃丝熊(Tous)	西班牙	450(E)	50(E)	独立公司
御木本(Mikimoto)	日　本	400(E)	—	独立公司
宝曼兰朵(Pomellato)	意大利	200(E)	—	开云集团
宝诗龙	法　国	150(E)	—	开云集团
达米阿尼(Damiani)	意大利	130(E)	—	独立公司
尚美巴黎	法　国	100(E)	—	路威酩轩集团
梦宝星(Mauboussin)	法　国	80(E)	—	老佛爷百货集团(Galeries Lafayette)
雷波西(Repossi)	意大利	60(E)	—	路威酩轩集团持股(大股东)
布契拉提(Buccellati)	意大利	60(E)	—	历峰集团(于2019年收购)
斐登(Fred)	法　国	50(E)	—	路威酩轩集团
麒麟珠宝(Qeelin)	中　国	50(E)	—	开云集团
麦兰瑞(Mellerio)	法　国	15(E)	8(E)	独立公司
普瓦雷(Poiray)	法　国	12(E)	—	独立公司
帝梵(Dinh Van)	法　国	12(E)	—	独立公司

注:"(E)"表示作者估算。
资料来源:公司年报及作者估算。

（1）卡地亚。它是占奢侈品珠宝市场最大份额的品牌,盈利能力极强。它的珠宝业务已经占据品牌主导,腕表业务前几年有过起伏,但如今很有影响力。卡地亚闻名于欧洲和亚洲,在美国珠宝市场也拥有重要的地位。

（2）蒂芙尼。其珠宝业务与卡地亚体量相当。在美国,蒂芙尼以订婚钻戒闻名;在美国和亚洲国家,100—120欧元入门价的蒂芙尼圆珠笔、镀银汤匙、洗礼餐具也备受消费者喜爱。蒂芙尼在亚洲很有影响力,在欧洲不尽如人意。

（3）宝格丽。该品牌创立于罗马,创始人索帝里欧·宝格丽最初只是一名希腊银匠,后来逐渐开发了珠宝和腕表业务。品牌旗下还有香水、领带、围巾、皮具等产品,都十分具有市场影响力。2011年3月7日,路威酩轩集团宣布收购宝格丽,此前年营收约为9.5亿欧元。近10年,宝格丽的高级珠宝和皮具配饰业务及在中国市场的发展十分迅速。

（4）梵克雅宝。该品牌近 15 年的发展十分迅速,在欧洲和美国市场的业绩骄人,在亚洲也稳步发展,不过腕表业务还相对弱势。

（5）萧邦。它是总部位于瑞士日内瓦的家族品牌,全球有 100 家左右门店,它的腕表闻名全球,"快乐钻石"(Happy Diamond)系列珠宝和腕表更是备受欢迎的代表性作品。

（6）大卫雅曼。这个在亚洲和欧洲鲜为人知的美国珠宝品牌,如今已经逐渐发展美国本土以外的市场。它在美国本土的表现强劲且备受赞誉。

（7）格拉夫。创始人劳伦斯·格拉夫(Lawrence Graff)起初只是一名珠宝店学徒。1960 年,他创立了自己的公司。他专注于收集名贵宝石,通常不惜工本地竞价购买极其漂亮的钻石。他在稀有钻石(尤其是彩钻)领域称得上是专家。格拉夫拥有非常高端的顾客群,门店精美、华丽,但数量并不多。劳伦斯·格拉夫在英国、美国、中东地区和亚洲都享有盛名。2019 年,他在巴黎开设了一家大型门店。

（8）诗获恩。1945 年,汉斯·斯特恩(Hans Stern)在巴西创立了该品牌。2007 年,汉斯去世,其长子罗贝托·斯特恩(Roberto Stern)继承了家族品牌。品牌主营半宝石业务,在全球范围开设了约 160 家门店,主要位于拉丁美洲,也在美国、欧洲和亚洲设有门店。

（9）海瑞温斯顿。其总部位于纽约,是美国顶级珠宝品牌。海瑞温斯顿曾隶属于一家加拿大钻石公司,2013 年,斯沃琪集团将其收购。此后,海瑞温斯顿成功地推出了一系列高级珠宝和复杂功能腕表,并且亚洲开设了多家门店。

（10）桃丝熊。这个在 21 世纪快速崛起的珠宝品牌,以动物作为品牌形象。在过去的七八年内,它相对亲民的价格吸引了很多消费者,业绩始终保持稳定。

表 3.14 中的 23 个品牌并不能完全代表全球珠宝市场。我们必须关注三个中国品牌。

（1）周大福。母公司周大福珠宝集团位于深圳,2019 年销售额约为 79 亿欧元,比卡地亚的市场规模更大。很多人认为周大福只能算一个珠宝零售商,而非品牌。它在中国内地开设了 2 250 家门店,其他地区仅有 200 多家门店,且大部分分布在中国香港及澳门。不过,它的官方网站的日浏览量可达 13 万人次。在公司层战略上,周大福珠宝集团对全产业链快速完成了一体化,建造了四家钻石切割厂,其中一家位于南非,一家位于博茨瓦纳。集团在香港联合交易所上市,郑氏家族拥有 90% 的股权。

（2）老凤祥。它是中国第二大珠宝集团,总部位于上海,在上海证券交易所上市。2019 年销售额约为 60 亿欧元,共开设了 3 000 多家门店,国有资本持有老凤祥部分股权。

（3）周生生。该品牌的规模相对较小,公司在百慕大注册,拥有 380 家门店,其中 305 家位于中国内地,54 家位于中国香港,年销售额达 18 亿欧元,周氏家族持有其 52% 的股权。

2. 腕表品牌

我们在前文已通过定价区间将腕表市场细分为三类。一些行业专家并不认可这种划分方式,但这种分类的优势在于有效地区分了腕表品牌的风格和规模。

表 3.15 列举了复杂功能腕表的主要品牌,市场规模约为 25 亿欧元。前 10 大品牌全都来自于瑞士,占了其中的 17 亿欧元。这些瑞士名表的消费群遍布全球各地。其中,一些腕表公司至今仍保持独立,近半的公司隶属于历峰集团或斯沃琪集团。

表 3.15　复杂功能腕表品牌的业绩估算（2019 年）

品　　牌	原产地	营收（百万欧元）	年销量（枚）	平均单价（欧元）	所属集团
百达翡丽	瑞　士	1 375	70 000	15 000	独立公司
爱彼（Audermars Piguet）	瑞　士	1 000（E）	40 000	—	独立公司
宝玑（Breguet）	瑞　士	500（E）	30 000	—	斯沃琪集团
江诗丹顿	瑞　士	500（E）	25 000	20 000	历峰集团
伯爵	瑞　士	300（E）	—	—	历峰集团
海瑞温斯顿	美　国	300（E）	—	—	斯沃琪集团
朗格	德　国	300（E）	—	30 000	历峰集团
宝珀（Blancpain）	瑞　士	250（E）	5 000	30 000	斯沃琪集团 *
法穆兰（Franck Muller）	瑞　士	250（E）	—	—	独立公司
里查德米尔（Richard Mille）	瑞　士	250（E）	4 600	50 000	独立公司
芝柏（Girard-Perregaux）	瑞　士	200（E）	15 000	13 000	开云集团

注:"（E）"表示作者估算。品牌营收包含了来自直营店和非直营店的,并不一定等于年销量与平均单价的乘积（表 3.16 和表 3.17 的情况与之相同）。

资料来源:Vontobel Equity Research, 2019;作者与行业专家探讨后估算。

---

　　* 1992 年,斯沃琪集团收购了宝珀,至今宝珀仍隶属斯沃琪集团。

表 3.16 列举了珠宝腕表和专业功能腕表品牌。

表 3.17 列举了时尚腕表和个性腕表品牌,尽管它们仍属于奢侈品,但平均批发价已经在 1 000 欧元及以下。这类品牌也具有一定的差异化,如泰格豪雅和瑞士雷达表(Rado)也可归于上述的第二类。此外,诸如卡尔文·克莱恩和汤米希尔费格等品牌有着非常不同的定位,但零售价位于 200—800 欧元的区间。

从中我们可以发现,第一类腕表年销量一般在几千至几万,第二类腕表在 5 万—100 万之间,第三类腕表在几十万以上。前文已提及,第一类腕表市场规模约为 25 亿欧元,而第二类腕表约为 165 亿欧元,第三类腕表中的各个品牌虽然都表现突出,但整体市场份额也仅在 65 亿欧元左右。

表 3.16　珠宝腕表和专业功能腕表品牌的业绩估算(2019 年)

品　　牌	原产地	营收 (百万欧元)	销量 (枚)	平均单价 (欧元)	所属集团
劳力士	瑞　士	5 100(E)	800 000	4 000	独立公司
卡地亚	瑞　士	1 900(E)	700 000	2 500	历峰集团
欧米茄(Omega)	瑞　士	1 900(E)	800 000	2 300	斯沃琪集团
泰格豪雅	瑞　士	750(E)	750 000	1 000	路威酩轩集团
万国表	瑞　士	625(E)	150 000	2 100	历峰集团
宇舶表	瑞　士	600(E)	—	4 000	路威酩轩集团
香奈儿	法国/瑞士	600(E)	150 000	5 000	独立公司
积家	德　国	550(E)	120 000	3 000	历峰集团
路易威登	法国/瑞士	500(E)	85 000	6 000	路威酩轩集团
百年灵(Breitling)	瑞　士	450	—	—	CVC 资本(CVC Capital Partners)
沛纳海	意大利	350(E)	—	—	历峰集团
宝格丽	瑞　士	250(E)	75 000	4 000	路威酩轩集团
迪奥	法　国	250(E)	—	—	路威酩轩集团
爱马仕	法　国	250	—	—	独立公司
万宝龙	瑞士/德国	200(E)	—	—	历峰集团
名士	瑞　士	150(E)	—	—	历峰集团

注:"(E)"表示作者估算。

资料来源:Vontobel Equity Research, 2019;作者估算。

表3.17　时尚腕表和个性腕表品牌的业绩估算（2019年）

品　　牌	原产地	营收 （百万欧元）	销量 （枚）	平均单价 （欧元）	所属集团
浪琴（Longines）	瑞　士	1 200（E）	1 000 000	1 200	斯沃琪集团
天梭（Tissot）	瑞　士	800（E）	800 000	800	斯沃琪集团
泰格豪雅	瑞　士	800（E）	800 000	1 000	路威酩轩集团
瑞士雷达表	瑞　士	500（E）	500 000	—	斯沃琪集团
古驰	意大利/瑞士	500（E）	500 000	—	开云集团
卡尔文·克莱恩	美国/瑞士	400（E）	—	—	路威酩轩集团
阿玛尼	意大利/瑞士	250（E）	800 000	300	福思集团（Fossil）
名士	瑞　士	150（E）	100 000	1 500	历峰集团
蕾蒙威（Raymond Weil）	瑞　士	150（E）	250 000	600	独立公司
雨果博斯	德国	100（E）	200 000	500	摩凡陀集团 （Movado）

注："（E）"表示作者估算。

资料来源：Vontobel Equity Research, 2019；作者与行业专家探讨后估算。

值得一提的是，除了卡地亚、宝格丽和海瑞温斯顿，其他珠宝品牌的腕表业务占比相对较小。如果腕表业务对珠宝品牌的发展可以起到推动作用，为了使珠宝门店快速实现盈亏平衡并为开设新店提供资金，腕表业务可以保持相对独立，即使腕表产自瑞士，一般也需要近10年时间才能开始盈利。

三大集团主导珠宝与腕表市场。其一是斯沃琪集团，占30%的市场份额；其二是历峰集团，占23%；其三是劳力士集团，占15%，旗下有主品牌劳力士和副牌帝陀表（Tudor）。尽管三大集团占据了68%的市场份额，但一些有独到理念或特殊工艺的新兴品牌仍可以在这个市场站稳脚跟。

3.5.3　关键管理问题

1. 零售还是批发？

大多数珠宝业务采用了零售模式，而大多数腕表业务选择了批发。腕表品牌需要在不同的门店向消费者展示其独特形象。

主营腕表业务的玉宝（Ebel）曾经尝试开设独立的零售店，但始终没能成功；但劳力士和欧米茄等品牌却取得了成功。一些品牌尝试在自己的珠宝店内销售腕表,如宝格丽推出腕表系列后就做出了这样的尝试,但随即发现它们不得不通过拓展销售渠道才能盈利。

当腕表业务的批发模式一举成功后,珠宝品牌也跃跃欲试,希望通过品牌集合店拓展销售渠道。然而,除非珠宝品牌有一些非常特殊的产品系列,否则难以成功。卡地亚曾在多年前推出了"就爱卡地亚"系列(Les Must de Cartier),当时建立了非常不错的品牌形象。然而,该系列在 2007 年下线,2010 年才回归,这可能与 2008 年金融危机的冲击有关,但几年后其再次下线。宝格丽也曾在珠宝品牌集合店内销售产量很小的产品系列。反观蒂芙尼,它从未做出类似的尝试,预计在未来也不会这样做。

2. 定价与产品线策略

珠宝消费者可分为几类:一类打算购买 10 000 欧元以内的小件珠宝,一类的预算在 10 000—60 000 欧元之间,还有一类会挑选非常昂贵的限量珠宝。

珠宝品牌很容易遇到一些产品线供不应求的情况,它们不得不引进新设计师推出新品,并开发独特的工艺,以此来解决缺货的难题。腕表品牌则只需要考虑定价范围的问题,但这需要依靠强大的销售、营销能力。

3. 依赖大客户的风险

过去,爱丝普蕾(Asprey)和尚美巴黎等小众珠宝品牌的销售业绩主要依靠文莱苏丹或摩洛哥国王的青睐。当他们大量购买后,完成业绩指标易如反掌。然而,万一这些大客户由于种种原因不再购买,那该如何面对这种困境呢?无论在什么行业,品牌的产品多元化和合理分布的顾客群对其健康发展至关重要。

3.5.4　公司组织架构

珠宝公司的组织架构基本包括:零售部、出口业务部、设计部、生产部、相对庞大的营销部(负责产品定位和品牌定位)、公关部。此外,公司需要一支非常专业化、国际化的销售团队,专门维护与高净值顾客的关系。

3.6　酒店与服务业

服务业一词不仅指酒店,还包括餐厅、咖啡厅、酒吧、夜店、豪华旅行社、游轮、私人飞机,以及航班商务舱和头等舱等。

我们认为,奢侈品专著必须包含以上这些市场,它们在技艺、个性化关注及服务体验、国际化方面都体现了奢侈品的特性。

当然,酒店和服务业必须关注人际交流和服务。一些服务的质量能够量化。例如,奢华酒店的房间面积必须大于 450 平方英尺*,视野宽敞,墙体、窗帘、全铺地毯、床单、沙发的材料必须有高品质。在前台、客房、餐厅等处的工作人员的服务也同样重要。影响入住体验的核心因素是酒店里不同类型和级别的员工与顾客多次互动交流的质量。

在服务业,名声只能通过时间来积累。一次入住的服务不能决定什么,四次甚至五次后就能体会到服务质量的差别。顾客是否会被视为常住客接待?顾客的偏爱房型、常读的报纸和杂志、特殊饮食习惯是否被酒店记录在案且被满足?酒店记住顾客的偏好信息并非难事,但只有持续、稳定地提供日常优质服务才能让顾客产生强烈的品牌偏好。

《康奈尔酒店管理学院谈服务业:前沿思维与实践》(*The Cornell School of Hotel Administration on Hospitality*:*Cutting Edge Thinking and Practice*)一书将酒店或餐厅的服务质量影响因素分为三个方面:其一是运营与服务,其二是不动产及其相关业务,其三是相应的管理工作。[②]

3.6.1　主营酒店业务的公司

2019 年,全球酒店业务(不含餐饮)的营收约为 4 850 亿欧元[③],在过去 10 年内,平均年复合增长率为 3.1%。事实上,酒店业的市场规模已经比我们在第 2 章提到的那些传统奢侈品行业要大得多,但增长速度要缓慢一些。

其中,中低端酒店市场(经济型酒店、中档酒店、中高档酒店)占 56%;奢华酒店市场规模为 332 亿欧元,仅占 6.2%,与前文提及的腕表或皮具业务的市场规模相近。奢华酒店的市场增长速度应该要高于 3.1%。

在过去 20 年内,酒店业的集中度变得非常高。消费者已经习惯在亿客行(Expedia)、嘉信力旅运(Carlson Wagonlit Travel)或猫途鹰(Tripadvisor)等在

---

　*　约 40.5 平方米。

线平台预约订房,这已经是酒店集团吸引顾客的一种重要方式,单体酒店遇到了发展瓶颈。因此,酒店业的并购是大势所趋。

1. 主要酒店集团

表3.18列举了知名的大型酒店集团,不过其中一些集团的奢华酒店业务占其整体业务的很小一部分。这7家极具影响力的酒店集团的总营收达500亿欧元,但除了万豪国际集团和凯悦酒店集团,其他酒店集团旗下并非以奢华酒店品牌为主。

表3.19列举了一些顶级奢华酒店品牌,它们的酒店数量不多,但在每一处都各具特色,给客人带来至尊的服务体验。

我们先概述一下主要酒店集团,再介绍主要奢华酒店品牌。

(1)万豪国际集团(Marriott International)。其规模十分庞大,员工共20万名,客房有138万间。旗下奢华酒店和高档酒店数量最多,其中包括丽思卡尔顿酒店(The Ritz-Carlton)、瑞吉酒店(St. Regis)、艾迪逊酒店(Edition)、豪华精选酒店(The Luxury Collection)、W酒店(W Hotel)、JW万豪酒店(JW Marriott)、万豪酒店(Marriott)、喜来登酒店(Sheraton)、艾美酒店(Le Méridien)、威斯汀酒店(Westin)等。

(2)希尔顿集团(Hilton Hotels & Resorts)。客房数量共计97万间,旗下著名奢华品牌有华尔道夫酒店(Waldorf Astoria)、康莱德酒店(Conrad)、嘉悦里酒店(Canopy)、希尔顿酒店(Hilton)、希尔顿格芮精选酒店(Curio)等,几乎没有经济型酒店。

(3)豪斯特酒店集团(Host Hotels & Resorts)。该集团并非是酒店管理集团,而是地产投资信托公司,总部位于美国马里兰州,在纽约证券交易所上市。集团拥有大量地产项目,与其他主要酒店品牌都签订了合作协议,如丽思卡尔顿酒店、瑞吉酒店、柏悦酒店(Park Hyatt)、希尔顿酒店等。各品牌酒店共80家,总计有4.7万间客房。

(4)凯悦酒店集团(Hyatt Hotels Corporation)。该奢华及高档酒店集团旗下拥有很多知名品牌(如表3.18和表3.19所示),凯悦悠选度假酒店(Destination by Hyatt)、凯悦尚选酒店(joie de vivre by Hyatt)也有非常明确的经济性酒店定位。

（5）洲际酒店集团（InterContinental Hotels Group）。它与很多酒店集团一样，通过一系列收购活动进行发展。假日酒店（Holiday Inn）在集团酒店品牌系列中并不起眼。在过去30年里，洲际酒店集团与万豪国际集团、凯悦酒店集团等美国集团一样，通过并购建立了庞大的连锁酒店品牌组合。

（6）雅高酒店集团（Accor Hotels）。总部位于巴黎，旗下有数个知名的奢华酒店品牌，如巴黎莱佛士皇家梦索酒店（Royal Monceau，Raffles Paris），但主要业务还是中高端连锁酒店，其中包括索菲特酒店（Sofitel）、诺福特酒店（Novotel）、宜必思酒店（Ibis）和F1酒店（Hotel F1）。

（7）锦江酒店集团。其为中国国有控股集团。酒店共计7 357家，6 241家位于中国，214家位于其他亚洲国家。旗下仅有15家五星和四星酒店，主营中端和经济型酒店，但规模十分庞大。2018年末，锦江酒店集团收购了丽笙酒店（Radisson）。在很多全球酒店榜单中，锦江酒店集团的酒店品牌位列其中。虽然它还不是奢华酒店集团，但正向这个方向努力发展。此外，它还拥有雅高酒店集团12%的股权。

表3.18　主要酒店集团*

集　团	营收 （十亿欧元）	酒店 数量	旗下 品牌数	主要奢华酒店品牌	其他主要品牌
万豪国际集团	18.9	7 003	21	丽思卡尔顿酒店、瑞吉酒店、艾迪逊酒店、豪华精选酒店、W酒店、JW万豪酒店、万豪酒店、万丽酒店、喜来登酒店、艾美酒店、威斯汀酒店	福朋酒店、万枫酒店、雅乐轩酒店
希尔顿集团	8.1	5 405	5	华尔道夫酒店、康莱德酒店、嘉悦里酒店、希尔顿酒店、希尔顿格芮精选酒店	希尔顿双树酒店、希尔顿欢朋酒店
豪斯特酒店集团	5.0	100	—	—	—

----

* 根据公开资料对本表进行了适当的补充。

集　团	营收 (十亿欧元)	酒店 数量	旗下 品牌数	主要奢华酒店品牌	其他主要品牌
凯悦酒店集团	4.3	865	15	柏悦酒店、君悦酒店、凯悦酒店、安达仕酒店	凯悦悠选度假酒店、凯悦尚选酒店
洲际酒店集团	4.2	5 656	19	六善养生酒店、丽晶酒店、洲际酒店、皇冠假日酒店	假日酒店、假日快捷酒店
雅高酒店集团	3.9	4 800	11	莱佛士酒店、东方快车酒店、法纳酒店、费尔蒙酒店、悦榕庄酒店、铂尔曼酒店	索菲特酒店、诺福特酒店、宜必思酒店
锦江酒店集团	2.6	7 537	7	J 酒店、昆仑大酒店、锦江饭店、皇家金煦酒店、丽笙精选酒店	维也纳国际酒店、锦江之星

注:豪斯特酒店集团的业务涉及房地产开发。

资料来源:各集团的 2019 年、2020 年年报。

2. 主要奢华酒店品牌

表 3.19 列举的酒店品牌营收都相对较低,较小的销售额甚至不足 10 亿欧元。加拿大四季酒店(Four Seasons)规模较大,年营收为 36 亿欧元。我们同时发现,新兴的顶级奢华酒店品牌主打奢侈感,在全球主要大都市或巴厘岛、马尔代夫等度假胜地建造酒店,吸引富裕人群入住。

此外,香格里拉酒店(Shangli-ra)、文华东方酒店(Mandarin Oriental)和瑰丽酒店(Rosewood)都创立于亚洲。前者由新加坡公司管理,后两者由中国香港公司管理。这些酒店在亚洲拥有坚实的顾客基础。如今,它们都已在欧洲和美国顶级大都市的绝佳地理位置建造了酒店,每家酒店的地段和周边环境都经过精挑细选。

贝蒙德集团旗下酒店的选址极佳,共有 35 家,其中 8 家位于意大利。2018年末,路威酩轩集团宣布收购贝蒙德集团;2019 年 4 月,收购正式完成。如今,这个集团由路威酩轩集团在巴黎直接管理。

奢侈品公司的管理模式在酒店业更为有效,比如,在品牌发展、品牌传播活动、门店选址、门店设计与建筑风格、现代客户关系管理系统、与顾客合理地沟通交流等方面。

表3.19　顶级奢华酒店品牌

品　　牌	营收（十亿欧元）	酒店数量	品　牌　性　质
凯　　悦	4.3	865	隶属凯悦酒店集团
四　　季	3.6	117	加拿大财团控股
香格里拉	2.2	100	在新加坡和中国香港上市
文华东方	1.2	41	隶属怡和集团（Jardine Matheson）
半　　岛	0.75	13	在中国香港上市
贝蒙德	0.55	35	隶属路威酩轩集团
瑞　　吉	—	16	隶属万豪国际集团
瑰　　丽	—	28	隶属周大福集团
六善养生	—	10	隶属洲际酒店集团
安　　缦	—	32	总部位于瑞士巴尔

资料来源：行业专家；公司年报。

3. 品牌从时装业务延伸至酒店业

如果我们把位于迪拜哈利法塔（Burj Khalifa Tower）内的阿玛尼酒店或巴厘岛宝格丽酒店遗漏了，读者一定会感到失望。因此，我们需要探讨一下品牌如何从时装业务延伸至酒店业。

事实上，有两种不同方式可以将时装品牌延伸至酒店业。一种是打造10—20家连锁酒店，与四季酒店、瑞吉酒店或香格里拉酒店并驾齐驱；另一种是在某一个城市建造一家单体酒店，或在奢华酒店内设计一间品牌艺术套房。

（1）建造连锁酒店的传统奢侈品品牌。

三个品牌属于这类：宝格丽、阿玛尼和范思哲。

宝格丽决定打造全球连锁酒店品牌，并与万豪国际集团合作，利用后者的房间预订平台。如今，已经开业或即将开业的宝格丽酒店共有9家，分别位于米兰、迪拜、伦敦、巴厘岛、北京、上海、巴黎，以及莫斯科（2022年开业）和东京（2023年开业）。每家酒店都由一位杰出的建筑师领衔设计，造型非常震撼、美观，服务做到极致，足够让顾客铭记，从住客簿上留下自己的感言可见一斑。

2010年，阿玛尼集团与迪拜地产开发商签订了协议，在迪拜哈利法塔内打造一家顶级奢华酒店。2011年，第二家阿玛尼酒店在米兰落成。

范思哲公司也打造了数家范思哲宫殿酒店（Palazzo Versace）。一家位于澳大利亚黄金海岸，另一家位于迪拜贾达夫滨水（Jaddaf Waterfront）。

时装品牌或珠宝品牌将业务延伸至酒店业的现象十分值得探讨。奢侈品品牌必须解决两大难题：

首先，品牌是否有足够的专业团队管理连锁酒店？设计和装修是一码事，日常管理是另一码事。因此，品牌必须要有日常经营团队，如果没有的话，那么必须聘请专业的顶级酒店管理集团。

其次，品牌是否有足够的资金在最好的街区购买地产，并且建造一家甚至几家酒店？这些资金是否应该先用于在顶级街区开设新门店或者对现有门店进行改造和重新装修？只有所有主营业务的投资目标都实现后，才可能对投入大量资金建造连锁酒店。

管理一家酒店不仅局限于设计创造出一栋美观的建筑，还需要认真经营它——不仅包括品牌传播和顾客调研，也包含日常管理工作。一般而言，餐饮收入占酒店营收的30%以上。这些都要求酒店配备优秀员工，他们需要积极、有效地提供全天候不间断的服务。

（2）建造一家单体酒店或设计一间特殊套房。

芬迪在品牌创始地罗马开了一家酒店。这座独特建筑内有7个套房，顶楼两层是芬迪的时装店，设计十分新颖。酒店建造的目的并非为了与万豪酒店或希尔顿酒店抢占市场，而是为了加强品牌传播，提升品牌价值。

迪奥在纽约瑞吉酒店内设计了一间套房，在该套房内举办各类活动。其目的同样为了传播品牌，向公众展示迪奥品牌的创意。

其他例子还包括：菲拉格慕在佛罗伦萨朗伽诺酒店（Lungarno Hotel）设计了一间套房*，巴黎圣日耳曼碧蕾哈斯酒店（Hôtel Le Bellechasse Saint-Germain）有

---

* 早在1995年，菲拉格慕家族成立了朗伽诺酒店管理公司，本质上，菲拉格慕是最早跨界经营酒店的奢侈品品牌。

一间克里斯汀·拉克鲁瓦套房,柏林派翠克赫尔曼施洛斯酒店(Schlosshotel Berlin by Patrick Hellmann)有一间卡尔·拉格斐套房,洛杉矶西好莱坞酒店(West Hollywood)有一间薇薇恩·韦斯特伍德顶楼豪华套房。这些套房都是为了向公众展示天才设计师们的设计天赋和品牌的绝佳品质。不过,这类业务还是属于公关部管理的范畴,它与传统的连锁酒店经营与管理模式并不相同,后者提供的服务会更加广泛。

3.6.2　优质的服务团队

我们需要理解"服务"与"接待"(hospitality)*之间的不同。前者指有效并友善地帮助他人,提供协助;而后者包含的内容要多得多。我们之前提到的《康奈尔酒店管理学院谈服务业:前沿思维与实践》一书描述了"接待"的定义:

> 让客人感到温暖、安全及备受照顾。
>
> ——约翰·夏普(John Sharpe),四季酒店集团前总裁
>
> 通过润物细无声的方式让人们感到自在舒适。
>
> ——阿比盖尔·夏庞蒂埃(Abigail Charpentier),
> 爱玛客公司(Aramark)人力资源副总裁
>
> 让客人感到重要、自信、快乐和舒适。
>
> ——丹尼尔·布鲁(Daniel Boulud),纽约餐饮界著名的法国主厨

"服务"与"接待"之间存在巨大的差异。前者是基于正式协议提供应有的帮助,而后者是自发的热情欢迎,是一种赠礼,人们会体验到亲切感和至尊的服务。

酒店或餐厅的顾客只能期待获得服务员的尊重,且尊重是服务业中非常重要的部分。但如果顾客获得了超出预期的体验,他们会感到十分愉快。

经营服务业的公司需要一支服务团队,使顾客始终可以获得超出预期的体验,优质的团队可以提供超出行业标准的服务。

在某种程度上,没有什么行业比酒店业更具备阐释服务的话语权。酒店的服务行为标准和顾客满意水平可以成为其他所有奢侈品业务的标杆。

---

* "hospitality"指行业时,意为"服务业";它指具体服务内容时,意为"接待"。

优质的服务可以发生在顾客接触酒店或餐厅时的任何时刻。

1. 入店前的联系和服务

你可能会思考如何保证顾客到来之前就对你留下好印象。你可以向他们发送有关景点和活动的建议,可以帮助他们预订电影票或剧院演出票,还可以发给他们地图和地标清单(其中包含预订座位或节目时的特殊优惠)。你还可以给他们发送相关的视频信息。

如果你经营一家餐厅,那么必须考虑如何接待好等位的顾客。比如,可以把他们带到指定的等候区,此处可以一目了然地观察到后厨景象;可以让顾客先行观赏精致的甜品样品或龙虾。这么做是为了让顾客在等位时不感到无聊枯燥。

2. 前台接待的质量

一些酒店做了调研,研究特定国家或特定年龄范围的顾客希望得到的服务。一些人希望前台服务员高冷但十分专业,其他人则希望得到热情友好的欢迎。

如何接待常客非常重要。是完全常规地欢迎还是说"欢迎再次入住"进行问候? 需要记住他们的名字吗? 他们对报纸、枕头类型、设施等的偏好是否要记录在案? 需要提前替他们考虑这些偏好吗? 酒店应该有一个客户关系管理系统记录下顾客的喜好。

如果你经营一家餐厅,你的客人是否有指定的餐桌? 他们有什么特殊的需求吗?

3. 一贯的优质服务

客人牢记的是他们入住酒店后的服务质量,他们希望随时随地被关心。他们可能需要随时改变入住计划,提出各种要求,比如,提前离店、续住一至两天、延时退房、为好友再开一间房、因电梯噪声无法入睡、房间室温过冷或过热、无法看到海景或湖景要求换房,等等。

4. 激励员工

酒店和餐厅的顾客都会有期望的服务体验。这些内容需要让所有员工知晓。他们在不同部门和岗位工作,一些是与顾客频繁接触的前台、礼宾服务生、收银员等,还有一些是洗衣工、管道维修员、客房服务员等,日常并非一直与顾客打交道。顾客必须能感受到每个员工都是服务团队的一员,有相同的价值观和纪律规范。他们必须要有同样的风范,每个人都能代表这支团队。

这就需要他们有共同的服务理念,接受严格的培训,从而每个人都会遵守服务标准。

当员工完成了服务培训后,每个人都应该使用统一的礼仪规范,如在着装表现、对话交谈、肢体语言等方面保持统一。员工要记住顾客的姓名,说话音量得体,使用褒义词,进行恰当的眼神交流,完成社交对话。此外,他们需要懂得如何通过合理恰当的方式给顾客留下好印象,让顾客赞赏。我们还需要思考一个问题:针对其他奢侈品业务,是否还有更详尽的培训内容?

3.6.3　地产和业务所有权管理

与时装店类似,酒店体验并非仅由一支团队管控。情况之一是公司拥有酒店品牌及其管理权,可以完全遵从品牌理念,主要合作伙伴是拥有产权的酒店投资方;其二公司同时拥有产权和酒店管理权。

我们或多或少都有过这样的经历:某座城市的某家酒店突然改了名字。一夜之间,它必须改变原有的管理和顾客服务理念。改变的不仅是酒店品牌名,更应该是顾客对酒店环境的期望。

3.6.4　掌握顾客的多种决策因素

当顾客挑选酒店时,他们会考虑不同的因素,其中包括:

- 地理位置;
- 住客评价;
- 第三方专业机构的评价;
- 特殊设施的配置,如游泳池、水疗等;
- 促销和特价活动;
- 技术服务。

每家酒店都提供一系列顾客在意的服务,顾客可以根据他们的年龄、特殊要求或入住原因对这些服务进行评价。游客和商务人士对入住酒店的关注点并不同,个人入住、夫妻入住、家庭入住、公司团队入住的要求也各不相同,关注点也因人而异。为了应对不同类的顾客群,酒店管理层必须了解每座酒店建筑和员工理念的优势和劣势。

3.6.5 从酒店管理中收获的奢侈品公司管理启示

酒店管理的经验可以应用于其他奢侈品公司。

第一,奢侈品公司需要了解它们的顾客。酒店配备了一个高效、全面的顾客数据库和客户关系管理系统。酒店可以根据常住客饮食、设施使用的喜好提供相应的服务。他们会获得各种方式的会员待遇,如免费住宿、房间升级、周末特惠、延迟退房等。他们也会根据公司的预算购买一些酒店服务。和其他奢侈品业务一样,一小部分重要顾客占据了大部分营收。那么,如何针对这类顾客进行分析和定期回访?

第二,酒店管理的另一种经验可以给其他奢侈品业务带来启示。一些常住客有"换店惰性"(switching inertia),他们可能对某家酒店或某个酒店品牌失去兴趣甚至产生不满,但因为出行方便,以及他们不愿意更换酒店,他们仍会选择入住之前的酒店。不过,他们会在同一个城市寻找新的酒店体验。那么,如何挖掘这类顾客? 也许只有跟他们交流后才能知道。

第三,奢侈品公司的员工需要与最优质的顾客交流沟通,让顾客有机会说出自己对品牌的印象,对品牌的认可或不满。这需要一种特定的语言风格和技巧,酒店就是营造了一个便于交流的氛围,让顾客感受到尊重,如此,沟通就容易多了。我们在前文提到,从前台到洗衣工、管道维修员,所有酒店员工都需要知晓顾客服务的需求。酒店营造的氛围必须一致、自然,这都需要精心规划。

此外,我们必须衡量上述管理手段给酒店或餐厅的品牌识别带来的作用。酒店或私人飞机公司必须通过提升常客和潜在顾客对品牌的认知和偏好来打造品牌。

在服务业,在"大多数时间"内提供优美的环境和优质的服务是远远不够的,品牌必须努力每时每刻都能做到这点。

服务业强调服务品质,这与开设销售门店的要求有共通之处。因此,品质的保证折射了奢侈品行业的核心价值观。

3.7　本章小结

　　我们把奢侈品行业的分析局限在这六大业务,看起来似乎少了些什么,诸如男装、餐具业务也需要分析。我们认为很有必要明确奢侈品行业的范畴。静态葡萄酒*应该是奢侈品行业市场规模最大的业务,也十分值得讨论,不过它超出了本书研究的范畴,应另出专著进行研究。

　　我们在本书的后续章节会引用各个不同奢侈品业务的案例,但我们只限于讨论整个奢侈品行业,不再做业务细分。本章内容结合了各种例证,我们希望能让读者认知到不同奢侈品业务之间的重要差异,以及奢侈品行业与其他行业的不同。我们也希望读者理解了不同奢侈品业务之间存在理念和管理方式上的相似之处。

注释

① Patrick Süskind，1986，*Perfume*：*The Story of a Murderer*，Alfred Knopf.

② Michael C. Sturman，Jack B. Corgel and Rohit Verma(eds.)，2011，*The Cornell School of Hotel Administration on Hospitality*：*Cutting Edge Thinking and Practice*，Wiley.

③ InterContinental Hotels Group，"Annual Report 2019：Industry Overview".

　　＊　静态葡萄酒(still wine)又称无气泡葡萄酒,包括红葡萄酒、白葡萄酒和桃红葡萄酒等。

第 **4** 章

奢侈品品牌力

本书探讨得更多的是品牌，而非业务。事实上，奢侈品行业是以品牌为首的行业。当消费者对某个品牌产生偏好时，他们就愿意多花一些钱购买。有时一个品牌会经历低谷，如创意较差，或新品没有达到应有的水准，但它仍可以留住忠实顾客。这是因为一个强势品牌蕴含着巨大的历史价值、社会价值和情感价值。

对于奢侈品行业而言，品牌识别是非常重要的品牌元素。这也能在无形之中建立行业壁垒，无视品牌的正统性就推出一个奢侈品品牌是不现实的。

那么，我们应该如何衡量一个奢侈品品牌的实力？

首先，我们问这样一个问题：品牌的知名度有多高？我们对 500 个目标消费者进行调研，问他们知道哪些奢侈品腕表品牌。他们立即能说出"劳力士"或"卡地亚"，这种第一反应的回答反映了消费者对品牌的自发型认知度（spontaneous awareness）。即使被试者的回答大同小异，研究人员也能从中得出额外的结论。他们记录下被试者第一个提到的品牌，被称为占领心智最高点（top of mind）的品牌。这表明了该品牌在某个业务、市场或行业拥有巨大实力。例如，我们让一组消费者列举所有熟知的丝巾品牌，他们基本第一个就会说"爱马仕"。我们把这些信息都记录下来，统计每个品牌被消费者第一个提到的概率，这样就能分析品牌实力是增强还是衰弱，还可以看到占领消费者心智最高点的品牌是否会发生变化。

下一步，被试者会拿到一份品牌列表，他们需要说出认识哪些品牌。这是测量消费者对品牌的提示型认知度（aided awareness），这种认知度反映了一个品牌与顾客心智的距离。

诸如香奈儿、迪奥、阿玛尼等顶级奢侈品品牌的自发型认知度取决于调研所在的国家，一般在40%—60%的区间内。在香水、女士成衣等奢侈品业务范围，这类品牌的提示型认知度可达80%—90%。一些较小众的品牌自发型认知度很低，一般只有原产国或正在使用该品牌的消费者才会第一时间说出它们。

我们将在第6章具体讨论认知度的问题，事实上，它只是品牌概念中的二级维度。最重要的维度是品牌识别，即品牌认知产生的特定内涵。

本章将探讨品牌价值及其评估方式，分析品牌评估的不同视角，并解释品牌价值对于消费者的意义。

4.1 品牌价值

本节重点探讨 Interbrand 每年完成的一项调研，调研的主要成果发布在《商业周刊》（*Business Week*）上。Interbrand 法评估了全球大部分知名品牌，计算各品牌的整体价值。

4.1.1 Interbrand 法

Interbrand 法基于一个品牌价值管理模型，该模型囊括了所有与顾客相关的品牌元素（如图4.1所示）。该模型以顾客为核心，将品牌价值管理划分为三项工作，分别为品牌评估（包括品牌研究、品牌估值、寻求品牌发展机遇）、品牌创造（包括品牌战略、品牌识别、品牌设计）和品牌管理（包括品牌文化、品牌实施和品牌保护）。

"Interbrand 全球最佳品牌榜单"（Interbrand Best Global Brands）候选品牌标准如下 *：

---

   * 该标准仅适用于 Interbrand 全球最佳品牌榜单，我们按照官方标准对下文进行了补充说明，可参考 www.interbrand.com/thinking/best-global-brands-2021-methodology。

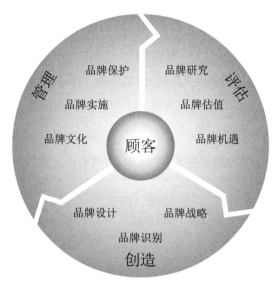

图 4.1　Interbrand 品牌价值管理模型

资料来源：Interbrand.

- 品牌至少有 30% 的营收来自本土以外的市场；
- 品牌在亚洲、欧洲、北美市场以及新兴市场上有足够出色的业绩表现；
- 品牌必须公开足够的财务数据；
- 品牌能长期保持盈利，资本回报大于投入成本；
- 品牌必须在全球主要经济体有对外公开的形象，并享有较高的知名度；
- "品牌强度"值必须不低于 50。

Interbrand 法的特点如下：

- 预测了品牌当前和未来的营收；
- 不去考虑运营成本、税收及其他无形资产（如专利、管理能力等）的影响，直接计算品牌带来的收益。

换言之，Interbrand 法评估了产品在印有品牌后产生的溢价，以此说明品牌溢价的合理性。品牌价值的估值减去品牌必要的投入资金额后，该差值便是品牌产生的总收益。

4.1.2　Interbrand 全球最佳品牌榜单中的奢侈品品牌

表 4.1 统计了该榜单中各个行业的品牌价值。其中,奢侈品品牌价值总计
1 200 亿欧元[*],仅位列第六。该数值远低于主要奢侈品集团的市值总和(如
路威酩轩集团的市值约为 2 050 亿欧元)。出现这种现象的原因是很多盈利能
力很强的奢侈品品牌并没有被收入在该榜单内,很多独立的家族企业不符合
Interbrand 法候选品牌的标准。

表 4.1　Interbrand 全球最佳品牌榜单(2019 年)中各行业品牌价值情况

行　　业	品牌数量	美国品牌数量	品牌价值总和 (十亿欧元)
计算机硬件、软件与服务	13	9	673
互联网服务	14	13	259
汽　车	15	1	258
快速消费品	13	8	189
金　融	12	8	142
奢侈品	11	2	120
电子产品	5	1	53
其　他	17	7	185
总　计	100	54	1879

注:该榜单公布的品牌价值单位为美元,为了保证货币单位的一致性,按 1 美元兑换 0.926 欧元的汇率进
行换算。
资料来源:Interbrand, 2019.

值得一提的是,榜单中汽车行业的品牌价值总和是奢侈品品牌的两倍
有余。

此外,奢侈品行业与汽车行业、电子产品行业类似,几乎没有美国品牌入
选。11 个奢侈品品牌中只有 2 个是美国品牌(如表 4.2 所示),这也印证了我们
之前的结论,奢侈品行业仍然是法国和意大利品牌的天下。

---

　[*]　不含汽车品牌。

表 4.2　Interbrand 全球最佳品牌榜单（2019 年）中的主要奢侈品品牌

奢侈品品牌	品牌价值（百万欧元）
路易威登	29 856
香奈儿	20 508
爱马仕	16 605
古　驰	14 779
卡地亚	7 590
杰克丹尼	5 881
迪　奥	5 601
蒂芙尼	4 943
轩尼诗	4 908
博柏利	4 823
普拉达	4 430

注：同表 4.1。
资料来源：Interbrand, 2019.

　　总体而言，100 强中的品牌主要集中在计算机硬件、软件与服务行业、互联网行业和金融行业。

　　我们研究该榜单[①]中的奢侈品品牌时，发现了一些有趣的现象。

　　路易威登的品牌价值几乎是爱马仕的两倍、卡地亚的近四倍。在这 11 个奢侈品品牌中，有 9 个属于独立公司，并且上市，但仍然由家族控股。家族完全控股和部分控股是这些顶级奢侈品品牌的共同特征。正如我们在第 2 章中所述，这与奢侈品公司需要长期投入密切相关，家族控股企业更容易实现这个目标。

　　随着时间推移，该榜单中的奢侈品品牌发生了哪些变化呢？表 4.3 比较了 2001 年和 2019 年的榜单，给出了一个对比情况。

　　我们可以发现，只有 5 个奢侈品品牌还保留在榜单中。其中，香奈儿和路易威登的品牌价值增长极快：香奈儿增长到 2001 年的近 7 倍，路易威登增长到原来的近 6 倍。

表 4.3　2001 年和 2019 年的奢侈品品牌价值对比　　　　　　　　　　　　单位：百万欧元

2001 年 *		2019 年	
路易威登	5 038	路易威登	29 856
古　驰	3 831	古　　驰	14 779
香奈儿	3 046	香奈儿	20 508
劳力士	2 644		
蒂芙尼	2 488	蒂芙尼	4 943
百加得	2 289		
斯米诺	1 853		
酩悦香槟	1 764		
拉夫劳伦	1 364		
尊尼获加	1 178		
杰克丹尼	1 130	杰克丹尼	5 881
阿玛尼	1 064		
绝对伏特加	984		

注：该榜单公布的品牌价值单位为美元，为了保证货币单位的一致性，按 2001 年 1 美元兑换 0.714 3 欧元、2019 年 1 美元兑换 0.926 欧元的汇率进行换算。

资料来源：Interbrand, 2001, 2019.

　　表中也存在一些反常现象，爱马仕、卡地亚和迪奥应该能进入 2001 年的榜单。同样，2001 年位于榜单的劳力士、百加得和酩悦香槟不应该在 2019 年被遗漏，可能是因为前两个品牌隶属于独立公司，而路威酩轩集团旗下的酩悦香槟不会单独公布财务数据**，且榜单所列的其他品牌也存在类似的现象。不过，品牌价值的大幅增长也反映了近年来奢侈品市场的发展轨迹。

4.2　品牌特征

　　品牌力从何而来？学者伯纳德·杜布瓦和帕特里克·杜肯（Patrick

---

　　* 原文该列数据有误，已修正，可参考 www.museum.brandhome.com/docs/P0005_Brandvalue.pdf。

　　** 劳力士、酩悦香槟等品牌一直在候选名单之列，只是其品牌价值在 2019 年未能进入前百位（如酩悦香槟在 2017 年位列第 99 名，2018 年便跌出了榜单）。原书的观点存在争议，但仍做保留。

Duquesne)的一项研究发现,品牌价值源于以下五个方面:

- 神话价值(mythical value):包括品牌存在的理由及其在所在时代的代表性。
- 交易价值(exchange value):指可以换取的最大金钱数额,事实上反映了此处介绍的五种价值。
- 情感价值(emotional value):与上述两个价值不同,反映了消费者对品牌的感情和印象。
- 伦理价值(ethical value):与品牌的社会责任感和市场表现有关。
- 识别价值(identity value):消费者通过使用品牌来表达自己。

我们将从不同的角度研究品牌,先探讨品牌的承诺属性(brand as a contract),再探索品牌与时间的关系,最后分析品牌对社会的作用。

4.2.1 品牌意味着承诺

当一家公司以高于其净资产总和的金额被竞争对手收购时,收购方的合并资产负债表上会有一个被称为"商誉"的财务科目。该科目是指消费者对被收购公司及其产品产生的好感转化成的无形资产总和。

公司会顾虑市场普遍存在的不确定性,商誉不会在财务报表中被明显提出。尽管商誉的评估存在争议,但它真正代表了附加值。当消费者相信某一个品牌的产品风格和品质优于其竞争对手,品牌的商誉就逐渐建立起来了。

例如,消费者买了一件博柏利或雅格狮丹的雨衣,他们获得的不仅仅是一件雨衣产品,还获得了时尚感,获得了品牌名望带来非常强烈的情感价值。

在顾客的感知中,品牌价值全都体现在品牌名中。正如我们前文所提到的,奢侈品品牌在建立之初往往用设计师或手工匠的名字来命名。这样做的目的是为了将产品提升到另一个层面的标准,强调制作的高品质。这似乎很符合逻辑,正如我们之前所述,如果一个品牌有足够自信的资本,那么在产品上印上品牌名就是赢得消费者信任最简单的方式。这与大量人类交流的基本结构有关。

品牌名及其标识是奢侈品非常重要、可见的部分。它连接了奢侈品公司的核心价值(即品牌识别)和消费者感知(即品牌形象)。

需要注意的是,消费者寻求的是品牌背后独特性和卓越品质的保证。这种持续的保证构成了维持消费者与品牌之间良好关系的基础。

同样,这种保证也作用于产品和销售政策。萨克斯第五大道(Saks Fifth Avenue)百货公司出台了一项政策:顾客可以在购买商品后6周内无理由退货。在很长一段时间里,莱维安重要的店中店开设在萨克斯第五大道内。每年12月15日,一些顾客前来购买皮草大衣,并在次年1月底退货。莱维安公司多次向百货公司管理层指出,这些顾客滥用这条政策,只为每年冬天免费穿皮草大衣,理应废除该政策。然而,百货公司管理层始终拒绝这个要求,他们认为即使顾客会滥用退货政策,但这是萨克斯第五大道的基本原则,它代表了公司的承诺,构成了百货公司的品牌识别。如今,这条退货政策依旧在萨克斯第五大道内实行。

公司管理者通常都会说品牌是公司基因的表现,公司理应有稳定的结构、巨大的潜力,这具化了公司存在的意义,赢得了消费者信任,也反映了公司的基本原则。虽然这是一种形象的表达方式,但并没有很清晰地表述品牌的内涵。我们更喜欢采用品牌伦理和品牌美学两个符号常量(semiotic invariant)来描述品牌。在第6章中,我们会将品牌的展现方式视为"事实的展现",这些常量形成了一种基本语法,从而构成了品牌识别的形式和内容。

其实,在品牌的描述过程中,不同品牌的价值观和品牌识别也是有差异的,如阿玛尼和古驰。前者明显代表了传统女性的审美和偏保守的现代风格,完全反映了意大利风情;后者则以年轻化、略显艳丽的服装和配饰闻名,针对相对更年轻、时尚的女性——她们的选择更独立,更希望展现迥然不同的自己。产品设计和定位必须将这些与消费者想象相关的不同表达方式考虑在内。为了更好地让消费者识别品牌,并赢得他们的信任,不同品牌需要有不一样的策略。

因此,品牌是一种承诺,它在本质上是内隐的,并依靠这种承诺维护公司与顾客之间的关系。这种关系包含两个方面:它不仅在本质上是经济关系,而且随着时间的推移,有时还会产生非常强烈的情感联系——双方都不忠、短暂或永久抛弃对方。最重要的是,品牌有能力对双方的行为产生影响(且会相互作用)。

品牌承诺蕴含了品牌竞争力。正因为品牌与周围的竞争对手都不同,才会在市场上立足——这是品牌识别的基本要素之一。消费者根据品牌的特性进行挑选,从这个意义上说,品牌的差异化正是品牌承诺的一种形式。

品牌建立的基础是差异化,这是品牌能立足市场的理由。这种品牌给出的承诺是内隐的,它不同于规范所有人行为的法律法规,而是与另一方的关系,这在萨克斯第五大道的退货政策中体现得淋漓尽致。品牌意味着卓越品质和优质服务的承诺,也就是说,它可以带来产品的附加值。

4.2.2　品牌与时间的关系

产品或服务的保证取决于品牌承诺的时长。为了在市场上立足,品牌不仅需要建立它的名声,还要长期维护它。因此,我们可以从时间的角度理解品牌的基本内涵。

我们简单地回顾一下品牌历史。我们把品牌看作无形资产,但往往忽略了一个事实,卖家始终关注如何才能使消费者将品牌铭记于心。这种关注早在商业诞生时就出现了。公元前2700年,工匠们就在他们的作品上附上标识,以此表明这是自己的原创。[2] 在古希腊和古罗马,商人们用通用符号来标明他们从事的业务:屠夫用火腿,奶油厂用牛,等等。约公元前300年,为了识别商品卖家,一种"个体标记"通过火漆封印的形式诞生了。古罗马陶罐有超过6 000种火漆印章被记录在册。

工业革命使得品牌大量出现,品牌数量迎来了一波爆发式增长。我们是否可以将此作为全球商业化的一个里程碑时刻? 其实,这应该是商业变革的结果。随着市场交易的标准化,生产者有必要通过其他途径与消费者建立更亲密的关系。

19世纪下半叶,欧洲开始出现工业产权(industrial property)向品牌概念延伸的情况。19世纪末,美国国会进行了第一次商标立法。在19世纪50年代至90年代,西方主要国家每年授予的专利数量增加了10倍。

一些主要品牌在1900—1945年间不断发展,在1945—1990年间加速发展。而自1990年起,大公司旗下的品牌开始趋于集中化和精简,这与品牌在各个媒体渠道的传播形成了强烈的反差。

为了更好地理解品牌发展的最新动态,我们需要聚焦在一些更微观的问题上。品牌发展的基本趋势可以用"维持和发展品牌的成本"与"品牌获得即时利润或长期利润"来解释,这就如同在理解某行业的命运时也需要关注成本和利润两个方面。

时装业历经了几个发展阶段。在第二次世界大战结束后,意大利品牌不断涌现,称得上是发展"大爆炸"时期。阿玛尼、费雷、范思哲*等都出现在 20 世纪 70 年代。同样在这段时间,楚萨迪、芬迪、菲拉格慕、古驰等成立时间较早的品牌都发展得非常迅速。一些佛罗伦萨和米兰本地品牌开始扩张,其业务很快遍及意大利。不久,这些品牌走向了全球市场,在美国和日本都有了很强的影响力。几乎与此同时,大量法国品牌的发展跌入谷底,如菲利普·维尼特(Philippe Venet)、派尔·斯布克等品牌被市场淘汰,葛雷(Grès)、活希源(Courrèges)、姬龙雪等品牌把业务局限在巴黎的单家门店,并在日本、中国或韩国设立特许经营业务,用特许经营收入应对每月的成本支出。不久之后,在巴黎的葛雷门店关闭,如今葛雷香水已经成为莱俪(Lalique)的一个香水系列。奢侈品与时尚行业无法摆脱资本的力量,但由于市场纷繁复杂,我们似乎并没有意识到奢侈品品牌的数量正在减少。新奇效应(novelty effect)决定了消费者的购买决策,其造成的结果是现有品牌不断推出新品,但品牌总数已显著减少。

30 年前,24 家法国公司每年在巴黎举办两次高级定制时装发布会。2020 年 1 月,高缇耶举办了告别秀。如今,只剩 15 个高级定制时装品牌,其中包括艾德琳·安德烈(Adeline André)、亚历山大·福提(Alexandre Vauthier)、艾历克斯·马彼(Alexis Mabille)、布什哈·加拉尔(Bouchra Jarrar)、香奈儿、迪奥、弗兰克·索比尔(Frank Sorbier)、詹巴迪斯塔·瓦利(Giambattista Valli)、纪梵希、朱利安·富尼(Julien Fournié)、马丁·马吉拉时装屋、拉比·卡弗鲁兹时装屋(Maison Rabih Kayrouz)、莫里奇奥·加兰特(Maurizio Galante)、夏帕瑞丽(Schiaparelli)、斯蒂芬罗兰(Stephane Roland)。只有四个品牌(即香奈儿、迪奥、纪梵希、夏帕瑞丽)至少在两个国家拥有品牌独立店。我们从中可以看出,高级定制业务明显发生了缩水。

如今,我们还有艾莉萨博(Elie Saab)、芬迪(高级定制系列)、乔治阿玛尼(高级定制系列)、华伦天奴、范思哲(高级定制系列)和维果罗夫等特约会员(correspondent member),以及阿莎露、郭培等客座会员(guest member),高级

---

* 原文中提到的莫斯奇诺创立于 1983 年,并非 20 世纪 70 年代,已删去;楚萨迪创立于 1911 年,已移至后句中。

定制时装秀比过去更加热闹,为许多外国品牌及相比零售更擅长创意设计的品牌提供了展示个人时装作品的机会。高级定制时装秀不再是为了展示独家款式和服装搭配,而是为了创造、制作顶级的时装。

那么,小型时装品牌能否生存下来呢? 这些品牌最需要曝光度,而高级定制的舞台可以帮助一些品牌通过媒体报道和评述扩大品牌的影响力。

这似乎意味着品牌最有效的发展方式是在社交网络和媒体上投放广告,但对于预算有限的品牌而言,广告的局限太多。一项关于时装广告有效性曲线的研究验证了"阈值效应"(threshold effect):不同国家的广告投入必须超过一个最低限才会有效,在法国、德国和意大利需要超过 100 万欧元,在美国需要超过 300 万欧元。

广告投入和国际化成本显然改变了市场竞争态势。小品牌不得不本土化运作,否则很容易被市场淘汰。有一种解决方案是仅在社交媒体上投放广告,这似乎更容易让消费者了解品牌,但要真正地把顾客带入门店或让他们进入网站,没有 50 万欧元的投入则很难实现目标。

不过,过去的经验并非决定性的。有些品牌定位于特定市场,只针对小众群体,不用投放广告也能提升品牌知名度。一些品牌的忠实"信徒"会通过口碑传播品牌,它的能量甚至比广告还大得多。就以时装为例,一个小众但充满创意的时装品牌有时会受到媒体、杂志和时尚博主的大力推崇。这些时尚界评论员、时尚博主、意见领袖非常愿意挖掘这些品牌,对其独创性评头论足。不过,反观市场规模一般的传统老牌,有些已经投入了广告,但其预算相对较少,它们则很难与竞争对手抗衡。

诚然,经济发展已经全球化,品牌传播技术不断进步,大规模生产和分销已是传统行业的必然,很多主流品牌变得更加不可或缺且更具影响力,它们的数量也变得更少。与此同时,一些小众品牌仍然可以快速发展,并改变了市场竞争的格局。

4.2.3　品牌与社会的关系

当今社会,当我们谈论品牌表现时,首先想到的往往并非产品质量,而是信息传播的强度。

如果"星期五"(Friday)没有出现在荒岛上,那么鲁滨逊·克鲁索(Robinson Crusoe)根本不需要名字。品牌存在的目的只是为了让人们辨认。而我们之所以能认出它们,是因为我们接收到品牌传递的信息,并感受到它们的独特性和永恒不变的内涵。我们在本书不断提到这三个概念,即品牌传播、产品差异化和持续性。

品牌传播包含了两种层级。第一层是品牌向其目标消费者传递信息。这很像一种狩猎模式,品牌撒网并捕获目标消费者。第二层是品牌像货币一样在消费者之间流通。

让我们设想一下,一个未见世面的人突然出现在纽约时代广场、东京银座或米兰蒙特拿破仑大街,他一定马上会被建筑物标牌或路人服装的品牌标识吸引。他会发现在这些文明国度里,品牌在社交行为中起到了十分关键的作用。他会比较不同的地段,找到很多全球品牌,它们出现在世界最著名的购物街区,传递的生活方式都是共通的。

如果品牌起到的社交作用没有如此重要,那么品牌在世界各地的传播也不会像现在那般爆炸式增长。运动鞋上的三条斜纹、衬衫上绣的马球运动员、鸭舌帽上的"钩"(swoosh)、凯莉包,还有驾驶的汽车和经常光临的餐厅,往往比一个人的简历更反映出他的个性。

如今,信息传播的形式和内容多种多样,呈指数级增长,品牌成为现代生活的核心也不足为奇了。这些信息可以指引我们购买哪些商品,影响我们对产品和消费者的判断,并迫使我们根据品牌所传达的价值观(或截然相反的价值观、价值观的缺失)来定位自己。

当然,并非只有单一传播媒介(路边广告牌、商店或网页)会产生上述影响。品牌的传播方式、被效仿的风格、过时的设计或联名都广泛、深度地影响了我们的社会。事实上,它们改变了我们的生活方式。

首先,通过大量占据商业和传播领域,品牌对我们城市景观的转变作出了巨大贡献。

其次,品牌传递了价值观。我们将会在第 6 章中描述,品牌识别是由表达品牌所坚信及倡导的世界观、价值观常量组成的,并不断提升、完善。耐克(Nike)追求卓越的运动表现力,爱马仕展现贵族生活,阿玛尼传递意式优雅的风格。品牌通过其在商业领域的强劲表现力,迫使消费者将自己的定位与这些价值观对号入座。近年来,反映各种价值观的产品丰富多样,我们可以根据当时的情绪或心态选购合适的商品,这是我们父母辈无法想象的。

最后,很多倡议或集体行动的提出者都是品牌方。不管是受到消费者的影响,还是由于管理者的开明领导,品牌都投身于公益事业。可见,我们又一次验证了"品牌是一种承诺"的结论,这与品牌传播方式密切相关。不过,此时仍为我们论述的早期阶段,我们仅探讨品牌对社会的实际影响。

4.3 品牌及其符号

我们通过前文的一些初步分析,大致描述了品牌的基本形态。那么,品牌是通过什么符号来表现自己的? 品牌使用了一些不同元素来表达自己,事实上,这些元素都有内在联系,它们互为补充且不可替代。

其中,最重要的元素显然与品牌名相关。我们马上就能想到的是品牌标识,它是我们都市景观中随处可见的组成部分。品牌需要花费大量时间和精力去思考如何为自己命名(字面意思是什么、读起来是什么感受)。

在探讨品牌标识和其他识别元素前,我们先来讨论一下品牌的字面意义。

4.3.1 品牌名

品牌名是识别品牌的首要元素,都带有强烈的感情色彩。正如我们所见,许多品牌以创始人的姓或名命名。

奢侈品以创始人的名来命名,代表了品牌不可或缺的卓越品质和创造力。这些年来,圣罗兰的品牌名"Yves Saint Laurent"去掉了"Yves",人们需要很长时间来适应这个品牌名的改变。同样,少了"Salvatore"的"Ferragamo"(菲拉格慕)好像也少了点什么。当然,凡事都有例外,古驰奥·古驰创立的品牌就用姓来命名,避免了尴尬的头韵;可可·香奈儿也只喜欢用姓来命名品牌。

不过,当一个品牌名已经被众人熟知后,我们则需要谨慎地应对品牌名的改变。不是所有品牌都能像巴黎罗莎那样去掉"Marcel"后还可以幸运地存活下来。在 20 世纪 90 年代早期,巴黎罗莎试图在巴黎开设一家男装店,恢复到"Marcel Rochas"的品牌名,但还是很快放弃了。

在品牌名管理方面,有一个现象值得我们关注:迪奥曾经的品牌名中的"Christian"最近消失了。1995 年的品牌名还是全称"Christian Dior",但此后,品牌名中的名消失了,只留下了姓。在很长一段时间里,完整的"Christian Dior"没有出现在迪奥广告中,只有在广告标签和包装袋上才会印上。如今,新门店和所有广告物料中的品牌名只保留了"Dior"。我们应该如何看待这种变化? 有些人会认为,品牌管理层正在玩一场非常危险的游戏,这很有可能逐渐削弱品牌在传统欧洲顾客心中的地位,不过这也可以被视为创建了一个全新品牌,虽然历史沉淀较少,但对年轻的亚洲和美国客户很有吸引力。从迪奥在过去 25 年内的优异业绩可以看到,这个消费者细分策略非常成功。

奇怪的是,当迪奥决定推出一款小众香水系列时,完全不同的是,它恢复使用了全称"Christian Dior, Paris"。假设有一位顾客准备在迪奥悦之欢系列(Joy by Dior)香水和印有"Christian Dior"的格兰维尔系列(Granville)中选购一款,两款香水的差异之一是前者"来自迪奥"(from Dior),后者"来自迪奥香水世家"(from Parfums Maison Christian Dior)。当她走进迪奥香水世家门店提出想要购买悦之欢系列香水时,店员会告知她店内没有这款香水,只能在丝芙兰店或百货公司柜台买到。

品牌名和品牌标识的更改总是或多或少会引起顾客的不满。2012 年,圣罗兰宣布将品牌名从"Yves Saint Laurent"改为"Saint Laurent Paris"。品牌名中去掉了"Yves",即使保留了三个首字母组成的品牌标识,但仍然让顾客产生了消极反应。不过,市场会很快接纳并习惯这个新品牌名,很多新消费者和年轻顾客甚至从不了解它曾经的品牌名。

在品牌创造历史上,很多奢侈品品牌的香水系列名更具有象征意义。20 世纪 20 年代后,很多史诗级的香水系列应运而生,奠定了香水的基调,如 1925 年创造的法国娇兰一千零一夜系列(Shalimar)和 1931 年诞生的夏帕瑞丽震撼系列(Shocking)。

我们需要记住的是,很少有品牌名绝对完美的情况。如果真有的话,那就是用一个人的名字命名,不管是哪种语言都很容易记住,这可以展现产品质量和服务水准,体现出公司的运营理念及品牌的智慧和创造力,如果以字母 A 或 Z 开头,在品牌列表中会更显眼。

实际上,品牌名本身就形成了一种重要的资产。这需要公司极其庞大的资金投入,而且会引发各种担忧。一个好品牌名有两大特征:其一是易记,其二是包含强烈的情感或理性元素。不过,品牌很可能一方面做得很好,一方面做得非常糟糕。当然,好坏的判断具有高度的主观性,我们不会轻易举例说明,但可以引用莎士比亚的剧本中朱丽叶的一句名言:

名字有什么要紧的?就算换了名字,玫瑰依然沁香。

花的名字可能的确如此,但品牌名则不然。

4.3.2 标识

标识的英文"logo"是"logotype"的缩写,后者包括表示"演讲、表述"的希腊语"logo"和后缀"type",寓意通过排版印刷给人们留下印象。

最初,对于排字员来说,这个词指定了一组一次性印刷的标志,它们同属某一版。此后,该术语开始意指代表品牌、产品或公司的一组图案标记。

识别编码(codification)是品牌标识一个重要的组成部分。为了易于识别,品牌标识必须遵循视觉设计原则,字母形状、符号大小、颜色都需要经过严格规定,并受到专利保护。同样需要注意的是,即使没有视觉符号,仅品牌名的拼写识别编码就可形成品牌标识。

标识不等同于品牌,前者是后者一种特殊的书写方式。它可以被视为现代版的纹章盾牌,由字母、符号、图像、表意文字或一组图形元素构成。

1. 标识的作用

标识是一类独特、可识别的符号,被用于标注物件、作品、建筑属于某一个特殊类型。标识一直随处可见。石雕雕刻师在他们的作品上留下标记,著名的家具工匠也会如此做。古罗马奴隶的身上会文上主人的标志,贵族和军官则会使用盾形纹章或标准纹章。"品牌"一词的原意就是指用烙铁在奶牛身上留下的印记。

通过符号(如语言、数字、路标)进行交流是人类特长之一。标识之于现代交流和消费活动,就像数字之于数学或文字之于语言,标识构成了传统符号的新类型。在某种程度上,它们是超越社会交流的新语言,是我们当下这个时代的象征。

标识在社会关系中起到了两个互补的作用。一方面,它在消费者购买前传递了产品的信息;另一方面,在购买发生后,当消费者与标识产生联系时,标识形成了同一类消费者的感知。

因此,我们不难理解在当今这个过于媒体化的社会,标识会占据如此重要的地位。它往往将满足社交需求的作用推向极致:以最少的符号获得最大的信息量。耐克的"钩"和基督教十字架表达的含义并不相同,但极具表现力;它们与参照图形不同,产生了类似符号功能的作用。只需几笔,标识就能展现出尽可能多的价值观和世界观。

标识设计往往借鉴了大量不同的表现手法,我们很难总结出一种严谨的标识分类法。符号学创始人之一,哲学家查尔斯·桑德斯·皮尔士(Charles Sanders Peirce)提出将符号分为三类,即像似符(icon)、指示符(index)、规约符(symbol)。[3] 每一类都能唤起符号与其指代事物之间的某类联系。

皮尔士认为,像似符的表征的基础是符号本身与其所表征对象之间的相似性。例如,为了表示苹果,我们画一只苹果的轮廓。

指示符的表征更需要思考的过程,这类符号与其所表征对象之间的联系更紧密。它清晰地指代了实物或事件的痕迹、效果或元素。例如,我们看到地面升起烟雾,这并没有直接显示火,却强烈地表达出火的存在("哪里有烟,哪里就有火")。这个例子中的联系是基于客观的因果关系,就像对每个人都适用的法律条文,通俗来说就是,不管在东京还是纽约,着火就会产生烟雾。

规约符的表征则依赖符号与其所表征对象之间任意的联系,例如狮子与威尼斯共和国之间的关系。其表达效果建立在共同文化的基础之上,两者之间没有图形的相似性,也没有客观的物理联系或逻辑关系。一个外国人很可能无法理解某个规约符的含义,而对一群特定的人而言,该符号的意义再明显不过。可以说,规约符很像一种联盟代码。希腊语"symbolon"原意是指被打碎的陶器的碎片。它们被分发给某群体的成员,当他们聚会时,会把陶器碎片重新拼起以确认身份。耐克在其运动广告片上只打出了"钩",甚至都不显示品牌名或标语。显然,耐克在利用标识的象征意义、联想功能和名气打造品牌。

符号都是抽象的。在实际应用中,三类符号经常被混用以形成品牌标识。因此,我们探讨标识的不同作用更妥当。以苹果公司最初的标识为例,让-马里·弗洛克将其与 IBM 公司的标识进行了详尽的对比分析。④苹果公司的标识是一种像似符,它就代表一只苹果;它是一种指示符(稍作推延),图像轮廓上的缺口代表这只苹果被咬了一口;它也是一种规约符,咬了一口的苹果有很多含义,苹果公司最初的七彩品牌标识反映的是美国加利福尼亚州社会的文化融合。

毋庸置疑的是,规约符是三类符号中最重要的。品牌标识作为品牌的规约符,描述的是消费者在某一个特殊群体中获得归属感的概念。值得一提的是,因为人们依赖于视觉习惯,纯印刷体的标识(如字体、字号、字间距等品牌名书写方式)也能起到规约符的作用。例如,有衬线字体⑤往往代表了古典主义或新古典主义,如宝格丽的品牌标识;而无衬线字体则代表了现代与时尚。

一般而言,标识会具有指示符的作用。品牌希望标识以类似"烟代表火"的方式向众人展现,不过这种想法比较理想化。我们举一则有趣的实例,法国香烟厂出售香烟并赠送火柴盒,但由于明令禁止在包装盒上印有品牌名、品牌标识、品牌标语及其他任何标记,它们从品牌标识中提取了一些极其抽象的视觉元素,以起到指示符的作用。这很像图形猜谜游戏,在人们的解谜过程中无形地提升了品牌经典图案的认知度。

2. 标识的形式

在本小节中,我们不会详尽地提出一种通用的标识分类,而是将研究聚焦于图形化的标识上,试图揭示标识的多样性。

与古代的印章类似,大多数标识由图像或复杂文字构成。

过去,一些品牌通过前文提及的三类符号展现自己的标识。劳斯莱斯(Rolls-Royce)选择萨莫色雷斯的胜利女神为车标;捷豹(Jaguar)用了一个跳跃的美洲豹金属车标,在跑车的引擎盖上作为装饰。

一些标识更偏向于像似符。其中,动物图像最常见。这种现象可追溯至纹章的传统形式,动物是贵族盾形纹章的主要设计灵感来源。

大多数情况下,我们会发现自己喜欢做出一些象征性的联想,如动物象征美德,这似乎是一种历史悠久的约定俗成。捷豹这个品牌名及其极具个性和代表性的品牌标识显然与追求美德息息相关。类似的品牌还有很多,如法拉利的奔马车标代表了不屈不挠的生命力。著名飞行员空军烈士弗朗西斯科·巴拉卡(Francesco Baracca)的家人赠予恩佐·法拉利(Enzo Ferrari)一枚奔马徽章,巴拉卡在第一次世界大战中把这个徽章图案绘在了战机机身上,但战机在蒙特洛上空被击落。保鲨(Paul & Shark)的鲨鱼、狩猎世界的大象代表了力量与速度。莫拉比托(Morabito)的乌龟象征了品牌不屈不挠的精神。法国鳄鱼的鳄鱼标识反映了坚韧与智慧。此外,还有很多品牌有独特的代表性图案,如爱马仕的马车、拉夫劳伦的马球运动员等。

另一些标识普遍采用历史字体或签名,通常由品牌首字母和衍生图形构成,即花押字图案(monogram,俗称为"老花")。人们最先想到的品牌图案会有香奈儿和卡地亚的"双 C"、古驰的"双 G"、圣罗兰的"YSL"、罗意威的"螃蟹"(即左右、中心对称的四个"L"字母)。

还有一些标识更抽象,其中规约符的任意性尤为凸显。这并非是刚刚兴起的标识设计,与品牌名设计类似,抽象化趋势已经发展了数十年之久。汤米希尔费格的红白蓝条纹暗示了美国国旗,类似的还有巴利的红白间条纹。

无论如何,一个好标识应该具有表达功能、综合品牌特征的功能、象征性功能,并且能以简单的形式保留下来。实现这一切并不像看上去那么简单,但一旦成功会给品牌带来巨大的竞争优势。

3. 标识管理

时尚的风向标在不断变化。品牌标识的设计师比其他人都敏锐,经常要求改变标识或将其设计得更年轻化。然而,他们往往很难跟紧潮流对标识做出合适的改变,这对于主管而言是非常棘手的问题。许多品牌宁愿用一个看起来稍显过时的标识,也不愿承担名誉受损的风险。很多主流品牌的标识图案在数十年内始终在发生变化,但这些变化往往不易被察觉。

例子比比皆是。英国品牌博柏利决定更改品牌名"Burberry's",其目的是让品牌更易于被全球顾客接受,通过赋予品牌更现代、时尚的内涵使其具有更强的竞争力。由于在英文语境下,所有格形式的名称通常被用于品牌名和餐饮业,但在其他语言环境下不然,因此,品牌删去了"'s",从"Burberry's"变成了"Burberry"。移去"'s"意味着整个文字的改变,品牌显得更现代化、国际化,但让一些英国顾客感到些许不安。这并非轻而易举就能做出的决策。

2013 年,乔纳森·安德森(Jonathan Anderson)上任罗意威创意总监,随即宣布了全新的视觉识别系统:改变了原有品牌名的字体,简化了过于巴洛克风格的标识。一家巴黎设计工作室在 30 多年前艺术家比森特·贝拉(Vicente Vela)创作的四个"L"字母正反颠倒图案的基础上,用更轻盈的线条重新设计了品牌标识。

因此,品牌标识的管理极其微妙。标识的创意、美学演变和实用性必须与品牌整体战略精确、合理地匹配起来。

如果品牌没有标识——言下之意,标识上没有图形符号——会产生什么效果?阿玛尼、蒂芙尼、菲拉格慕和宝格丽等品牌就是如此。品牌通常都会寻求图形标识设计方案,但对于历史悠久的知名品牌而言,这并非易事。

20 世纪 90 年代初,菲拉格慕计划让品牌更具个性,想要缩短品牌名,使创始人的签名更易于辨认。另外,创始人设计的巴洛克风格标识已经过时,很少再被使用,公司还想附上一个图形标识。公司员工进行了大量尝试,根据公司总部费罗尼·斯皮尼古堡里的壁画,设计了六匹马造型,意为创始人的六个孩子。然而,好的设计想法不能确保获得成功。最后,品牌考虑到萨尔瓦多·菲拉格慕的签名长度有助于识别品牌,品牌仍然继续沿用该标识。

某些品牌完全没有图案标识。品牌名、颜色、图形、书写形式构成了首要的识别要素。宝格丽品牌标识中"U"的"V"变体标识有非常强的识别度,让图案标识变得很多余。

我们再举一个关于盖璞在 2010 更改品牌标识的逸事趣闻。这一变化本应表明品牌将从经典的美国设计转变为现代与时尚风格。但一周后,这在互联网上引起了轩然大波,品牌不得不决定保留原有的蓝盒标识。这也许是第一个由于消费者在互联网上发表强烈不满而做出重大决策的品牌。

4. 对标识的狂热

标识几乎无处不在。在各种媒介中传播品牌的代表性标识是一种最常见的方式。它们被印在产品上,提升了产品的附加值,尤其在时装行业更是如此。

对标识的狂热是周期性的。上次热潮可追溯至 2000 年春季。在 2002 年秋冬系列发布会上,那些印满标识的产品大大减少。然而,2016 年,这种热潮似乎又有所回归。这种现象告诉我们必须面对一个现实:时尚潮流每季都在发生改变,一些凸显品牌识别的元素可能很快变得过时。

在过去几年,品牌赞助的标识越来越多地出现在体育赛事和文化艺术活动的海报和广告牌上。它们在海报和广告上的使用和尺寸依据协议而定。一些视觉艺术家常常报怨有些品牌甚至要求标识图案要占据20%的展示面积,并且认为这种做法对品牌传播的相关性造成了非常不利的影响——他们的观点不无道理。

前文已经提及,标识是一种符号,在共同文化认同的前提下,标识的设计必须考虑某一个国家或地区的特殊性,这是顾客耐受性阈值*的决定性因素。

不同国家之间差异非常大。某些标识可能会在日本比在美国或欧洲更受欢迎。虽然大多数欧洲人拒绝佩戴印有品牌首字母的领带,但美国人完全接受,在日本甚至可以成为一种时尚。中国的情况稍显复杂:华东地区的消费者已经看腻了品牌标识,他们不再对此感兴趣,反而更喜欢标识不那么明显的商品;相反,西部地区的消费者仍然对那些简单、一目了然的品牌标识很感兴趣。

大多数全球化品牌巧妙地将不同文化融入产品之中。例如,路易威登专为日本顾客设计老花(花押字)图案的手袋;为欧洲消费者设计颜色相同的棋盘格手袋,品牌标识很不显眼,面料会采用名为"épi"和"taïga"的皮革。

巴黎和东京的消费者非常满意他们买到的路易威登产品。只要产品在他们的耐受性阈值之内,他们就会购买这些非常昂贵的产品,并认为产品上印有显眼的名牌标识就值这个价格。在公共场合携带这款手袋,他们可以避免风险(被别人嘲笑品位差),还可以展现他们寻求的某种价值观(可能是某种优雅)。

品牌传播最终展现的是品牌标识,它必须吸引眼球、打动内心、充满智慧。

品牌标识并非成功的充分必要条件。不过,标识设计得不够理想意味着品牌很可能无法有效地进行品牌传播。

4.3.3 辨认品牌的其他符号

辨认品牌不局限于品牌名或品牌标识。一些品牌或产品成功地利用了其他识别符号和差异化元素,它们往往是偶然形成的,或通过重复使用才形成。

---

* 在心理学中,耐受性阈值(tolerance threshold)指个体面对挫折和失败时还能维持正常行为的极限状态。

品牌会加强管理这些独特的区分元素。

品牌标识并不能完全展现品牌的所有特性,因此,广告标语作为品牌标识的补充,其使用频率变得更高。一些广告标语被重复播放并广为流传,已经成为了品牌的代名词,如戴比尔斯(De Beers)的"钻石恒久远"。

一些品牌很难设计出能完全反映品牌识别的标识和品牌名,它们往往在广告标语的品牌名后添加一个短句,从而解决这个难题。英特尔(Intel)曾在品牌标识上添加了标语"Leap ahead"(超越未来)。在奢侈品行业,品牌喜欢用"……的艺术品"来表达,这似乎更强调复古而非时尚,它们把创造力主题让给了科技公司。

还有一些经典产品成为了品牌的代名词,如爱马仕的凯莉包、古驰的莫卡辛鞋(Moccasin)。一些品牌有与众不同的特征,如大多数保时捷车使用哑光金属质感的材质。颜色同样重要:红色跑车代表了法拉利,它似乎垄断了红色,其他跑车品牌不会轻易用同一色系的红;杜卡迪(Ducati)也在摩托车领域将红色作为代表色。独特的声音也可以成为一个品牌识别元素:保时捷、哈雷戴维森(Harley-Davidson)和杜卡迪竭尽全力研发一种特殊的引擎轰鸣声,并试图申请专利。

包装是识别元素之一。蒂芙尼蓝盒和爱马仕橙盒展现了强烈的美学效果,代表了独特的品牌识别,与产品本身相辅相成,是礼品赠送不可分割的一部分。

标签是另一种识别元素。它在成衣业务中更加重要,除了提供产品的基本信息外,还是重要的创意元素。例如,炙手可热的阿根廷品牌拉马丁纳(La Martina)在其经典的高尔夫球衫、T恤和皮革配饰的里里外外都贴上了各类标签,这成为了该品牌强大的识别元素(是否过强了?)。

无论是品牌名、标识,还是其他元素,品牌的符号必须易于识别、富有表现力且易于记忆。它们需要创造一种亲密、亲切甚至通晓人性之感,还必须传递一种归属感,不仅包含品牌信息本身(这是最重要的),也要传递世界观和价值观,需要将之与内涵与意义模糊不清的品牌有效地区分开来。此外,品牌符号必须出现在合适的位置,不能引起人们的反感;不要深陷语义错误的泥潭,让人们很难理解品牌内涵。品牌的首要任务是用优雅和简明的语言描述品牌的内涵与世界观,必须密切关注品牌符号及其特征和使用频率。

4.4 法律层面的品牌保护

市面上有数百本法律专家撰写的关于品牌保护（brand protection）的佳作。本书不会详细总结这个主题涉及的方方面面。不过，品牌保护对奢侈品行业——尤其对腕表、香水、皮具等业务——非常重要。本节将为奢侈品公司在运营过程中进行品牌保护提供一些建议。

4.4.1 品牌保护

1.品牌商标注册

任何一个新品牌都需要先根据申请国家和产品类型进行商标注册。表4.4列举了一个公认的产品类型表。

表4.4 品牌的产品类型注册表

序号 *	产品类型	序号	产品类型
1	化学品	19	建筑材料
2	涂料,油漆	20	家具
3	香水,肥皂,化妆品	21	厨具,陶瓷器,梳子,刷子
4	油,蜡烛	22	绳,织物,布袋
5	医药产品,消毒剂	23	细线
6	金属工具	24	纺织品
7	机械品	25	衣帽,鞋履
8	剃须工具	26	刺绣品
9	技术工具,光学产品,眼镜	27	地毯
10	动物药品	28	玩具
14	珠宝,腕表	29	肉制品
15	乐器	30	食品
16	纸制品,书写工具	31	农产品
17	塑料制品	34	烟草,打火机
18	皮具		

---

* 原文序号不连续,作者有意略去了一些产品类型。

时装品牌必须注册第 24 和第 25 类,皮具产品属于第 18 类,眼镜是第 9 类,书写工具和打火机分别是第 16 和第 34 类。这一共就是 6 类。香水产品是第 3 类,但如果要将梳子或刷子作为赠品,还需要注册第 21 类。珠宝和腕表属于单独的第 14 类。

一个新品牌最好注册 9 项产品类型。这么做的成本很高。在某一个国家注册品牌,公司需要考虑律师费及国家注册机构征收的税款,最终注册费可高达 1 000—2 000 欧元。若在 100 个国家都注册 9 项产品类型,注册费达 100 万—200 万欧元。对于一个刚起步的品牌而言,这项成本十分巨大。

当然,品牌一开始不必在世界各地都注册。事实上,大多数欧洲国家签署了《商标国际注册马德里协定》(Madrid Agreement Concerning the International Registration of Marks),品牌只需要在欧洲注册一次。不过,在美国、日本、中国和拉丁美洲国家还是必须注册品牌的,否则一些不正规的当地公司会盗用品牌名进行造假。

2. 商标注册更新

商标注册不是永久有效的。有效期一般为 5 年或 10 年,具体取决于不同国家的法律法规。这意味着公司每年需要承担 20% 的注册费用,即 20 万—40 万欧元。

当公司更新某一产品类型的注册时,注册地有关机构会要求公司提供相关的产品使用说明。若无机构针对商标的使用不足或原始注册的丧失提起诉讼,那便相安无事,否则法院会要求公司提供各类材料。

以某男士淡香水领先品牌为例,它在巴西投放了大量宣传广告,知名度很高。但由于香水关税极高,公司的地区分销商将产品走私到巴西。法院要求公司提供进口关税支付证明,但公司无法提供。法院判定该品牌未注册第 3 类产品,因此从未合法进入巴西市场。该品牌的商标随即被另一家公司注册,即使香水公司控诉该公司是假冒经营者,但巴西法院仍然判决该公司合规合法。

知名品牌可以通过举证其全球知名度来应对这类难题。一些品牌可以指出该品牌为家族姓氏,其他公司明知该品牌的全球地位但仍恶意注册。该品牌最终在巴西成功注册商标,但这已经是六七年后的事情了。

奢侈品公司的主营业务在品牌保护和商标注册更新方面一般不会遇到难

题,但非主营业务的注册就不同了。例如,卡地亚为了避免注册的第 24 和 25 类产品中没有产品投放,推出了围巾系列。我们强烈建议那些没有香水业务的知名品牌每隔三至五年推出一款标准的香水产品,并给其海外分公司或分销商开具发票,通过品牌在全球大部分地区的关税支付收据来证明产品类型注册后产品已经上市。

另一个案例也与卡地亚有关,它告诉我们没有商标注册权保护的品牌会遇到很多风险。在墨西哥,一名商人赶在卡地亚之前注册了品牌,并开设了一家卡地亚门店,在卡地亚获得其注册权前进行了大量腕表交易。很多年前,法国鳄鱼在中国内地与香港的商标注册都遇到了难题。中国有一家本土企业,注册的品牌名也是鳄鱼(Crocodile),品牌标识也非常相似。最后,法国鳄鱼与中国鳄鱼达成协议,后者修改品牌标识,以免与前者混淆。

品牌的商标注册可能会遇到困难,并且成本极高,手续繁琐。但商品注册是必须要做的,对于香水产品尤为重要。例如,迪奥香水业务必须为品牌和每个产品线都完成注册,比如悦之欢系列、真我系列、快乐之源系列(Dolce Vita)、华氏温度系列(Fahrenheit)、旷野系列(Sauvage)和逆时空系列(Capture)等。

3. 商标原始注册

注册一个新品牌并不容易。对于一些香水品牌而言,诸如"Romance""Romantique"或"Romantic"的系列名很可能在世界某个地方被注册使用了。品牌名通常是由创意团队开会讨论产生,往往会有 50 个左右品牌名作为候选。一般而言,第一轮筛选时可以通过互联网查询品牌名注册情况,这样可以排除大部分候选名。有时,公司可拟写一封给其他公司的商品注册函,表明希望购买其注册名。若对方公司没有产品类型实际使用的证明,商标购买费用约为 1 万—2 万欧元;若对方商品在全球均有注册,并且拥有良好的信用证明,购买费用可上升到 20 万—50 万欧元。这对公司而言并非易事。

4.5 打击假货

有些与奢侈品相关的业务在某些国家合法,但在其他国家不然。

4.5.1 仿制品与"关联单"

美国超市出售几美元的廉价香水,标语牌上写着:"如果你喜欢雅诗兰黛的青春露系列,那么你一定会爱上这款 36 号香氛。""如果你喜欢香奈儿 5 号香水,那么你会爱上我们这款 17 号香水。"大多数国家和地区严禁出售这类仿制品(knock-off),这些品牌打着知名品牌的旗号大肆销售。还有一些国家将其视为不公平竞争者,或者更准确地说,是市场寄生虫。然而,在美国,消费者权益倡导者认为此类产品为顾客带来了公平消费,让高端香水品牌暴露其真正的水准——它们的香水可以轻而易举制作而成。每个国家有其独特的市场制度和特征。

"关联单"(table of correspondence)在德语中相当于仿冒品的意思。在德国,出售的香水产品都有一个序列号。消费者希望选购比较昂贵的香水,而德国严禁将廉价商品的序列号与知名品牌的关联起来,否则会被视为不公平竞争。不过,德国公司找到了解决方案:只要品牌方和销售员没有在书面或口头上将两者联系到一起,那么产品就可以顺利销售,并且销售量十分可观。

那么,品牌需要如何应对这种困境?答案是:无须应对。一些国家严令禁止仿制品和"关联单";在其他国家,这种做法反而会受到强烈反对。

这与一些亚洲旅游景点售卖的正面绣有香奈儿、迪奥、普拉达品牌名的 T恤不同。这些产品都是假货,并且非常明显。某种程度上说,它们反而可以证明品牌非常成功。由于购买这些假货的消费者非常清楚他们买到的不是真品,因此,"打击假货"这个话题一直饱受争议。

4.5.2 对假货的不同态度

曾有游客在一些旅游景点的街头被兜售假表、假鞋或假包的商贩拦住。如果游客对此表现出兴趣,他们就会被带到小街某处的商店,在商店里可以看到琳琅满目的假名表。在这里,几乎所有名牌的假表都有,假包也应有尽有。这些假表可能走时两三分钟就停了,但假包不会存在这样的问题,就算产品表面的图案与真品不同,也会有人购买。

同样,有人会说没有必要打击假货,因为买家非常清楚这些都是假货,而他们永远不会购买真品。于是,正品和假货形成了两个不同的细分市场。

有的游客不会对假货产生任何兴趣：他们非常看重正品的原真性，对真品以外的任何东西都不感兴趣。有的游客会感兴趣，他们买下廉价的假货充当真品，以为其他人不会看出端倪，他们觉得这么做特别聪明——可事实并非如此。

打击假货并非一日之功，需要有耐心、有手段地处理整个分销产业链，从街头假货商贩到假货店和批发商，再到假货生产工厂。即使工厂被取缔，但造假设备会被转移或出售给另一家公司，假货又会重新出现。

打击假货的工作无止境，但是要想遏制此类假货交易发展壮大，这些措施都是必要的。

4.5.3　政策宽松的国家

一些国家的市场监督机构并不重视对打击假货，因为假货解决了当地就业难题，并增加了外币储备。摩洛哥就是一个很好的例子。在摩洛哥，人们可以买到各种品牌的皮具仿制品，这为当地皮具工匠提供了就业保障。

意大利也是如此，当地政府机构对假货视而不见。例如，在罗马或文蒂米利亚（Ventimiglia），你可以找到每一个法国奢侈品品牌的假货，如香奈儿、路易威登、迪奥。不过很奇怪的是，要买到古驰或菲拉格慕的假货反而困难得多。我们希望意大利政府和警察可以更积极、有效地打击假货。我们也寄希望于欧盟可以施加必要的压力，采取比简单的双边讨论更有效的手段做出应对。

假货如此盛行的原因之一是奢侈品的利润太高。品牌溢价越高，假货就越希望能分一杯羹。从另一个角度看，假冒商品的存在反而清楚地证明了那些被仿冒品牌的吸引力和影响力。

注释

① Interbrand，2019，"Interbrand Best Global Brands"，New York.

② Alain Beltran，Saphie Chauveau and Gabriel Galvez-Behar，2001，*Des Brevets et Des Marques：Une Histoire de la Propriété Industrielle*，INPI（French Patent Office），Fayard.

③ C. Harsborne and P. Weiss（eds.），1931—1935，*The Collected Papers of Charles Sanders Peirce*，vols.1—6，Cambridge，MA：Harvard University Press.

④ Jean-Marie Floch，1995，*Identités Visuelles*，Paris：PUF.

⑤ 有衬线字体（serif）指笔画始末之处有特定装饰线的字体。反之，还有无衬线字体（sans serif），其诞生时间比有衬线字体稍晚些。

第**5**章
奢侈品顾客

在本书的其他章节中，我们常用"消费者"一词，其实这种说法稍有不妥。顾名思义，消费者指消费所购商品的个体。我们在第 1 章中提到，奢侈品并非被消费掉的产品，而是顾客想获得并保留下来的特殊物品。对于顾客而言，他们在购买和使用奢侈品的过程中获得的体验也非常重要。购买劳力士腕表或爱马仕手袋的人并不是要把产品"消费掉"后，再返回商店重新购买一件。

顾客会在特定场景下购买标志性的物品，他们通常有特殊的情绪和状态。即使重复购买同一物品，如香水或香槟，这也是在特定情景下发生的，其中蕴含情感和社交内涵。

在本章中，我们首先会探讨哪些人属于奢侈品顾客，接着研究这些顾客的行为，然后研究来自不同国家和地区的顾客有哪些行为差异。具体而言，第一节主要关注顾客是哪些群体。第二节将论述 X 世代、Y 世代和 Z 世代的顾客群体，并聚焦千禧一代和收入较高但尚不富裕的"亨利一族"（HENRYs，high hearners，not rich yet）。第三节关注不同奢侈品的特性，并阐释不同国家的顾客在香水、葡萄酒和烈酒、时装购买行为上的差异。

5.1 奢侈品顾客概览

奢侈品顾客应该是非常富有的，但似乎每个人都可以是奢侈品顾客。我们首先回顾一些现成的数据分析结果，探索一下购买香槟或昂贵腕表的顾客到底是哪些人。

5.1.1 富人、巨富群体，还是所有人？

有好几项研究分析了富裕人群。凯捷集团（Capgemini）在 2020 年发布的研究报告中指出，全球有 1 960.8 万人的资产净值超过了 100 万美元。[①]

需要注意的是，在这 1 960 多万人中，女性占 37.9%，40 岁以下人群占 45.9%。

该项研究将这些百万富翁分为三类：

（1）超高净值百万富翁（3 000 万美元及以上）：183 000 人。

（2）较高净值百万富翁（500 万—3 000 万美元）：1 758 000 人。

（3）普通百万富翁（100 万—500 万美元）：17 667 000 人。

当然，在中国拥有 100 万美元与在美国拥有 100 万美元并不相同，两国的生活成本差异很大，可支配收入也大相径庭。不过，两国的富人在购买礼物时都会选择相对昂贵的商品。

表 5.1 列举了凯捷集团报告中 2020 年百万富翁的分布情况。

表5.1　全球百万富翁分布情况

国家和地区	百万富翁人数（万）	国家和地区	百万富翁人数（万）
美　国	590.9	加拿大	39.2
日　本	338.7	意大利	29.8
德　国	146.6	荷　兰	28.7
中国内地	131.7	澳大利亚	28.4
法　国	70.2	印　度	26.3
英　国	59.1	韩　国	24.3
瑞　士	43.8		

资料来源：Capgemini, *World Wealth Report 2020*.

另一份由瑞士信贷研究院（Crédit Suisse Research Institute）编制的报告基于持有现金和投资情况（包括房地产和公司股票）分析了全球百万富翁的财富情况。[②]报告显示，全球百万富翁达 4 680 万人，这是凯捷集团报告结论的近 2.5 倍。

《福布斯》(*Forbes*)每年都会发布全球富豪榜,并专设中国富豪榜。2020年,全球亿万富翁人数达 2 095 人。表5.2列举了这些亿万富翁的分布情况。

表5.2　亿万富翁分布情况

国家和地区	亿万富翁人数	国家和地区	亿万富翁人数
美　国	614	英　国	48
中国内地	389	加拿大	44
德　国	107	巴　西	41
印　度	102	法　国	39
俄罗斯	99	意大利	36
中国香港	66	瑞　士	35

资料来源:"World's Billionaires 2020", *Forbes*, 2020-5-23.

2 095名亿万富翁的净资产总和与地球上46亿弱势群体的总和一样。[③]

这些百万富翁和亿万富翁与奢侈品行业有一定的关联,他们是高级珠宝或高级定制时装的目标顾客,但他们并不是奢侈品业务销售业绩及其增长的主要来源。正如我们在第2章提到的,除了非常昂贵的商品,奢侈品公司每年超过3 000亿欧元的销售额并非完全由这些富豪创造。奢侈品旗舰店的确需要吸引其他类型的常客才能获得不错的业绩。换言之,奢侈品公司的业绩应来源于更广泛的人群,即地位相对较高的中产阶层;正是这些中产阶层人群给门店带来了业绩、回购和多样性。

当然,这类人群与买得起高级定制时装的4 000位贵妇,甚至与买得起名贵珠宝的1 800万名顾客之间有着天壤之别。几乎每一个人都是奢侈品顾客,只不过他们购买奢侈品的频率远低于高净值人群。

研究者将视角从极其富有的人群转向具有一定购买能力的人群,希望分析奢侈品顾客的特征。唐·齐卡迪(Don Ziccardi)在其2001年出版的著作中定义了购买奢侈品的四类人群,现在看来颇有先见之明。

第一类是千禧一代富豪(millennium money)。这是在21世纪初发家致富的一类人,包括各类名流和体育明星,以及通过互联网业务致富的人。这类人是我们在下节探讨的对象。

第二类是富豪世家(old money)。这类人群直接继承了家族财富。他们可以不用工作,或只需管理家族业务,又或有普通职业,但他们的生活水平与其职业收入毫无关系。

第三类是新贵一族(new money)。这类人群凭借自身努力发家致富。不同于千禧一代的是,这些富豪不一定很年轻。他们一直在努力工作,懂得财富来之不易,因此会继续奋斗下去。他们对待消费十分谨慎,珍惜赚来的金钱。

第四类是中产阶层(middle money)。这是处于社会中上阶层的人群,他们对花钱十分谨慎。他们的主要收入源自工资或专业性收入,消费支出非常理性。这类人群是我们在本书中一直在讨论的顾客群。[④]

5.1.2 低频购买者

有研究者得出结论:那些不经常购买奢侈品的群体才是销售业绩的主要贡献者。

当被问及"你在过去24个月内是否买过奢侈品?"时,来自发达国家约63%的受访者回答"是"。[⑤]实际上,这些人才是奢侈品的主要顾客群,占发达国家总人口一半以上。奢侈品行业以年均8%的速度快速增长,其背后的原因在于发达国家或发展中国家产生了一批新的"中产阶层"消费者,他们终于买得起一瓶香槟、一只售价2 000欧元的手袋或一块4 000欧元的腕表。随着接触到奢侈品变得越来越容易,至少对那些发达国家63%的人群而言,奢侈品已成为他们日常体验的一部分。

在20世纪末,很少有学者在学术领域研究奢侈品品牌管理,而伯纳德·杜布瓦和吉尔·罗兰(Gilles Laurent)已经开始分析研究奢侈品的购买频率,并首创了"低频购买者"(excursionist)一词。[⑥]他们的研究成果如表5.3所示。

表5.3　发达国家奢侈品顾客的购买频率

在过去24个月从未买过奢侈品	37%
在过去24个月买过一件奢侈品	63%
在过去24个月买过5件以上奢侈品	12%(占买过奢侈品的顾客人数的近20%)
平均购买件数	2

资料来源:Bernard Dubois and Gilles Laurent, 1999, "Les Excursionnistes du Luxe", *Hommes et Commerce*, 271, MW.

他们的研究表明：在过去两年内购买奢侈品超过5件的"少数幸运儿"仅占受访者的12%；买了1—5件奢侈品的人群占比最大，达51%。我们马上会将这类人联想为中下阶层人群，他们平时消费非常谨慎，会在超市寻找特价商品，但也会为庆祝女儿顺利毕业买一块卡地亚腕表，或愿意为未婚妻选购一枚蒂芙尼订婚戒指。杜布瓦和罗兰用"低频购买者"一词*描述这群人的奢侈品购买行为。这类顾客走进卡地亚或蒂芙尼门店更像是郊游旅行或参观博物馆。于是，杜布瓦和罗兰开始探索这个有趣的课题：这些低频购物者在奢侈品门店内"闲逛"，他们到底希望得到什么？他们调研了这类人群，问道："你在找什么？"研究团队把得到的答案汇总如下：

● 他们希望产品面料和提供的服务都有上乘品质。他们希望得到非凡的体验，觉得不虚此行，和逛超市完全不同。

● 他们希望产品是昂贵的。奢侈品满足一般产品应有的功能，但其价格和一般产品不可同日而语。购买奢侈品不是一种特别合理或切合实际的行为，从价格就可以看出这点。

● 他们希望买到的商品在市面上很少见，并且很难买到，只有一小部分人才可以获得。

● 他们希望在购物时能得到多种感官体验：他们走进商店，踏过厚重的地毯，被精妙的音乐声环绕，欣赏精美的商品，感觉他们买到的商品物有所值。当然，他们也希望销售员待之如上宾。

● 他们期望进入一个具有历史厚重感的世界。他们想要买到永不过时的产品，希望自己永远存留在这个世界。

● 他们知道购买奢侈品与节俭没有任何关系，但乐于购买。他们也承认这种购物行为没有太多意义，甚至毫无必要。他们购买珠宝或香水时的关注点有些特别，就好比人们在谈论豪车时，不关心发动机或技术性能，只讲究座舱奢华的空间感。

这种"闲逛"对低频购物者而言一定是独特且难忘的。这就是奢侈品门店服务如此重要的原因。值得一提的是，我们探讨的低频购物者是根据人们不同

---

* 该词的英文原意指"（短途）旅行者"。

的生活方式和购物行为挖掘出的一类人群，这并非一种顾客细分的方式。这么做的目的旨在分析消费者的购物决策历程和奢侈品公司的营销手段。

5.2 新兴顾客

新兴顾客往往会根据个人喜好情况决定购买哪些产品。例如，某一天，一位女士去实体店购买飒拉牛仔裤、思琳上衣和沃尔福特（Wolford）打底裤，并在网上购买兰蔻护肤霜。最后，她在家乐福超市（Carrefour）购买一些降价促销的咖啡，结束了一天的购物。专家学者一直在尝试研究这种具有明显强烈反差的行为，即当今顾客对购物的新期望和新行为模式。

5.2.1 新兴顾客的期望

顾客在购买奢侈品时并不理性，也不会说自己是理性的。重要的是，他们购物时很注重情感和美学因素，并且他们会依照这样的思路感知不同产品给他们带来的情感体验与美学价值。

可以说，当今顾客在购买奢侈品时十分注重情感体验，他们认为让自己快乐比任何理性标准都重要。理性地挑选商品会降低他们的购物乐趣。因此，在比较不同产品时，他们会更注重这些无形因素，如店内氛围是否精妙，或门店是否位于人来人往，甚至有名人出没的地方。甚至某家门店特定类型的音乐也会影响顾客对某个品牌的产品感知，并最终影响他们的购买决策。

我们将在第 9 章中看到，顾客认知过程中产生的情感因素会被用于媒体广告。奢侈品广告不仅是为了传递信息，更是为了给顾客带来惊喜、形成吸引力并传达特定情绪。

第二个期望是对美感的渴求，顾客根据产品形状、手感、品牌御用的时装模特类型或新媒体广告的美学价值来评估产品。

这就是美学元素在品牌发展过程中如此重要的原因之一。人们会将不同的审美价值观与不同的品牌联系在一起，如古驰和圣罗兰完全不同。美学元素也会体现在女士香水瓶的形状、时装成衣的概念店及附赠顾客的购物袋上。

顾客往往不拘一格，想要与众不同，向每个人表明他们知道自己在做什么，不希望身上只有一个品牌。如今身穿全套香奈儿或范思哲会被视为彻底落伍——这根本无法展现你是谁或你为自己决定了什么。反而纪梵希和飒拉的混搭却显得你很有创意，并且很有品位。

然而，这种不拘一格是有前提条件的。顾客仍然会希望自己隶属于某个群体，并且该群体能够认同他们所做的选择。15 年前，人们希望与自己的参照群体（reference group）或亲密朋友保持一致（例如，学校里的学生们希望穿着相同的品牌），但这种现象不再出现。如今，人们希望少数几个人组成"小群体"，大家趣味相投。虽然社会规范仍然存在，并且影响巨大，但这个社会仍然由围绕不同类型的活动或行为组成的无数大大小小的群体构成。

同时，顾客也在寻找享乐主义价值，他们把自己的快乐看得比什么都重要。他们不仅寻求奢侈品的功能性价值，还寻求一个由自己创造并且能够置身于其中的虚拟想象空间，这也塑造了他们对奢侈品的宏观认知和对特定几个奢侈品品牌的感知。

这将我们带回了第 1 章开头描述的文化维度问题。每个顾客对特定品牌的个人愿景都融合了美学和文化价值观，通常是对特定的国家环境及对该品牌"能做什么"和"不能做什么"的认知。

顾客期望和行为因人而异，并且会随着时间的推移而迅速变化。

以上内容对奢侈品品牌管理的意义是非常明晰的：销售趋势正在急剧变化，成功品牌能够为其整体形象赋予额外的文化、美学和享乐价值。

在本节中，我们将描述 X、Y 与 Z 世代顾客群体，并重点关注千禧一代，以及美国分析人员定义的"亨利一族"，即收入较高但尚不富裕的人群。

1. X、Y 与 Z 世代顾客

我们在此处探讨的就是顾客分类方式，只不过采用的术语不同。1943—1959 年间出生的人被归为婴儿潮世代，1960—1977 年间出生属于 X 世代。以此类推，出生于 1978—1994 年间的群体被称为 Y 世代，而 1995 年以后出生的群体则属于新的类别，即 Z 世代。这个定义似乎十分简单。

不过，一些专家为那些出生在数字环境并拥有个人电脑的人创造了"数字原住民"（digital natives）一词。这个词几乎涵盖了在 1978 年以后出生的每个人，理解起来也很容易：它包括所有在遇到问题时能够通过手机找到解决方案的 Y 与 Z 世代群体。与此同时,专家还创建了另外一个类别的群体:千禧一代,即进入 21 世纪时已经成年的人。这或多或少将数字原住民人群涵盖在内,这两类人群都非常熟悉网络,其态度和购买动机也与其他群体极为不同。

为什么在奢侈品行业,这些年轻人更值得关注?研究人员在一项研究中试图将一群美国人进行划分,他们被询问是否会购买奢侈品以及出于什么目的。其结果(如表 5.4 所示)令人震撼。

表5.4　人们为何购买奢侈品（根据年龄划分）

年龄段	经常购买	送礼	偶尔购买	极少购买	从不购买
16—24 岁	19%	33%	25%	19%	14%
25—34 岁	34%	23%	22%	18%	16%
35—44 岁	33%	15%	15%	15%	15%
45—54 岁	7%	17%	23%	26%	27%
54—64 岁	7%	12%	15%	22%	28%

资料来源:Chase Buckle,"The Luxury Market in 2019:What Brands Should Know",*Global Web Index*,2019-4-1.

结果表明,45 岁以上的受访者中有至少 50% 的人表示他们极少或从不购买奢侈品,而 25—44 岁的受访者中经常购买、偶尔购买奢侈品或将其用于送礼的人超过半数。此外,25 岁以下的年轻受访者也对奢侈品很有兴趣,尽管他们不经常使用奢侈品,但他们对购买奢侈品用于送礼的兴趣又似乎是 45 岁以上受访者的两倍。

这种情况真实发生在美国,但在其他国家会存在差异。尽管如此,后文提及的中国顾客奢侈品购买行为也依然会遵循这种模式。

这可能就是现在很多品牌将 25—45 岁的顾客群体放在首位的原因,这也解释了为什么人们在寻找称谓来定义他们时总是充满创意。

后文将会提到,人们在谈论千禧一代时,创造了"亨利一族"的表述,他们优先研究那些年收入超过 10 万美元的美国家庭。这帮助我们细分出一个新群体,也能帮助我们更好地了解这个顾客群体的购买期望的不同之处,以及他们所期待的产品类型和购买体验。

2. 千禧一代

在过去 50 年里,关于千禧一代的文章比关于其他任何群体的都要多。[7] 进入 21 世纪时,千禧一代已经被分析透彻了。这一群体花钱本应小心翼翼,但又很喜欢在外就餐,并且他们在添置衣物时也会花费很多钱,甚至比缴纳社保退休金的钱都多。[8]

千禧一代还有一个特点:至少在美国,千禧一代的人数远远超过 X 世代的人数。

很明显,千禧一代普遍都是科技爱好者。在美国,3/4 的千禧一代都创建了他们的社交网络账户;其中,88% 的人更倾向于发短信而非打电话。

据统计,仅在美国就有 7 300 万的千禧一代,其中 44% 不是白人(大部分是西班牙裔或非裔),88% 居住在大都市,34% 是大学毕业生(至少拥有学士学位)。

他们相比于老一辈更忠诚于品牌:"千禧一代不仅希望在产品的价格和质量方面做出最佳权衡,还会考虑如何为未来做出良好投资。千禧一代的顾客信赖他们选择的品牌。"[9] 事实上,60% 的人表示"希望对以往购买的品牌保持忠诚"。[10]

在他们抉择是否购买时,通常会仔细考虑以下几点:

● 价格;

● 顾客评分和评论;

● 产品整体价值;

● 好友推荐;

● 品牌价值。

同时,千禧一代顾客希望能抒发自己的意见,并希望自己的发声能够被听到(87% 的受访者一致认为,品牌应该让喜欢它们的消费者在开发新产品之前发表他们的意见,无论他们说了些什么)。[11] 他们当然不再是被动的顾客。他们想成为品牌故事的一部分。

当受访者被问及下次购买会通过何种途径,他们的回答情况如下:

● 32% 的人通过台式电脑;

● 25% 的人通过智能手机;

● 24% 的人通过平板电脑;

● 11% 的人去实体店。

索米·雅利安（Somi Arian）最近的一项研究定义了千禧一代所处的环境[12]：

● 他们有大量选择，能接触到各类产品和体验。

● 他们能适应产品的改变更新和升级迭代。

● 相较于父母或传统惯例，他们更容易受到同龄人或意见领袖的影响。

● 他们来自不同种族（在美国，只有56%是白人）。他们会自行寻求或者从同龄人那里找到自己想要的东西。

● 他们希望根据自己的节奏自行探索。

● 他们想要支持那些关注环保的品牌。（他们认为婴儿潮那代的消费模式终将毁灭地球）。

● 他们花钱很谨慎，更希望拥有能够保值的产品。

● 他们对使用体验而非拥有更感兴趣。

● 他们很注重自己乃至全世界的幸福感。

● 他们有各自的娱乐习惯，会经常使用流媒体服务，而不是收看传统的电视或收听广播。

不过，这群千禧一代并非都具有上述的特征。波士顿咨询公司（Boston Consulting Group）的一项研究将他们划分为六大类[13]：

● 新潮一代（Hip-ennials）占29%。他们是谨慎的顾客，具有全球化视野，热衷慈善，渴求信息。他们的口号是："我可以让世界更加美好。"

● 千禧一代妈妈（Millennial Moms）占22%。她们很富有，以家庭为导向，并且很自信。她们的口号是："我喜欢锻炼、旅行，并且宠爱我的宝宝。"

● 反千禧一代（Anti-millennials）占16%。他们思维有局限，思想保守，不会在生态产品上花很多钱。他们的口号是："我太忙了，无暇担忧。"

● 小工具操作高手（Gadget Gurus）占13%。他们自信且轻松自在。他们的口号是："又是美好的一天，可以做自己。"

● 环保千禧一代（Clean and Green Millennials）占10%。他们的口号是："我会照顾好自己和我周围的世界。"

● 老派千禧一代（Old-School Millennials）占22%。他们认为在Facebook上联系别人缺少人情味，通常会说："让我们见面喝杯咖啡吧。"但这并不代表他们渴望或更喜欢这种直接接触。

实际上,根据这个分类,"真正"的千禧一代只占这一代人的62%,但他们的态度很大程度能代表整个千禧一代。

我们想要弄清楚的就是他们在考虑购买奢侈品时的表现。一项在法国对856名千禧一代进行的研究结果给我们带来一些启示。⑭

对这些千禧一代的受访者来说,奢侈品与欲望、快乐和价值息息相关。他们对购买奢侈品并不感到愧疚(81%的受访者认为在经济危机发生时购买奢侈品并不用大惊小怪)。他们对这个行业没有任何误解,认为"只要能买得起,就没有任何问题"。

他们真的对时尚行业、相关品牌及其定位和其正在做的事情感兴趣,但或许他们看起来只是对奢侈品代言人或创意设计师感兴趣。对他们来说,奢侈品世界并不仅仅是一门生意,而是一项有趣的创意性活动。他们乐于观摩并参与其中,如去购买或转卖精美而有趣的产品。

对他们来说,只要用自己赚来的钱购买奢侈品就没有任何问题。千禧一代对一切美的事物都很感兴趣,其中也包括产品的造型和设计。

这个时代的年轻人从小在父母的宠爱下长大,他们不会觉得什么东西过多、过于好看或过于昂贵。早在年幼时,他们就习惯拥有最好的东西。

从这个意义上讲,中国千禧一代有类似的经历,我们在后文会提到,他们生活在一个快速发展的经济体中,工资和购买力不断上升,并理所当然地认为值得拥有一切自己买得起的东西。

我们举个经典的例子。一位顾客曾说:"我不在乎别人的看法,我爱穿成什么样就穿成什么样,如果别人不满意,那是他们的问题。"

千禧一代因为创意和美感而购买时尚产品,但这也给品牌带来了不利条件:为了取悦千禧一代,品牌必须保持创意和美感,并且必须持续给他们带来新想法和新事物。

3."亨利一族"⑮

"亨利一族"这个概念很容易描述,他们是千禧一代中比较有钱的那一部分人群。正因如此,他们购买频率更高,他们的消费占了总销售额很大一部分。

引入"亨利一族"概念的人可能参考过表5.4。从表中可以看出,45岁以上的美国人不太愿意购买奢侈品,因此,专家们定义了一组消费模式相似但对奢侈品更感兴趣的人群。图 5.1 解释了这个概念产生的原因及相关数据。

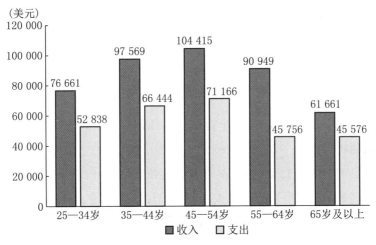

图 5.1 按年龄划分的美国家庭收入和家庭支出

资料来源:Danziger(2019).

从图 5.1 中可以明显看到,最优的奢侈品目标人群是 45—54 岁的顾客,其平均收入超过 104 415 美元。年轻群体的平均收入与之相比相差无几,为 97 569 美元,且其奢侈品购买行为也较为类似。

帕梅拉·丹齐格(Pamela Danziger)在她的书中提到,"亨利一族"是最有趣的购买人群:

● 他们的年龄在 26—45 岁之间,收入很高,这是一个引人注目的细分市场。

● 他们可能在经济上很富裕,可能拥有或即将购买一套自己的房子,他们对自己喜欢的奢侈品品牌很忠诚,并且可能会长期保持忠诚。

● 他们开始购买更优质的商品和服务,非常关心上乘材料和工艺。

开云集团董事长弗朗索瓦-亨利·皮诺(François-Henry Pinault)谈到千禧一代时也同样说道:"古驰约 50% 的销售额来自千禧一代,即 35 岁及以下的一代人。这对奢侈品品牌来说尤其令人不安,因为这意味着我们的核心顾客群介于 25—35 岁间……高级定制时装和成衣对这些顾客的吸引力相比过去对年长一些的人的吸引力要高得多。"[16]

古驰总裁马可·比扎里(Marco Bizzari)对此有类似的表述:"千禧一代往往对新事物有偏爱,他们受到内容、情感和人际关系的驱动,重视自我表达和可持续发展。"[17]

当然,虽然他们都谈到了千禧一代,但"亨利一族"实际上是千禧一代中特殊的一类人,是其中最活跃的顾客群。

5.2.2 奢侈品营销方案应该如何迎合千禧一代和"亨利一族"的期望?

德勤公司(Deloitte)做过的一项研究试图解答这个问题:

> 一些新兴顾客群体很可能在未来变得有钱或非常有钱,或者保持财富或极其富裕的状态,奢侈品品牌已开始与他们建立关系,并长期维持这种关系。

> 现实情况是,这些"新兴"的奢侈品消费者只关心在过去 24 小时内为他们创造价值的品牌。(千禧一代和"亨利一族")在做出购买决策时并不那么重视品牌历史和传承,其重要性在质量、顾客服务、设计、工艺、产品排他性之后,位列第六……如果品牌过度依赖传承而没有从根本上彻底改造,它们注定会被不断增长的全球千禧一代富裕人群拒绝。[18]

正如德勤公司的报告所说,这场博弈在于需要优先考虑社交平台并与意见领袖和小众博主建立关系,同时也要始终保持品牌价值不受影响。

5.3 按品类与地域划分的顾客态度

5.3.1 主要顾客群的地域划分

现在,我们必须回答一个问题:到底是否存在"全球奢侈品顾客"(worldwide luxury customer)这个概念呢? 或者反过来问,不同国家和地区的顾客行为是否有很大差异?

我们要回答的问题之一是奢侈品消费者的地域分布。图 5.2 给出了 1995、2005、2015 和 2018 年不同国家和地区的顾客群购买奢侈品的比例情况,变化显而易见。1995 年,三个国家和地区占据了大部分的奢侈品购买额:日本占 30%,

美国占29%,欧洲占29%;与此同时,中国内地仅占1%。我们能获取的最新数据是2018年的,中国内地占33%,美国占22%,欧洲占18%,而日本只占10%。

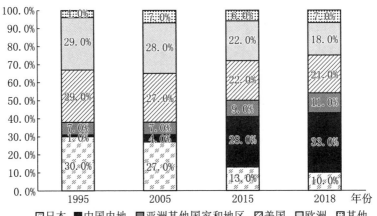

图5.2　按地域划分的奢侈品购买情况

资料来源:Claudia d'Arpizio and Joelle de Montgolfier,"Bain Luxury Studies for Fondazione Altagamma",1996—2019.

值得一提的是,图5.2得出了一个重要结论:2018年,中国内地(33%)、日本(10%)、亚洲其他国家和地区(11%)的奢侈品购买量占比达到了54%,换言之,这些地方的顾客买下了大多数奢侈品。

贝恩公司和意大利奢侈品行业协会(Fondazione Altagamma)获取到的国家数据基于购买者是否来自中国或美国,而非奢侈品购买行为发生在这些国家数据。这就意味着占54%购买量的亚洲顾客可能在巴黎、纽约或伦敦购买奢侈品。

5.3.2　对珠宝类配饰的不同态度

现在需要解答的问题是如果不同国家和地区的顾客的行为方式相同,那么是否存在"全球顾客"这个概念。

我们与某卡地亚营销专员探讨了这个问题,并得到了对方的如下具体观点:

> 意大利人喜欢稍显浮华的机械腕表。他们收藏这些腕表,一天可能换

好几次。德国人更喜欢设计非常简约的石英表:严谨而高效。法国人对"工程师专用表"有强烈的偏爱:具有运动风格,又配置了几个计时表盘。

不同欧洲人也有不同佩戴珠宝的方式。

在德国,从事管理工作的女性会自己购买珠宝,并有些炫耀性地将其佩戴在身上。在珠宝设计风格方面,她们讲究原材料纯度,喜欢以非常自然的方式镶嵌宝石。意大利人追求运动感,所以她们喜欢巴洛克式的珠宝,也对珠宝的曲线和黄金镶嵌方式感兴趣,戒指形状像面料一般起伏。在日本、法国或西班牙,能承受公众舆论的压力比彰显个人品位更重要。法国人非常担心风评不佳,只能佩戴"合理"的珠宝,如此既不会受到舆论压力,又能显得非常有品位。

因此,即使在欧洲大陆,不同国家之间会存在很大差异。如果放眼全球市场,差异会变得更加明显。

5.3.3 不同国家和地区的顾客对配饰、成衣和香水的兴趣

1. 成衣

成衣在某种程度上是中国和日本顾客的天下。他们购买了50%以上的法国和意大利高档时装,亚洲市场在全球成衣业务上遥遥领先。

不过,在中国销售的产品与在日本大不相同。日本女性喜欢购买成衣,但在中国,男性却是主要购买者。这就是为何在中国内地男装品牌普遍做得很好,并且比女装发展得更早。如今,当男人为他们的妻子或朋友购买时装单品时,成衣买得很少,他们通常只购买普通上衣或夹克外套。主要的消费还是集中在配饰和手袋,顾客特别偏爱那些出现在广告镜头中的经典产品,把它们作为理想的礼物。

欧洲时装市场势头强劲,很大一部分成衣由女性高管购买。这就是在欧洲国家阿玛尼和吉尔·桑达等品牌受到追捧的原因。

2. 香水与化妆品

与成衣不同,香水在日本市场并不是很重要,日本市场的销售额仅占全球消费的1%。日本人普遍认为香水是用来掩盖和隐藏身体的自然气味,其不属

于必需品。有些人会认为香水是一种冒犯,使用香水会强行给周边环境产生影响。因此,很多公司明确或不成文地规定,禁止员工在工作场所使用香水。香水在地铁或其他公共场所也并不受欢迎。青少年使用香水是一种表达自我的方式,但他们之中许多人在就业以后便改掉了这个习惯。在日本某些地区,人们仍然认为香水对婴幼儿的健康不利,不少母亲不再使用香水。

香水品牌在日本市场试图通过提升产品精致度,将其打造成为聚会或特殊场合表达自我的工具,来提升销量。

美国和整个美洲大陆是非常庞大的香水市场,其消费约占全球的30%。中东地区也非常推崇香水消费,消费量很大。

化妆品则不太相同,日本市场非常强势。中国市场尽管还未发展壮大,但已经形成了一定规模的香水市场和化妆品市场。

打造一款具有全球影响力的香水面临不少挑战,如找到一种足够轻盈的香味取悦日本女性,又要香味足够强烈,可以满足美国或德国女性的需求,还需要用足够清新的花香满足拉丁裔女性的需求。获得成功的产品往往不考虑不同国家和地区的消费者的偏好差异,而是研制出一种全新香味。要做到这点十分不易。

3. 葡萄酒与烈酒

从整体结果来看,葡萄酒与烈酒市场的分布相对比较均衡,美洲、欧洲和亚洲这三个主要市场大约各占1/3的市场份额。不过,正如我们在第3章中看到的,不同酒类之间存在相当大的差异。

朗姆酒的主要消费地是美洲,金酒受英国人和美国人喜爱。全球50%以上的香槟消费发生在法国,其他欧洲国家的消费量也非常大。相比之下,威士忌和伏特加在世界各地都有销售,分布相对比较均衡。

干邑也在世界各地都有销售,但在不同场合会消费非常不一样的品类。

我们现在应该明白:世界各地顾客的消费行为是不同的。

5.4 来自不同国家和地区的顾客的消费分析

我们将在本节探讨不同奢侈品顾客的特点。我们在前文提到了不同奢侈品品类的差异,事实上,顾客也有不同的购买期望和行为。

表5.5归纳了中国、美国、法国和意大利顾客对奢侈品的期望,说明了这些顾客在购买奢侈品时希望得到的消费体验是不同的。

表5.5 不同国家的顾客对奢侈品的期望

中 国		美 国		法 国		意大利	
高端腕表	53%	旅 行	71%	旅 行	64%	旅 行	72%
旅 行	47%	连接大自然	50%	高端腕表	42%	连接大自然	52%
珠 宝	47%	温馨的室内	46%	温馨的室内	41%	水上运动、夏季假日	43%
美丽的人	47%	水上运动、夏季假日	45%	连接大自然	41%	高端腕表	42%
时装与配饰	46%	密集的市区	39%	珠 宝	37%	温馨的室内	38%

资料来源:Françoise Hernaez, 2020, "Affluent Paradoxical Expectations", IFOP.

在这项研究中,受访者被要求说出他们听到"奢华"这个词时所想到的一切,他们的回答也被聚类成不同的概念。令人惊讶的是,美国人普遍认为奢华与旅行、连接大自然、夏季假日、室内装饰和美丽的市中心有关,他们完全没有联想到奢侈品的产品属性或时尚感。

相反,中国人普遍提到了腕表(可能指的是男士腕表)、珠宝、时装、"美丽的人"——他们认为美丽的人也是时尚的一部分。他们还提到了旅行,但关注的重点是奢侈品和服务。法国人和意大利人则会考虑产品和度假环境。

由此可见,要想用几句话就让所有人觉得某只手袋魅力无限并非易事。

5.4.1 以中国内地为例

如今,中国内地顾客的购买量占到全球个人奢侈品购买总量的34%[19],位列全球第一。这些顾客大部分在中国内地购买奢侈品,一部分在中国香港地区或韩国购买,还有一部分在全球免税店购买,剩下一部分在欧洲或美国购买。奢侈品的进口关税非常高,中国内地的当地零售价自然要高出欧洲很多。在第2章中,我们谈到过中国市场零售价通常比欧洲高出35%,这个差价仅涵盖了一部分进口关税,生产商会降低毛利率以支付另一部分关税。

以腕表为例,当产品零售价超过 10 000 元(折合约 1 400 欧元)时,进口关税为 50%;零售价在 10 000 元以下时进口税为 30%。奢侈品腕表购买者必须额外缴纳 20%的奢侈品消费税和 13%的增值税。

有媒体认为,"这是遏制年轻一代非理性消费奢侈品品牌的一种方式"。[20]为了减少这些"非理性支出"中由于关税产生的溢价,很多顾客可以轻易地去往中国香港地区或韩国再消费,甚至前往法国购买奢侈品省下的关税足以抵偿巴黎度假一周的部分开销。

购买奢侈品的中国顾客是哪些人?其中有富豪,但更主要的是中产阶层人群。一份麦肯锡报告指出了两类潜在的中国奢侈品顾客:

(1)中上阶层。家庭月收入在 2 400—3 600 欧元之间。到 2025 年,这类人群规模将达 3.5 亿人。

(2)富裕阶层。家庭月收入超过 3 600 欧元。到 2025 年,这类人群规模将达 6 500 万人。[21]

达到上述生活水平(已将生活成本考虑在内)的 4.15 亿中国人是奢侈品品牌的首要目标人群。未来几年内,其中的 70%将出国旅游。他们购买奢侈品的行为受到相关政策的影响:随着进口关税和附加税的降低,一部分人转而在国内购买奢侈品。而中国生产商则会基于价格弹性和国内外市场的价格合理性,在米兰、巴黎、纽约和中国本土权衡采购方案。

正如前文所述,千禧一代购买了大部分奢侈品,他们的消费能力十分惊人,如表 5.6 所示。

表 5.6　中国奢侈品顾客人数及各年龄段总消费情况（2018 年）

	"65 后"与"70 后" (40—55 岁)	"80 后" (30—40 岁)	"90 后" (小于 30 岁)	总　计
奢侈品顾客人数	700 万 (29%)	1 020 万 (43%)	670 万 (28%)	2 390 万 (100%)
2018 年消费总计 (人民币)	1 850 亿元 (22%)	4 150 亿元 (56%)	1 700 亿元 (23%)	7 700 亿元 (100%)

资料来源:McKinsey & Company, "China Luxury Report 2019: How Young Chinese Consumers Are Reshaping Global Luxury", April 2019.

这一近 2 400 万的中国顾客仅占中国人口的很小部分,但对奢侈品公司极其重要。一些品牌可能已经开始在公司的客户关系管理数据库中记录这部分重要人群的信息。

这群顾客(近 2 400 万)还有另一个特点:其中 31.5%(即 750 万)的人从 2017 年才开始购买奢侈品;多达 650 万人为"80 后",即属于千禧一代。

如果我们想比较这些中国千禧一代购买奢侈品的主要原因,我们必须分析影响他们做出购买决定的主要因素(如表 5.7 所示)。

表 5.7　购买奢侈品的主要影响因素

	品牌	设计	面料	生产	价格
"90 后"(小于 30 岁)	68%	11%	6%	8%	7%
"80 后"(30—40 岁)	72%	9%	8%	8%	4%
"65 后"与"70 后"(40—55 岁)	94%	3%	1%	1%	1%

资料来源:同表 5.6。

从表 5.7 中可见,非千禧一代的购买影响因素中品牌占据了 94% 的权重。而对于千禧一代(即表 5.7 中的前两行)来说,品牌因素仍然非常重要,但产品本身(设计、面料等)占了约 1/3 的比重。

可能有人会说,千禧一代在很大程度上是新兴顾客,他们必须先被产品本身"征服"。但可以肯定的是,必须小心谨慎地调整产品(包括定价)以迎合这些新兴顾客。

研究还得出一个结论:"80 后"对品牌非常忠诚(54% 的人声称他们只购买 5 个或更少的品牌,而且总是购买相同的品牌)。"90 后"的品牌忠诚度要低得多(其中只有 29% 的人购买 5 个或更少的品牌):这些顾客每次购买新产品时都必须先被"征服"。

根据该报告,中国顾客获取品牌或产品信息的方式有所不同:他们通过官方品牌渠道(线上和线下)、口碑相传或关键意见领袖得知信息。在 9 种获取信息的方式中,他们最不重视的是传统广告。

我们将在第 9 章阐述,制定广告传播方案时必须考虑到这一点。但中国人有个重要特征,他们十分信赖关键意见领袖,比如名人、博主或俊男靓女。在中国,品牌大使的重要性比其他任何地方都高。

中国的新兴顾客对一些品牌非常忠诚。胡润百富(Hurun Report)公布了2019 年"最青睐的男士/女士送礼品牌"(如表 5.8 所示),众多负责社交媒体营销的人员对此十分关注。

表 5.8　中国顾客最青睐的送礼品牌

男　士	女　士
苹　果	宝格丽
路易威登	路易威登
卡地亚	苹　果
香奈儿	香奈儿
迪　奥	葆蝶家
茅　台	卡地亚
古　驰	古　驰
梦之蓝	爱马仕
博柏利	雨果博斯
葆蝶家	蔻　驰

资料来源:胡润百富,《2019 至尚优品——中国千万富豪品牌倾向报告》。

在中国,我们面对的是新一代顾客群体,这个世界第一大市场的消费者购物习惯正在飞速改变。

5.4.2　美国顾客

美国顾客的奢侈品购买量占全球总量的 22%,美国是仅次于中国内地的第二大市场,一直处于很重要的位置。

卡罗尔·瑞安(Carol Ryan)提到,美国顾客的奢侈品购买量在 2010—2019 年间每年至少增长 10%。[22] 这推动了欧洲奢侈品品牌的发展和投资,美国品牌也借此发展壮大,并将其国内市场的部分营收投资于国外。

美国人喜欢定制产品,也很注重产品的质量。

那应该如何与美国顾客沟通? 从卡罗尔·瑞安的一项研究中能看出一些端倪(如表 5.9 所示)。

表 5.9　美国广告花费情况（2019 年）

电视	数字媒体	杂志	报纸	户外	广播	影院	总计
40%	31%	24%	2.1%	1.2%	0.8%	0.5%	100%

资料来源：Carol Ryan, "America is a Land of Equal Opportunity for Luxury Brands", *Wall Street Journal*, 2019-12-24.

在美国奢侈品市场，品牌必须采用一种全新方式与顾客沟通。美国人极其依赖数字媒体，并仍观看电视广告，这些从来不是欧洲奢侈品品牌的媒体强项。

5.4.3　日本顾客

日本顾客的奢侈品消费量占比从 30% 下滑到 10% 以下，这确实令奢侈品公司感到担忧。日本奢侈品销售额有 20 多年没有增长，而与此同时，全球市场销售额增长了 3 倍。不过，如果将日本和中国总销售额除以相应人口数（分别为 1.26 亿与 14 亿），日本人均奢侈品购买量仍然是中国的 2—3 倍。因此，我们仍然需要关注日本顾客。

日本有着非常复杂的文化和社会习惯，美感和美学概念在日本人的日常生活中极其重要，这就是为何精致的女装或手袋能立足于日本市场。

从 2015 年起，日本奢侈品销售额再度增长。这可能是因为新一代日本人（日本千禧一代？）在经济和社会方面处于更加举足轻重的地位。可以肯定的是，日本人对法国和意大利的时尚、设计和文化仍然有着浓厚的兴趣。

5.4.4　韩国顾客

韩国经常被忽视，它通常被包含在"其他亚洲国家和地区"（其奢侈品消费占全球的 11%）中。这些国家和地区包括韩国、新加坡等东南亚国家及中国香港和台湾等地区。

我们估算韩国市场的销售额占全球总体的 4% 或 5%，对于一个 5 000 万人口（日本 1.26 亿人口的 40%）的国家来说，这已经是十分可观的市场规模了，其人均奢侈品消费非常高，甚至超过了日本。

韩国人和其他亚洲人一样喜欢购买时装，他们在香水上的开销极大，并且对欧洲葡萄酒有浓厚的兴趣。韩国百货公司或酒类零售店通常出售大量昂贵的优质葡萄酒——这也是韩国市场的独特性之一。

5.4.5 欧洲顾客

严格来说没有绝对意义上的欧洲顾客。英式风格、意大利时尚、法式着装与生活方式，以及德国和北欧国家对奢侈品相似的态度形成了欧洲独有的奢侈品特征。

就奢侈品而言，欧洲毋庸置疑是一片多元化的土地，而这种多元化也解释了为什么欧洲可以成为原创时尚风格和创意的主要来源。与中国和美国相比，考虑到欧洲的人口规模，它也可以算作是一个主要的奢侈品地区。欧洲还是一个兼具绘画、装饰、雕塑、工艺等传统文化和国际多样性的地方，同时也是奢侈活动的发源地和消费地。

5.4.6 关于金砖四国的错误观点

如果说金砖四国（即巴西、俄罗斯、印度、中国，不把南非考虑在内）在某个领域可能无法快速增长，那一定是奢侈品行业。在中国、印度、俄罗斯、巴西这几个国家中，人们会觉得俄罗斯或印度将继中国之后成为下一个全球奢侈品销售的增长源头。但正如我们之前所述，中国奢侈品的消费增长来自中产阶层的强势崛起，而目前这一群体在俄罗斯似乎还不存在。从长远来看，印度在某种程度上可能会发展出中产阶层，但印度进口关税经常发生改变，市场缺乏稳定性，这让国外品牌难以在印度完全拥有自己的零售网络，导致很多奢侈品品牌无法正常运营。

恰恰相反，奢侈品消费增长很有可能来自巴西、印度尼西亚或中东地区的一些国家，但这可能需要一个缓慢的发展过程，而不像过去 25 年，变化是如此的巨大。

5.5 本章小结

在顾客的地域分布、态度和期望呈现出如此多样性的背景下，奢侈品公司应维持以下一系列定位和基本原则，并且不断发展和实施它们。

- 卖的不是产品,而是体验和服务。
- 在各种权衡之下,确保能优先充分考虑品质的问题。
- 使顾客可以方便地与品牌取得联系。
- 建立顾客社群,让这些顾客可以与品牌互动,并参与到一部分品牌工作中来。

当顾客将自己作为品牌故事的一部分时,说服别人关注这个品牌就容易得多。

注释

① Capgemini, *World Wealth Report 2020*, www.capgemini.com/fr-fr/ressources/world-wealth-report-2020/, 2020-7-9.

② Crédit Suisse Research Institute, Crédit Suisse Reports and Research, *Global Wealth Report*, March 2020.

③ Oxfam, "World's Billionaires Have More Wealth Than 4.6 Billion People", 2020-1-19, www.oxfam.org/en/press-releases/worlds-billionaires-have-more-wealth-than-46-billion-people.

④ Don Ziccardi, 2001, *Influencing the Affluent: Marketing to the Individual Luxury Customer in a Volatile Economy*, New York: MFJ Books.

⑤ RISC International, "The Luxury Market", 2003.

⑥ Bernard Dubois and Gilles Laurent, 1999, "Les Excursionnistes du Luxe", *Hommes et Commerce*, 271, MW.

⑦ 例如,可参考布莱特·伊斯顿·埃利斯(Bret Easton Ellis)畅销书 *White*(2019, New York: Knopf)。

⑧ "The Deloitte Global Millennial Survey 2019: Optimism, trust reach troubling low levels", www2.deloitte.com/cn/en/pages/about-deloitte/articles/2019-millennial-survey.html.

⑨ Gurven Ordun, 2015, "Millennial(Gen Y) Consumer Behavior Their Shopping Preferences and Perceptual Maps Associated With Brand Loyalty", *Canadian Social Science*, 11(4):40—55.

⑩ "45 Statistics on Millennial Spending Habits in 2020", Lexington Law, 2020-1-24.

⑪ "The 5 Truths That Define Millennials", Ipsos, 2015-6-25.

⑫ Somi Arian, "The Millennials' Mind Set: Factors That Drive Millennials' Consumer Behavior", Smart Cookie Media, 2019-5-2.

⑬ Christine Barton, Jeff Fromm and Chris Egan, "The Millennial Consumer", Boston Consulting Group, 2012-4-16, www.bcg.com/publications/2012/millennial-consumer.

⑭ Gregory Casper and Eric Briones, 2014, *La Génération Y et le Luxe*, Dunod.

⑮ Pamela N. Danziger, 2019, *Meet the HENRYs: The Millennials That Matter Most for Luxury Brands*, Rochester: Paramount Market Publishing.

⑯ 本段节选自弗朗索瓦-亨利·皮诺于 2018 年在接受美国消费者新闻与商业频道(CNBC)采访时的谈话记录。

⑰ 同⑮,33。

⑱ "Global Powers of Luxury Goods 2019: Bridging the Gap Between the Old and the New", Deloitte, 2019.

⑲ Claudia d'Arpizio and Joelle de Montgolfier，"Bain Luxury Studies for Fondazione Altagamma"，1996—2019.

⑳ Yiling Pan，"China Proposes Luxury Tax Increase to Rein in Millennial Debt"，*Jing Daily*，2019-3-11.

㉑ McKinsey & Company，"China Luxury Report 2019: How Young Chinese Consumers Are Reshaping Global Luxury"，April 2019，www.mckinsey.com/~/media/mckinsey/featured%20insights/china/how%20young%20chinese%20consumers%20are%20reshaping%20global%20luxury/mckinsey-china-luxury-report-2019-how-young-chinese-consumers-are-reshaping-global-luxury.ashx.

㉒ Carol Ryan，"America is a Land of Equal Opportunity for Luxury Brands"，*Wall Street Journal*，2019-12-24.

第 **6** 章

品牌识别：概念与符号分析工具

6.1 品牌识别

过去50年,学者对"识别"这个概念投入了大量的研究精力,并仍在探索它。哲学、社会学、心理学、精神分析学、现象学、结构主义、文化主义、生物学,以及其他学科和学派都试图明确定义"识别"这个为众人熟知却又难懂的概念。我们意识到这个概念的定义仍未被完全确定(Mucchielli, 1986)[①],各个学者根据自己的理论框架来解析"识别"的内涵。

我们选取了结构主义符号学(structural semiotics)作为理论框架的基础。虽然我们的观点可能有些先入为主,但该理论框架已在多年的品牌商业应用中得到了证实。关于品牌识别的符号分析工具被认为是大多数类别的品牌可应用的分析与管理工具之一。

结构主义符号学旨在分析词意产生与感知的条件,它提供了一系列分析工具,由此我们可对品牌识别的内涵做出比较合理的诠释。与此同时,它也可以为品牌管理的相关问题提供具体的解决方案。在研究过程中,我们有幸了解到一些公司主管的实用性观点,并得到了具体结论。这项研究始于符号学家让-马里·弗洛克在1992年对菲拉格慕品牌的研究,并持续至今。2020年,我们对撒辛管理学院的品牌识别开展了相关研究。近30多年里,我们从符号学的角度完善了品牌识别分析和管理工具,并将其应用于数十个品牌的商业实践中。接下来的两章内容将验证该工具在产品、设计、教育、服务等领域的广泛实用性。

6.1.1　一个越来越受关注的概念

"品牌识别"一词在商业中的使用频率越来越高。它起源于 20 世纪 90 年代(Heding，Knudtzen and Bjerre，2016)[②]，但当时这个概念尚未被普遍接受。如今，学者们已经对一些品牌的识别做了深入、系统性的研究。为了更规范地使用这个概念，我们参考了《韦氏大学英语词典(第 10 版)》(*Merriam-Webster's Collegiate Dictionary，Tenth Edition*)中对"识别"的定义：

(1) ①在不同情况下事物本质或一般属性的共通性；②构成客观事物存在要素的共通性，即同一性(oneness)。

(2) ①个体的独特特征或个性，即个体特征(individuality)；②由个体的心理认同建立的事物间联系。

(3) 与事物描述或声明相一致的属性。

我们模型中的品牌识别基于该定义的延伸，并带有强烈的主观判断。该词正好契合我们的研究目的，它蕴含两个必要非充分的特性：其一是差异性，其二是持久性。我们试着更精确地定义品牌识别：

品牌通过个性化元素始终展现清晰、独特属性的能力。

有人可能认为公司高管往往喜欢一些个性化的标准。然而，反例比比皆是，一些是由于对品牌识别知识的匮乏，一些是由于忽视了原先品牌识别带来的优势。

我们举一个多年前发生的相关案例：一家银行在定义和设计新图案标识时，未能充分考虑品牌识别的表现方式。来自加泰罗尼亚地区的萨瓦德尔银行(Banco Sabadell)发展非常迅速。1975 年，该银行成功地在马德里证券交易所上市。然而，在定义和设计新图案标识时，该银行未能充分考虑品牌识别的表现方式。1998 年，萨瓦德尔银行决定采用新图案标识以提升其公司形象。公司邀请了阿根廷裔西班牙设计师马里奥·埃斯克纳齐(Mario Eskenazi)为其设计。埃斯克纳齐曾获得过无数奖项，为数家知名的西班牙企业设计了公司标识。他受命设计银行的新图案和新标识(会在所有传播媒介中使用)，他还需要重新装修银行的各个网点。该项目完成后，设计师接受了采访，银行对外公布

了访谈内容,节录如下:

> 问:萨瓦德尔银行的新形象想要传达什么信息?

> 答:我很难用简单几句话回答这个问题。我认为,当你为公司创造一个新形象时,很少会先考虑你想要传达什么内容。企业形象本身很难展现什么内容。它的作用是帮助人们快速辨认这是哪家银行。从这个意义上说,萨瓦德尔银行的新形象并没有传递任何信息。③

这番话也许是设计师受到冒犯后的反击,可能是他希望把直觉和创造力凌驾于谨慎的品牌传播之上,也可能是他在委婉地嘲讽商业品牌形象可以传递信息的说法。公司的谨言慎行和其开展的广泛合作必须与公司的形象革新相一致。无论是上述什么情况,这种公开表述对公司百害而无一益。这也从侧面表明了品牌识别的概念在商业领域和企业传播中的应用不够广泛。否则,银行绝对不会通过官方渠道公布这样的访谈内容。

马里奥·埃斯克纳齐设计的标识十分有创造性:白色字母"B"在一个蓝色圆圈内,右侧是更大的黑色字母"S"。而原先的标识是蓝色字母"B"和"S"缠绕在一起,一个蓝框白底的圆圈把两个字母框起来。显然,新标识更时尚、更易辨认,很多其他品牌恐怕都想要争相效仿。但遗憾的是,新标识失去了加泰罗尼亚银行的独特性,重新打造的品牌形象也未能传递任何信息。

法国北方信贷银行(Crédit du Nord)的做法与萨瓦德尔银行截然相反,它非常审慎地思考了品牌识别的效果。1984年,当时这家银行排名法国第五,它推出了全新形象,包括重新设计了标识、品牌图案、分行建筑,以及投放广告。品牌形象完全建立在"清晰"这个概念上。十多年来,该银行被含糊不清的品牌形象困扰,人们都将之视为一家老气、严肃的地方银行。1973年,该银行与活跃于高端金融领域的商业银行巴黎联合银行(Banque de l'Union Parisienne)合并,此举未能解决品牌形象不清晰的问题。

符号学家让-马里·弗洛克在其著作中详细阐述了新标识设计的发展历程以及包括星光、清晰度概念在内所有品牌传播元素。④在这本著作中,他叙述了与其合作共事的一家名为"Creative Business"的品牌传播代理公司如何使用符号工具,推出品牌全新的传播元素,如用蓝色星星取代橙色方块成为品牌的新标识。在银行业,星光代表了银行机构与其客户之间的某种关系。这种关系基于银行对客户财力与权利的认可。因此,星光代表了银行与客户间关系的本质,即信任。银行所选的星光元素展现了一种设计风格:坚持经典的品牌美学,标识必须反映银行的坦诚和个性化服务。选择星形是因为它代表了广阔空间中的一个可见元素;它也是导航上的参考点,极具丰富的象征性内涵。

创意与品牌运营中的其他业务一样,必须是公司整体战略的一部分。品牌识别是公司发展中的主要战略资源和参考框架。它不仅影响创意和传播,还影响物流、生产、分销、人力资源管理、信息处理等。在各个方面,品牌都希望成为真正的自己。事实上,一些实践工具可以帮助品牌获得独特个性,并有效管理这种个性。

6.1.2　品牌识别的简要发展历程

娜奥米·克莱恩(Naomi Klein)在其著作中提到了布鲁斯·巴顿(Bruce Barton)的工作成就[5],后者正是天联广告公司(BBDO)的英文名字中第二个"B"代表的创始人。20 世纪 20 年代,巴顿就开始寻找"企业的灵魂",他认为品牌可以拥有超出其产品表达的内涵。随着广告业不断发展,本质、存在原因、感知、精髓、基因密码等概念不断涌现。然而,直到 20 世纪 70 年代,"识别"一词才在专业文献中出现,通常与企业形象的概念联系在一起。

品牌识别的概念出现在 20 世纪 80 年代初,并迅速流行于广告业中。[6]最初,这个术语在狭义上指广告内容中可以辨认出品牌的一切元素。很快,品牌识别往拟人化方向发展,"性格""个性""识别"三个词的使用频率越来越高。法国著名的广告人雅克·塞盖拉(Jacques Séguéla)通过品牌的物理属性、特质和风格研究品牌感知。1980 年,他首创了"品牌人格化"的研究方法,后人称之为"明星策略"。自此,品牌识别逐渐开始与形象联系到一起。

1984 年,大卫·伯恩斯坦(David Bernstein)在其著作《公司形象与真实感》(*Company Image and Reality*)中专门用了一整章来论述品牌识别。[7]专业文献逐渐涉足品牌识别方面的研究。戴维·阿克(David Aaker)对品牌资产进行分类,将其分为品牌忠诚度、品牌知名度、感知质量、品牌形象和其他资产。[8]性格一词在书中被简单提及,但与品牌形象和品牌识别等概念有所混淆。这种概念间的界定模糊至今仍是个未解决的问题。我们认为,品牌形象与品牌识别的含义并不相同。

品牌形象并非指品牌的图案*,而是指各种细分市场中不同消费者的诱发感知,它的本质是接受性的(receptive)。识别是品牌的根本,可以通过诸多传播方式表现出来,它的本质是散发性的(emissive)。为了避免产生歧义,我们在研究品牌的散发性作用时,尽量不使用形象一词。当我们谈论诱发的市场表现时,我们会使用品牌识别的感知这类说法,而非形象。

接下来两章内容将简要介绍关于品牌识别的分析工具,并归纳总结我们在各类品牌管理项目中已有效使用的模型。

6.2　品牌链接点模型：伦理与美学

在我们看来,当下所有分析类学科中,符号学最适合于帮助公司管理层理解、定义、规范和传播品牌识别。我们作为经验丰富的研究学者,希望先用一些篇幅来介绍符号学。

根据本书中提及的格雷马斯及其追随者让-马里·弗洛克、丹尼斯·伯特兰(Denis Bertrand)、安德烈·塞普里尼(Andréa Semprini)、茱莉亚·塞里亚尼(Giulia Ceriani)、雅克·丰塔尼耶(Jacques Fontanille)和奇安弗兰科·马罗内(Gianfranco Marrone)等符号学家的理论,符号学旨在尽可能客观地描述词义的产生过程,以及构成文化的所有表意实践的一般过程。

如果符号学可被有效地用于有关品牌识别的研究,那么我们即可提出以下基本假设:品牌是一个可以产生丰富意义的系统。这个假设甚至比此前的品牌定义更宏观和抽象,认为品牌会随着其产生的意义而提升竞争力。

我们提出的符号工具需要有一定的规范性,因此,我们在本章开头就向读者验证了其可行性。当然,它们并不能解决一切问题,但我们已经使用了这些工具近 30 年,并在不断完善它们。毋庸置疑的是,根据我们丰富的经验,这些工具是非常有用的。

---

* "形象"和"图案"的英文都是"image"。

我们介绍的第一个符号工具是品牌链接点模型。该概念模型由让-马里·弗洛克提出,被用于分析品牌意义体系不同层面的内涵。

弗洛克发表了品牌链接点的图解框架(我们可以在本书作者之一马扎罗夫的论文中找到)。⑨此后,品牌链接点成为学术研究的重要主题之一。研究学者采用索绪尔法(Saussurian approach)研究单一符号的能指(signifier)和所指(signified),并由丹麦语言学家路易·叶尔姆斯列夫(Louis Hjelmslev)发展为系统理论。符号学家根据弗迪南·德·索绪尔(Ferdinand de Saussure)的研究成果总结了能指和所指的差异:前者是符号的声音与形象;后者是符号的意义本身,与能指相关的表现。例如,我们在黑板上写下字母 T、R、E、E,人们马上会对这些字母产生心理图像,会想到一棵树(tree),一种有枝干的木本植物。然而,能指和所指是一个符号概念的两面,不能独立存在,正如索绪尔的比喻——一张纸的正面与反面不可能分开。

所有符号都通过能指(表达,expression)与所指(内容,content)产生链接点。同样,符号的能指与所指可以延伸应用于符号群,从而表现品牌创意和有形的展现方式。

弗洛克最重要的研究贡献在于针对能指和所指引入了常量概念。

> 换言之,品牌具有表达常量和内容常量,两者构成了品牌识别。
>
> ——让-马里·弗洛克(1990)

在示意图上,品牌链接点将能指(感官性)与所指(思维性)区分开来,这种方式可延伸到任何品牌有形属性的常量和变量。

这种方法有两大优点。其一,它引入了品牌表述的两个基本层面,明确区分了内容和载体。其二,它强调了品牌的常量元素。这些常量正是人们始终能认出某个品牌的原因,它们构成了品牌识别的基本要素。

品牌链接点模型旨在通过品牌的表达和内容(更正式的定义为品牌美学和品牌伦理)刻画品牌识别。基于此,我们从符号学视角定义品牌识别:它由品牌美学和品牌伦理两个符号常量组成。品牌伦理由品牌传递的思维性常量(即所有抽象、非物质的元素)组成,包括价值观、世界观、创业神话联想、利益、承诺等。品牌美学由所有感官性常量(即所有五官感知元素)组成,包括味觉、触觉、听觉(如音乐)、嗅觉、视觉(如色彩、形式、线条、纹理、光线等)。

下一节我们将列举宾尼法利纳汽车设计公司的案例,我们在 2007 年将品牌链接点模型应用分析其品牌识别。1930 年,巴蒂斯塔·法利纳(Battista "Pinin" Farina)＊创建了该公司,后来其成为意大利传统汽车外形设计公司中的领军企业。2007 年,宾尼法利纳为阿尔法·罗密欧(Alfa Romeo)、法拉利、菲亚特(Fiat)、蓝旗亚(Lancia)、玛莎拉蒂(Maserati)、标致(Peugeot)、凯迪拉克(Cadillac)、通用(General Motors)、宾利(Bentley)、沃尔沃(Volvo)、梅赛德斯-奔驰(Mercedes-Benz)等汽车品牌,以及中航科工、奇瑞汽车、长丰汽车、才华汽车和江淮汽车等中国品牌提供包括概念、设计、工程和专业生产在内的全方位服务。经过了漫长的债务重组后,在 2016 年,公司被印度马欣德拉集团(Mahindra Group)收购,如今专注于汽车外形设计、工业设计、车内设计及工程技术。

2006 年末,时任总裁安德烈·宾尼法利纳(Andrea Pininfarina)决定将公司从 B2B 设计向 B2C 业务转型,因此,邀请我们开发共同宾尼法利纳单一品牌的产品和服务。我们遇到的挑战是 B2B 设计师在设计时只考虑企业端的客户识别,不会针对顾客端展现品牌美学。一些著名设计师成功地将艺术风格和创意体现在产品创作中,正如他们为宾尼法利纳所做的。有关这些内容的更多信息可参阅马扎罗夫在 2016 年发表的论文。[10]

6.2.1　品牌识别是重要的战略组成要素

图 6.1 总结了品牌链接点模型的各个组成部分,图 6.2 将品牌识别拓展到商业领域的常用术语和概念中去。

品牌识别实际上是由大量符号构成的意义系统。这些符号都是品牌展现方式的内容,换言之,所有品牌元素都可以被感知。我们将在第 9 章详细阐述该理论。前文提到,符号的本质是由能指和所指两个维度构成的,那么会不会发生所指维度不存在或太模糊不清很难被感知的情况? 这个问题经常被提出。事实上,在这种情况下,这不再属于符号的范畴,而变成了一个纯粹的感官刺激物。

＊　后将其姓氏改为"宾尼法利纳"(Pininfarina),关于为何添加"Pinin"一词有不同说法。

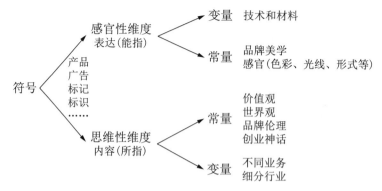

图 6.1　品牌链接点模型：品牌识别的各个分析层面

图 6.2 中方框内的是该品牌的常量元素，即品牌识别。如果把品牌识别再加上思维性和感官性维度的可变元素，这就是品牌战略需要考量的范畴，品牌战略随时间推移不断调整以适应竞争环境。

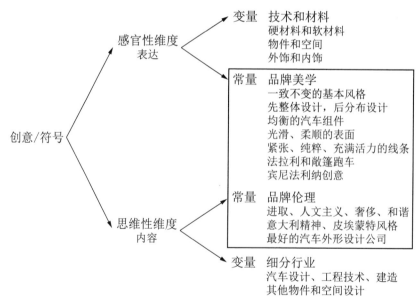

图 6.2　将品牌链接点模型应用于宾尼法利纳品牌识别

虽然石油行业在品牌管理方面并没有那么出名，但壳牌是一个非常成功的案例。2010 年，我们协助壳牌开展了一次研讨会。会上，壳牌的品牌传播总监非常明确地宣布其品牌战略是公司整体战略不可分割的一部分,需要各职能部门之间的合作与协调。品牌管理不再是营销部独管的业务范围,而是需要公司全方位地制定新原则。我们会在本章不断地阐述品牌识别的战略意义。

6.2.2 品牌链接点模型的应用

使用链接点模型是相对容易的,不过,研究者仍需多加实践,尤其是在分析品牌美学时。品牌表达和内容定义了品牌识别,换言之,模型对品牌美学和品牌伦理赋予了正式的定义。如果研究对象是一个非常经典的品牌,即它采用的颜色、形状、材料或其他风格和特征经久不变,那么我们研究其品牌美学就相对容易得多。

让-马里·弗洛克重新梳理了海因里希·沃尔夫林(Heinrich Wölfflin)对古典主义和巴洛克艺术表达的研究,并作出了杰出的贡献。他揭示了表达方案的造型元素和内容方案的主题元素之间的密切联系。

为了更深入地了解两者的关系,我们发现吉尔·桑达、宜家、海尔姆特朗、宝马(BMW)等欧洲北部国家的品牌,以及卡尔文·克莱恩、唐纳卡兰(Donna Karan)、蔻驰等北美品牌都蕴含了古典风格的品牌美学,其特征如下:

- 清晰的线条和轮廓,强调单品的识别元素;
- 设计空间被划分为一个个边界清晰的区间,每个区间都有自己的设计思想;
- 采用封闭图形,看得出设计主题,扁平化,没有厚重感;
- 稳定、对称的观感;
- 高饱和度的颜色。

而罗意威、菲拉格慕、杜嘉班纳、鲁贝利(Rubelli)、西班牙 Majorica 珠宝、兰博基尼(Lamborghini)、范思哲、罗伯特·卡沃利等地中海国家的品牌都有明显的巴洛克风格,其典型特征是:

- 通过阴影效果勾勒线条,喜欢采用曲线和十字图案;
- 随机、开放的设计形式;
- 每个区间没有独立的设计主题,是与整个设计空间相关联的一部分;
- 强调运动与变化,以塑造空间感和立体感;
- 采用明暗对比(chiaroscuro)和深色调。

Bertrand 和 Mazzalovo(2019)⑪认为弗洛克的成就在于解析了巴洛克风格和古典主义间的巨大差异,并阐述了沃尔夫林提出的五大类别可以被化归为两大层面的根本对立:古典主义在表达层面上强调不连续性(如轮廓、泾渭分明的前景与背景、明确界定的区间等),在内容层面上强调不间断性(如持续性、耐久性、稳定不变性等)。而巴洛克风格则正好相反,在表达层面(能指)上强调非间断性(如多变的形式、曲线的连接、空间的纵深感、不确定的边界等),在内容层面(所指)上强调不连续性(如瞬时情感、极致的行为、事物推动力、世界万物不断转化与变革等)。

1996 年,本书其中一位作者时任罗意威总裁,他与品牌创意部门和弗洛克合作,对罗意威品牌进行了研究,发展和传播了极简巴洛克(minimalist baroque)的美学概念,解析了这个语义矛盾的概念,并收获了新闻媒体的极大关注。20 世纪 90 年代末,西班牙时装品牌罗意威(有一个半世纪的历史)通常被法国人称为"西班牙的爱马仕",其产品质量上乘、造型精美,该品牌在西班牙和日本拥有很高的知名度,然而,在其他市场,它的知名度依然很低。不同于很多法国和意大利时装品牌,罗意威始终受限于品牌历史上缺少一个超凡的设计师。罗意威一直在努力地提升其在国际市场的知名度,但始终给人一种日薄西山之感。对罗意威美学特征的表述有效地传递着品牌信息,即忠实于其巴洛克风格的根源,并极力追求当时仍十分流行的现代极简主义风格。当时刚刚上任的设计师是纳西索·罗德里格斯(Narciso Rodriguez),他非常擅长将现代风格与文化底蕴融合在一起,能够与这些品牌信息产生共鸣。

就品牌伦理而论,如果一个品牌明确表达了自己的价值观,那么研究工作就相对容易很多。以大众品牌耐克为例,自设计出第一个广告标语"只管去做"(just do it)开始,耐克便孕育了与体育和奥林匹克运动相关的普适价值观:超越自我,坚定决心,奋勇竞争,取得成就。耐克的另一句标语"每个人都是运动员"(everybody is an athlete)进一步强调了价值观的普适性。此外,"Nike"*在希腊神话中是胜利女神——这就是耐克的品牌伦理、世界观和信念,用弗洛克的话来说这就是耐克品牌的"所指"。多芬(Dove)、美体小铺(The Body Shop)、

---

* 胜利女神尼姬的拉丁字母转写为"Nike",与耐克品牌的英文相同。

维多利亚的秘密(Victoria's Secret)等很多品牌的品牌名都简单易懂。出色的标语和品牌官网首页也往往暗示了品牌信仰。例如,汤姆鞋(Toms)为需要得到帮助的孩子们打造了"卖一捐一"项目(One for One®),即它每售出一双鞋,便会赠予孩子们一双新鞋。同样,在斯特拉·麦卡特尼的官网上,处处可见可持续发展的相关信息。

研究品牌伦理时很可能遇到瓶颈:一些品牌的创始人并非没有强烈个性或创意观点,或者一些品牌接任的创意总监并没有将品牌价值观一致地延续下去,品牌资产被消耗殆尽。看步(Camper)就是一个典型的反面教材。20世纪90年代,这家西班牙鞋履制造商通过标语"漫步,就不要奔跑"(walk, don't run)明确地表达了想要推广的品牌伦理,即一套完整的人生哲理。不幸的是,最初的口号被弃用,先后改成了"梦幻步伐"(imagination walk)、"创造你的现实"(invents your reality)、"卓越工艺"(extraordinary craft)。在2019秋冬活动中,看步又提出了"赛车运动的无畏创新与精准表现"。我们注意到看步还有其他标语,如"这场活动将赛车亚文化融入生活,在赛道上追求速度和加速度,我们将对比强烈的色彩和空气动力学融入定制系列产品中"。我们从前文可知,品牌识别是通过常量打造的,看步后续的标语与最初"漫步,就不要奔跑"中的哲理相悖。

一般情况下,一个品牌的价值观很难自诞生以来不发生任何改变。人们会误以为某些品牌的品牌伦理并不存在,罗意威在1996年就面临着这种情况。不过,这也给品牌带来了一种优势,为重塑品牌信仰和价值观留出了余地。

6.3 品牌伦理的分析过程:案例研究

我们逐渐认识到如果想要合理、有效、最大限度地使用符号链接点模型,那么必须分析真实的品牌商业活动。在分析现实中真实存在的品牌时,我们可以探索出很多小技巧,并更深入地完成分析。在此,我们会分析一个我们最近研究过的泰国品牌——吉姆汤普森,该品牌主要从事丝绸产品的创意、生产和分销工作。另一个案例研究在泰国著名的朱拉隆功大学撒辛管理学院内开展,详见附录A。

吉姆汤普森的品牌伦理

1951年,詹姆斯·H.W.汤普森(James H.W. Thompson)创立了该公司,那时他致力于振兴泰国丝绸行业。他被誉为"丝绸之王",是一位全才,不仅是有远见的企业家、杰出的营销人员、艺术收藏家、美学家,而且信念坚定,执行力极强(第二次世界大战期间,在美国战略情报局任职,是一位军人)。他非常热爱泰国人民和灿烂的泰国文化。不幸的是,1967年,他在马来西亚卡梅隆高地失踪,这为他传奇的一生更添一层神秘色彩。吉姆汤普森的员工规模从当时约100名发展到现今2 500多名,其在三大洲拥有36家零售店和5个面料展厅,并且在泰国国内外开设了多家顶级餐厅。

该品牌活跃在时装、家居、艺术和餐饮行业,经常被描述为"泰国的爱马仕"。在零售点内,吉姆汤普森出售个人产品(如围巾、领带、女士成衣、男士成衣、皮革与丝绸配饰、手袋、小皮具)和家居用品(如坐垫、桌布等)。

位于首都曼谷东北部呵叻府的北通猜县(Pak Thong Chai)是世界上最完备的丝绸生产地,从蚕桑养殖场到成品生产等各个环节都配备了非常先进的生产设施。

2015—2019年,本书的一位作者曾担任吉姆汤普森集团的首席执行官,并在几位符号学家和创意专家的支持下,开展了全面的品牌识别分析。后文将详细阐述其研究成果——提炼而得的吉姆汤普森的品牌识别。

我们可以在公司2017年的宣传册中找到该品牌的品牌伦理概述(如表6.1所示),这些信息被有效地传达给了公众和各种利益相关者。

表6.1 吉姆汤普森的品牌伦理(2017年)

1.
吉姆·汤普森,创始人,一直是我们的灵感来源。
2.
在设计和开发产品与服务的过程中,不断融入东南亚文化元素。
3.
丝绸一直是本品牌的主打产品,也是世界上最早用于纺织品的顶级面料之一。吉姆汤普森丝绸曾出现在《国王与我》(*The King and I*)等经典影片中,皇室成员和名人也穿戴过它。这些因素将吉姆汤普森打造成为奢侈品品牌。如今,吉姆汤普森的产品和服务也同时努力契合当代奢侈品的定义。

4.
吉姆汤普森从多个方面展现其原真性,如传承、东南亚、曼谷、吉姆汤普森之家、伊桑地区(Isan)、丛林、精湛的丝绸编织工艺。原真性的追求确保我们始终以完全真实的方式设计主题和打造品牌。

5.
神秘感是非常重要的主题元素,这与吉姆·汤普森在1967年神秘失踪密切相关。神秘的灵感来自东南亚的丛林地形、危险的旅行与探险旅程。这一元素给吉姆汤普森的门店、餐厅和展厅的创意活动与空间增添了一道光环。

6.
一些品牌可以通过一系列自相矛盾的概念来定义自己。吉姆汤普森有一组非常重要的并存叙述(juxtaposition),我们称之为辩证关系(dialectics)。本品牌试图解决如下几对矛盾:自然与文化,东方与西方,手工艺与高科技,传统与创新,缺失与存在。

我们研究的创新之处在于将辩证关系引入了品牌伦理分析。品牌与人类的一个共同之处在于都需要解决生存中的矛盾。例如,我们都需要处理传统与创新的辩证关系,我们必须将先天环境和所学知识与创意和破坏性创新融合到一起。解决矛盾的决策很大程度上揭示了人们的生活价值观。

即使某些辩证关系是大多数品牌共有的,它们仍可以成为品牌的独特之处。例如,吉姆汤普森重要的辩证关系是东方与西方。两者的共存在公司全称上已经表现得淋漓尽致:

吉姆汤普森

泰国丝绸有限公司

吉姆汤普森的品牌使命一直是选取泰国文化元素,经美学处理后,将其呈现给世人。产品中使用东南亚丛林的动植物原材料也非常合理。吉姆汤普森丝巾上的老虎代表了泰国文化。而古驰时装上的老虎图案却代表了一种中国风,它借用异国文化,将其与原有品牌文化相结合,但下一季产品的风格就会发生转变。这就是处理东方与西方辩证关系的两种不同方式。

在撒辛管理学院开展的案例研究中也涉及东方与西方的辩证关系。这项研究在2020年初开展,对品牌识别的完整分析结论可参考附录A。

6.4 品牌美学的分析过程：案例研究

巴洛克或古典主义等概念可被用于理解品牌美学以及品牌识别。我们将继续利用上述两个泰国品牌的案例研究，阐述分析其中有关品牌美学的部分。

6.4.1 吉姆汤普森的品牌美学

在归纳总结吉姆汤普森的品牌识别时，我们也定义了其品牌美学的独特性。在公司 2017 年的宣传册上，我们在六大品牌伦理元素外还加上了四大品牌美学元素（如表 6.2 所示）。

表 6.2　吉姆汤普森的品牌美学（2017 年）

7.
丝绸是品牌核心，此外还有其他顶级面料，包括羊绒和亚麻等。
8.
我们制定了一系列公司标准色，在暹罗百丽宫（Siam Paragon）的门店内展示，并以各种绿色和棕色为主。
9.
品牌融合并借鉴了多种设计风格和文化元素。
10.
一方面，品牌有独特的历史传承；另一方面，品牌绝对符合当下潮流。忠于顾客意味着品牌会不断开发新产品和服务，这不仅可以展现品牌识别，还可以反映我们这个时代快速变化的购物心态。

以上内容再次印证了品牌所指和能指之间存在多种联系。神秘感、原真性、吉姆的失踪地点和东南亚构成了丛林主题元素，反映了品牌伦理。这个主题元素也展现了品牌美学，如丛林动植物及其对应的色彩，其中包含了混合的概念，以及没有明确逻辑关系的混沌元素。

时任创意总监让-克里斯托夫·维兰（Jean-Christophe Vilain）对品牌色彩做出了非常重要的处理。他从一组 36 幅图片入手，主色调是丛林代表色中的绿色系和棕色系，通过赭色和黄色增强色彩，并点缀一些淡紫色加强色彩对比度。整体颜色的视觉效果是深色的。

法拉利汽车的红色、蒂芙尼包装袋的蓝色、爱马仕包装袋的橙色、泰国航空公司标识的紫色和金色都是品牌的代表色,但并不是所有品牌都能从代表色中获益。品牌的单一代表色并非一定是优势,制定一套色彩组合和严格的使用原则对品牌识别往往更加有利。1995 年,我们重塑罗意威品牌时,发现只能总结出一个合格的品牌美学元素,即极简巴洛克风格,这给创意人员留下了巨大的自主权和无限的诠释空间。我们还研究过一些西班牙著名画家,提取了他们作品中的主要色彩组合,帮助丝巾系列产品开发全新色彩。这种做法十分保险,在更新最畅销的丝巾产品时,新色彩可以继续保持西班牙巴洛克风格。

6.4.2　品牌美学分析表在吉姆汤普森的应用

2015 年,丹尼斯·伯特兰从符号学角度研究了吉姆汤普森的品牌识别。[⑫]正如公司名(泰国丝绸公司)所指,它的代表性面料是一种纺织品,品牌必须深入、明确地分析品牌识别中的表达方案。这个方案决定了品牌的内容,如顾客可以感受面料的丝滑,通过触觉、视觉、听觉感受门店的灯光、面料的呼吸及丝物悬挂时的垂坠感。

为了阐述表达方案中的各种维度,我们开发了通用分析表(如表 6.3 所示)。我们可以用这个方法分析各种品牌。

本质(substantial)、造型(plastic)和具象(figurative)层面遵循了一个物质的"生成逻辑"(generative logic),即从最简单到最复杂的表达层面。具象层面呈现的是一切可识别的事物和生物。我们将此表应用于分析吉姆汤普森的品牌表现(如表 6.4 所示)。吉姆汤普森的设计师在具象层面采用了三种不同类型的美学(或风格)处理方式,它们分别是现实主义(如动物、花卉、村庄等极其写实的代表物)、童真艺术(主要针对儿童产品,表现得十分简约)、非写实主义(往往是更抽象的艺术处理)。以上三个层面的具象性依次减弱。

表 6.3　品牌美学分析表

表达层面	形式与本质
具象层面	内容的形式
造型层面	表达的形式
本质层面	表达的本质

表 6.4　品牌美学分析表的应用：综合分析吉姆汤普森的品牌表现层面（2015 年）

表达层面	形式与本质	吉姆汤普森的品牌特征	
具象层面	内容的形式	现实主义 童真艺术 非写实主义	写实 ↓ 抽象
造型层面	表达的形式	立体感 华丽性 明暗处理	空间 外形 色彩
本质层面	表达的本质	材料 编织 彩虹色	触觉 触觉/视觉 视觉

造型层面重组了视觉表达形式，超越了所有具象表现，其中包括色彩（色像差）、形状、线条（表现遗觉性*）以及它们的空间序列（表现拓扑性**）。丹尼斯·伯特兰经常引用画家欧仁·德拉克罗瓦（Eugène Delacroix）的话来定义造型层面：

> 绘画蕴含了一种特殊情感……它是由颜色、光线、明暗等排列组合而成的一种印象。这就是所谓绘画的音乐性。在你甚至尚未领会这幅画代表的含义时……你就已经被这种奇妙的和谐感征服了。
>
> ——欧仁·德拉克罗瓦

吉姆汤普森往往通过图案的立体感来构造空间序列，我们在很多经典的泰国围裙中可以看到这种图案。此外，它通过华丽的外形（如泰国斗鱼或泰国建筑隆起的屋顶）和精细的染色（如波纹处理、同色系配色、线条或色彩对比），重现了泰国经典的造型元素。

本质层面表达的是物质的感官属性。它侧重于呈现物质的触觉、视觉和听觉效果。为此，吉姆汤普森对上述三种感官属性分别做了处理。它使用了丝绸、亚麻、棉花和皮革等触感较好的原材料，采用了独特的编织工艺——扎染编织（ikat），同时呈现了良好的触感和视觉效果。泰国丝绸特有的彩虹色与光线呼应，唤起了视觉感知。

---

　*　在艺术心理学中，遗觉性（eidetism）指人在接受的刺激停止后，其大脑中继续保持异常清晰、鲜明的表象。

　**　在数学中，拓扑性（topological）指几何图形或空间在连续改变形状后还能保持不变的一些性质。

品牌美学分析表是品牌链接点模型的延伸(可参考表 6.2),为表达方案中的不同元素赋予权重。这种模型的延伸最适合被用来研究奢侈品行业,因为奢侈品的表达方案中明显有符号特征,方案中包括材质选取、材料稀缺性、品牌起源、内在品质等。显然,它与符号学研究中的其他模型(如符号方阵模型、生成模型、叙事方案、品牌链接点模型等)形成互补。因此,该分析能将美学价值从其表达的本质和形式中分离出来,从而揭示美学价值构筑的特定体系。

6.4.3 品牌美学的其他分析方式

一些文献中的知识可以帮助我们更深入地探索品牌美学,我们无须成为艺术史专家、知名设计师或者艺术家。关于艺术和设计的参考文献有很多,我们不在此一一赘述,只选取与我们研究课题紧密相关的一部分。我们要牢记的是,分析品牌表达方案只能帮助我们诠释品牌识别中容易理解的那部分,即品牌感知产生的原因,以及品牌的展现方式在多大程度上与品牌识别是一致的。

我们可以根据不同的美学视觉元素对这些参考文献进行分类:

(1) 光线。

● Heinrich Wölfflin,1950,*Principles of Art History*:*The Problem of the Development of Style in Later Art*,Dover Publications.该书阐释了巴洛克主义和古典主义的美学表达方式。

(2) 形式与线条。

● William Hogarth,1997,*The Analysis of Beauty*,Yale University Press.该书中有与蛇形线和线条美感相关的内容。

● Gérald Mazzalovo,2012,*Brand Aesthetics*:*The New Competitive Front in Brand Management*,Palgrave Macmillan.该书提出了四种线型构成的 SINC 符号方阵。

● 其他格式塔(Gestalt)学派的文献。

(3) 构图。

● 许多学者撰写了关于黄金比例的著作。

● Rudolf Arnheim,1969,*The Power of the Center*,University of California Press.

（4）色彩。

● Michel Eugene Chevreul，1987，*The Principles of Harmony and Contrast of Colours*，Shiffer Publishing Limited.此书提出了视场对比（simultaneous contrast）原则。

● Gérald Mazzalovo，2008，"Exemples d'Applications de la Sémiotique de Jean-Marie Floch et la Gestion des Marques"，*Fictions*，1000—1022.该文献提出了色彩方阵模型。

6.5　EST-ET © 图

EST-ET © 图由品牌链接点模型直接衍生而得。两条坐标轴分别是品牌识别中的品牌伦理和品牌美学，它们构成了一张二维图，我们可以在该分析图上呈现特定的品牌展现方式。EST-ET © 图适用于分析任何品牌的展现方式，衡量其是否符合所期望的品牌识别。

2007 年，我们在针对宾尼法利纳公司设计的汽车产品的研究中，采用了 EST-ET © 图，并总结出宾尼法利纳的品牌伦理和品牌美学（如图 6.3 所示）。

图6.3　宾尼法利纳汽车的 EST-ET © 图分析

2008 年,概念车 Sintesi 在日内瓦国际汽车展上展出。这款车根据我们研究结果中的品牌美学和品牌伦理常量完成研发,因此,它位于 EST-ET © 图的右上角。'Sintesi 概念车带有传奇色彩,十分具有创新性,从技术层面彰显了品牌价值和产品设计美感。在 EST-ET © 图的另一角(即左下角)是一些为中国品牌设计的汽车,从中很难看出宾尼法利纳的设计风格。

坐标轴决定了 EST-ET © 图的分析结论,我们需要精确地定义两条坐标轴。例如,品牌美学轴可以测量:

- 是否与品牌美学保持一致;
- 品牌伦理的传播效率;
- 设计的原创性;
- 产生的愉悦感;
- 其他。

品牌伦理轴可以测量:

- 是否与品牌伦理保持一致;
- 竞争力;
- 原创性;
- 其他。

我们应根据研究问题的属性选取相应的坐标轴。

EST-ET © 图可被用来对一个新建品牌的展现方式和品牌识别之间的一致性做出客观的相关分析。这种分析工具并不多见。在宾尼法利纳案例中,我们采用该图全面分析了宾尼法利纳 90 年历史中所有品牌展现方式的一致性问题。其中,品牌的展现方式包括广告、展台设计、产品、非汽车产品设计、标识、品牌名书写形式等。前文提到,本书的其中一位作者曾发表过一篇论文[13],他在文中提出进行这种分析可以让公司各部门之间设计工作的配合变得更加顺畅。

6.6 品牌识别对战略和运营的意义

为了使品牌识别的概念在品牌管理中充分发挥作用,我们必须广泛运用此概念,将其用于指导并评测所有创意活动和传播活动。在实践中使用该概念很可能成为公司打造品牌的综合性原则。

确定好的品牌识别模型即代表一个概念框架,几乎可以适用于管理所有品牌的展现形式。这个框架被应用于吉姆汤普森中,展现了品牌识别对该品牌的展现形式的重要作用(如图6.4所示)。在该案例中,品牌的展现方式被分为五大类:

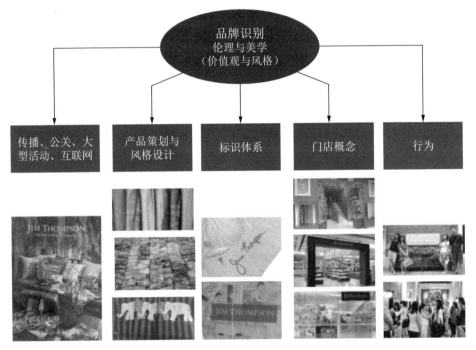

图6.4　品牌识别中涉及的所有品牌展现方式(以吉姆汤普森为例)

(1)广义的品牌传播,包括传统纸质出版物、互联网、公关、大型活动等。

(2)产品,包括包装、产品策划和定价。

(3)标识体系,包括广告牌、标签、信纸等。

(4)包括门店、办公点、工厂在内的建筑设计与运营。零售方面包括橱窗、内部陈列、销售员制服、销售能力等。

(5)员工与顾客的行为。

简而言之,这是一个综合性的概念框架,有助于排除所有与品牌识别无关的元素。同时,这个框架也是为解决美学问题的公司内外部资源制作创意简报的基础。

　　我们从图6.5中可以发现,品牌识别代表了公司总体品牌战略中的常量,而变量需要不断适应竞争环境。如果说品牌识别在品牌传播和创意策略中扮演了核心角色,那么它对公司的产品结构、定价策略与盈利能力、目标顾客选取,以及公司、行业、零售决策方面的影响就没有那么显著。我们必须记住,上述决策也会对品牌感知产生影响。不过,仅仅使用一个品牌识别框架并不足以保证公司做出最佳的战略决策。

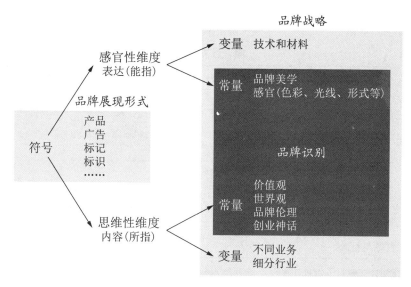

图6.5　品牌展现方式、品牌识别与品牌战略

　　一个公司的总体战略可以分解成很多职能层战略,其中涉及产品、顾客、分销、传播、生产、物流和企业组织等层面。品牌识别在品牌传播战略中扮演了核心角色,但同时也会受到其他职能部门决策的影响。公司的所有活动都以某种方式影响或反映了品牌识别。图6.6显示了品牌识别逻辑对公司各个职能部门应有的影响程度。品牌识别的影响程度也取决于行业特征。相比大众市场或B2B行业,品牌识别对奢侈品行业更为重要。

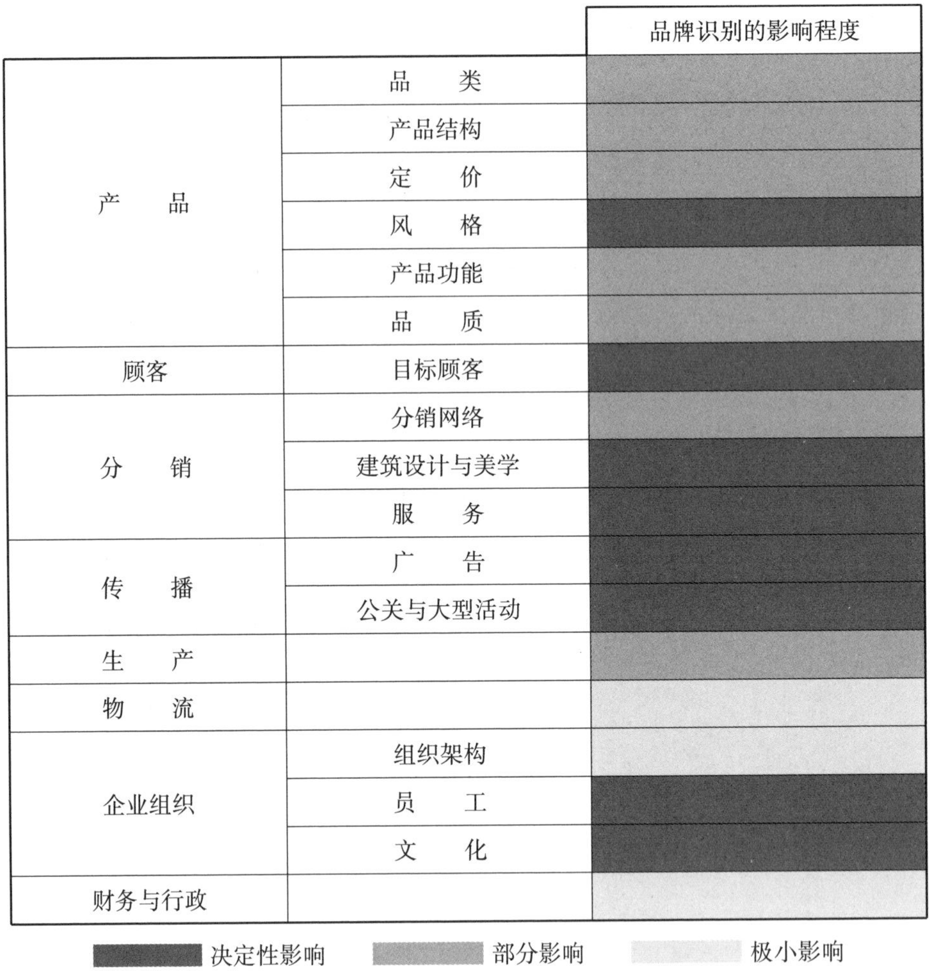

		品牌识别的影响程度
产　　品	品　类	
	产品结构	
	定　价	
	风　格	
	产品功能	
	品　质	
顾客	目标顾客	
分　销	分销网络	
	建筑设计与美学	
	服　务	
传　播	广　告	
	公关与大型活动	
生　产		
物　流		
企业组织	组织架构	
	员　工	
	文　化	
财务与行政		

■ 决定性影响　　▨ 部分影响　　□ 极小影响

图 6.6　品牌识别在公司职能层战略中的地位

6.7　关于品牌识别概念的总体考虑

在品牌识别转换为品牌形象的过程中会发生什么？正如前文所述，识别的本质是散发性的，而形象的本质是接受性的。这两个概念是相关的，但一个概念是在描述自身，另一个概念是给接收者的信息。在两者的转换过程中，会发生快速变换、受损、干扰、疏忽或无意识曝光等现象。这些不可避免的变化意味着传播具有动态的一面。因此，不同的信息接收者会解读出不同的品牌识别信息。品牌表述(brand discourse)的关联性和诠释很大程度上取决于消费者的生活方式、风俗习惯、价值观和品位。品牌作为信息发送者,必须考虑信息接收者的身份。品牌不仅希望消费者可以接收到信息,更希望他们可以接受信息,并且希望品牌成为消费者的身份标识之一,解决这个问题是至关重要的。在品牌识别和个体识别之间,必然存在一种文化识别,这种文化识别由特定社会群体的文化符码(cultural code)构成。品牌在通过不同的展现方式传播品牌识别时,会产生社会表征(social representation)和个体表征(individual representation)。这给品牌管理带来了两大重要影响:

其一,人们对品牌的认知一定是多种多样的,并且这种多样性只会随着品牌认知度的提升而增加。

其二,社会在不断变化,而个体身份和文化识别构成了社会,因此它们也会发生改变。要想持续地向消费者传播信息,品牌必须不断更新完善,在维持其核心不变的前提下,优化或改变一些品牌识别元素。在整个过程中,品牌万不可迷失了方向。

6.7.1 单一识别与多种感知

Codol 和 Tap(1988)定义了个体的识别:

> 识别是一个结构化、差异化的系统,它扎根于过去的时间性(如根源、持续性),与当前行为的一致性,以及事物(如规划、理念、价值和风格)的正统性。[14]

这个定义非常适用于品牌识别,表述用词也基本相同。精神分析学、人类学和心理社会学都研究过个体识别的概念,提出了它的内在二元性本质——个体判断与外界对比,即完全的个体维度与社会存在。大多数精神分析学家认为,识别由文化和社会模式的内化与个体想象及其冲动构成。文化人类学强调识别的集体维度,认为每种文化都倾向于产生人格模式(personality model)。从符号学的角度来说,上述学科的观点具有一个共同点,它们弱化了传播方式的普适性:如果我希望每个人都能以同样的方式理解我表达的意思,那么我不能对每个人都说同样的话。品牌识别(如价值观、符号)的感识取决于个体在特定环境下形成的价值观、判断力和思维模式。

当然，我们也不能因此断定个体的主观性（subjectivity）是不可归约的＊。很多决定因素造成人类社会的分层现象，这些因素包括文化、地域、年龄、收入水平等，我们能够诠释其中的一部分。然而，无论个体对信息的分析有多完善，不同人群的不同个体对信息的感知是不同的。因此，我们必须研究识别的二元性本质。

单一的品牌识别产生多种感知是极其常见的现象。尤其是在品牌将业务拓展至其他地域时，其不得不解决这个现实问题。有两种极端的模式可以解决品牌传播与创意活动中产生的问题。其一是全局管理，只面向标准化的消费者。大多数奢侈品品牌在实际运营中为全球消费者举办同一个传播活动，推出同一个产品系列。即便如此，一些高收入、喜欢旅游的大都市消费者仍然形成了一个隐形的细分市场。这种模式非常依靠前文所述的决定因素，它们可以消弭不同地域间的不同特性。其二是一种更灵活的管理模式，即根据当地文化制定产品和广告活动。欧莱雅根据不同的地域文化推出了不同的化妆品和相关的传播活动，这在大众市场中当属最佳范例。此外，一些烈酒（如干邑）也根据不同国家的消费理念做出了相应的调整。

个体识别和文化识别的差异产生了细分市场。市场可根据地理、人口、经济环境、心理进行细分。"情绪状态细分"（mood segmentation）这一概念近期被业界提出，它是指根据消费者的情绪状态挖掘潜在的市场。值得一提的是，互联网和复杂数据分析技术使品牌具备了前所未有的能力，可以根据每个消费者的数据细分任何类型的市场。

一名女性消费者走在第五大道上。她觉得自己非常成功、充满魅力（或者希望成为这个样子），于是在迪奥门店买了一套服装。或者，她有些精神萎靡，受了委屈，紧张不安，在普拉达购物给她带来了精神慰藉。又或者，她在身体和精神状态上达到了最佳状态，活力四射，热爱生活，在罗意威消费带给了她西班牙式的活力和生活乐趣。几天后，她对自己的大笔开销感谢有些愧疚，想买一个特价商品，一个每天都会使用到的产品，它不仅能展现自己的好品位，并且价

＊ 此处阐述的是亚里士多德哲学体系中的"不可归约"（irreducible），意指不可将一个问题转化为另一个问题，或不可将一个问题的解释应用于另一个问题，即"未有普遍性"。可参考：余纪元，《拯救现象：亚里士多德主义的比较哲学方法》，《世界哲学》2017 年第 6 期。

格合理。不久,她来到西百老汇街的麦丝玛拉门店购物,又为了抚慰自己因购物而劳累的双脚,买了一双漂亮的菲拉格慕鞋。这个情绪营销的例子发生在互联网蓬勃发展之前。想象一下互联网对这个虚构的女性消费者产生的乘数效应:她不会因逛街购物而感到脚部疲劳,可以直接在家直接通过屏幕做出更广泛的购物决策;她的情绪会比以往更加多变,还会要求商家配送货品到家。

消费者已经变得更加多面化,我们越来越难掌握他们的需求。前文举的例子中,所有购物情境针对的是同一个消费者,她根据自己的情绪状态做出购物决策。例如,一些人认为迪奥时装是张扬的,但另一些人只会觉得它落伍过时。我们关注其中品牌识别和品牌形象之间的差异。同样的品牌识别受到地点、社会环境、个性或情绪的影响会形成不同的品牌感知。

忽视品牌感知的多样性百害而无一利,多样性可以给品牌带来巨大收益。它由一系列品牌形象组成,品牌可以针对每一种形象完成不同的创新作品。虽然品牌感知有很多种,但它们并非是无序或偶发的。符号学分析意义产生的机制揭示了一个物体的多义性。感知多样性与保证信息交互一致性的需求并不矛盾。一方面,识别的一致性越高,它可以诠释的信息也越多。另一方面,信息结构不佳或刻意集成传递所有的信息内容,会导致信息含糊不清,经不起解读。一旦一个识别借用了过多的信息类型,那么过多的识别指示物(referent)会带来识别混乱的风险。

6.7.2 演变的必要性

识别的一致性并不代表僵化。品牌识别必须不断演变,很多品牌因为僵化而被市场淘汰。20 世纪 70 年代,性解放运动是帕克·拉邦纳的金属连衣裙最初取得成功的基础。然而,同样也是这种生活方式的自由化让他失去了光鲜的形象,他很快消失在大众视野。维多利亚的秘密近期遭遇的难题也证实了品牌识别需要不断发展。该品牌如今传递的女性形象反映了一种完全过时的美式大男子主义,与时下的公众舆论格格不入,尤其是自 2006 年前后,社会上掀起了"Me Too"反性骚扰运动的热潮。

如果不采取应对措施,品牌衰落将不可避免。导致衰落的原因有很多,既有内在的,也有外在的。首当其冲的原因是不当的品牌管理,如失去市场相关性、运营效率低下、战略不一致、投资不当、投资不足等。另一个原因是越来越激烈、白热化的竞争态势,我们也可称之为品牌熵(entropy)*。任何品牌都会因其产品的广泛使用或反复投放广告失去一定的神秘感。一旦品牌褪去了一些神秘感,那么它也失去了一部分吸引力。在追求新奇的当代社会背景下,从成功走向衰落比以往任何时候都要快。

最后,还有我们社会文明基本趋势的演变,其中涉及需求、时尚、技术、品位等。显然,互联网兴起就是其中的代表。历史上也有同样典型的例子。我们经常引用米歇尔·帕斯图罗(Michel Pastoureau)的著作⑮中关于蓝色发展历史的精辟总结。在古希腊罗马时期,蓝色在日常生活、宗教和艺术中无可用之地。古代欧洲的原始部落也很少使用它。直到 13 世纪,蓝色才在沙特尔大教堂(The Cathedral of Chartres)的彩色玻璃窗上以及礼拜仪式中被逐渐采用。随即,蓝色进入了人们的日常生活中。此后,一种关于光的新神学理论诞生,经过多次辩论后,光被视为上帝显灵的表现,可见但无法言喻。"光和颜色的本质是相同的"这一论点胜过了"颜色只能用于材料工艺"。蓝色和金色成为光的代表色。几十年之后,蓝色成为贵族代表色,出现在服装、艺术创作和宗教生活中。它相继成为了天空色、圣母玛利亚的颜色、国王的代表色。蓝色永远不会失去它的重要地位。从 19 世纪士兵、警察和邮递员的制服到今天的蓝色牛仔裤,蓝色是西方国家服装中使用频率最高的颜色。它也是西方人最喜欢的颜色,排在绿色之前。反观日本人,他们偏爱白色,其次才是黑色。品味随着时间的推移而改变,不同国家的人们的偏好也不尽相同。

基于上述原因,如果品牌识别受到过多的限制或太多的细节约束,就会变得十分僵化,赶不上市场快速发展的步伐。不过,这并非意味着必须更新品牌伦理和品牌美学常量。相比之下,品牌美学更需要做出一些改变。我们不仅需要改变品牌美学常量,更需要品牌美学与时代品位保持同步。我们可以采用隐喻法描述在不同光线和观察角度下的同一物体或人:物体或人的识别没有发生变化,但光线聚焦点是不同的。当品牌识别内涵非常丰富时,我们很容易找到聚焦点。

至于品牌伦理,改变品牌的基本价值观不存在问题,问题在于最有价值的品牌伦理元素如何能契合市场情况。演变并不意味着品牌可以不计后果地改变品牌伦理常量,而是应该在不改变品牌本质的前提下,对常量进行少量优化,

---

    * "熵"是统计物理与信息论术语,在此指系统内在的混乱程度。

使变量与市场变化保持同步。我们不能说常量是永恒不变的,但可以认为品牌美学和品牌伦理是持续、稳定的。

最后,我们要指出的是,一些品牌的伦理基于时尚价值和流行元素,但这些都并非不变的常量,因而这些品牌更需要做出改变。在奢侈品行业,顾客既可能来自富豪世家,也可能是新贵一族。在未来一段时间内,宾利或爱马仕还能依赖其聚焦于精英主义和贵族价值观的品牌伦理。不过,我们根据经验判断,罗伯特·卡沃利甚至普拉达的品牌识别演变会面临更多难题。

6.7.3 从品牌表述到其表述的总和

迄今为止,我们的方法只是完全考虑了品牌通过其展现方式传递的所有表述。品牌创造了一系列符号,并将所有品牌的感知元素传播出去。这明显是一种简化,并没有表现整个品牌体系极其复杂的一面。

我们无法穷举品牌所有的感知元素。在实际情况下,这部分元素由品牌所有的顾客表现和顾客产生的表述构成,是浩繁无尽的。

在品牌的形成过程中,生产和认知是两个必不可少的部分。我们必须拓展安德烈·塞普里尼在 2005 年得出的结论[16],他认为品牌识别由"关于它的所有表述的总和"决定的。Bertrand(2020)认为,品牌是与其所处环境永久相互依存的实体,品牌产生的感知是信息发送者和接收者之间接触和相互作用的产物。[17]

品牌管理者的责任仍然是发起品牌项目,不断考虑品牌感知,即包括顾客意见、顾客表述、产品或服务的使用方式等在内的无法直接掌握的品牌展现方式。我们必须清楚,品牌管理者和市场分别掌控了哪些影响因素。前者可以在期望的品牌识别范畴内,根据市场预期调整产品和传播方式;后者通过消费者表述和购买行为形成了品牌意义。

不断变化和演进的消费者对品牌的表述,加上品牌自身的表述,构成了一系列动态符号,这些符号的空间边界由品牌的自身特征决定。在这个虚拟空间中,各种品牌意义的产生、出现、发展和消失需要完全符合符号域(semiosphere)的语法规则。符号域最初是由文化符号学家尤里·洛特曼(Yuri Lotman)在 1998年提出,他以隐喻的方式定义了这个虚拟空间,认为这个空间中会产生符号意义,并且这个过程不断发展。[18]这个理论超出了本书探讨的范围,我们可以在其他课题研究中进一步探索它。

如今,互联网的普及让品牌管理者可以实时、密切地监控与品牌相关的所有表述内容。我们可以利用语义分析、信誉监测、新品反馈或网络运营商的广告活动完成上述工作。

6.7.4 识别概念的局限性

1. 差异性与共通性的比较

识别概念的另一个局限性与识别本身存在的悖论有关。在《韦氏大学英语词典》中,"识别"不仅表示"个体的独特特征或个性",还表示"事物本质或一般属性的共通性"。

共通性与普遍性。相同性与独特性。个体与群体。

那么,识别是一种既独特又与他者相同的状态吗? 以大众市场的趋势为例,识别不断地表现出一致性和独特性——这种结论恐怕只能用辩证关系来诠释。

这些疑虑间接地让我们回到了定义并归纳"识别"概念的难题。识别应该完全独立于其被感知的方式,或者更精确地说,独立于品牌总监对目标细分市场如何看待品牌的感知。如果品牌试图在一个闭环内定义品牌识别,不考虑趋势因素,也不考虑重要市场对品牌的主流认知,那么这种过度简化对品牌的危害极大。

我们已经看到,品牌存在的条件之一是其识别的差异化。这意味着一个品牌是相对于与之不同的其他品牌而存在的。如果没有可口可乐,那么百事可乐也不会存在;如果没有百事可乐,可口可乐也可能不会那么有价值。品牌必须在市场整体条件与品牌伦理和品牌美学常量的灵活性之间找到合理的平衡。

品牌总监一直在解决如下困境:不仅要达到股东要求的投资回报率,还要满足品牌现有顾客的期望,也要满足竞争对手顾客的期望,同时必须保留品牌精髓。我们采用了一种拟人化方式,将品牌识别原则应用于品牌体系,后者实际上是在考虑经济效应。这种做法开辟了一个更深入的研究课题——探索品牌识别与文化识别、消费者个体识别之间相互作用的本质,以及触发购买行为的机制。

品牌管理的目标是引导消费者购买该品牌的产品,消费者必须以积极的方式将自身与其能够感知的价值和美学联系起来。这些价值是人们渴望获得的,还是已经获得的? 购买是一种情感支持、情感补偿,还是抗议行为? 自我形象的展现是期望的还是真实的？我们把这些研究问题留给其他学科和学者去解答。

2. 美学处理的三个目的

第一次接触品牌识别构成要素中品牌美学常量概念的人会感到疑惑的一点是：设计并非直接表达了品牌世界观。事实上，表达世界观只是设计过程的其中一个目的。

艺术史文献客观地梳理了美学处理对物体、地点、人物等的不同作用。1899 年，阿洛伊斯·里格尔（Aloïs Riegl）定义了美学处理的三个目的，这种美学处理可以针对艺术品，也可以针对日常物品：

（1）表现，我们在前文已经具体阐述，其中包括价值观、世界观、伦理等。

（2）装饰，使物体变得美观的方式，这与时尚行业息息相关。

（3）功能性，其中包括符合空气动力学的外形及人体工程学的设计。[19]

按照该理论，识别概念具有一定的局限性，它只涵盖美学处理的三个目的中的一个。这使符号分析变得更加复杂。表 6.5 总结了里格尔的理论及其在品牌上的应用。

表6.5　美学处理的三个目的

目的	里格尔的观点	应用到品牌上
表现	对精神秩序的渴望的反应 宗教信仰，人与自然的关系，道德，伦理	推广品牌伦理、世界观、价值观 打造描述理想世界的方案、产品或品牌，并将其不断发展
装饰	对视觉秩序的渴望的反应 对恐惧留白(horror vacui) * 的反应 与自然抗争	纯粹的美学目标 使物体变得美观 风格设计 产生视觉效果
功能性	对非精神秩序和非视觉秩序的渴望的反应 实用主义(utilitarian)	产品或服务的功能性或实用主义目标 品牌传播： ● 易记性 ● 易辨性 ● 易读性

资料来源：G.Mazzalovo, 2012, *Brand Aesthetics：The New Competitive Front in Brand Management*, Palgrave Macmillan.

---

*　该词源于拉丁语和希腊语，意思是"用细节填充整个空间或艺术品的表面"。在美学设计中，恐惧留白指渴望用信息或元素将空白处填满。就风格而言，其与极简主义相反。

6.7.5 品牌识别概念的相对缺陷

两个主要因素弱化了品牌识别概念的美誉度和实用性。

其一，消费者用于了解品牌的时间和好奇心越来越少，他们希望快速地从产品或服务中获得好处。互联网的出现对人们感知品牌识别的方式产生了根本性影响。一方面，人们也可以随时随地获取品牌信息，甚至是某些不知名的品牌。另一方面，可用数据的体量以指数级增长，这影响了人们花费时间关注相关信息的能力。要了解并理解一个品牌，人们需要先对它产生兴趣，阅读它的信息，体验它的产品和服务，并与他人讨论，诸如此类。然而，当今的消费习惯已经逐渐趋于肤浅和即时性，忽视了时间、专注和体验的重要意义，这恰恰与去了解和理解品牌识别的做法背道而驰。

Instagram 的成功佐证了人们消费习惯的肤浅趋势。2016 年 8 月，Instagram 软件推出了 Instagram Stories 功能；如今每天有超过 5 亿用户使用这个功能。这与 Snapchat 软件的功能类似，允许用户发布一系列的照片和视频，它们在一天后会自动消失。视频、照片和文字可以被做成幻灯片。各种视频和图片处理工具可以释放每个人的创造力，如增强现实滤镜，链接到其他好友的列表等。Instagram 的母公司 Facebook 也推出了类似的功能。我们身处社交内容的比拼中。人们疯狂地以更快的速度创造更多内容，以满足社交媒体、博客、网站、传播和电商平台的需求。这显然无法打造出原真的、被妥善管理的品牌识别。在这种情况下，品牌识别分析工具能起到多少作用？当今趋势已经不再向理解品牌识别的方向发展；其更注重即时消费和体验，以及社交圈的评论意见，而非消费行为的原真性。

其二，一些品牌通过明显的颠覆性美学处理方法取得了成功。例如，亚力山卓·米开理和乔纳森·安德森分别担任古驰和罗意威的品牌创意总监，近年来，他们决定彻底背离品牌创立之初的美学，将品牌改头换面并取得了巨大的商业成功。这两个品牌是品牌识别概念应用的特例，不是所有品牌都有这种能够解读当下目标顾客的"情绪"的创意天才。

6.7.6 两种独特的品牌定位方式

两种截然不同的品牌定位方式随即出现，分别对应了各自消费者的不同世界观。

第一种品牌定位方式是：品牌及其管理者不与悠久历史和传承产生关联。最典型的例子是古驰，它并没有遵循守旧地开展研究，而是努力推翻品牌多年来积淀的元素，投入一种全新的设计范式。2015 年 12 月，《金融时报》(*Financial Times*)的记者雷切尔·桑德森(Rachel Sanderson)撰文描述了古驰全新的产品系列："时尚媒体对米开理先生'时尚无约束'的理念欣喜若狂。"[20] 显然，这些设计创意没有根源，没有特殊含义，除了取悦消费者或产生惊艳效果外，没有其他的合理之处。这就是"无缘由设计"(gratuitous design)的概念，这体现在让·鲍德里亚早在 1983 年就预见并理论化的"超现实"(hyper-reality)中，这种设计在"超现实"中，图像或产品本身就是自己的参照物，此外不代表任何其他东西(所有内容都一览无余；用符号学的术语来说，能指与所指相同)。[21]《金融时报》还点评了古驰 2020 秋冬米兰时装秀："作品中展现了一些新元素，这是毋庸置疑的，但米开理在 2015 年给古驰带来的那些复古混搭、无所不包的美学已经有点过时老派了。"[22] 这篇报道足以说明业界已经清楚意识到米开理的无缘由设计思想。值得一提的是，古驰上一个产品系列的设计灵感来自复古童装，米开理采用了 20 世纪 30 年代至 70 年代的童装设计元素。

前文介绍了美学处理的三个目的(可参考表 6.5)，但我们在上述品牌设计中找不到任何的"表现目的"。所有创意都集中在"装饰目的"上，希望创造全新的价值。如果每一季产品与前一季几乎没有关联时，品牌很难创造出美学常量。当然，这种做法会让公众产生期待，如"米开理接下来会怎么做"，但当品牌常量是变化、意外、惊喜时，从长远来看，品牌如何真正地将其品牌识别与竞争对手区分开来？

罗意威和艾绰也同样利用这种趋势推出它们的新品，在奢侈品行业掀起一波颠覆性设计的浪潮。在这种品牌定位中，品牌无须找到一种合理、规范的品牌识别，所有品牌的表达取决于当时的创意总监的行为和天赋。

第二种品牌定位方式则是在探索原真性。在这种情况下，品牌重点为目标顾客服务，在品牌识别的价值和美学方面保持原真性。拥有悠久传承历史的品牌在市场上有明确的差异化根源，并历经了多年积淀，它们更可能利用这一品牌资产优势。卡地亚、路易威登、香奈儿、菲拉格慕、诺悠翩雅、蔻驰、托德斯、鲁贝利都根据顾客需求采用了这种品牌定位方式,它们或多或少都取得了成功。品牌的原真性需求征服了那些对品牌表述和展现方式格外敏感的顾客群。Gilmore 和 Pine(2007)认为"原真性是品质的全新表现"。[23] 我们将在第 12 章继续深入探讨原真性。

我们将在下一章阐述如何在符号方阵上确定上述战略决策。

6.8 其他品牌管理方法

Heding 等(2016)在其著作中全面系统地分析了自 20 世纪 60 年代起的所有品牌管理方法[24],并归纳出七种思想流派:

(1) 经济方法(1985 年以前);

(2) 识别方法(20 世纪 80 年代中期);

(3) 基于消费者的方法(1993 年);

(4) 个性方法(1997 年);

(5) 关系方法(1998 年);

(6) 文化方法(2000 年前后);

(7) 社群方法(2001 年)。

我们推荐参考这本书去进一步理解与管理品牌方法相关的丰富思想和分析结论。尽管该书并没有特别提到基于符号学的品牌识别方法,但几位作者归纳了一些识别方法的优势,他们认为该方法是"意义最深远的品牌管理方法"。他们指出,20 世纪 90 年代早期的品牌识别方法以信息发送者为出发点,但进入 21 世纪后,消费者在建立品牌识别中起到了越来越重要的作用(我们会在下一章讨论这一点),相应的方法已经逐渐发生变化并逐步完善。他们还指出,这种方法的发展演进本质上是由使用品牌识别概念的从业人员推动的。

他们还强调了识别方法的优势:

● 识别方法给出了一些基本问题的答案。例如,我们是谁? 我们代表什么? 我们的识别特征是什么? 我们想成为什么样子?

● 识别方法可以解决品牌定位和传播中的策略和运营问题。

● 能够动员所有员工参与到品牌识别管理中。换言之,公司的各个部门和所有员工行为都在传递品牌信息。因此,识别方法有助于协调公司内部的所有组织,并提供日常管理工具。

● 品牌识别方法有助于通过持续可靠的传播方式打造强势品牌,避免落入品牌管理碎片化的陷阱。

与此同时,品牌识别的概念正在不断被普及,被越来越多地应用于各个行业、广告代理机构、媒体、分销商、政治事务和文化产业中。关于品牌识别及其意义的大学专业教育和研究项目也正急速增加。此外,品牌识别方法的发展与不断出现的与识别相关的社会和国际问题(如种族主义、移民问题、社会排斥等)密切相关。

我们将在下一章介绍一些与识别概念不直接相关的品牌分析工具。为了具体阐述本章介绍的分析工具,附录 A 收录了针对朱拉隆功大学撒辛管理学院的应用实例。

注释

① A. Mucchielli, 1986, *L'Identité*, Paris：Presses Universitaires de France.

② T. Heding, C. F. Knudtzen and M. Bjerre, 2016, *Brand Management：Research，Theory，and Practice*, New York：Routledge.

③ 萨瓦德尔银行(Banco Sabadell)在 1998 年一季度发布的第 11 号新闻稿。

④ J.-M. Floch, 1990, *Sémiotique, Marketing et Communication. Sous les Signes, les Stratégies*, Paris：Presses Universitaires de France.

⑤ N. Klein, 2000, *No Logo：Taking Aim at the Brand Bullies*, Toronto：Knopf.

⑥ "Chrysler Sharpens Its Brand Identity", *International Business Week*, November 1983.

⑦ D. Bernstein, 1984, *Company Image and Reality：A Critique of Corporate Communications*, New York：Holt, Rinehart and Winston.

⑧ D. A. Aaker, 1991, *Managing Brand Equity：Capitalizing on the Value of a Brand Name*, New York：Free Press.

⑨ G. Mazzalovo and D. Darpy, 2014, "Gestion Expressive des Marques dans un Contexte de Baroquisa-tion, *Décisions Marketing*, 74(April—June)：83—96.

⑩ G. Mazzalovo, 2016, "Resolving Tensions among Creative Departments through Brand Identity Def-inition：The Case Study of Pininfarina", *Business and Management Studies*, 2(1).

⑪ D. Bertrand and G. Mazzalovo, 2019, "Méthode Sémiotique：De la Structure au Sensible", Chap. 11 in *Méthodes de Recherche Qualitatives Innovantes*(edited by Pierre Romelaer and Lionel Garreau), Paris：Economica.

⑫ 同⑪。

⑬ 同⑩。

⑭ J. P. Codol and P. Tap, 1988, "Dynamique Personnelle et Identités Sociales", *Revue International de*

Psychologie Sociale, 2:169.

⑮ M. Pastoureau, 2000, *Bleu : Histoire d'une Couleur*, Paris: Seuil.

⑯ A. Semprini, 2005, *La Marque, une Puissance Fragile*, Paris: Vuibert.

⑰ J.-M. Bertrand, 2020, "Retour Critique sur la Théorie de la Marque", *Modes de Recherche*, Paris: IFM.

⑱ Y. Lotman, 1998, *The Semiosphere : Semiotics of Culture, the Text, of the Conduct and the Space : II*(Spanish Edition), Catedra Ediciones.

⑲ A. Riegl, 1978, *Historische Grammatik der Bildenden Künste*, French translation: *Grammaire Historique des Arts Plastiques—Volonté Artistique et Vision du Monde*, Mayenne: Klinckseick.

⑳ R. Sanderson, "Gucci Sets Out on Quest for Better Times", *Financial Times*, 2015-10-21.

㉑ J. Baudrillard, 1983, *Simulations*(Foreign Agents Series), Semiotext.

㉒ L. Indvik, "Gucci's Alessandro Michele Takes the Fashion Crowd Behind the Seams", *Financial Times*, 2020-2-19.

㉓ J. H. Gilmore and B. J. Pine II, 2007, *Authenticity : What Consumers Really Want*, Brighton, Mass.: Harvard Business School Press.

㉔ 同⑪。

第**7**章

其他品牌分析工具

自本书上一版出版后,我们始终工作在奢侈品品牌管理的第一线,从而有机会完善并改进前版书中提到的分析工具,同时也开发了新的分析工具。这就是我们为何新增一章介绍其他品牌分析工具的原因。

7.1 品牌生命周期

品牌生命周期模型虽然很简单,却是一个基本的战略管理工具。虽然它并不涉及符号学,与品牌意义的产生无关,但它为品牌在自身发展轨迹中的定位提供了重要的战略支撑。一个品牌的历史与其所在公司的历史并不一定相同。品牌有独立的生命周期,有些只能存活在人们的想象中,有些在公司倒闭后仍能在市场上继续生存下来。

品牌发展过程由快速扩张阶段和相对停滞阶段交替构成,可能还包括快速衰落阶段。这与经典的产品或公司生命周期没有本质区别。品牌生命周期可以表现在一张图上(参见图 7.1),我们可以直观地看到品牌在不同发展阶段的品牌实力体现。

品牌生命周期的阶段与产品生命周期相同,都是从创立、成长、成熟到衰退,最后消失(可能在衰退后还有一个品牌重建的阶段)。在每一个阶段,奢侈品品牌主管都会面临特定的问题。

图 7.1 中列举的一些品牌是本书的一位作者曾管理过的,表中还标明了时

间。不难发现,大多数品牌已经处于衰退阶段。时尚品牌或奢侈品品牌尤其关
注品牌重建阶段,这也是成熟或衰退品牌的关注重点。

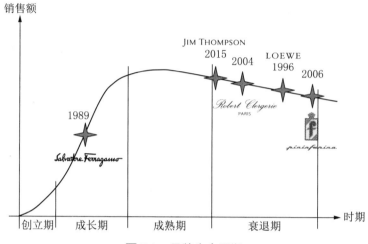

图 7.1　品牌生命周期

持续重建品牌的典型案例是古驰。古驰的销售业绩如同坐了过山车一般
(如图 7.2 所示),但这也反映了品牌在不同团队的管理下的品牌实力和强势反
弹能力。古驰的第一次重大重建发生在 1995—1996 年间。2002 年,业绩受到
了"9·11"事件影响,也同时受到路威酩轩集团和皮诺-春天-雷都集团(即开云
集团的前身)争夺品牌股权的影响。最终,皮诺-春天-雷都集团在 2003 年获得

图 7.2　古驰的营业收入(1991—2019 年)

　　　　　　　　　　　　　　　　　　　　　　　　　　　　奢侈品品牌管理(第四版)

了古驰的所有股份。即使在品牌创意总监汤姆·福特和总裁多梅尼科·德·
索尔（Domenico De Sole）离开公司后，古驰在2004—2005年的业绩依然很出
色。2006年，弗里达·贾娜妮（Frida Giannini）担任创意总监；2009年，帕吉
欧·迪·马尔科（Patrizio di Marco）继贾科莫·圣图奇（Giacomo Santucci）和
马克·李（Mark Lee）之后，成为首席执行官。在两人的搭档配合下，古驰也一
直继续保持良好业绩。

在2014年和2015年，古驰的销售收入连续两年下降。贾娜妮和迪·马尔科
不得不在2014年12月辞职，古驰任命马可·比扎里（Marco Bizzarri）为新首席执
行官。在某种程度上，古驰产品的设计风格与当时时装市场的潮流缺乏关联。经
典产品不足以给品牌带来激情，它需要更前卫的设计。2015年初，亚力山卓·米开
理就任古驰创意总监，在他的掌舵之下，古驰创造了奢侈品行业有史以来最强劲的
一次触底反弹。2016—2019年，古驰的销售额呈指数级增长。2019年，销售增长出
现了小幅减速，这或许预示着品牌走向了成熟阶段。2020年，由于新冠肺炎疫情对
全球经济冲击极大，我们估计古驰与其他奢侈品品牌的销售额可能会负增长。

除了古驰的业绩表现出色，开云集团旗下的其他品牌有自己的发展轨迹。
从图7.3可以发现，圣罗兰终于有了较大起色，业绩呈现出明显的增长态势，并
于2019年突破20亿欧元的销售额大关。相比之下，葆蝶家停滞在11亿—12
亿欧元的销售额区位，甚至还出现过业绩下滑。

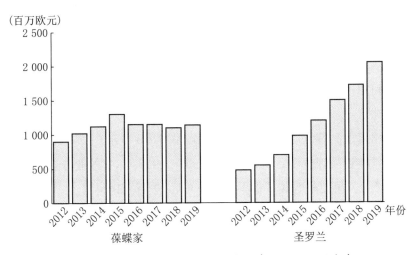

图7.3 圣罗兰与葆蝶家的营业收入（2012—2019年）

2012 年,圣罗兰销售额只有葆蝶家的一半,并且已经近 15 年没有出现增长。如今,前者的销售额几乎是后者的两倍。

爱马仕的品牌历史已经有百年以上之久,自 20 世纪 90 年代初起至 2009 年,其销售额始终保持相对稳定的增长;自 2009 年起,销售业绩快速增长(如图 7.4 所示)。该品牌没有受到各种经济衰退的影响,原真的奢侈品品牌就有这样的魅力可以抵挡经济危机的负面作用。2003 年,其业绩略有下降;2010 年,其销售额增长率达 25.4%,并且这个增速继续保持了下去。这个法国贵族品牌还远未进入成熟期,仍处于急速成长阶段。爱马仕的品牌战略与古驰完全不同:前者不依赖设计师的天赋,市场已经成熟到认可爱马仕属于真正的奢侈品品牌。

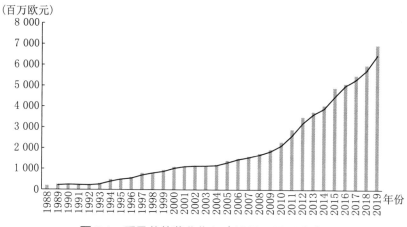

图 7.4 爱马仕的营业收入(1988—2019 年)

我们可以通过品牌生命周期洞察品牌演变的不同方面,并能挖掘实现成功的不同策略。

菲拉格慕的品牌发展则跌宕起伏得多(如图 7.5 所示)。2009 年前,它的业绩曲线非常接近品牌生命周期的曲线。1998—1999 年,它的业务量经历了低迷期。2000 年,公司在收购其日本零售子公司后,进行了销售整合,由此实现了业绩反弹。在随后的 10 年间,销售额一直停滞在 6 亿欧元左右。直到 2010 年,菲拉格慕业绩表现突出,销售额增长了 24%。事实上,受到中国奢侈品消费者的正面影响,大多数主流奢侈品品牌的销量从 2010 年起开始迅速增长。

奢侈品品牌管理(第四版)

2015—2018 年,菲拉格慕再次经历了成熟期和衰退期。2019 年,快速增长的趋势再次出现,止住了销售额下降的势头,品牌恢复到了 2017 年的业绩水平。

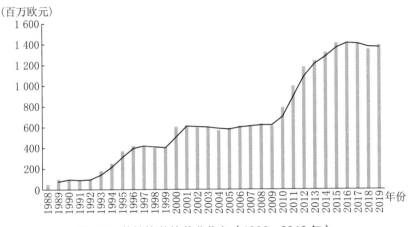

图 7.5 菲拉格慕的营业收入（1988—2019 年）

罗杰维维亚(Roger Vivier)是一个非常小众的品牌,但它从"沉睡"中苏醒,是此情形中经典的成功案例之一。法国鞋履设计师罗杰·维维亚(Roger Vivier,1907—1998)创立了同名品牌。与菲拉格慕不同,维维亚先生从未真正地发展自己的品牌,他只在巴黎和纽约开设了两家门店。1998 年,这个品牌几乎完全从市场上消失了。2001 年,拥有托德斯、霍根(Hogan)、Fay 等品牌的意大利企业家迪亚戈·德拉·瓦莱(Diego Della Valle)收购了它,并在 2003 年重新推出了该品牌。16 年后,即 2019 年,罗杰维维亚的年销售额超过了 2 亿欧元。女士鞋履是它的主营产品,定价普遍在 1 500 欧元以上。最畅销的系列是辨识度非常高的方扣系列(pilgrim),鞋面上饰有方形金属搭扣(被很多品牌效仿)。女影星凯瑟琳·德纳芙(Catherine Deneuve)在路易斯·布努埃尔(Luis Buñuel)导演的电影《白日美人》(*Belle de Jour*)中穿的就是这种女鞋。伊夫·圣罗兰专门为她设计过服装。

罗杰维维亚的品牌传播预算并不高,品牌发展战略始终基于创造力、排他性、顶级奢华,以及直营和加盟店销售网络。2009 年以前,这个品牌每年新开一家门店。2012 年,罗杰维维亚有了 14 家门店;2020 年,这个数字变成了 68。将图 7.6 对照品牌生命周期便可以看出,该品牌在维持独特定位的同时,保持有序的扩张。除了2018年其销售额略有下降,该品牌的增长按部就班。

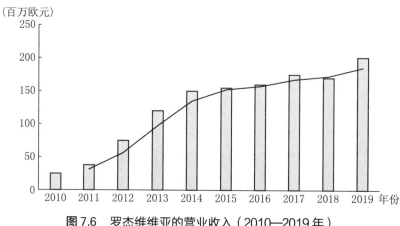

图7.6　罗杰维维亚的营业收入(2010—2019年)

7.1.1　品牌创立期

品牌是如何诞生的?我们在这里只讨论强势品牌,即那些在品牌历史中留下印记的品牌。我们相信,无论是品牌还是个人,其名声都不是信手拈来的。虽然一些举措或资源可以帮助其提升名声,但永远无法保证成功。

强势品牌往往从一个伟大设想中诞生,会有一个天赋异禀的人用信念支撑这个设想。这类人往往是公司的创始人,他们对自己的愿景充满信心,有能力将设想变为现实——这是他们的决定性优势。他们不可缺少的素养还包括胆识、远见和坚定。

创新是第二个关键要素。创意天赋包括解读时代特征,从风格、技术或识别新需求等方面以创新的方式开发新产品。在风格创新领域,高级定制时装、成衣和配饰的伟大设计师们做出了典范,其中就有可可·香奈儿、克里斯汀·迪奥、伊夫·圣罗兰、萨尔瓦多·菲拉格慕、乔治·阿玛尼、缪西娅·普拉达(Miuccia Prada),以及更年轻的一代设计师,如周仰杰、迈克尔·科尔斯(Michael Kors)、马克·雅可布(Marc Jacobs)等。这些创造者能够表达新的想法,抓住众人的兴趣,并证明他们的创意是可以持续盈利的。

在技术创新领域,有许多伟大的汽车工业先驱取得了成就,如福特、兰塞姆·奥兹(Ransom Olds)、布加迪(Bugatti)、潘哈德(Panhard)和雷诺(Renault)。

当然,托马斯·爱迪生(Thomas Edison)、古列尔莫·马可尼(Guglielmo Marconi)、威廉·休利特(William Hewlett)、戴维·帕卡德(David Packard)、比尔·盖茨(Bill Gates)、史蒂夫·乔布斯(Steve Jobs)、华特·迪士尼(Walt Disney)等人也位列其中。史蒂夫·乔布斯(Steve Jobs)占据了特殊地位,他在技术和美学上都有创新。一些互联网相关品牌的创始人,如阿里巴巴集团的马云、亚马逊集团的杰夫·贝索斯(Jeff Bezos),以及 Alphabet/谷歌的拉里·佩奇(Larry Page)和谢尔盖·布林(Sergey Brin)都创造了一些当今最有价值的品牌。

我们所说的创新不同于发明,前者需要考虑产品的分销条件。它常常采用或延伸理论上可行的技术生产实体产品。例如,比尔·盖茨虽然没有发明软件,但这位富有远见的商人比大多数人更早地了解到微型计算机的巨大潜力,并将其转化为自身优势。

因此,创新可以包括很多方面。比如,可以开发一种特定的生产工具,使新产品的大规模生产成为可能。创新还可以彻底改变现有产品的生产与分销方式,或企业及其相关服务的组织架构和实施方式。例如,贝纳通(Benetton)用白色纱线和染色面料织物来契合消费者需求,并创造了一种创新的分销系统。飒拉的成功源于其颠覆性的物流体系,可以在短短十日内回应识别到的市场需求。雷·克罗克(Ray Kroc)在 1955 年创立了麦当劳(McDonald),并发明了快餐。普拉达因使用尼龙材料制造手袋,一举扬名天下。

上述创新都发生在互联网出现之前。进入 21 世纪后,我们目睹了最具颠覆性的现象,互联网的诞生极大地影响了消费行为,出现了不计其数的新品牌。毋庸置疑的是,2019 年资产规模最大的六家公司都与互联网及其技术相关,排名依次是微软集团、苹果公司、亚马逊集团、Alphabet、Facebook 和阿里巴巴集团。2019 年 Interbrand 品牌价值排行榜中的品牌排名与相应公司的市值排名一致,前四位最具价值的品牌分别是苹果、谷歌、亚马逊和微软。

互联网为商业创新带来了无限可能。特别是,电子商务平台的崛起对奢侈品行业产生了持久的影响,并为推出新型分销品牌提供了机会。它们发挥着虚拟百货商店的作用,对奢侈品行业产生了重要影响。大多数奢侈品品牌在发展自己电商平台的同时,也通过阿里巴巴、来赞达(Lazada)、亚马逊、虾皮

（Shoppe）、Zappos 等多品牌电商平台进行分销。2017 年，阿里巴巴集团创建了天猫奢品平台，试图带来与实体店一样的排他性体验。博柏利、雨果博斯、海蓝之谜、玛莎拉蒂（Maserati）、法国娇兰和真力时（Zenith）等品牌目前都在这个平台上销售产品。许多诞生于互联网的新品牌，如发发奇（Farfetch）、YOOX NET-A-PORTER（2017 年被历峰集团收购）和 Bonobos（被沃尔玛集团收购）都重点关注知名的奢侈品品牌，并实现了快速的发展。YOOX NET-A-PORTER 正在从经营纯粹的电商分销业务延伸至在其 YNAP 平台上为设计师品牌提供白标（white label）数字服务支持。

在时尚界，像路易·威登（Louis Vuitton）、卡尔·弗兰茨·巴利（Carl Franz Bally）、恩里克·罗意威（Enrique Loewe）和古驰奥·古驰这样的杰出人物并不是风格或技术上的创新者，他们是工匠，在 19 世纪中叶起形成了各自在奢侈品行业和商业活动中的愿景。

品牌在什么条件下能真正地被称为品牌？这个问题有些钻牛角尖的意味，但是我们会一些常用标准来评判：

- 品牌创始人去世后，品牌继续发展壮大。
- 品牌不再需要通过广告销售产品。
- 销售额达到 4 000 万欧元。
- 品牌成功地开发了新品类。
- 某个国家有超过 50% 的人群熟悉该产品或公司。
- 产品或公司在欧洲、美国和亚洲市场具有表现力。

我们认为，只要内外部条件有利，各种经济活动都能促进品牌发展。大多数品牌都是由工匠或商人创建的，从小规模逐渐发展壮大。今天更是如此，因为互联网可以让你用最少的投资轻松地完成在线传播和销售。也有许多品牌不是国际品牌，知名度很低，但依然业绩斐然。

7.1.2　品牌成长期

在成长阶段，品牌将在"量"与"质"两个方面实施扩张战略。与古驰和圣罗兰一样，大多数成功的品牌都处于这个发展阶段，其每年的销售业绩都能实现两位数增长。

在"量"的层面上,品牌需要努力在新区域市场上建立自己的地位,同时扩大其现有市场规模。在这个阶段,销售量增长更加显著。为了尽可能减小固定成本的影响,品牌必须出售更多产品。不过,传播投入往往与销售额成正相关关系,销售额越大,品牌的传播投入就越多。

在"质"的层面上,品牌需要优化其生产和分销方式,尽可能改善产品,凭其日益增长的名望开拓全新业务。推出新品类是一种可行的增长方式,但也需要通过各种广泛的分销渠道让顾客接触更多产品,从而提升品牌知名度。知名度的提升为品牌进军新业务提供保障。品牌需要足够的预算用于品牌传播和提升品牌识别,如此,所有品类的产品有了品牌这顶"保护伞",更容易被消费者接受。

事实上,这个阶段还可以细分为行业增长、地域扩张、新品类开发、内部流程优化、品牌重新定位等,因此,这个阶段会持续几十年之久。除了行业增长以外,在其他阶段,品牌都需要与重要竞争对手争夺市场份额。

1. 行业增长

品牌在其主营业务中销售更多产品是实现增长最直接的方式。这便涉及产品创新。最典型的例子莫过于移动手机市场的井喷式增长,我们看到了市场扩张的双重效果:越来越多的消费者购买手机,持续的产品创新和时尚潮流吸引现有顾客购买新机型。然而,如果市场不稳定或迅速达到了饱和状态,行业增长很难确保品牌的稳定增长。

2. 地域扩张

一旦一个产品在一个国家获得成功,那么它理应在其他国家也会卖得很好。但实际上,地域扩张的做法存在诸多变数。在某些情况(尤其针对大众市场)下,相同的产品通过同样的传播策略可以取得成功。典型的例子是可口可乐和百事可乐的全球战略。我们并非通用传播策略的强烈拥护者,因为我们发现这种传播策略变得越来越少。这些产品的扩张依赖于目标人群共享的跨文化价值观(如年轻、活力、对人们的宽容),即便如此,产品也会为了适应当地条件进行微调。某些大型广告商的核心营销团队会开发一套完整、灵活的工具,比如,采用相同的策略,但采用不同的方法进行营销活动。因此,负责不同国家的营销队伍都可以选择最适合当地环境的营销活动。互联网极大地提高了品牌适应特定市场的传播能力。为本地运营创建一个全新网址是再容易不过的事了。

所有高级定制时装和香水品牌也都是如此做的,它们销售中的很大一部分是面向海外消费者的。在不同地方,广告一般都是一样的。但是,在某些情况下,由于文化上的原因,如在波斯湾地区国家,可能必须稍稍修改广告以适应当地文化。

在化妆品行业,产品的功能基本相同,但在不同国家的传播方式上却有所不同。然而,在不同国家,一些产品的功能可能不太一样。例如,在美国,雅马哈(Yamaha)125cc 型号的摩托车被用于休闲时光;但在东南亚国家,它是一种日常交通工具。在这种情况下,广告也将会出现差异。

也存在这样的情况:在不同国家的产品有所差异,但传播方式基本相同。例如,在亚洲市场,某些干邑酒商会推出更甜的产品。虽然名字不变,广告也相似,但可能会调整配方以适应当地口味。

还有一些案例是产品的功能和传播都不同,如洗涤剂业务。它们通常不在奢侈品范畴内,因此本书不再赘述。再例如,一款洗发水的广告(由某位全球知名女星出演)在世界各地播出,但其配方必须适应当地情况。当一个国家水质钙化比较严重时,洗发水必须有特定的配方;在水质比较柔和的地方,就没有必要这样做了。一些国家的标准瓶是 8 或 12 盎司(即 236.5 或 320 毫升),其他一些国家则是 100 或 125 毫升。

我们已经看到了存在多种不同情况的复杂情形,这很好地说明了出口一个品牌的产品可能将面临许多困难。其实,地域扩张失败的例子数不胜数。撇开对当地情况缺乏了解而导致的错误判断不谈,一个品牌或其产品有时可能根本无法出口。有些产品在某个国家受到追捧,但在国外的潜力有限。例如,Pastis 51 和 Suze 这两款典型的法国开胃酒在法国很受欢迎,但却很难走出国门。在欧洲国家,人们饮用红色甜味马提尼,并配上一片甜橙;在美国,人们饮用混合了金酒或伏特加的白色马提尼,并配上橄榄。

另一类品牌在本国市场非常强大,但很难在外国市场生存,这类品牌就是百货公司。关于这类品牌成败的学术文献有很多。沃尔玛在进入韩国市场 8 年后,即 2006 年,退出了韩国市场;同年,在德国发展了 18 年后,其关闭了德国市场的 88 家门店。近年来,最著名的国际化失败案例来自全球第二大零售商家乐福。2019 年,家乐福在中国运营了 24 年后,最终撤出了中国市场。这家法国零售企业在亚洲市场扩张时总是遭遇难题。其在泰国和马来西亚的业绩糟糕,分别在 2010 年和 2012 年关闭了业务。三越百货(Mitsukoshi)在美国市场、美国塔吉特公司(Target)在加拿大市场、玛莎百货(Marks & Spencer)在加拿大(1999 年)和欧洲内陆市场(21 世纪初)、星巴克在以色列和澳大利亚市场遇到的瓶颈充分说明了百货公司和超市在海外扩张的艰辛。

法国人可能很想知道,为什么老佛爷百货没有在纽约、新加坡、曼谷或柏林等地取得成功。原因很简单:老佛爷百货在法国的成功与法国人特定的生活方式有关,这种生活方式的代表则是法国消费者熟知并喜爱的法国品牌。在柏林或纽约,那些法国消费者并不存在,店里也可能没有那些代表法国时尚的品牌。如果这些品牌非常强势,它们可能已经在目标市场占据一席之地,且往往通过与当地其他百货公司或自己的精品店签订独家协议来达成这一点。这种做法的挑战是在缺少法国消费者和知名法国品牌的条件下,在海外创造一种法式生活方式。实际上,这种商店很难在海外出现。

飒拉是个特例。该公司的扩张是在没有广告投入(除了在促销期间有广告)下实现的。飒拉在西班牙以外的国家开设全新品牌独立店,依靠的是其解读趋势的技巧和快速的物流响应能力。1975 年,阿曼西奥·奥特加(Amancio Ortega)创建了印地纺集团,旗下拥有飒拉等品牌,它是当今世界上最大的时尚集团,在全球 93 个市场拥有 7 490 家门店。2018 年,印地纺集团的销售额为 261.5 亿欧元,其中 12% 来自在线销售。

综上,虽然地域扩张是品牌发展到一定阶段后自然产生的,但它很复杂,需要时间和大量投资。此外,正如前文提到的零售连锁店例子一样,地域扩张的结果往往不可预测。国际化战略的前景良好,但极其复杂,充满风险。

正如人们所预期的那样,互联网并没有彻底改变地域扩张的规则。即使电商抹除了地域限制,它在本质上仍然依赖于商业物流等其他因素。当品牌致力于开发独特的全球电商平台时,它们很快会发现语言、税收、货币、送货、退货和售后服务都与地理位置有关,这些都是与业务成功相关的重要内容。

3. 新品类开发

很自然,许多公司都希望通过大规模销售产品达到分摊传播成本的目的。

这就是为什么新品类开发一直受到品牌的青睐。成功的关键之一是正确解读现有产品和多元化领域之间的关系。

1900年创刊的《米其林指南》(*Michelin Guide*)和1910年制定的米其林地图是这类多元化尝试的经典案例。一家轮胎制造商对汽车自驾游的推广不但体现了其对创新的重视,也非常适合这个处于起步阶段的行业。当时,汽车仍然是特权阶层的休闲用品,而非普通交通工具。

多元化在时尚和奢侈品行业应用广泛,那是因为时装设计师们很早就意识到其品牌的重要性。1921年,可可·香奈儿推出了著名的五号香水,它直到2020年仍是世界上最畅销的香水之一。在过去的十年里,这种趋势已经达到了狂热的程度,有时某品牌推出的新产品与其最初的主营业务相去甚远。

这些时装品牌在没有过多偏离品牌最初产品矩阵的前提下,首先将品牌延伸至二线子品牌或产品线。例如,圣罗兰推出的左岸系列(Rive Gauche),恩加罗(Emanuel Ungaro)推出的Ivoire和伊曼纽尔系列(Emanuel),范思哲旗下的范瑟丝(Versus),阿玛尼旗下的安普里奥·阿玛尼(Emporio Armani),杜嘉班纳旗下的D&G(2011年并入杜嘉班纳品牌),唐纳卡兰旗下的唐可娜儿(DKNY),等等。20世纪90年代,一些品牌推出了配饰系列,其中包括箱包、鞋履、丝制品、眼镜等,这些业务的利润率更高,增长速度更快,也是非常有效的品牌传播载体。

1996年,恩加罗被菲拉格慕家族接管。之后,它推出了一系列配饰,但发展并不是很成功。路易威登推出了鞋履系列。罗意威也这样做了,但它发现品牌不可能摇身一变就有了鞋匠身份,要在新品类上取得成功,必须向消费者传达品牌的严谨和竞争力,不仅要传递产品质量、产品价值和销售点服务等方面的信息,并且这些信息要与品牌价值观高度一致。

菲拉格慕、古驰、巴利、普拉达、罗意威等一些主营配饰的品牌向成衣业务拓展。它们往往通过授权经营推出了一系列眼镜、香水和腕表产品。宝格丽最初主营珠宝,后来其业务拓展至配饰和香水。20世纪90年代中期,珠宝与腕表业务开始变得越来越重要。2010年前后,迪奥和博柏利也推出了一些女性内衣产品。

最后,服务业也吸引了奢侈品品牌。1987年,祈丽诗雅的创始人马里乌西亚·曼德利(Maruccia Mandelli)在巴巴多斯(Barbados)建造了 K 俱乐部酒店(K Club Hotel)。菲拉格慕家族从 20 世纪 90 年代中期开始对其进行投资,但没有将家族品牌与它联系起来。阿玛尼在推出家具系列(Armani Casa)和开设相应门店后,也在撒丁岛(Sardinia)投资了酒店。宝格丽与万豪国际集团成立了合资公司,共同掌管宝格丽酒店及度假村,前者负责酒店装修,后者酒店管理。2000 年,范思哲在布里斯班(Brisbane)建造了范思哲宫殿酒店,正式进军酒店业务。如果品牌能创造一个令人满意的生活空间,而且这能与品牌价值观保持一致,那么品牌完全可以打造一个人人向往的生活方式品牌,并有效地巩固自己的品牌定位。

另一方面,酒店、博物馆和高校也始终在推出它们的纪念商品。

其他类型的公司也同样关注多元化战略带来的市场潜力。万宝路(Marl-boro)推出了一系列服装产品,其风格与西方国家包容万象的神话保持一致。几十年来,万宝路的广告一直保持这个风格。可口可乐开设了品牌独立门店,出售一系列礼品和纪念品,从 T 恤到咖啡杯,还有印着 20 世纪 30 年代广告的托盘。迪士尼、华纳兄弟,甚至曼联、尤文图斯、皇家马德里等足球俱乐部都成功地采用了多元化战略,推出了礼品和纪念品。

大多数汽车和摩托车品牌已经推出了相关的日常服装和配饰。倍耐力(Pirelli)是最早涉足鞋履、腕表、服装、日历业务的品牌之一,其成功的故事广为人知。

顶级奢侈品品牌法拉利通过产品延伸和目标顾客拓展实现了出色的业绩。法拉利将品牌授权给若干家奢侈品生产商和零售商,在 20 家直营店、24 家加盟店和官方网站上出售运动装、腕表、配饰、电子产品、书籍等。它还建造了主题公园。2009 年,阿布扎比法拉利世界公园对外开放,人们在那里可以享受全方位的法拉利体验。2017 年 4 月,第二个主题公园在巴塞罗那对外开放。它还有更多主题公园项目在筹建中。2019 年,法拉利营收为 38 亿欧元,其中延伸业务占 14.3%。

摩托车品牌杜卡迪也遵循了同样的战略方向。根据其官网信息,2020 年,杜卡迪拥有超过 25 家授权分销商,其中包括微软、彪马(Puma)、美泰(Mattel)等品牌。

某些品牌的延伸做法可能只是一种投机行为,它们并未真正想要发展这些延伸领域,后者与核心产品和品牌识别相去甚远。一些延伸至餐厅领域的品牌正是如此,它们取得了不同程度的成功,如 Lustucru、Eurosport 和雀巢在巴黎开设了餐厅。人们可能也想知道哈雷戴维森香水未来长什么模样。近年来,一些品牌合理、成功地拓展了新业务,它们因而变得更强大。

时间是多元化战略中最重要的因素。宝洁公司前首席执行官爱德文·阿提兹(Edwin Artz)决心减少旗下品牌的数量,他敦促员工:"找到方法,找到独特销售主张(unique selling proposition,USP),或者找到产品在市场上存活下来的理由,这将使你能够在同一品牌下销售更多产品。"

品牌的概念化程度(degree of conceptualization)是第二个重要因素。品牌表达的价值在本质上越具有概念性,它就越容易延伸至不同甚至无关的品类。生活方式品牌如此流行的原因就在于此,它们是多元化战略的自然产物。品牌概念非常具有能量,能被应用到人们日常使用的所有物品和服务上,如衣物、饮食、香烟,以及人们的居住和旅行环境上,如家具、床上用品、墙纸、装饰用品、床幔、地砖、油漆、餐具、行李等。生活方式关乎人们入住什么酒店、驾驶什么汽车、怎样旅游,甚至还关乎人们有什么样的朋友。采用单一伞型品牌能确保对品牌识别全方位的投资都可以盈利。

一些品牌最初就建立在某种生活方式的基础上,它们的多元化延伸就容易得多。拉夫劳伦便是如此,它倡导美国白人新教徒(White Anglo-Saxon Protestant,WASP)的生活方式。餐具、娱乐设施、家用装饰油漆等各种产品都被陈列在门店内。在拉夫劳伦纽约麦迪逊大道旗舰店,这种方式尤为明显,该店展现了非常鲜明的生活方式。

其他一些品牌的识别与某产品或特定符号联系紧密,它们在多元化时遇到更多困难,或更谨慎地看待多元化战略。米索尼通过独特的面料和色调确立了品牌识别,且不会偏离服饰和家居主业太远。2009 年,米索尼与瑞德酒店集团(Rezidor Hotel Group)合作,在爱丁堡开设了一家米索尼酒店,随后在科威特(Kuwait)开设了第二家。然而,2020 年 6 月,米索尼酒店停止了运营。

此外,最具原创性的做法不一定能获得成功。它们可能会让品牌暂时获得名望,但品牌很难收回此前的投资。消费者总是在提醒我们,品牌的产品延伸离其现有的主营业务越远,这种做法就越难快速获得成功。

我们必须提到一个新兴品牌——Fenty。2019 年,女歌手蕾哈娜在路威酩轩集团的资金支持下创建了该品牌。该品牌主营成衣、鞋履、配饰和珠宝业务。这不是第一个以公众认可的艺术家名字命名的品牌。斯特拉·麦卡特尼(Stella McCartney,事实上,她父亲的名字如雷贯耳*)、帕洛玛·毕加索、肖恩·卡特(Shawn Carter,即 Jay-Z)、法瑞尔·威廉姆斯(Pharrell Williams)、坎耶·维斯特(Ye,即 Kanye West)等在服装和配饰行业发展了规模可观的业务。

如果品牌的多元化战略遵循"思维性关联"(intelligent relateness)的通用法则,那么品牌就有可能盈利。不过,这并非必然。品牌需要未雨绸缪,专业地掌控品牌或产品特性的演变,尤其是品牌识别的演进规律。爱马仕的品类战略非常值得借鉴。一个多世纪以来,它从马鞍发展到皮革手袋、丝制品、成衣、腕表、鞋履、珠宝和香氛。2020 年 3 月,爱马仕进军化妆品业务,推出了包含 24 款口红的爱马仕唇妆系列(Rouge Hermès)。

2020 年 1 月 31 日,路易威登在日本大阪的第一家餐厅开业。餐厅位于其在大阪的新旗舰店内,由著名厨师须贺洋介(Yosuke Suga)掌厨。

4. 内部流程优化

内部流程优化太难处理,因此,这项工作经常被忽视。设计并新开销售点要比缩短产品开发时间容易得多。内部流程优化往往能成功地夺取直接竞争对手的市场份额。在时装行业,新系列产品及时到店可以使销售额明显增加,利润率显著提高。假设,某门店前 5 个月的实销比率为 50%,第 6 个月为打折销售期,如果该门店的成衣发货延迟一周,那么其在某季将平均损失 2.5%的销售额。

新产品的开发时间(time to market),指从最初产品概念设计到产品上市所需的时间。缩短新产品开发时间可以成为汽车、食品、电信、服饰等诸多行业的决定性竞争利器。以下做法都能对品牌绩效产生积极的影响:成功地解读市场信号;以产品设计为导向,超越竞争对手,并满足目标顾客;生产符合质量标

---

* 斯特拉·麦卡特尼的父亲是詹姆斯·保罗·麦卡特尼爵士(Sir James Paul McCartney CH MBE),英国著名男歌手、词曲作者、音乐制作人,前披头士、羽翼乐队成员。

准;打造分销网络,及时提供物流服务。

5.品牌重新定位

事实上,本段标题用"品牌调整定位"才更准确。重新定位通常指品牌将现有顾客换成更符合战略目标的另一群目标顾客,俗称"重大跨越"(great leap),像翻筋斗一般。这种做法充满了风险,一个处于成长阶段的品牌显然不会采用这个策略。显然,品牌重新定位是一种根本性变革,在品牌衰退期使用得更广泛。如果品牌仍处于成长期,则需要比较谨慎地做出决策。这么做的目的是,在保留现有顾客的前提下,使品牌更具吸引力。

1997 年,当路易威登任命马克·雅可布负责成衣系列时,许多人都持有怀疑态度。他在路易威登的首秀就遭到了媒体和品牌铁杆粉丝的冷眼相对。* 他们很难看到新系列与旅行艺术的联系,也无法感知到与识别相关的品牌精神。然而,这个时装系列乍看之下与品牌格格不入,却出乎意料地成为品牌活力的源泉。时装秀以及在巴黎、伦敦和东京开设的门店扩大了媒体曝光率,新系列被证明是一季成功的作品,在保留现有顾客的前提下,重塑了路易威登的品牌识别。路威酩轩集团旗下的时装与皮具业务的销售额从 2001 年的 36 亿欧元增加到 2019 年的 220 亿欧元,占集团总营业额的 41%。我们预测,路易威登品牌 2001 年的销售额为 9 亿欧元,2019 年为 130 亿欧元。2013 年,法国时装设计师尼古拉·盖斯奇埃尔(Nicolas Ghesquière)接替马克·雅可布,担任创意总监。

该品牌取得的成功源自品牌对识别及其认知方式的深刻理解。路易威登在其历代众多识别中找到了时装的表述元素,突出了与箱包有关的传统价值。与其说是遵循守旧,不如说是卓越和与众不同。箱包是一种怀旧的回忆,旅行在过去被视为一种冒险,只有一小部分特权者才有机会去旅行。如今的时尚杂志充斥着怀旧的异国情调,幻想比设计风格更重要。路易威登广泛地展现了这种幻想价值。在休闲娱乐活动大众化、同质化的时代,追求创意和精致成为潮流,与众不同的符号具有无法抵抗的魅力。路易威登出版了一系列书籍,延续

---

* 1998 秋冬系列是马克·雅可布在路易威登的处女秀,他展示了一个纯粹极简主义风格的系列,这与路易威登之前的风格大相径庭。

了品牌经典的旅行精神。1994 年,《一起旅行》(*Voyager avec ...*)收录了该书作者的旅行游记;此后,《旅行日记》(*Carnets de Voyage*)以彩图形式介绍了世界各大都市;2005 年,《路易威登城市指南》(*Louis Vuitton City Guide*)出版,成为高端游客的必备手册。

我们所说的时尚"涡轮效应"(turbo effect)也体现在蔻驰品牌上。蔻驰是一个美国手工箱包品牌,创始于 1941 年。1997 年,设计师瑞德·克拉考夫(Reed Krakoff)从汤米希尔费格离职,加入蔻驰,为这个以结实的皮具而闻名的品牌注入时尚元素。用时任首席执行官路·法兰克福的话来说,就是"创造未来的经典"。克拉考夫将其天赋带到了蔻驰,推出了新品类(包括鞋履、眼镜、腕表),并且收获了成功。2013 年,斯图尔特·维弗斯(Stuart Vevers)加入蔻驰,担任执行创意总监。2019 年,詹妮弗·洛佩兹(Jennifer Lopez)成为蔻驰全球代言人,此举稳固了品牌进军成衣和配饰市场的决心。2015 年,品牌收购了鞋履品牌思缇韦曼(Stuart Weitzman);2017 年,收购凯特丝蓓。如今,蔻驰已转型为多品牌集团 Tapestry。2019 年,集团营业额达到 60 亿美元。

涡轮效应的另一个最新例子是博柏利。2001 年起,博柏利取得了一系列成功。一流的广告活动融合了现代生活和英式传统,它推出了价格相对亲民的产品,广泛地使用了品牌著名的代表性图案——花呢格纹(tartan)。上述所有战略决策都收获了成功。

涡轮效应之所以在上述三个品牌上奏效,是因为它巧妙地将品牌识别的常量转化为时尚代码。路易威登和博柏利的传统内涵非但没有成为障碍,反而成为某种幻想空间的符号。品牌重建了这个幻想空间,将其延伸到其他产品,并使其适应时代韵味。这些调整策略的成功足以说明品牌准确评估了识别和市场认知。一旦这种策略取得成功,品牌销售额会大幅上升。

6. 关于品牌成长期的小结

我们从以上案例中学到了:

● 品牌识别传递的价值能被概念化的程度越低,品牌越难适应新品类。

● 只有时间才能赋予品牌正统性,让品牌得以进入新品类业务。成功的前提是这些新产品符合品牌原有的伦理和美学元素,或遵从了某种连续性。品牌也需要在新产品中表现出坚韧、原真性和决心。

● 在成长期,品牌明智的做法是慎重地处理品牌识别的巨大变化。在做出"重大跳跃"决策后,品牌无法判断新顾客是否能填补失去原有顾客的损失。这种做法有一定的风险,最适合处于衰退期的品牌。

● 成长期都有一定的范围。此后,品牌会进入成熟期,就像人类发育成熟一样。

7.1.3 品牌成熟期

在这个阶段,品牌的现金流非常充裕,但品牌特别需要保持清醒状态。一般而言,在该阶段,品牌年增长率只能保持个位数。之后,品牌逐渐接近衰退期。

用通俗的话说,我们需要"重获新生"(a new lease on life),这也是大众消费品的品牌管理者最常做的事情。他们不断地努力改进产品的技术性能,也以产品延伸的形式推出新产品,如某衣物柔顺剂或室内除臭剂新推出薰衣草或柠檬/青柠香型。产品的多样化产生了额外的生产和仓储成本,并且业绩表现会被滞销的产品拖累。有时,品牌需要重新设计产品的生产规模,确保不同包装与每个新品的功能相匹配。

因此,成熟期是扩大产品线、实施多元化的阶段。某个产品可能只专注于单一形式和功能,而另一个产品可能覆盖其他产品功能,但这些做法不能过于极端。例如,帮宝适(Pampers)推出了为男婴与女婴分别设计的一次性尿布。这个设想似乎非常有创意,但妈妈们的真实想法是什么呢? 实践是检验真理的唯一标准,最终,这一尝试很快被放弃了。

几年来,香奈儿一直面临成熟期带来的挑战。为此,它尽最大努力扩大了品类,推出了一系列产品,包括皮具、腕表和高级珠宝,并取得了骄人业绩。然后,香奈儿开始推出男士产品。自 2016 年以来,香奈儿推出了领带、古龙水和其他香氛产品,男士成衣已经在一些门店销售,我们也可以在女性时装秀上看到它们。

品牌成熟期的增长趋势可能与前一时期相差无几。唯一不同的是,有些品牌即使在强劲的增长中也能预判自己是否马上步入成熟期或可能的衰落期,而另一些品牌只能听天由命。

7.1.4 衰退期、品牌重建与品牌消亡

衰退期是指品牌市场份额逐渐减少和销售额下降的阶段。在这一时间点上，只存在三种可能的发展方向：其一，在一段时间内持续下降；其二，品牌消亡；其三，品牌重建。

1. 持续下降

只要财务有所保障，衰退期就会持续很长一段时间。很多品牌多年来一直在努力遏制业绩下滑，但始终未能有效控制局面。例如，从 20 世纪 90 年代初到 2000 年，巴利的销售额一直在下降，12 位高管和两名股东试图努力扭转局面，但收效甚微，品牌持续亏损。此后，巴利被美国得克萨斯州太平洋投资集团（Texas Pacific Group）出售给卢森堡 JAB 投资公司，前者在 1999 年收购了该品牌。2018 年，巴利又被出售给拥有众多品牌的山东如意集团。这次最新的收购发生后，有迹象表明巴利正在恢复盈利能力。

然而，时尚涡轮效应并不是对所有品牌都有用。艾斯卡达也同样经历了长期的衰退。2009 年，公司申请破产。几经易手后，2019 年，艾斯卡达被美国私募基金公司 Regent L.P.收购。登喜路、柯达（Kodak）、罗伯特·克雷哲里（Robert Clergerie）、迪赛（Diesel）、夏洛特·奥林匹亚（Charlotte Olympia）、耶格、BCBG Max Azria 等诸多品牌多年来一直在试图扭转颓势，但均未取得明显效果，有时陨落反而加速。例如，2019 年，罗伯特·卡沃利在美国市场的业务宣告破产。

在数字世界中，2003 年，3D 网络虚拟游戏《第二人生》（*Second Life*）上线。它的发展历史曲线非常接近理想的品牌生命周期曲线。该游戏在最初几年快速增长，活跃用户数在 2007 年达到了 110 万左右的历史峰值。随后，用户数趋于稳定并开始下降。我们现在很难获得该游戏用户数量的准确数据。根据各种资料的估计，这一数字在 50 万到 80 万之间。用户人数已经无法继续增加了。

2. 品牌消亡

品牌消亡是由于缺乏足够资金、顾客需求减少或错误的管理决策导致的。

品牌在被收购后可能就销声匿迹了。西班牙英格列斯百货公司（El Corte Inglés）从委内瑞拉金融公司手中收购了竞争对手普雷西亚多斯百货公司

（Galerias Preciados），仅保留了后者业绩最好的门店，将其他门店全部关闭，所有门店也被统一命名为"Corte Inglés"。一夜之间，普雷西亚多斯百货公司名消失了，被一个更强大、更能引起共鸣的名字取代。法国新新百货商场（Nouvelles Galeries）被老佛爷百货公司收购后，同样的故事发生了。在百货行业，我们必须提一下巴尼斯百货。该百货公司分别在 1996 年、2019 年申请了破产。第二次破产申请的部分原因是业主要求的租金太高。即使这个品牌名将来能延续下来，它也不会是我们所熟知的分销商品牌了。

品牌在投资新产品组合时仅考虑经济利益，则可能会遭遇风险。汽车或腕表等附加值高的名牌尤其会遇到这种风险，如果它们让忠诚顾客失望，顾客会让品牌遭受严厉的惩罚。这一点在标致集团在法国市场重新命名西姆卡品牌（Simca）这一事件中表现得淋漓尽致。西姆卡是一个独立品牌，拥有自己的经销商网络，这些经销商负责销售汽车、服务忠实顾客。西姆卡不仅是汽车引擎盖上的一个名字，而且是一个"世界"、一个"虚幻宇宙"。因此，将西姆卡重新命名为"塔尔伯特"（Talbot）注定让很多曾经与该品牌有情感联系的顾客感到气愤。

不过，品牌确实会消亡。汽车行业中有许多这样的案例。例如，潘哈德、西姆卡、塔尔伯特、西斯帕罗苏扎（Hispano Suiza）、斯蒂旁克（Studebaker）、水星汽车（Mercury）等。2020 年 2 月，通用汽车公司宣布正式放弃霍顿汽车（Holden），其在澳大利亚和新西兰已经存在了 160 年之久。品牌也因其战略失败而消亡。2010 年，悍马（Hummer）未找到收购方，最终消亡了。它的失败之处在于其无视汽车市场的生态环保与和平趋势，2008 年发生的金融危机也对其母公司通用汽车产生了巨大的负面影响。

在服务业中也有众人皆知的例子。安达信会计师事务所（Arthur Andersen）的案例具有标志性的意义。2001 年，安然公司（Enron Corporation）的破产引发了更多丑闻，原全球五大会计师事务所之一的安达信背离了公司使命，其随即倒闭。

银行业的品牌也受到了损害。2002 年，瑞银集团（UBS）宣布终止瑞银华宝（UBS Warburg）和瑞银普惠（UBS Paine Webber）的业务，它们的业务由母公司在瑞银品牌下开展。雷曼兄弟公司（Lehman Brothers）在 2008 年金融危机中破产,并成为了这场危机的催化剂。

在时装界中也有一些品牌轰然倒塌,其中不仅有创立于 1903 年的保罗波烈(Paul Poiret)、创立于 1906 年的露易丝雪瑞(Louise Chéruit)等时装先驱品牌,还有一些新锐品牌,如索尼亚·里基尔(Sonya Rykiel)。由于投资者对索尼亚·里基尔不感兴趣,而且品牌持有者无法扭转衰败的局面,该品牌于 2019 年不得已宣告破产。这个故事很令人惋惜,但同时很有教育意义。1968 年,索尼亚·里基尔创建了同名品牌,并迅速繁荣起来。2011 年其营业额达到 8 400 万欧元。2012 年,由亿万富翁冯氏兄弟掌舵的香港利丰集团(Li & Fung)旗下 Fung Brands 的投资子公司 First Heritage Brands 收购了该品牌。他们还收购了罗伯特·克雷哲里和德尔沃(Delvaux)。2018 年,品牌销售额下降至 3 500 万欧元。亏损是由很多原因造成的:有关艺术效果的决策很糟糕,员工水准欠佳,公司整体管理不善,在技术方面缺乏远见,投资者离心离德,在中国市场的零售业务疲软。该品牌的创始人是一位女士,她专为现代职场的独立女性设计服装,是妇女解放运动的积极倡导者。顾客和该创始人之间本有着奇妙的“化学反应”,但如今,它已消亡。

显然,技术过时也会导致品牌消亡。比特迈斯(Betamax)、索尼随身听(Sony Walkman)和柯达相机都已被时代淘汰。

3. 品牌重建

最后一种实现品牌增长的方式就是前文提到的“重大跳跃”。迄今为止,很少有品牌能成功做到这一点。这一术语通常指品牌通过有计划地改变目标顾客进行重新定位。一些处于衰退期的公司虽然完成了内部流程再造和产品更迭,但仍未能成功扭转颓势。此时,这些品牌可使用该策略。

我们可以从品牌与其消费者日趋减弱的关系中看出来品牌衰退的迹象。消费者对这个品牌及其产品不再产生兴趣,或更确切地说,它的吸引力不如竞品了。因此,为了彻底解决这个问题,品牌会进行重建,倘若成功,品牌识别也将随之发生演变。

前文已经介绍了古驰的华丽重生。值得注意的是,每一次品牌重建都得益于品牌识别的巨大变化。如今古驰的品牌识别中没有特定的品牌伦理或品牌美学常量,它与 1994 年汤姆·福特担任创意总监时的品牌几乎没有任何相似之处。亚力山卓·米开理用丰富的创造力管理这个品牌。他摒弃了品牌的传统价值观元素，如高质量工艺、罗马电影时代的意式飞机，取而代之的是好莱坞风流少年。诱惑力曾是古驰品牌表述的核心，而现在则是不拘一格和意外惊喜。在这种情况下，新增顾客数足以超过不再喜欢古驰的顾客数量。

4.“睡美人”：关于品牌重建的特殊案例

公司有时会放弃自己的品牌，但品牌名却依然被人们铭记。例如，潘哈德、西斯帕罗苏扎等品牌，尽管生产这些汽车品牌的工厂早已消失，但品牌名仍然留存在几代人的脑海中。对于大多数知名品牌来说，这种持久的印象还能让它们东山再起，如西屋电气（Westinghouse）。东方快车（Orient Express）同样如此。如今，东方快车已经完成了品牌注册，它是路威酩轩集团收购的贝蒙德集团旗下的一家酒店和休闲公司，其业务涉及全球豪华酒店、列车服务和全球邮轮旅行。此外，还有 2013 年被 Easybike 集团收购的 Solex 摩托车。

在过去 15 年里，唤醒“睡美人”的例子越来越多。例如，在 1998 年被收购的高雅德（Goyard），前文提到的在 2001 年被收购的罗杰维维亚，在 2006 年被收购的薇欧芮（Vionnet），在 2007 年被收购的夏帕瑞丽，在 2010 年被收购的摩奈（Moynat），在 2011 年被收购的美国腕表品牌 Shinola，等等。在摩托车行业，印第安摩托（Indian Motorcycle）在 1953 年之前一直是哈雷戴维森的主要竞争对手。品牌在经历了 1999 年和 2006 年的两次重建失败后，最终被美国北极星公司（Polaris）收购。

品牌在被“唤醒”之后，可能要尝试多次品牌重建。一个例子就是美国设计师罗伊·候司顿·弗罗威克（Roy Halston Frowick，1932—1990）创造的品牌候司顿（Halston）。他为劳伦·白考尔（Lauren Bacall）、伊丽莎白·泰勒（Elizabeth Taylor）、杰奎琳·肯尼迪（Jacqueline Kennedy）和丽莎·明尼里（Liza Minnelli）等优雅的美国名流设计过服装。候司顿去世后，新任设计师们尝试了十多个“唤醒”项目，但都没有成功。

我们可以在品牌生命周期上直观地展现唤醒“睡美人”的情况（如图 7.7 所示）。

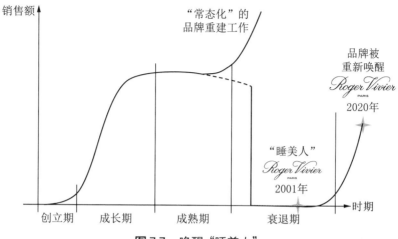

图 7.7 唤醒"睡美人"

7.1.5 品牌生命周期的其他可能用途

　　一家私募基金公司以收购奢侈品品牌为目标,图 7.8 揭示了该公司有意收购的奢侈品品牌类型,重点突出了品牌的规模、发展阶段和目标市场的地理位置。

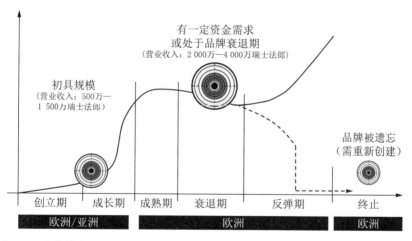

图 7.8　私募基金公司对目标公司的分类:新兴品牌、衰落品牌和被遗忘的品牌

7.2　识别棱镜模型

　　我们发现,用于分析和规范品牌识别的非符号学工具十分有限。1992 年,让-诺埃尔·卡普费雷（Jean-Noël Kapferer）提出了首个处理复杂的品牌识别问题的综合分析工具[①]，即识别棱镜模型。该模型围绕一个棱镜描摹品牌定位，界定了品牌定位应该包含的六大维度。图7.9展示了以爱马仕为例的品牌识别棱镜。

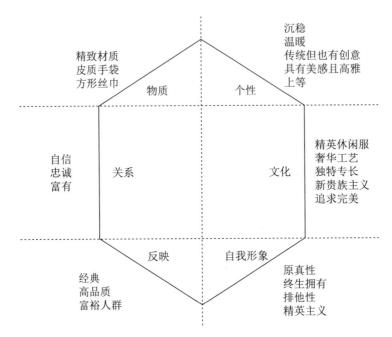

图7.9 品牌识别棱镜模型的应用：爱马仕（2020年）

物质维度（physique）是指人们提到品牌名时立即浮现在脑海中的具象化元素。它是品牌一系列的感官和客观特征，我们举例如下：

- 欧巴德（Aubade）：女士性感内衣。
- 爱马仕：凯利鳄鱼皮手袋，方形丝巾。
- 李维斯（Levi's）：有醒目标签的蓝色牛仔裤。
- 三角巧克力（Toblerone）：红黄搭配的三角形包装巧克力。
- 布莱奥尼：昂贵的意大利男士西服套装。
- 菲拉格慕：带有罗缎蝴蝶结的Vara系列女鞋。
- 巴利：鞋。

- 托德斯：豆豆莫卡辛鞋。
- 法拉利：红色赛车。
- 杜卡迪：采用管状车架的红色摩托车。
- 欧皮耐尔（Opinel）：带安全扣的木柄小折刀。
- 博柏利：花呢格纹图案。

个性维度（personality）可以通过以下问题来理解：假设我们把品牌当作一个人，他会有什么样的性格？专业、具有美感，还是功能强大？像奥迪一样具备原创性？像欧宝（Opel）或雨果博斯一样以平淡朴素为主？

文化维度（culture）与品牌创始人的原始价值观有关，通常是品牌发展所在的国家、地区或城市的文化。例如，罗意威来自马德里，杜嘉班纳来自西西里岛，珠宝品牌 Majorica 来自马略卡岛，资生堂来自日本，香奈儿来自巴黎，等等。不过，品牌并不仅仅表达地区文化。例如，惠普展现了两位天才创始人和美国创业公司所代表的"车库精神"（garage spirit）。

关系维度（relationship）涉及品牌的社会传播。一个具有明确识别元素的品牌先传递一个属于某个群体的符号，然后从群体中扩散出去，从而影响了不同个体之间的关系。当人们看到我从玛莎拉蒂车里出来，或身穿最新款的杰尼亚西装时，他们会怎么想？杜嘉班纳代表了吸引力，迪赛代表了诱惑，银行一般代表了信任。

反映维度（reflection）描述了一类有代表性的顾客，市场将这类理想中的顾客与品牌联系在一起。这个维度与"目标顾客"不是一个概念，卡普费雷在此指市场感知。

自我形象维度（self-image）是指消费者在使用产品时的形象。当一个人点燃一根万宝路香烟，钻进一辆保时捷车，或穿上一套阿玛尼西装时，他是如何评价自己的？

卡普费雷提出的识别棱镜模型是一项重大创新。这一工具首次让系统研究品牌识别成为可能，并揭示了品牌识别研究的复杂性。然而，这一工具也确实有局限性。

卡普费雷将自我形象和反映维度作为棱镜的两面，两者在本质上是接受性的。它们与品牌识别本身有关，但更多地与品牌识别感知相关。此外，关系维度应该属于文化维度的范畴内,而个性维度和文化维度也互有重叠。在我们多次使用品牌识别棱镜模型后,我们发现这个模型虽然十分有用,但使用起来并不容易,尤其是由于各维度之间缺少同质性。如前一章所述,识别棱镜模型的物质、文化和个性维度与品牌伦理和品牌美学直接相关。

7.3 玫瑰窗模型

玫瑰窗模型是另一种非符号学品牌识别分析工具,由玛丽-克劳德·西卡尔(Marie-Claude Sicard)在 2002 年提出。[②]它非常适合被用来分析后现代消费时代的市场(如图 7.10 所示)。

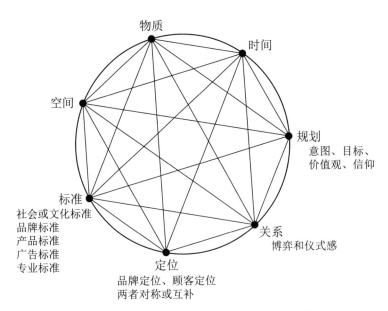

图 7.10 玛丽-克劳德·西卡尔提出的玫瑰窗模型

人们认为品牌是一种类似伤疤或脚印的印记。在认知科学中,每个品牌传播内容都由七种互相重合的环境决定,即:

(1) 物质和感官;

(2) 空间;

(3) 时间与历史;

奢侈品品牌管理(第四版)

（4）定位（顾客和品牌的）；

（5）关系（决定双方是否融洽的社会环境）；

（6）标准（社会通用规范和规则的文化背景）；

（7）规划（顾客和品牌各自的和感知到的目的）。

这7种环境同等重要，每种环境占据一个顶点，构成了一个网络，任何一个顶点上的信息都会传递给整个网络。品牌至少需要在3个顶点上发挥传播作用，每组信息传播通道至少包含一个顶点。一个组由有形元素的顶点组成，即空间、物质和时间；其他顶点代表了无形元素。

被激活的顶点越多，品牌识别就越丰富。强势品牌在所有21条可能路径中选取了7条（至少需要激活4个以上的顶点）。* 这个模型与此前的研究方法有很大的不同，它认为：品牌本身没有核心元素，品牌管理者和顾客才形成了品牌内涵；品牌识别由某个时间段中若干个顶点构成的高频路径形成的。

值得一提的是，玫瑰窗模型有其独创性。然而，该模型缺少品牌识别的核心（类似于我们提出的品牌伦理和品牌美学），使用这个工具有一定的难度。此外，它并没有指明优秀的品牌识别管理是怎样的。

在时间、空间、关系维度方面，我们不考虑美国学者提出的关于品牌资产（brand equity）概念的模型。这些模型阐述了品牌的经济价值和象征性价值，主要基于消费者对品牌的认知、回忆、辨认和联想。本书不采用这些模型，因此不再赘述。

7.4　符号方阵模型

继品牌链接点模型（即关于能指和所指的分析工具）和从中衍生的 EST-ET $^{©}$ 图后，我们要详细解读第3个符号学工具——符号方阵模型，它被用于更深入地分析品牌识别。我们已经在第1章中简要地介绍了3个符号方阵模型。

符号方阵模型是语义表达的可视化表现方式。格雷马斯提出的模型实际

---

* 7个顶点两两构成了一条双向路径，共有 $C_7^2 = 21$ 条。$C_4^2 = 6 < 7$，因此，选取7条路径则需要激活4个顶点或更多。

上可以追溯到亚里士多德（Aristotle）的逻辑方阵，只是前者在语言的语义层面上重新定义了方阵模型，而不仅局限于逻辑层面。格雷马斯的模型基于两大主要关系：其一是特定语义范畴上定性的对立关系（opposition）*，其二是代表否定的矛盾关系（contradiction）。

1992 年，让-马里·弗洛克在研究菲拉格慕的品牌识别时使用了符号方阵模型，他确定是将符号学应用于奢侈品品牌研究的先驱。③ 从此，该模型被广告商、品牌管理专家和时尚机构广泛使用。

符号方阵模型并非研究静态事物或特定事件，而是描述动态关系。打个比方，在描述一场拳击比赛时，解说员可以评论每位拳击手的动作、体格和性格，也可以评论轮番出拳的动作（如接触、加速、减速），而相较于拳击手的识别或预测动机，比赛动态更能吸引我们的注意力。即使我们对前者知之甚少，但我们仍然可以用这种方法来描述这场拳击赛。尽管符号方阵模型本身并非十分客观，但它的优势在于可以逻辑清晰地整合所有抽象概念。它能指明现存的意义，就算这种意义在逻辑上是隐含的、未起作用的。它还可以用来描述新意义出现的方式。

这种方法始于索绪尔在 1916 年的推论，即任何意义系统不仅是一个符号系统，还是一个关系系统。④ 这些关系建立在语义顶点基础上，一个事物及其对立物形成了对立关系，构成了语义范畴（category）和动态语义轴。例如，"性别"范畴描述了"男性"与"女性"两个术语（term）的关系。关系的级别高于术语，术语只是关系的交集。因此，在结构主义符号学中，只有当两个术语之间存在差异，且术语之间关系的级别高于术语本身时，意义才会存在。根据这一结构性原则，意义只能从差异中产生，因此，范畴不是指单词（word），而是指单词之间的关系（对立关系、等级关系、暗指关系等）。这些关系定义了术语，如"冷"与"热"对立，"封闭"只因有"开放"概念才存在。

我们研究品牌体系时，需要在一个对立和具有差异性的动态关系中理解品牌识别定义的驱动概念。这就是本书前几章提到的辩证关系。品牌管理的根本性问题就是如何管控品牌的潜在含义。符号方阵模型在 Greimas 和 Courtés（1979）⑤ 与 Floch（1983）⑥ 的基础上发展起来，多年的实践证明这个模型可以

---

　　* 在本书的 1.4.2 中，原著用"contrary"代表对立关系。

有效应用于品牌识别分析。

　　Floch(1983)认为符号方阵模型"既能满足符号学家描述意义产生的必要条件,也是所谓'定性研究'的宝贵工具,符合一致性、完整性、简要性三大科学研究要求"。[⑦]他针对不同行业(包括品牌传播代理公司)开发了大量符号方阵模型,其中使用最广泛的一个是消费价值观符号方阵模型(如图7.11所示)。在应用于市场营销的符号学分析领域中,该模型是基本的方法论工具。弗洛克研究了很多不同行业的品牌,将模型用来分析菲拉格慕、伊夫圣罗兰、兰蔻、香奈儿、巴利、沃特曼(Watermann)、罗意威、苹果、巴黎大众运输公司(RATP)、法国优格(Urgo)、欧皮耐尔、雪铁龙等品牌,甚至用该模型分析政治活动的准备工作和艺术作品,如瓦西里·康定斯基(Wassily Kandinsky)、爱德瓦·布巴(Edouard Boubat)、亨利·卡蒂埃-布列松(Henri Cartier-Bresson)、罗伯特·杜瓦诺(Robert Doisneau)、阿尔弗雷德·施蒂格利茨(Alfred Stieglitz)等的作品,以及漫画作品,如埃尔热(Hergé)创作的《丁丁在西藏》(Tintin in Tibet)。消费价值观符号方阵模型是在当今传播和时尚趋势研究中使用最广泛(恐怕也是最被过度使用)的符号学工具。若让符号学家辨析某个品牌的意义产生机制,他们的天赋便体现在能够辨别并提出最相关的语义轴(即范畴)。

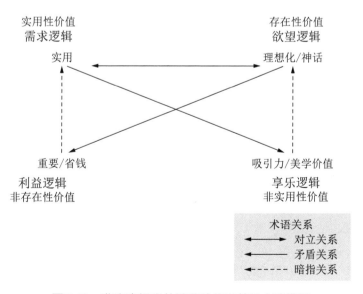

图 7.11　弗洛克提出的消费价值观符号方阵模型

正如吉尔·利波维茨基所述,我们处在"生活方式的超现代市场"(a hyper-market of lifestyles)＊之中,我们的文明是一种消费的文明,而消费价值观符号方阵模型恰恰强调了后现代消费者的四个主要动机。该模型表述得非常清晰,如今大多数品牌都在努力开发产品和识别的神话维度和美学维度。从更深层次上说,实用性价值和存在性价值之间的关系并非新创:它是对手段与目的两者关系,带来传统修辞色彩的描述,是人类所有规律活动产生的基本机制。

这类分析可应用于结构化的独立故事。为了有效地将符号方阵模型应用于品牌分析中,我们必须接受这样一个前提:品牌可以代表一个有意义的微观世界。语义轴由一组对立关系构成,如"实用"与"理想化"。一旦对立关系成立,理论上,我们就可以用它分析消费机制,符号方阵模型可以辨析所有概念的细微差别。

每一组对立的术语都能衍生出另一组术语,后者代表了前者不存在的属性特征(即两者是矛盾的)。例如,与"实用"相矛盾的是"非实用",如吸引力、趣味、美学价值;与"理想化"相矛盾的是"非理想化",如重要、实用主义。在符号方阵模型的左侧纵轴上,我们可以看到"重要""非理想化"暗含着实用性价值和实用主义;在右侧纵轴上,我们则有理想化、神话和吸引力。

方阵模型的优势在于它能够统一地整合抽象概念。模型包含了那些存在但隐指的意义,并描述它们以何种方式显现。对于品牌而言,强调意义机制绝非徒劳无功,我们研究的是品牌传播的定义,而传播正是品牌与消费者之间关系的主要基础。

我们在此展示 1992 年针对菲拉格慕的一项研究(如图 7.12 所示)。值得一提的是,这项研究成果在 2020 年仍然适用,从而证明了品牌常量的重要意义。当时,本书作者当时第一次了解符号学。这项研究由让-马里·弗洛克和弗朗索瓦·施韦贝尔(François Schwebel)共同完成,他们与 Creative Business 公司合作,帮助菲拉格慕成为走出意大利、美国和伦敦市场的全球化品牌。

＊ 法国当代哲学家和社会学家吉尔·利波维茨基在其著作《超现代时代》中提出了现代性、后现代性和超现代性的概念,并认为现代社会已经表现为全球化的自由主义、泛滥的个人主义、生活方式的准普遍商业化(quasi general commercialization)等,因此提出了"生活方式的超现代市场"的概念,参见 Gilles Lipovetsky and Sebastein Charles,2005,*Hypermodern Times*,Polity。

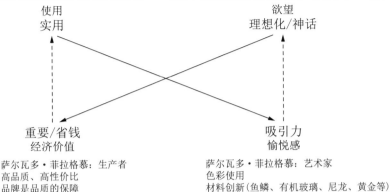

萨尔瓦多·菲拉格慕：命运之主，星辰之匠
每个女人都会成为公主，每个公主都会成为皇后
萨尔瓦多·菲拉格慕是伏尔甘
奥黛丽·赫本、西尔瓦娜·曼加诺、索菲娅·罗兰等明星是维纳斯
从那不勒斯的博尼图小镇经好莱坞到费罗尼·斯皮尼古堡

萨尔瓦多·菲拉格慕：鞋匠
舒适，耐用
制作工艺(铅垂线与解剖学研究等)

使用
实用

欲望
理想化/神话

重要/省钱
经济价值

吸引力
愉悦感

萨尔瓦多·菲拉格慕：生产者
高品质、高性价比
品牌是品质的保障

萨尔瓦多·菲拉格慕：艺术家
色彩使用
材料创新(鱼鳞、有机玻璃、尼龙、黄金等)

图 7.12 菲拉格慕（1992—2020 年）＊

图 7.12 展示了菲拉格慕品牌定位演变的基本框架，它为后续产品和传播行动计划打下基础。后续决策的重点在右侧轴，即品牌的非实用性价值。我们注意到，菲拉格慕发布首款香水时，投放了大量广告，意在加强品牌的神话和美学价值元素。一个强势品牌通常在方阵模型的四个顶点维度上都有所表现，这意味着品牌可以契合大多数人的购买动机。

存在性价值/实用性价值的语义轴已经被广泛使用，但它还远远不能回答所有与品牌识别相关的问题。因此，让·马里·弗洛克提出另一条语义轴，即原真性（authenticity）/表面性（superficiality），该语义轴研究对比的是符号永存与意义产生的差异（如图 7.13 所示）。在对罗意威和巴利的分析中，该模型非常有用。

弗洛克将奢侈品品牌分为两大类：一种是自身产生意义的品牌，即"本质"（substance）品牌；另一种是利用符号表达的品牌，即"符号"（sign）品牌。那些希望被视为原真的奢侈品品牌都将自己定位于方阵模型的右上角，尤其是那些拥有诸如香奈儿及卡尔·拉格斐、让-保罗·高缇耶和克里斯汀·拉克鲁瓦等

＊ 图中，伏尔甘（Vulcan）是罗马神话中的火与工匠之神，罗马十二主神之一，娶了女神维纳斯（Venus）；博尼图（Bonito）是萨尔瓦多·菲拉格慕出生与创业的所在地。

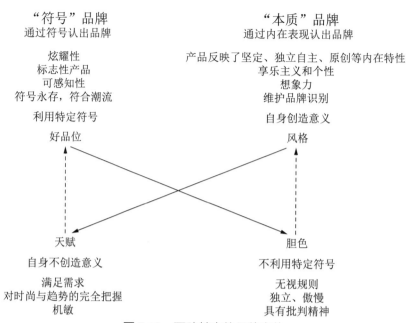

"符号"品牌
通过符号认出品牌

炫耀性
标志性产品
可感知性
符号永存，符合潮流

利用特定符号

好品位

天赋

自身不创造意义
满足需求
对时尚与趋势的完全把握
机敏

"本质"品牌
通过内在表现认出品牌

产品反映了坚定、独立自主、原创等内在特性
享乐主义和个性
想象力
维护品牌识别

自身创造意义

风格

胆色

不利用特定符号
无视规则
独立、傲慢
具有批判精神

图 7.13　两种基本的品牌定位

同时代著名天才设计师的品牌(克里斯汀·拉克鲁瓦曾管理自己创立的同名品牌)。路易威登、高雅德、博柏利等品牌广泛使用了重复图形设计(花押字图案)，因此，它们位于模型的左上角。飒拉等拥有解读市场需求的能力(或业务系统)的品牌位于模型的左下角。保罗史密斯或莫斯奇诺等不走寻常路的品牌位于模型右下角。

品牌会随着时间的推移而发生演变。品牌在方阵模型四个顶点的重心会发生偏移，可能会从一个顶点转移到另一个顶点。菲拉格慕就发生了这样的变化。在创始人萨尔瓦多·菲拉格慕在世时，品牌保持了最初的定位，位于风格顶点。如今，品牌处于好品位顶点，菲拉格慕独有的金属双钩饰扣图案(gancino)已经出现在很多产品上。

我们可以用符号方阵模型分析在第 6 章中涉及的悖论或辩证关系。首先，我们引入两条坐标轴(如图 7.14 所示)。然后，我们用之解析前一章提出的两种主要品牌定位方式，即原真性与无缘由设计(如图 7.15 所示)。

　　　　　　　　　　　　　　　　　　　　　　　　　　奢侈品品牌管理(第四版)

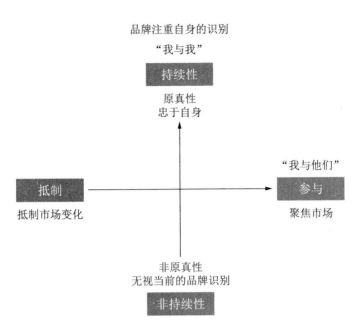

图 7.14　两种战略选择：以市场为中心或以自我为中心

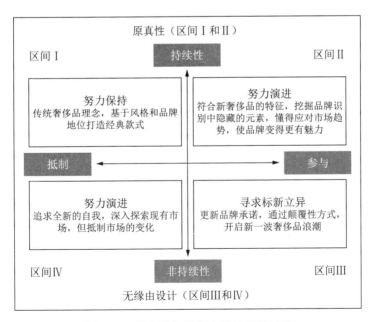

图 7.15　原真性与无缘由设计品牌战略

语义轴建立在“品牌注重自身的识别(我与我)”和“品牌注重市场(我与他们)”的对立关系基础上,并衍生出两组矛盾关系。纵轴表示原真性概念,即品牌忠于自身识别。如今,很多品牌不再发展自己的品牌识别,无视它们曾经扮演的角色和所做的工作——这着实让人十分感慨。一些中端市场的时装品牌(如桑德罗、Maje、The Kooples 等)聚焦于现有目标市场的顾客,仅表达这类人群的价值观,还没有建立起强有力的品牌识别。横轴表示对市场的聚焦程度。两条坐标轴将平面划分为四个区间。

区间 I 的品牌努力保持识别和目标市场,如拉夫劳伦和诺悠翩雅等,它们都获得了成功。

区间 II 的品牌在开发新市场的同时,仍保持品牌识别,如法拉利延伸产品和服务。区间 I 和 II 是原真性品牌的定位区域。

区间 III 的品牌追求创意,如古驰和罗意威,它们一直在开发新市场,不受品牌过往历史的约束。

区间 IV 的品牌与现有顾客的联系更加紧密,而非与其自身的品牌识别。例如,法国品牌 CFOC(Compagnie Française de l’Orient et de la Chine)提供时装、家居、食品和任何其他文化“产品”(如书籍、电影或大型活动),推广东方的传统和当代设计。区间 III 和 IV 的品牌采用了无缘由设计方法,这些品牌无法保持或创造品牌的美学常量。

我们将一些品牌作为示例放置于模型中(如图 7.16 所示)。这种模型的一

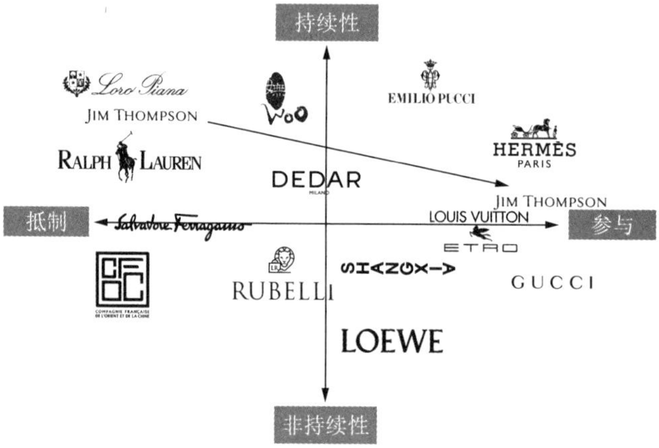

图 7.16　原真性与无缘由设计品牌方阵模型举例

个用途是作为公司内部沟通的工具。比如,我们在2016年建议吉姆汤普森品牌改变其战略聚焦点,图中的箭头代表了改变的方向。

本质上,符号方阵模型的分析结果不可能面面俱到,但它有助于我们深入理解那些经常被传统营销和战略工具忽视的方面。尤其是,我们可以用它来研究体系构建、行业部门、品牌战略、消费者行为、市场趋势等。

最后,我们再举一个符号方阵模型的例子,以说明该模型的广泛应用。我们可以用它解析鲍德里亚关于超现实⑧的理论。前文我们已经提到,可以用该理论诠释缺少所指维度的设计。

鲍德里亚认为,图像与现实之间关系的四个阶段依次是:

(1)图像反映了基本现实;

(2)图像颠倒了基本现实;

(3)图像隐藏了基本现实的缺失;

(4)超现实,没有任何参照物的符号,这些符号只是自身纯粹的幻象。

我们可以通过符号方阵模型构建一条语义轴——展示现实存在/展示现实缺失,分析鲍德里亚提出的关于图像与现实之间关系的四个命题(如图7.17所示)。语义轴是一条关于透明(transparency)的轴,它的两个顶点分别是现实存在和现实缺失。超现实通过没有任何参照物的图像展示了现实缺失,它是对空虚(emptiness)开放的透明。另一对矛盾顶点是"隐藏现实缺失(故弄玄虚)"和"隐藏现实存在(表现糟糕)",它们之间的关系是不透明(opacity)的。

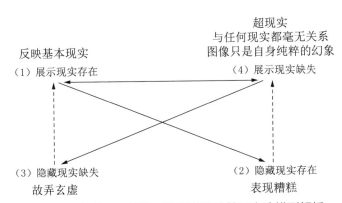

图7.17　鲍德里亚图像四阶段理论的符号方阵模型解析

资料来源:G.Mazzalovo,2015,"Deus ex Opacitate:El administrador de Sistema",in M. Serra and O.Gomez(eds.), *Transparencia y Secreto*, Madrid:Visor Libros.本文是2013年在马德里举办的Grupo de Estudios de la Semiotica Cultural(GESC)学术研讨会上的会议论文。

7.5　符号映射图

安德烈·塞普里尼将弗洛克提出的消费价值观符号方阵模型优化为可塑性更强、更易理解的营销分析工具。[⑨]他将主语义轴转为一个二维平面的纵轴(如图 7.18 所示),并将从最实用到最理想化的价值观元素定位在这个坐标上。横轴(重要/吸引力)与纵轴垂直相交,构成了符号映射图(semiotic mapping)。

相比于符号方阵模型,符号映射图的优势在于明确了每个元素与其他元素的相对位置,构成了元素间相对的连续性。塞普里尼认为,符号映射图与实用/理想化符号方阵模型一样,分析的是消费价值观,而非消费态度和行为。这些个体行为(展现激情、热情,冷漠对待,抗拒等)与每个消费者追求消费价值观的策略相对应。塞普里尼详细地分析了横轴与纵轴划分的四个区间。

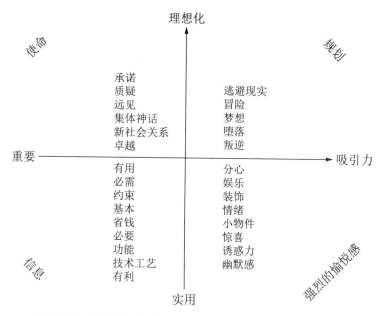

图 7.18　安德烈·塞普里尼提出的消费价值观符号映射图

- 左上角区间被称为使命(mission)。重要和理想化价值观的融合直接产生了超越现在、面向未来和寻求创新的决心,反映了品牌的责任意识和在不同领域的不懈努力。20 世纪 80 年代末,贝纳通发起了"无肤色运动"(United Colors),其广告片中出现了各个种族的年轻人,体现了该运动传递的理念。贝纳通展示了一个基于新型社会关系的理想世界。美体小铺和多芬等致力于售卖天然产品的品牌也位于这个区间。

● 右上角区间被称为规划(project),它保留了左上角区间的主观维度,但集体承诺(collective commitment)被个人情感诉求取代。人们为了解决现有问题,会强烈倾向于开启个人规划。斯沃琪和恩加罗等品牌位于这个区间。

● 右下角区间被称为强烈的愉悦感(euphoria),它融合了吸引力和实用价值观。绿洲(Oasis)、吉列(Gillette)等品牌在这个区间,它们的品牌表述是积极、可靠、相对实用。这些品牌专注于产品的内在属性,即稳重、产生好感、带给所有人幸福,如卡尔文·克莱恩推出永恒系列(Eternity)香水。此外,莫斯奇诺、迪赛等品牌也在这个区间,它们可以带来惊喜、幽默感和诱惑力。

● 左下角区间最容易理解。在重要和实用价值观结合的区间内,产品质量无疑反映了品牌价值。必需、有利、必要、理性、有用等是最重要的价值观。这个区间被称为信息(information),大型零售品牌[如沃尔玛、凯马特(Kmart)等]都位于这个区间。

塞普里尼还使用符号映射图分析品牌在时间、空间、激情、关系等方面的表述。实际上,该工具与符号方阵模型一样强大,用途广泛,它的使用方式更加灵活。它表明了消费价值观可以有无穷的组合、聚焦内容和差异性,从而揭示了品牌识别管理的复杂性。一些品牌在符号映射图上的定位如图 7.19 所示。

7.6 叙事方案

1928 年,弗拉基米尔·普洛普(Vladimir Propp)为分析俄罗斯童话故事开发了一种叙事方案,使得故事叙述(storytelling)在营销学术圈内流行起来,其成为了构建品牌表述的有用方法。普洛普的结论在很大程度上推动了格雷马斯的研究

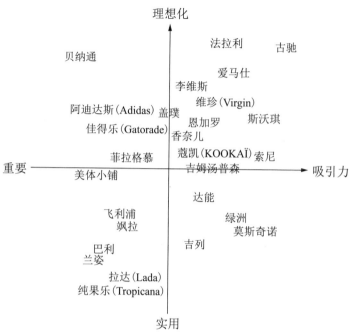

图 7.19　一些品牌在符号映射图上的定位

和结构主义符号学的发展。任何一则故事按逻辑顺序可以分为四个情节,分别是
签订协议、获得技能(或专业知识)、做出表现、给予奖惩(如图 7.20 所示)。

签订协议	获得技能	做出表现	给予奖惩
品牌伦理	公司业务范围	公司业务活动	品牌感知
公司理念	特殊技能	提供的产品	声名狼藉
世界观	人力资源	所有的消费者权益	强大的吸引力
品牌内涵	分销网络	打造的幻想世界	相比竞争对手的优势
	财力		
	专利与版权		
	管理质量与文化(如视野、凝聚力、决心、思路清晰等)		

图 7.20　弗洛克提出的叙事方案

　　实际上,消费价值观符号方阵模型中的实用性和存在性价值源于叙事符号
学(narrative semiotics)。在任何故事中,我们都可以识别赋予英雄追求以意义

的生命价值观。这些普遍存在的价值观激发了英雄的行为——追求真、善、美，敢于牺牲，敢爱敢恨，渴望自由等。

另外，实用性价值是次要的，起到了辅助作用，代表了英雄完成使命的必要手段。例如，英雄找到了一把由魔法合金制成的宝剑（实用性价值），用它杀死了恶龙，使人类重获自由（生命价值）。

在故事发生的第一阶段，主人公接受了一份协议（如挑战、承诺、探险）。在第二阶段，他获得了执行任务的技能（经典的故事开篇情节）。在第三阶段，他有着能力加成，在价值观（协议）的引导下，成功地执行了行动或计划。在第四阶段，主人公得到奖励（或惩罚）——奖惩是评估协议履行情况的方式。

我们并非漫无目的地提到叙事方案。语义学的目标之一是对任何形式的表述内容常量进行分类，因此，我们必须研究叙述方案。如果我们将品牌与一系列在价值体系框架内发生的规划或行动结合到一起，那么我们就可以将叙事学（narratology）的研究方法应用到品牌故事、表述或传说中。

该工具的分析效果比能指/所指品牌链接点模型和符号方阵模型稍逊一筹。不过，它仍然是构建品牌表述的有效方法之一。

7.7 符号叙事方案

我们也可以将此工具称为"生成过程"（generative journey）。[10] 该工具基于一个假设前提：意义产生是一个复杂的生成过程，其中包含有前后顺序的三层。我们可以形象地将这个过程比喻为制作千层蛋糕。

第一层有关价值论层面（axiological level），是最深刻、最简单、最基本的层面。它很不起眼，但非常值得研究。这个层面由与基本结构、符号方阵及品牌对生、死、义、爱、规范的定位相关的价值观构成。这些价值观是品牌识别的来源、意义和延续，确保了品牌的连续性、持久性、正统性。

第三层肉眼可见，是表达最清晰、具体、浅显易懂的层面，包括品牌表述、形象、比喻形式、阐释，通过产品、形式、色彩、人物、风格、标识等丰富品牌价值观。这个过程将第二个中间过程中的潜在叙事结构融入生活和环境中。

第二层由处于中间的符号叙事（semionarrative）结构组成，包括故事情节、演员、场景顺序和剧本。

在理论和实际操作中,符号叙事方案的难点在于如何定义三层之间的切换。我们可以通过以下三个主要手段定义从最表层(我们肉眼可见的)到最深层(形成品牌一致性的价值观基础)的切换。

(1) 价值观设定;

(2) 叙事(即剧本)设定;

(3) 场景与符号(即品牌展现方式)设置。

Semprini(1992)将该方案应用于巴黎大众运输公司的标识开发(如图7.21所示)中。[11]巴黎大众运输公司负责运营巴黎的公共交通系统,包括公共汽车、有轨电车和地铁。其业务遍及14个国家,是全球城市交通出行的领导者。它的价值观在于人文主义和为人类提供出行服务的技术。

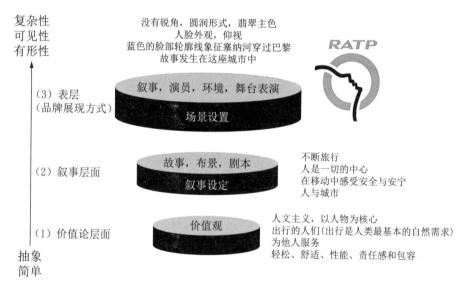

图7.21 符号叙事方案的应用:巴黎大众运输公司的标识

这种工具可被用来分析各种品牌的展现方式、标识、大型活动、广告、产品等。这个模型很简单,其递进的逻辑关系可以帮助研究者从品牌展现方式回归到品牌识别的基本价值观常量(如品牌伦理、技术、理想化等)。

符号叙事方案的中间层确保了最深层到最表层结构的贯通。这种生成过程模型的相对缺陷在于,它仅仅分析了品牌表述的内容方案,却忽略了表达方案。第 6 章介绍的品牌识别链接点模型弥补了这个方案的不足之处。

7.8　浅谈符号学

由于我们在本书中大量运用了符号学理论,我们理应再谈论一下这门学科。符号学是研究意义产生的学科。它从品牌生产和感知角度分析塑造品牌表述的符号结构。它的目的是,当我们读到、看到、听到什么(即我们感知到一段文字、一幅图片、一个物体、一类行为、一种空间)的时候,去理解并让人们理解我们是如何理解这些的,以及一切对我们有意义的东西。符号学研究已经远远超过研究符号本身,但符号是符号学研究中不可或缺的重要元素。

Heilbrunn 和 Hetzel(2003)指出"市场营销的本质是对一系列符号(产品、标识、商业机遇、广告文案等)的思维性管理"[12],我们从中可以领会符号学和市场营销学这两个学科之间非常密切的联系。从 20 世纪 70 年代罗兰·巴特、格雷马斯和安伯托·艾柯(Umberto Eco)的开创性研究到鲍德里亚对消费的批判性反思,符号学与市场营销学之间的特殊联系一直在发展。让-马里·弗洛克是格雷马斯的高徒之一,同时也是第一个开启营销和企业传播的符号学研究的学者,他认为这种符号学研究可以作为"品牌管理者整套管理工具中的附加工具箱"。[13] Rossolatos(2012)还指出,"用符号系统来设计和管理品牌的概念和方法论是结构主义符号学的研究领域"。[14]

7.8.1　从符号学家到管理者

本书目前介绍的大多数分析工具直接源于符号学的相关学科。我们已说过,使用这些工具时需要接受一个合理的假设前提——品牌是一种意义体系。

从管理者的角度来看,这些分析工具的关键优势在于它们能清晰地阐明品牌识别,并在品牌内部设法有效地控制品牌表述。品牌表述及其可能产生的意义不仅是一个恪尽职守的管理者需要密切关注的内容,也是消费者最警觉的部分,因为他们是品牌信息的主要接收者。

毋庸置疑的是,每个利益相关者都关注品牌。因此,品牌起到了十分关键的作用。然而,这也使竞争来得更加容易。如今,我们每天都会被媒体信息"轰炸",有意思的是,这恰恰是品牌有效传播的条件之一。事实上,符号学和广告学自始至终都有密切的联系。如果符号无法产生意义,那品牌就不需要投放广告了。

上述符号学工具都有一定的局限性。显然,符号学有以下缺陷:

- 它不能创造出什么。
- 它不能发明一种风格或出版一本畅销书。
- 它无法取代设计师和公关人员的创造力。
- 它无法做出巨细靡遗的分析。
- 它不能有效地解决管理问题。

然而,符号学可以揭示意义产生的机制,因此:

- 它可以明确地指出品牌的基本常量(如果它们存在的话)。
- 它提供了一个分析框架,将所有品牌元素及其展现方式囊括在这个框架内,并做出界定。这些元素决定了品牌潜在、可能的发展方向。
- 它可以管理品牌发出的不同信息之间的一致性。
- 它可以管理品牌识别与所有品牌展现方式之间的一致性。
- 它可以推动品牌总监做出战略选择。

符号学在与得到其他分析的助力时往往能发挥最大作用,如特定消费群的消费趋势调研、特定消费者的行为分析、竞争对手监测等。如果符号分析一时无法有效地提取品牌伦理常量,那么我们必须从市场调研中获取其他元素。随后,我们再用符号学来重新研究这些元素,并提出实际建议。

我们确信,符号学对品牌管理的主要贡献在于管理一致性,它在相关性方面作用甚微。即便如此,符号学仍是一种宝贵的分析工具,它可以消除主观因素,并客观地提出品牌识别的相关问题。虽然符号学工具不能产生创造力,但在当今公司普遍存在多元群体(diverse collectivity)的环境下,能保证客观性已经称得上是相当大的优势。

7.8.2 符号学分析的一些质量标准

什么样的符号学分析才是有效的? 这是一个常见的疑问。为了帮助市场研究员、品牌管理者和符号学研究者形成对此问题的看法，我们来探讨一下一个高质量的符号学分析研究是如何做到完整、详细且相关的。我们有三大判断标准：其一是研究对象是否合适或恰当；其二是研究内容是否普适；其三是这项研究是否有提出问题的能力。[15]

（1）合适性（或恰当性）。分析模型必须能让研究者更加贴近研究对象，识别隐藏的意义机制和研究对象在一致性上的不足，以及研究对象引出的主要问题。

（2）普适性。除了分析特定的研究对象（例如包装），研究必须能逐步延伸到一个品牌的所有展现形式，并揭示其不同的维度（即表达和内容）。研究结果的普适性保证了我们可以用该工具对比分析同类业务的其他研究对象。符号学的优势之一是能对内容多且复杂的词库进行分析，提取意义产生的线索，并做出客观、可信的综合分析。

（3）提出问题。我们可以根据分析结果提出可操作的建议。在多学科研究（如符号学和定性研究）中，这些建议可以得到分析本身的验证，是战略中的某一或某些层级，并不惧质疑。符号学分析的精髓在于可以成功地揭示"黑箱"中的秘密。例如，在细致、严谨地观察研究对象后，我们得出了意想不到的结论，识别了一个微弱的信号，预测到一个即将产生的问题，解释了隐含的元素。能否提出新问题无疑是判断符号学研究是否成功最重要的标准之一。因此，它有助于公司进行战略性思考，有助于我们跳出研究对象重新组合意义的各个组成部分，以及跳出时效性提出一个可能的前瞻性愿景。

符号学还衍生出另外两种分析工具——品牌展现方式的详尽列表和品牌传播链，本书分别在第 8 章和第 9 章中具体阐述它们。

注释

① J.-N. Kapferer，1994，*Strategic Brand Management*，New York：Free Press.

② M. C. Sicard，2002，*Ce Que Marque Veut Dire*，Paris：Éditions d'Organisation.

③ 早在 1986 年，弗洛克就在研究里昂地区的大型超市时使用了该模型。

④ Ferdinand de Saussure，1995，*Cours de Linguistique Générale*，compiled by Charles Bally and Albert Sechehaye，with the assistance of Albert Riedlinger，Paris：Payot.

⑤ A. Greimas and J. Courtes，1979，*Dictionnaire Raisonné de la Théorie du Langage*，Paris：Hachette.

⑥ J.-M. Floch，1988，"The Contribution of Structural Semiotics to the Design of a Hypermarket"，*International Journal of Marketing*，4(3)：233—253.

⑦ 同上。

⑧ J. Baudrillard，1985，*Simulacres et Simulations*，Paris：Editions Galilée.

⑨ A.Semprini，1992，*Le Marketing de la Marque*，Paris：Editions Liaisons.

⑩ 同⑤。

⑪ 同⑨。

⑫ B. Heilbrunn and P. Hetzel，2003，"La Pensée Bricoleuse ou le Bonheur des Signes：Ce Que le Marketing Doit à Jean-Marie Floch"，*Décisions Marketing*，29.

⑬ J.-M. Floch，1990，*Sémiotique*，*Marketing et Communication*：*Sous les Signes*，*les Stratégies*，Paris：Presses Universitaires de France.

⑭ G. Rossolatos，2012，"Applying Structural Semiotics to Brand Image Research"，*The Public Journal of Semiotics*，IV，1.

⑮ D. Bertrand and G. Mazzalovo，2019，"Méthode Sémiotique：de la Structure au Sensible"，Chap.11 in *Méthodes de Recherche Qualitatives Innovantes*（edited by Pierre Romelaer and Lionel Garreau），Paris：Economica.

第 **8** 章
创意与产品策划

我们在前几章中强调了创造力是奢侈品行业成功的基本因素和特征之一。如果品牌的相关性、组织架构、业务流程和商业模式等方面满足奢侈品行业的条件,那么高频率和广泛的创意活动是大多数奢侈品品牌成功的基础。简而言之,创意人才是成功的必要非充分条件,公司仍需要凭借创造力获取利润。奢侈品行业以设计师灵感凌驾于市场考量而闻名。不过,即便设计师的创意天赋再顶级、独家,公司也必须考虑品牌的市场竞争力,而且还需要一位能力超群的"诊断师"(prescriber)。克里斯汀·拉克鲁瓦(Christian Lacroix)在路威酩轩集团旗下的跌宕起伏便佐证了这点。1987 年,他创建了高级定制时装屋。2005 年,品牌没有盈利能力,累计亏损超 2 亿欧元,其被路威酩轩集团出售给美国费利克时装集团(Falic Fashion Group)。就连费利克三兄弟也无法把克里斯汀·拉克鲁瓦的创意天赋转化为真正能实现的经济收益。2009 年,这家时装公司最终宣布破产。

多数情况下,奢侈品公司的创新过程始于一个业务部门,它专门负责挖掘特定的细分市场。我们称该部门的员工为诊断师,这类似于建筑师规定使用某种建筑材料,医生推荐某种处方药。他们将产品设计委托给创意部门,并告知产品系列数、产品功能、定价、预期销售规模等要求。在英美公司,这类人被称为产品策划主管。美国百货公司专门设立一个职位——产品策划总经理(general merchandise manager,GMM)——负责制定产品策略,引导消费者市场,明确产品种类、定价,预估每个零售点的销售量。以上就是产品策划主管主要的工作内容。

图8.1展现了奢侈品从产品概念形成到进入分销网络销售的典型流程。产品规划由谁负责取决于企业类型,如技术产品的诊断工作可由营销部、销售部或首席执行官负责。产品的整个创作过程被划分为产品概念确定、产品设计和设计实施。我们将重点讨论图8.1中的业务流程。这种模式在主营成衣或配饰的奢侈品公司中很常用,产品策划主管负责诊断的工作。在拥有大众品牌的公司,或大多数拥有非英伦品牌的公司中,产品主管或产品线主管负责这项工作。

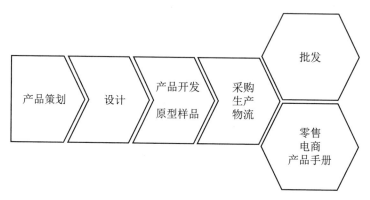

图8.1 奢侈品的业务流程

对于任何产品和服务而言,有一个共同之处——设计和创意必须系统地遵循一个特定的商业理念。通常来说,艺术家们也应该铭记这一点。

图8.2是一个经典的奢侈品品牌的价值链示意图,图中对奢侈品业务流程做了一些简化。这个模型由迈克尔·波特(Michael Porter)于1998年提出[①],被企业和商界采用至今。在本书中,该模型有助于让读者理解奢侈品行业中品牌已采用或我们建议品牌使用的公司基本组织架构。

我们根据每个职能部门的特定能力组建公司的组织架构。其中,

● 当产品策划和销售两个部门没有合并时,产品策划主管和销售主管都需要具备丰富的业务知识;

● 创意总监和设计师需要具有美学专长;

● 产品开发专员需要掌握关于产品的专业知识;

● 采购员、行业分析专员和技术专家负责物流、生产与采购。

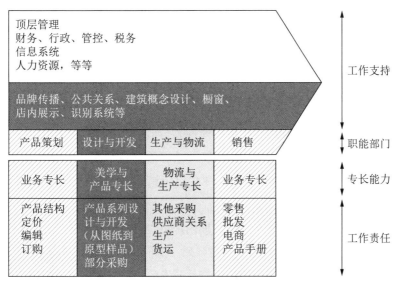

图 8.2　根据专长能力构成的公司组织架构

本章将先从业务流程的起点（即产品策划）说起，然后探讨创意阶段，最后进一步分析并总结与品牌美学有关的考量。

8.1　产品策划

8.1.1　产品策划主管的职责

产品策划主管是品牌业绩管理中的核心人员，为品牌最终的销售、利润和存货负责。他们需要不断把握市场脉搏，了解顾客，密切关注竞争对手的情况，收集公司零售、电商、批发渠道和竞争对手的各种业绩数据。他们将这些数据汇总到产品系列开发规划中。这个规划涉及产品系列数、款式、使用场景、预期销售量、渠道和定价。产品定价决定了产品制作的最大可能成本，以保障零售商和批发商获得的最低直接毛利润。第二次世界大战后，一些具备相当能力的产品策划主管陆续在美国开创了百货公司，如金贝尔百货（Gimbels）、尼曼百货、费林百货（Filene）和哈里斯百货（Harris）等。

产品策划还有一个专项任务：需要明确产品在销售点的展示方式。更确切地说，它通常被称为产品视觉策划（visual merchandising）。我们将在第 11 章中介绍这部分内容,但我们不会将产品策划局限在这项任务上。

在产品策划过程中有两项非常重要的工作:

(1) 产品系列规划和日程计划;

(2) 采购策划与决策。

正如图 8.2 所示,我们在产品策划的每一环节中都需要具备专业的商业知识。一旦产品策划主管确立了产品系列规划,产品设计和开发就启动了。当原型样品诞生时,产品策划主管就介入其中,选择哪些部分可以在公司内部生产,哪些部分需要从外部采购,哪些产品将在门店销售,以及第三方零售商将向买手展示哪些样品。

因此,产品策划主管在整个生命周期内都负责管理产品。他们决定这一季结束后再销售什么产品,下一季销售哪些系列。他们持续监控各产品系列的发展,确保样品展示的时机,并保证设计师和产品开发的决策与零售定价目标一致。

由于产品策划主管全权负责销售、利润和存货管理,他也往往负责所有的门店运营。一些公司采取了其他办法,如将门店运营与产品策划分开,前者包括人力资源的招聘和培训、商铺租期谈判和管理、合同签署、橱窗和门店内部展示空间设计、承租关系维护、门店施工和维护等,后者包括定价和库存管理(由产品策划主管负责)。

8.1.2　产品系列规划

产品系列日程计划和产品系列规划决定了整个产品设计和开发流程的进展。后者详细描述了新产品开发需要考虑的各种方面,包括:

● 产品类型和产品系列数。这包括上一季保留下来的产品系列和新产品。一个产品系列是指材料、款式、使用场景等方面相似的一个产品组合。例如,一套金属扣蜥蜴皮男士小皮件产品组合就是一个产品系列。

● 每个产品系列下的产品数量和款式数量。

● 每个产品系列的使用场景(正式、休闲、晚宴)。

● 每个款式在各个销售点的预期销售量。

● 预期零售价及最大直接生产成本。品牌通常需要考虑生产技术规范或所需的材料类型,这些将直接影响生产成本和设计方案。

在制定产品系列规划时,我们需要考虑所有主要的产品品类,并基于以往的销售业绩、竞争对手的成功经验、不同产品系列的定位,提供及时的辅助分析。

我们以男士成衣为例。出于保密原因,我们将这个西班牙品牌命名为"唐璜"(Don Juan)。尽管品牌名称用了化名,但数据完全真实可靠。该品牌以正统西班牙品牌识别进行传播推广,试图打造时尚、新潮又不那么过于前卫的形象。我们重点分析其产品策划主管制定的男士西服春夏产品系列的规划文件。

图 8.3 展示的是唐璜品牌在定价和时尚性两个维度上相对于竞争对手的定位情况。不断监测市场并明确竞争方向对品牌而言是极其重要的。我们从图 8.3 中可以明显看出,唐璜品牌的定位介于大众品牌和全球顶级奢侈品品牌之间。它是这个市场上唯一一个挑战传统男士西服强国(如意大利、美国、英国等)的西班牙品牌。唐璜凭借其西班牙风格和独特的品牌识别在市场中立足。

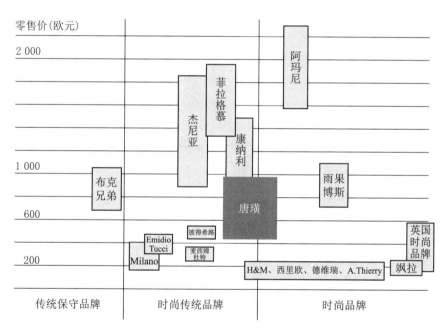

图8.3　唐璜品牌及其竞争对手的定价与时尚性定位*

第二份文件内容如图 8.4 所示。品牌根据使用场景设计了五个西服系列。图中圆的大小与预期销量成正比。

---

* 图中一些前文未出现过的品牌有康纳利(Canali)、彼得希路(Pedro del Hierro)、麦西姆杜特(Massimo Dutti)、西里欧(Celio)、德维瑞(Devred)。

第三份文件是为产品设计师和开发团队制定的更详细的指导方案,如表8.1所示。

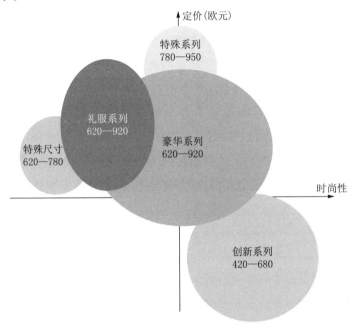

图 8.4　唐璜的产品线结构

表 8.1　**唐璜品牌各品类的产品策划方案**

男士西服春夏系列指导方案
　　需要跟进一步提升产品质量,设计更多风格的产品
　　寻求高质量的西班牙、意大利和英国面料,获得更独家的面料
　　设计具有强烈西班牙风格的款式,通过内衬、针线工艺和标签等细节使产品更易于辨认
　　紧密关注三个产品子系列的发货和到货
豪华系列
　　采用半传统式(semi-traditional)的服装结构
　　使用 30 种不同的新面料,保留原来的 5 种面料
　　保留双扣和三扣款式,在下个秋冬系列推出双排扣西装款式
创新系列
　　只采用黏合衬(fused)的服装结构
　　使用 25 种不同的新面料,可以使用豪华系列中的 5—8 种面料
　　在秋冬系列中,将定位更年轻人群的创新系列设计理念拓展到其他所有系列
特殊尺寸
　　只提供普通款;工装和半传统式的服装结构;限制在 15 种面料
特殊系列
　　该系列由某著名西班牙设计师操刀,公司与对方组成了合作团队

　　　　　　　　　　　　　　　　　　　　奢侈品品牌管理(第四版)

从唐璜的案例可以看出，产品策划主管推动整个产品系列的开发过程，他需要确保各个相关部门间消息通畅且互相协调。

此外，还有其他相关的文件，如包含每个产品和每个款式在各家门店的预期销量数据的文件。这些数据很难确定，并且对财务报表影响非常大，只能进行预估。真正专业的产品策划主管很早就能确定面料订单，并付诸生产，给品牌带来高收益。

产品系列规划是命令各部门协同参与新产品开发的协议性文件。产品类型、品牌和竞争环境的不同会导致规划方式和信息披露方式产生一定差异，尤其是，不同产品类型的产品系列规划之间差异很大。比如，针对女士鞋履系列，品牌会根据鞋型构造、使用场景、鞋底设计、材质等设计多条产品线，而非简单几款产品的组合。品牌还会确定每条产品线的市场期望零售价、鞋跟高度、鞋履使用的各类材料。

品牌会根据定价和使用场景（如从正式场合到休闲场景），对手袋产品系列进行定位，确定产品矩阵。

如果是领带产品系列，事情则简单得多。品牌一般根据面料将其分为两大类，即印花丝绸面料和提花织物面料，领带上会印有使用过的图案或新图案。当品牌没有自己的生产工厂时，其御用生产商决定丝绸和生产的质量，从而决定价格。

为了更深入地了解品牌设计产品系列的方法，我们在此分析一个真实案例，该品牌制定了男士成衣系列规划（如表 8.2 所示）。为了保密，我们将品牌称为"托马斯"（Thomas）。与唐璜不同，托马斯并非只推出男士西装系列，其男士产品线覆盖得更广。从表 8.2 中，我们可以看到规划文件提到了很多细节，最右侧一列是每个产品系列预期销量，我们将这列数据隐去了。

产品策划主管向其他所有相关部门人员（包括设计师、产品开发总监、零售主管、电商和批发主管、传播总监）介绍当季产品线结构。这预示着该季工作正式开始，同时也是各个部门内部沟通的机会，旨在确保工作目标一致，资源可以流动调配，从而实现当季目标。

我们注意到，表 8.2 中有两列是该季各产品系列和经典产品系列的单品数量〔用库存量单位（stock keeping unit，SKU）表示〕。产品策划主管在起草产品系列规划时要做的关键决策之一是决定哪些产品继续出售，哪些产品需要下架清仓。

表 8.2　托马斯品牌 2020 年春夏男士系列规划

品 类	材 质	印花数量	颜色种数	2020 年春夏男士系列的结构 细节处理	经典单品数量	2020 春夏单品数量	最大单品成本（美元）	预期销量
男士上衣					**23**	**20**		
衬衫	丝	5	3	普通丝绸、印花丝质 T 恤（但最好不要有植物印花）	2	10	90	
衬衫	普通丝	1	1		0	4	70	
衬衫	棉	4	3	有印花（较小），但不要过多，穿着方便，易于穿搭	21	6	35	
男士裤装					**9**	**8**		
长裤	丝	2	2	不要过于修身，与工装搭配	0	2	140—180	
长裤	棉	2	2	素色，提花风格可与其他系列不同，穿着方便	3	2	40—70	
短裤	棉/亚麻	2	3	宽松，与男士亚麻上衣搭配	6	2	30	
短裤	丝	2	2		0	2	70	
男士外套					**10**	**12**		
雨衣	丝/棉/亚麻	1	2	新设计：连帽雨衣	0	2	120	
夹克	丝绸提花	2	2	比修身款宽松，有厚重感	6	2	100—150	
和服	菱形花纹	2	2	轻薄，强调丝质和提花	0	2	60	
和服		1	2		3	2	60	
休闲衣	丝/羊毛/丝绸提花	3	2		1	4	150	
男士便服					**60**	**22**		
T 恤	长绒棉/平纹针织料	5	3	需要新设计小印花，长绒棉款式以素色为主	46	10	10—35	
高尔夫球衫	长绒棉/凸纹针织/平纹针织丝	4	3	素色，建议丝质搭配印花	14	8	15—40	
卫衣	丝/羊毛混纺	2	3	羊毛不用过多，适合日常穿	0	4	20—40	
男士家居服					**0**	**8**		
睡衣	丝	3	2	丝质搭配印花	0	4	100	
睡裤	丝	3	2	丝质搭配印花	0	4	100	
2020 春夏男士系列单品总数					**102**	**70**		

托马斯品牌的产品策划主管还提供了详细的附件文档，以进一步解释其规划设想。具体包括：

● 2018 和 2019 春夏系列男装销量和销售额，用以分析每个品类、产品系列和单品的销售情况（增长、下滑或畅销）。

● 2018 春夏和秋冬系列的门店销售反馈（对经典产品尤其重要）。

● 2020 春夏男装系列各品类占比情况（如图 8.5 所示）。

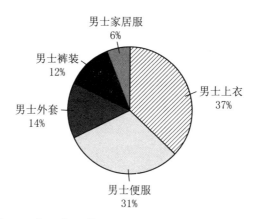

图 8.5　托马斯品牌 2020 春夏男装系列各品类占比

● 每个销售点的单品总数（一款产品的每一种颜色都代表一个独立的单品）。为了方便归类，根据规模、展示空间、顾客类型三个方面，将零售网络分割为不同的由销售点构成的群组。

● 竞争对手的畅销单品和定价信息。

1. 确保战略实施的关键节点

制定产品系列规划是确保一些战略可实施的重要工作节点。托马斯品牌最重要的战略方向之一是升级，即加强其奢侈品定位。

图 8.6 展示了 2016 年托马斯品牌领带业务的战略简报。产品策划主管提到，当时，100—200 美元的定价区间有着非常好的市场机会，托马斯品牌的定价应当提高。他又展示了一张对比图（如图 8.7 所示），数据显示，品牌在 2016 年接受了战略建议，在新的目标价格范围内进行定价，并开展了新业务，销售业绩取得了长足进步。加强品牌的奢侈品定位是最困难的工作之一。品牌必须按价格范围归总单品销售消息，这样才能有效地完成这项工作。

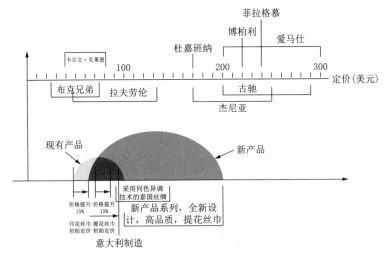

图 8.6　托马斯品牌领带系列的战略规划方案

注:图中为 2016 年 9 月时的价格。

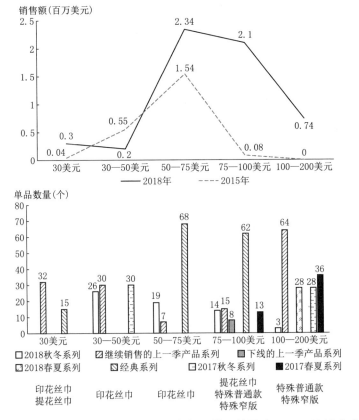

图 8.7　托马斯品牌领带系列的销售额和单品数量（2015—2018 年）

　　　　　　　　　　　　　　　　　　　　　　　　　　奢侈品品牌管理(第四版)

需要指出的是,品牌是否应该增加一个新品类产品系列(如成衣品牌增加一条鞋履产品线)应由产品策划部门来决定。

2. 定价

价格决定了产品生产时可承受的最大成本。在奢侈品行业中,成衣和配饰业务的利润一般是零售价的55%,批发利润至少是批发价的30%。表8.3给出了一个简单明了的价格结构表。定价直接影响手袋的皮革质量或男士西装的面料选择。一般而言,设计团队做出定价决策,产品策划主管负责监管。

表8.3 奢侈品成衣和配饰业务的理论价格结构

理论零售价	317.46 美元	100 美元
理论最低零售利润	174.55 美元(55%)	55 美元
批发价	142.85 美元	45 美元
最低批发利润	42.85 美元(30%)	13.5 美元
直接成本	100.00 美元	32.50 美元

8.1.3 产品系列日程计划表

产品系列日程计划表是经所有部门确认后制定而得的产品系列开发流程时间表。业务流程包括:为样品和生产订购物料、设计方案中期回顾、最终确定产品系列、门店订购、第三方分销商采购会议、参展等。我们通过该表将日程信息共享给所有参与产品系列开发的部门。

图8.8是某法国品牌秋冬女鞋系列真实的日程计划表,其中列出了所有相关工作流程。例如,确定原型样品需要经过三步:首先确定产品线,然后确定款式,最后实现原型样品。该日程计划还提到了设计师和产品策划主管参加专业展览会的次数。在向批发商和产品策划主管(有时是买手)展示最终成品前,销售部也需要定期参与到工作中来。

没有批发业务的品牌在产品入店时间方面通常管理得比较宽松。第三方分销商,尤其是美国百货公司,对交货时间的要求十分严格,因为任何交付延迟都会影响到销售业绩。

图8.9中展示的品牌要相对复杂。它主营女士成衣和家居用品。很显然,品牌每时每刻都需要同时管理两到三个主要的成衣系列。例如,品牌在2017

年9月正式启动2018秋冬系列策划时,所有设计师都集中在创意总监身边,互相分享着创意与设计理念。与此同时,产品策划主管正从开发团队提交的样品中选购2018春夏系列,2018度假系列也即将入店销售。我们注意到,图8.9

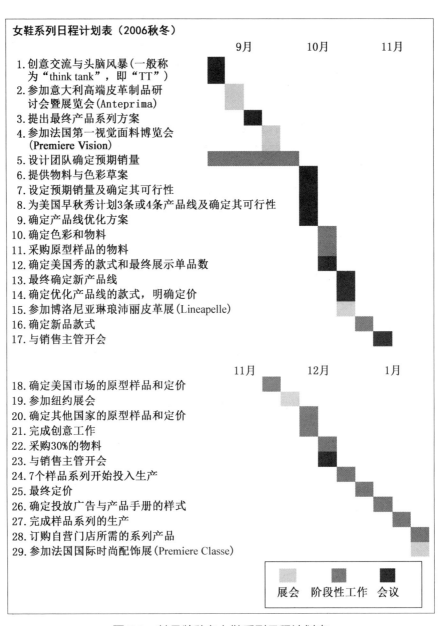

图8.8　某品牌秋冬女鞋系列日程计划表

产品系列				2016 年 10 月				2016 年 11 月				2016 年 12 月				2017 年 1 月				2017 年 2 月				2017 年 3 月				2017 年 4 月				2017 年 5 月				2017 年 6 月				2017 年 7 月			2017 年 8 月	
	34	35	36	37	38	39	40	41	42	43	44	45	46	47	48	1	2	3	4	5	6	7	8	9	10	11	12	13	14	15	16	17	18	19	20	21	22	23	24	25	26	27	28	29	30
2017 秋冬个人产品		TT																																											
								开发 2017 秋冬产品系列																								预先采购、采购、生产									2017 秋冬系列入店				
2017 春夏其他系列			开发 2017 春夏其他系列																		预先采购、采购、生产															2017 春夏其他系列入店									
2018 春夏个人产品																								开发 2018 春夏系列																				
2018 春夏家居用品																												开发 2018 春夏家居用品														
2017 秋冬度假系列																			开发 2017 秋冬度假系列															预先采购、采购、生产								

产品系列				2017 年 9 月				2017 年 10 月				2017 年 11 月				2017 年 12 月				2018 年 1 月				2018 年 2 月				2018 年 3 月				2018 年 4 月				2018 年 5 月				2018 年 6 月				2018 年 7 月			2018 年 8 月	
	31	32	33	34	35	36	37	38	39	40	41	42	43	44	45	46	47	48	1	2	3	4	5	6	7	8	9	10	11	12	13	14	15	16	17	18	19	20	21	22	23	24	25	26	27	28	29	30
2018 春夏个人产品					预先采购、采购、生产									2018 春夏系列入店																															
2018 春夏家居用品					预先采购、采购、生产								门店圣诞活动				2018 春夏家居用品入店																											
2017 秋冬度假系列						2017 度假系列入店																																							
2018 秋冬个人产品				TT					开发 2017 秋冬个人产品系列																																				
2018 秋冬家居用品							开展 2018 秋冬家居用品工作																	预先采购、采购、生产														2018 秋冬个人产品系列入店					
2018 春夏其他系列					开发 2018 春夏其他系列																		采购与生产															2018 秋冬家居用品入店					
									预先采购、采购、生产														2018 春夏其他系列入店																				
2019 春夏个人产品																								开发 2019 春夏系列																				

图 8.9　女士成衣和家居用品的日程表

还包括了其他小系列。这些系列被称为当季设计产品，基于品牌此前在色彩、畅销单品方面的表现设计而成，是旨在提升当季业绩而额外设计推出的产品系列。即使这类产品在当季最后一个月才推出，也能产生额外的收益。

一系列全面的商业计划构成了产品系列规划和日程计划表。公司一旦宣布了该规划，设计和开发工作就开始了。这也是奢侈品行业的一大特征：竞争优势往往在产品策划和创意产生时就已经形成。

8.2 创意

无论在哪个行业，产品、服务和业务职能部门的创造力和创新无疑都是竞争优势的主要来源。在奢侈品行业更是如此，顾客自然而然地希望接触到大量与品牌美学特征有关的创意和新事物。他们希望品牌易于识别，产品中蕴含着一些内在的梦想。

管理创意人才并非易事，有时甚至他们无法做好自我管理。本节先阐述奢侈品品牌创意活动的本质，然后深入探讨与之相关的公司组织架构，并通过真实案例研究挖掘背后的商业逻辑。这些内容将揭示产品管理如何与创意工作对接。我们还将提出一些关于品牌美学的观点，探讨美学概念如何帮助解决一些创意管理问题，并探索品牌创意活动与艺术之间的紧密关系。在这第四版中，我们补充了一些关于产品风格和创作过程的内容，如头脑风暴交流会和创意简报等。

创意部门其实是销售、财务、形象管理、技术、物流等各部门工作的集聚处（如图 8.10 所示）。这些部门的思考会对创意产生影响，同时也能限制设计团队的基本工作原则——关注并不断提升品牌识别。品牌识别的美学常量仍然很少被正式固定下来，设计师们凭其才华和灵感来诠释品牌美学常量，并确保它们展现了长远的时尚和社会趋势，可以持续地反映品牌价值。实际上，品牌识别蕴含了两大常量，我们分别称之为品牌伦理和品牌美学。关于品牌识别的材料堪比品牌的《圣经》，它应该被放置在每位设计师的办公桌上，无论是办公室小职员还是创意总监都应该人手一份。

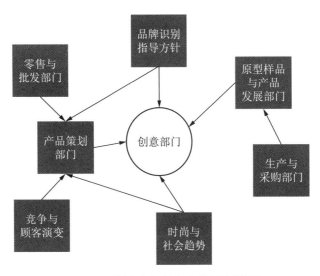

图 8.10　创意部门的投入与限制模型

　　古驰、路易威登、罗意威、思琳、巴利、蔻驰、博柏利、吉姆汤普森、菲拉格慕等产品线较多的品牌需要设计部门提供大量创意,这使得奢侈品创作的难度变得更高。一个生活方式品牌每季每个系列展示的最小原型样品数如表 8.4 所示。

表 8.4　多产品线品牌根据季度日程计划设定的每个系列的最小原型样品展示数

女士成衣	150 件
男士成衣	100 件
手　　袋	50 件
其他皮具	100 件
丝质品	100 件
总　　计	**500 件**

　　我们预计当季每个产品款式都有三个原型样品。公司每年会发布春夏和秋冬两次产品系列。言下之意是,立志打造生活方式的品牌每年至少要有3 000 个产品原型样品。为了在非常有限的时间内创造出大量的产品,职能部门之间需要缜密地进行资源协调。那些头部品牌的核心业务需要更加多的原型样品,尤其在时装秀准备期。

　　从图 8.10 中可以看到,一支创意团队的成功基于如下基本条件:

- 关注并不断提升品牌识别;

- 创意的实用性；

- 合理的公司组织架构；

- 高效的业务流程；

- 与产品开发人员精诚合作；

- 充分了解物料及供应商，团队拥有足够的天赋和想象力。

服务行业的品牌（如餐厅、酒店、度假村、邮轮、航空公司等）更多关注为顾客提供舒适的场所，非常讲究空间、选址、装修，还关注独特并优秀的服务、餐食和沟通交流。

8.2.1　创意部门的组织架构

在产品策划部门将具体工作任务分配给设计团队后，设计部门与公司自己的原型样品设计团队或御用工厂紧密合作，根据产品设计稿做出成品。

1. 设计和开发

在奢侈品行业中，设计与样本成型之间的合作效率是竞争优势的主要来源。当今，大多数设计师不具备将自己的设计理念转化为成品的技术水平，因此，原型样品设计师（意大利语为"modelisti"）是不可多得的人才。原型样品设计师是手工艺专家，能够将设计图（一般是二维的）和创意团队的设计思想转化为真实产品。他们在制作产品方面非常专业，并且这类人才越来越稀缺。（很多著名的意大利鞋匠和手袋工匠在退休后担任中国制造商的顾问。）

像萨尔瓦多·菲拉格慕和克里斯托巴尔·巴伦西亚加（Cristóbal Balen-ciaga）这样的亲手完成自己作品的设计师几乎已经绝迹。现今的设计师们只精通视觉效果设计，他们绘制二维或三维的产品图，非常需要产品开发团队的辅助。当原型样品汇总到公司后，我们常常看到，设计团队和产品开发团队会进行合并，因为它们的能力是互补的。因此，新产品开发并不是简单的原型样品设计。以鞋为例，合脚的工艺是一门严格保密的技术，但很少有专门的标准。这项技术只有参与原型样品设计和前期生产的少数设计师才掌握。原型设计部门还负责汇总生产约束条件（可参考图8.10）。

有多少奢侈品品牌，就有多少种公司组织架构模式。组织架构很大程度上取决于品类数量、设计的文化背景、品牌美学的简约程度、图案符号的可识别性、设计师的口碑、公司规模等。

为了探讨设计部门组织结构的多样性和重要性,我们接下来将介绍皮具业务在其品牌生命周期不同阶段的运作方式。

米歇尔·维维安(Michel Vivien)是一名巴黎鞋匠,设计女鞋并以自己的名字命名其品牌。他让一家意大利工厂完成原型样品生产,自己在专业展会上向市场销售它们。他有一位设计助理,并会给助理提供创意指导,而自己负责大部分创意工作。他不仅直接管控所有创意活动,还管理其他所有部门的工作。每年,女鞋的销售量可能不到5万双。

罗伯特·克雷哲里鞋履的年销量稳定在几十万双左右。21世纪初,该公司的原型样品和设计团队由四个人组成。其一心想把产品线拓展至手袋和小型皮具业务,因此与外部手袋设计师签订了协议。该公司还聘用了一名外部顾问作为品牌创意总监。

罗意威在21世纪初的营业额约为几亿欧元左右,其业务包括皮具、成衣、丝制配饰、礼品系列和男女士香氛。所有产品设计都在公司内部完成。设计部门被划分为四个业务单位(皮具、女士成衣、男士成衣和香氛),共有20名员工。罗意威一直缺少合适的创意总监,此人需负责品牌识别的相关工作,并协调创意设计部门、品牌传播部门和零售部门间的工作。1997年,纳西索·罗德里格斯被聘为女装成衣设计总监和首席执行官。在历经两代设计师后,罗意威于2013年宣布由乔纳森·安德森担任设计总监,公司组织架构彻底发生了变化。

巴利在21世纪初面临亏损的困境,其营业额下降至5亿美元左右。它被出售给得克萨斯州太平洋投资集团(美国的私募股权基金公司),这让品牌获得了重组的良机,它终于能实现成为一个反映瑞士传统价值观的生活方式品牌的愿景。管理层首先明确了实现这些目标所需的核心公司文化和业务能力。本章开头处的图8.2揭示了巴利公司组织架构的优化原则,其中,产品策划人员必须有业务专长。非常重要的一条原则是,产品策划部门不能垄断美学设计的工作,需要留有20%的系列由设计师自由定义,不施加任何约束。物流部门负责生产和运输货物。选择供应商具有战略意义,需要由设计部门和产品策划部门共同做出决定。从事创意和品牌传播工作的员工需要有突出的美学识别能力,此时,创意部门和品牌传播部门被重组了。

巴利在 2000 年的创意活动组织架构如图 8.11 所示。设计部门和产品开发部门合并了,其共同职责是确保 2D 和 3D 设计图纸与原型样品制作之间尽可能一致。巴利在巴黎、中国香港和纽约任命了特约编辑,他们是奢侈品行业的时尚名流或意见领袖,负责向公司通报近期的时尚趋势和竞争对手的情况,并对往季和当季产品系列提供反馈建议。若去除特约编辑和其他外聘工作人员(如公关人员、授权经营的腕表和高尔夫球鞋系列的设计团队),共有 31 名公司的内部员工参与创作过程。维持多产品线品牌战略需要极大量的资金支持,但一个全球化的生活方式品牌必须面对这种挑战。

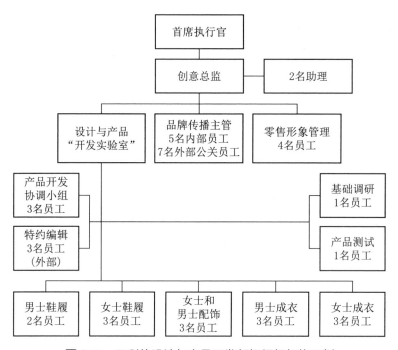

图 8.11　巴利的设计与产品开发部门组织架构示例

吉姆汤普森 2016 年的设计与产品开发组织结构与巴利的略有区别,其产品开发总监负责所有品类业务,与每个品类的设计团队进行日常的沟通交流,并直接向首席执行官汇报工作。创意总监负责品牌传播,管理所有图案设计师及相应团队。此处的情况有点复杂,因为纺织品的设计和产品开发功能要服务两个业务单元——个人用品和家居用品。

2. 大众品牌与奢侈品品牌

上述来自皮具行业的例子说明了许多组织架构模式可以在某一个细分行业里共存。综观整个奢侈品行业，组织架构模式的数量几乎等于品牌数量。我们认为，导致这种现象的原因在于我们很难量化品牌的美学维度。在林林总总的组织架构模式中，我们可以找到两种极端模式，它们有效地避免了关于品牌美学管理的问题，但并未真正解决这些问题。

第一种模式被应用于迪奥、香奈儿等主流奢侈品品牌。在这种模式中，品牌美学管理的大权被掌控在那些才华横溢又经验丰富的设计师手中[2020年，迪奥和香奈儿的首席设计总监分别是玛丽亚·嘉茜娅·蔻丽（Maria Grazia Chiuri）和维吉妮·维娅（Virginie Viard）]，首席执行官几乎没有任何掌管创意部门的权力。可能除了鸡尾酒会外，设计师很少与首席执行官见面。

第二种模式被广泛应用于大众品牌，如盖璞、飒拉、H&M、西里欧、史朋费尔（Springfield）等。在这种模式中，由很多不知名设计师组成的团队在产品主管的密切监督下工作着，产品主管会对定价和时尚程度加以限制，创意活动必须严格遵循商业计划和紧跟当前市场热点。不过，这种模式并不反对与大牌设计师甚至高级定制时装设计师联名，如詹巴迪斯塔·瓦利（Giambattista Valli）设计了H&M 2019秋季产品系列，麦当娜（Madonna）参与策划了H&M 2006秋季特别系列。产品主管往往被称为产品系列主管或买手，这些称谓明确地说明了他们工作的重点。在Cortefiel集团（如今改名为Tendam集团，是欧洲首屈一指的西班牙时装零售商，旗下拥有很多品牌连锁店），产品主管做的就是买手的工作。在这种情况下，公司的组织架构十分简单：除了常见的财务和人力资源部门，还有三大部门，即产品部门（负责产品策划、创意、采购）、品牌传播部门（负责广告、公关、展厅管理）、零售与特许经营部门。公司组织架构中的各个部门都有与品牌识别相关的工作。

这两种模式的本质区别在于对创意工作的关注度。这决定了设计师的决策权大小，反过来又影响了品牌的基本文化和竞争方式。每种模式都成就了一些传奇人物。奢侈品品牌的崛起依赖设计师的亲切感及其无与伦比的才华，此类设计师包括古驰的汤姆·福特（Tom Ford）、亚力山卓·米开理，所有著名的法国服装设计师，以及香奈儿的卡尔·拉格斐。当在任的设计师没有天赋才能时,品牌发展会变得异常艰难。第二种模式催生了过去20年里飒拉和H&M等品牌的非凡成功。它们成功的根本原因在于出色的产品策划和物流能力,它们可以将产品开发时间缩短到10天。

尽管如此,最优的模式应该是更加平衡的,它能融合品牌美学,并不断提升品牌识别。品牌有各种各样复杂的展现方式,这种模式如何整合不同专长能力以展现品牌识别呢?图8.12列举了大多数可以被市场感知的品牌展现方式。它们代表了品牌和潜在顾客之间所有的接触面,其中包括科特勒提出的4P,即价格、产品、推广(广告)和渠道。我们在该图中补充了更详细的业务活动,以及与顾客密切相关的、实际上不能由品牌直接掌控的展现方式。图8.12还列举了品牌业务活动所需的各种能力。然而,到底谁才真正为品牌美学负责?谁才具备能拓展品牌展现方式的广阔视野和格局?谁才有权完成战略和策略的实施?

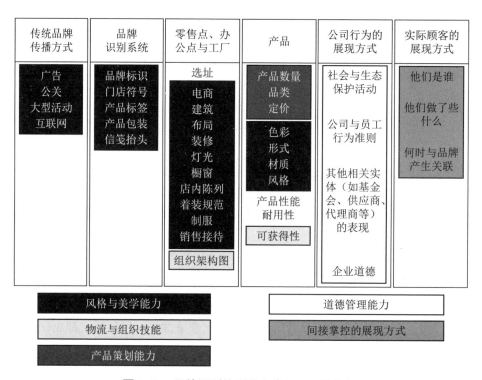

图 8.12　品牌识别的展现方式与不同的能力

　奢侈品品牌管理(第四版)

品牌美学管理的最终执行者只能是首席执行官。他能够真正平衡商业和美学之间偶尔出现的冲突,并做出必要的取舍。我们并不苛求他成为诸如乔治·阿玛尼那样少有的天才,也并非建议他参与到实际设计工作中。不过,首席执行官应该能同时启动左右脑,不仅拥有审美能力,也对商业市场的洞察足够敏锐。此外,高层管理团队中所有成员的公开透明的态度和建设性提议有助于公司形成最优的美学决策流程。

奢侈品行业的创意部门有足够的自由空间,而大众品牌的创意能力显然不被看好。在上述两种极端的模式之间应该有更平衡的组织结构模式。在这种情况下,产品策划和创意的商业逻辑可以共存并且互补。此前提及的巴利和吉姆汤普森的组织架构已经基本实现了这个目标。

3. 产品协同小组

尽管公司有很多监测工具和汇报材料,但大多数情况下不同部门的不同文化和工作指标会引发产品开发过程中的较多冲突,这最终导致产品质量差、交货晚、成本高、价格高。

为了减少此类问题发生的可能性,巴利在 2000 年初决定成立产品协同小组(Product Empowerment Teams,PET),其目的是将员工的注意力集中在团队合作的优点上,从而使产品开发过程更高效与流畅。每个产品部门(包括男士鞋履、女士鞋履、男士配饰、女士配饰、男装和女装)都成立了这样的小组。每个小组都由各产品部门的产品策划主管率领,由各品类的首席设计师、品类开发专员和供应链专员组成,并与零售运营和批发部门、品牌传播部门、IT 部门和财务部门合作。这个举措旨在实现团队可以迅速完成工作的目标。为了保证这种做法有效、让各个员工都具有责任感,我们根据工作总体目标制定了奖金激励机制,而且首席执行官直接监督小组的工作表现。

表 8.5 显示了在此情况下引入的关键绩效指标。这些努力是值得的,因为它们迅速减少了运输延误,提高了产品质量,并让产品的价格保持在计划价格之内。

很显然,要在可行的渠道、合理的时间点将合适的产品以合适的售价卖出合适的数量,并非一件易事。

表 8.5　产品协同小组的绩效指标

指　标	具　体　内　容
销售情况	销售额
盈利情况	实销比率 净利润率
固定资产	库存周转数(成品数、在产货品数、原材料数)
运营速度	是否准时供货 配货时间 上市时间
质　量	退货率
成　本	小组运营成本
团队效率	工作积极性和问题解决能力 与零售部门、批发部门、品牌传播部门等的沟通效果 凝聚力,内部交流能力,工作氛围,合作愉悦程度

8.2.2　创作过程

　　一个多品类品牌会有许多设计师参与设计工作,重要的一点是,要能够将他们狂野的想象力和大胆的欲望融入一个有序的创作过程中,以确保品牌的一致性。我们在前文举例说明了如何通过优化设计部门的组织架构达成业绩目标。创作过程与组织架构同样关键。

　　每季产品系列的开发都从创意交流与头脑风暴开始。创意总监将不同品类的设计师召集到一起开会,大家进行自由讨论。每位设计师就下一季产品系列的设计思路发表自己的观点和想法。会议一般持续一天,几天后公司会下发正式文件。这种会议一般不欢迎首席执行官参加。一个月后,每位设计师与创意总监敲定关于下一季产品系列美学指导方针的简报。此后,设计师们会收到产品策划主管发出的产品系列架构和日程计划表。至此,设计师们有了各自的下一季产品的设计路线图。

　　将战略转化为行动的第一个重要文件是第 8.1 节中提到的产品系列规划方案,第二个便是设计简报。在决定下一季的色彩时,需要参考传统色调、新型材料、装饰元素(如印花和提花图案)、创新力度、美感创造、新的花押字图案、新的标签等。

当公司调用外部设计团队时,简报显得尤其重要。建筑师、胶囊系列*设计师、自由设计师、品牌传播代理公司等需要了解工作范围,还需要美学指导方针。实际上,简报的内容可能真的很简单。2008年,宾尼法利纳汽车设计公司为法国博洛雷集团(Bolloré Group)构思电动乘用车,其给设计团队的指导方针仅包含四个词——标志性、灵活性、优质和宾尼法利纳。

8.2.3　设计师与设计风格[②]

当提起服装设计师这样的独立设计师时,我们往往仅谈论其设计风格,而不谈其创建的品牌美学。设计风格和品牌美学在某种意义上可以说是同义词。在服装业,有时也在配饰业,一个以著名设计师的名字命名的公司在此设计师去世后,很难继续蓬勃发展下去,会遇到巨大的挑战。香奈儿(两次)、拉克鲁瓦、迪奥、菲拉格慕、恩加罗、巴尔曼、纪梵希、思琳、罗伯特·克雷哲里等都经历过这个过程,但都取得了不同程度的成功。

在这个过程中会出现几个难题:

● 为了确保品牌的延续性,需要分析并归纳创始人的设计风格,以便其他创意人才据此进行解读。

● 品牌用词也需要做出改变。一位设计师的设计风格和个性会影响品牌美学和品牌识别。为此,我们需要深入分析当前设计师的设计风格,并归纳其设计作品中的感官常量。

风格是一个常常无法被精确定义的概念。它有很多语义上的变体。字典对其的定义首先强调的是,事物表现形式或人类行为的一致性和独特方式,即可被感知的、持续的、有差异化的表现特征。《法语宝库》[③]给出如下定义:

● 对语言、造型、音乐形式组合的特征描述。艺术史界定了这些美学类型,并将其描述为划时代的或由特定艺术家代表的特征。

● 以独特方式表现作者思想、情感和性格的一系列表达手段。

＊　胶囊系列(capsule collection)专指品牌推出的由若干单品构成的特定经典款产品系列。

● 使某位艺术家能够通过其作品得到认可的个人艺术表现形式（包括主题选择、形状、线条、色彩运用）。

风格由三大部分组成：

● 世界观（或价值观）；

● 行为方式（或在世界上存在和行动的方式）；

● 形式常量。

我们联想到第7.7节中提到的塞普里尼的符号叙事方案的三个层次，感官是通过三个层次（从最简单的价值观到更复杂的外部表现）产生的。我们在这些定义中发现了品牌美学的符号学定义元素，如 Floch（1995）提出的"感官处理"（approach to the sensory）④及其展现特定世界观的能力。Panofsky（2006）年写道："……风格不仅取决于它所表达的内容，也取决于它进行表达的方式……"⑤显然，他把不变的造型元素和产生这些感官效果的行为都归为风格。风格取决于将真实存在的世界观转化为感官可识别的完整过程。Floch（1995）还提到，"识别是由其生产方式定义的"。⑥风格可以被理解为一系列元素的连接旅程——这些元素最初是不连续的，但最终融合到一起创造了意义。我们可以把这个定义延伸到对一个物体完成美学处理的生产过程，即广义上的创作过程。往往是做一件事（或不做一件事）的方式造就了一个创作者的独特风格。风格也直接反映了创作者的价值观，以至于品牌和稳定的个体会根据其价值观行事。生活方式品牌选择的生活方式就是品牌伦理的产物。

风格的三大组成部分中的两个构成了能指的形式常量，即做事方式（专业知识等）以及可感知的内容。如果某种艺术手法和技巧风格非常独特，并且是很容易通过感官辨认出来的（如一幅塞尚的画、一件迪奥女装、一件阿玛尼男装、一块劳力士腕表），那么对风格的分析会集中于感官常量上。然而，我们在分析关于创作者的作品或品牌的展现方式的文献后发现，品牌有时并没有可识别的美学常量，或只是展现出无力识别它们。1996年的罗意威就属于这种情况。尽管它有150年的历史（或许正因为有150年的历史），它却没有持久一致的感官处理。此后，罗意威的管理层做出了合理的差异化决策，给品牌赋予了巴洛克风格，展现出西班牙人民的活力与感性。2008年普利兹克奖（The Pritz-ker Architecture Prize）获得者让·努维尔（Jean Nouvel）的设计风格是什么？

他的作品不拘一格，我们很难从中找到美学常量。他的作品中有哪些明显的共通之处呢？其他建筑大师［如弗兰克·盖里（Frank Gehry）、扎哈·哈迪德（Zaha Hadid）等］或设计师［如马克·纽森（Marc Newson）、罗恩·阿拉德（Ron Arad）等］都选择了一种更传统的表达方式。他们的风格更容易被识别，因为他们的作品中有反复出现的造型元素。

挖掘品牌识别中的常量元素非常困难，并且成衣设计师经常遇到这类难题。2009 年，《金融时报》的记者瓦妮莎·弗里德曼（Vanessa Friedman）撰写了一篇关于设计师马克·雅可布 2010 春夏系列的文章——《马克·雅可布的混乱创意》（"The Creative Confusion of Marc Jacobs"，2009 年 9 月，19—20）。她在文中表示，你不能把设计师放在"一个固定风格的盒子里，因为你永远不知道接下来的几季到底是什么设计风格"。

创作者的设计风格是否一目了然决定了挖掘感官常量的难易程度。不过，我们应该挖掘到多深？我们应该如何识别让·莫利诺（Jean Molino）在潘诺夫斯基（Panofsky）的著作《观念：艺术理论中的一个概念》（*Idea：A Concept in Art Theory*，1989)的前言中定义的"将各种现象汇聚成一种概念的标准"呢？⑦

1999 年，圣罗兰正处于设计团队交接的阶段，它被开云集团的前身皮诺-春天-雷都集团收购。弗洛克受邀帮助圣罗兰的继任设计总监汤姆·福特分析品牌的设计风格。圣罗兰的作品兼收并蓄，充满矛盾和悖论，指意不清，令人困惑。这项分析工作异常艰难。法国室内设计师、产品设计师安德莉·普特曼（Andrée Putman，1925—2013）直言："我就喜欢他极度晦涩难懂的特征对比风格。"

我们将在下一节简要介绍弗洛克对圣罗兰设计风格分析的主要结果。在此，我们只想强调圣罗兰的设计风格可由"此处有（here）/别处有（elsewhere）"这一语义轴来定义（如图 8.13 所示），此分析适用于品牌识别中的伦理层面和美学层面。语义轴构成的符号方阵表现了品牌的相关性，不仅归纳了圣罗兰作品的特征，还展现了这位服装设计师的生活和他的客户画像。我们从弗洛克对圣罗兰设计风格的分析中得到了启发：仅仅识别圣罗兰偏爱的色彩或形状远远不够，我们在很多时候还需要更深入地挖掘即时性的美学表达，以及潜在的价值观和设计方法。

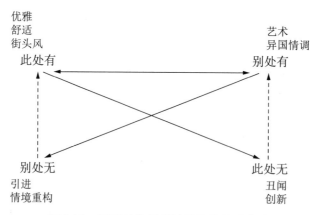

优雅
舒适
街头风
此处有

艺术
异国情调
别处有

别处无
引进
情境重构

此处无
丑闻
创新

图8.13 圣罗兰作品设计风格的符号方阵

在风格的三大组成部分中,"做事方式"往往在风格分析中被忽视。在第6.2和6.5节中,我们列举了宾尼法利纳单一品牌产品的品牌伦理和品牌美学(可参照图6.2)。在研究过程中,我们还总结了宾尼法利纳公司的创作流程,如图8.14所示。

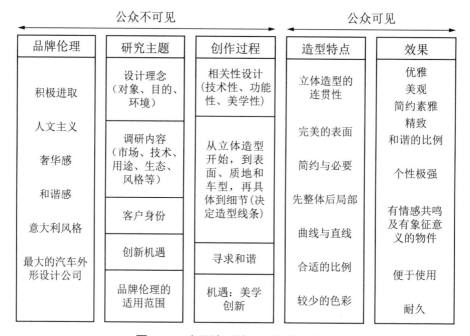

公众不可见			公众可见	
品牌伦理	研究主题	创作过程	造型特点	效果
积极进取	设计理念(对象、目的、环境)	相关性设计(技术性、功能性、美学性)	立体造型的连贯性	优雅
人文主义			完美的表面	美观
奢华感	调研内容(市场、技术、用途、生态、风格等)	从立体造型开始,到表面、质地和车型,再具体到细节(决定造型线条)	简约与必要	简约素雅
和谐感			先整体后局部	精致
意大利风格	客户身份		曲线与直线	和谐的比例
最大的汽车外形设计公司	创新机遇	寻求和谐	合适的比例	个性极强
	品牌伦理的适用范围	机遇:美学创新	较少的色彩	有情感共鸣及有象征意义的物件
				便于使用
				耐久

图8.14 宾尼法利纳公司的创作流程

8.3 品牌美学

在第 6 章中,我们介绍了品牌美学的定义,它与我们平时探究的美学哲学的含义不同。我们采用了符号学方法,用品牌的展现方式囊括感官世界中所有不变的品牌元素。它不仅包括视觉元素(形式、色彩、光线处理等),还包括声音、味道、触感和气味。图 8.12 介绍了品牌的展现方式,它涵盖四个方面,即产品、传播、空间和行为。奢侈品品牌的创意活动都围绕着品牌美学完成。不过,品牌美学的概念真的与品牌管理有关吗?

8.3.1 品牌美学的相关性

品牌美学的相关性包含了三个主要因素。

首先,当今社会正经历着不可抗拒的美学主义趋势。消费逐渐与美学不可分割。这是我们这个时代的特征之一,也是我们日常能感受到的现象(Lyotard,1984[8];Baudrillard,1985[9];Featherstone,1991[10];Firat and Venkatesh,1995[11];Postrel,2003[12])。符号学家安德烈·塞普里尼将这种现象描述为"在后现代品牌发展的背景下,美学范式呈现的泛化和碎片化"(Semprini,2005)。[13]产品和服务的形式化可被广义地定义为对材料、质地、声音、气味、造型和色彩等方面的处理。然而,这种形式化仍未被给予重视。奢侈品行业中时装头部品牌与绝对伏特加、卡斯图·巴塞罗那(Custo Barcelona)和德诗高(Desigual)等品牌的成功,才使上述形式化的做法逐渐成为未来最基本的竞争要素之一。

在近代工业时期,美学被认为是无关紧要的,从而被忽视。如今,我们看到了它对品牌展现方式中感官性维度的积极影响。安妮·勒·布伦(Annie Le Brun)在 2018 年写道:"我们看到的、触摸到的、穿的、遇到的、吃的所有东西都经历过美学的考验。"[14]这也与 Lipovetsky 和 Serroy(2013)提出的"美学诱惑策略的普及"[15]相一致。

美学在产品和服务消费中很常见。20 世纪 50 年代,设计概念诞生。最初,设计美学仅被用于小件商品和工业机器中。此后,随着宜家、康兰、艾烈希

（Alessi）、爱必居（Habitat）等公司相继创立，美学概念非常明显地被展现出来。如今，设计无处不在。所有具有市场竞争力的成功产品都经过了美学的优化。例如，冰箱、电源插座、暖气片、餐具、手提箱、灭火器、手机、个人电脑等传统的普通物件都有了很多配色，这些产品在短短几年内已经升级为时尚配件，甚至是生活方式的代表物。这佐证了设计的重要意义。

其次，某些形式、颜色、对比或融合更引人注目，更容易被记住，在接触过程中也更容易引发情感。这一简单的事实证明了美学的重要性。所有创作和品牌传播的目标不都是为了给目标顾客带来情感和记忆吗？意大利品牌 Nell & Me 的广告片中有一个年轻女孩的额头上嵌入了一枚钉子，冰美（Brema）、立酷派（Lee Cooper）、蒂埃里穆勒的异形系列（Alien）香水等都展现了怪物或变异的形象，这些虽然会让一些人感到不安、反感、害怕，但这都是设计师希望达到的效果。有大量数据证明，人们更偏好黄金分割比例的矩形。临床医学上也已经证明色彩和光线会对人类的生理和心理产生影响。无数案例表明，掌握品牌美学可以提升该品牌的大众影响力。

最后，品牌美学概念相关性的第三个因素能够帮助企业破解难题。我们在下一小节中阐述该内容。

8.3.2　品牌美学概念破解的难题

我们相信，品牌美学概念在很大程度上可以帮助企业破解与品牌创造力有关的难题。事实上，合理利用美学概念有助于我们用创新的方法来解决品牌传播、组织架构和文化问题。

1. 品牌传播问题

人们用系统化、理性的方式管理品牌美学时会引发一些简单的即时性难题。

● 品牌美学（或特定的品牌展现方式）是否能有效地传达品牌伦理，从而提升品牌识别？

● 某品牌展现方式的美学处理是否符合品牌的传播目的（可见、易记、传达特殊信息、产生特殊情感等），并与品牌美学保持一致？

● 各种品牌展现方式之间是否有一致性？

2. 组织架构问题

前文提到,品牌美学管理中的两难问题会产生两种截然相反但都不尽如人意的组织架构模式。一种模式是设计总监拥有全权的决策权,不受质疑;另一种模式是设计师严格服从商业规则的约束。品牌美学给我们提供了一种工具,它能使创作过程中所有的直接或间接参与者之间的关系变得更加流畅、平衡和开放。

3. 文化问题:缺少共同语言

设计师往往看不起产品策划部门。当销售没有达到预期水平时,产品策划部门会毫不犹豫地抨击这个产品系列糟糕的设计。同时,生产部门和产品开发部门觉得其他部门都不切实际,根本没有考虑什么才是真正的好产品。这些常见的矛盾冲突通常蔓延至上级管理层,并影响首席设计师或创意总监与首席执行官或首席运营官之间的关系。管理层日常忙于图表、统计数据、预算、消费者行为理论、董事会会议和财务分析等方面的事情;而创意设计师则充分展现职位的魅力,对时尚和品位有很敏锐的感知,与时尚精英和媒体打交道,也许时刻幻想着给这个世界强加一种美学理念。两者的关系并非总是十分融洽,他们之间很少能够完成理性或有建设性的交流。

首席执行官问:"你为什么这样做?"设计师回答:"因为我感觉它就应当如此!"产生这种毫无建设性对话的主要原因是两者都未真正学过如何理性地讨论品牌美学,几乎没有什么工具可以让他们拥有进行品牌美学讨论的共同语言。鉴于此,难怪大多数伟大的设计师身边总是有一个值得信赖的助手,他们之间有一种无须解释的特殊合作关系。伊夫·圣罗兰和皮埃尔·贝尔热或许是世界上最完美的二人组。

我们于 2007 年在宾尼法利纳的工作成为一个非常有实践意义的案例,它阐述了由设计团队确立的品牌识别如何帮助公司改善各团队成员之间的关系。⑯

8.3.3　管理品牌美学的工具

前几章介绍的分析工具(如品牌链接点模型、符号方阵和品牌展现方式分析表)都有效地界定了品牌意义产生的所有复杂过程,但仍不足以阐释品牌美学的造型维度(如光线、色彩、构图、线条等)。

艺术史学家研究并阐述了许多用于管理品牌展现方式的美学维度的工具和方法,艺术家、设计师、创意总监都采用了这些工具。我们在第6章分析了古典主义和巴洛克主义如何处理光线、形式和立体感,这些美学元素与品牌伦理密切相关。我们在第6章还介绍了品牌美学分析表,该实践工具被应用于分析吉姆汤普森品牌。在第7章中,我们介绍了阿洛伊斯·李格尔提出的美学处理的三个目的,这种认知方法拓展了分析视角,更宏观地定义了品牌识别元素。

为了帮助对此感兴趣的教授、学生、相关工作者更深入地研究品牌美学管理,我们列了一个关于美学主题的参考书目,它可以作为基础参考书目(详见第6章)的补充。

1. 光线处理

● Woelfflin(1888)提出了关于古典主义和巴洛克主义的美学表达[17],此外还有Floch(1995)[18]和原创性很强的 D'Ors(1935)[19]。

● Calabrcsc(1987)提及了新巴洛克主义。[20]Maffcsoli(2008)提及了后现代巴洛克主义。[21]

2. 形式与线条

● Hogarth(1753)阐述了与蛇形线相关的内容,认为蛇形线因其多变性而产生了更多的感知之美。[22]Riegl(1899)提出了透明线条和有机线条,它们分别代表了和谐主义和自然主义的世界观。[23]

● Mazzalovo(2012)提出了 SINC 符号方阵,即以正弦曲线、直线、角线和单曲线构成的符号方阵,并用它分析了与这些线条感知相关的意义及它们的市场偏好。[24]

3. 构图

● 近几个世纪,关于黄金比例的文献非常多。黄金比例的一个简单应用就是摄影艺术中的三分法则。

● Arnheim(1969)阐述了视觉艺术构图中心点的作用。[25]

4. 色彩

● 可参考 Chevreul(1839)。[26]米歇尔·尤金·谢弗勒尔(Michel Eugene Chevreul)在 19 世纪中期担任巴黎哥白林织毯厂(Gobelins Manufactory)厂长

时,对不同类型的色彩和谐度进行了科学分析,他是该领域的首批研究者。他对同时代的画家产生了强烈的影响,如卡米耶·毕沙罗(Camille Pissarro)、乔治·修拉(Georges Seurat)、保罗·西涅克(Paul Signac)、文森特·威廉·梵高(Vincent Willem van Gogh)和罗伯特·德劳内(Robert Delaunay)等。

● Mazzalovo(2008)提出了色彩方阵模型,并在符号方阵上对西方色彩内涵做出了分类。㉗

5. 对立和矛盾

● 符号方阵模型是一个非常重要的分析工具。一般而言,我们可以通过一条语义轴及其内在矛盾从品牌伦理和品牌美学两个层面去定义一个品牌。基于此,我们就有可能推出一个完整的符号方阵系统。弗洛克在其处女作中首创了图像分析法,分析了爱德华·布巴拍摄的一组人体照片(参见其1985年出版的第一本书)。㉘他介绍了一些符号方阵模型,这些模型的语义轴选取了"平面/凸面""自然/文化"等,他揭示了符号方阵模型在视觉分析上的有效性。

● 弗洛克晚年的研究成果之一是归纳分析了圣罗兰的品牌识别。20世纪90年代,伊夫·圣罗兰就停止了成衣的设计工作。我们在前文提到,弗洛克认为"此处有/别处有"构成的语义轴可以辩证地驱动和定义这名女装设计师的个人生活、作品和客户。自此,一个完整的符号方阵模型形成了。当时,该项研究并未公之于世,但有幸得到弗洛克的研究伙伴安德烈·塞普里尼的帮助,马扎罗夫在2011年的一次演讲中公开展示了该模型。伊夫·圣罗兰的生活和其服装设计的兼收并蓄中充斥着悖论和指意不清,但该模型将这些特征整合成为一个便于理解的感知内涵。㉙该模型揭示了逃避主义、寻梦、人造乐园及与逃避现实有关的思想。

关于材质、触觉属性、对称性与不对称性、透明与不透明、亮光与哑光等方面的文献非常多,我们在此不再一一赘述,有兴趣的读者可以深入研究。

我们无法在此面面俱到地分析美学。艺术史文献中有许多特别经典的见解。有兴趣的读者可以去了解并深入探索一些著名画家、评论家、教授和艺术观察家的思想。我们在此列举出其中一些名家,他们是乔瓦尼·保罗·洛马佐(Giovanni Paolo Lomazzo, 1538—1592)、查尔斯·阿尔方斯·杜·弗雷努瓦(Charles Alphonse Du Fresnoy, 1611—1665)、罗杰·德·皮莱(Roger de

Piles，1635—1709）、约翰·克里斯托弗·弗里德里希·冯·席勒（Johann Christoph Friedrich von Schiller，1759—1805）、亨利·凡·德·威尔德（Henry van de Velde，1863—1957）、瓦西里·康定斯基（Wassily Kandinsky，1866—1944）、保罗·克利（Paul Klee，1879—1940）、威廉·沃林格（Wilhelm Worringer，1881—1965）、欧文·潘诺夫斯基（Erwin Panofsky，1892—1968）、鲁道夫·阿恩海姆（Rudolf Arnheim，1904—2007）、E.H.贡布里希（E. H. Gombrich，1909—2001）。

8.3.4　本节小结

将品牌美学概念作为一种管理工具带来了双重挑战。第一个挑战是我们要证明这个概念足够强有力，可以作为一种新方法来解决实际问题。第二个挑战源于品牌美学是否能被管理这个问题。这本身就取决于一个基本公理、一种对品牌商业世界的看法、一种企业伦理的概念，即主张品牌美学是当代企业的共同盲区，企业没有足够资源和能力去分析美学。在品牌美学的管理过程中，每个人都必须能够解释其所做的决定，证明这些决策与企业战略和企业文化相一致，并提出如何使品牌更具竞争力的办法。

我们对品牌美学的研究自然而然地延伸到对品牌与艺术之间多重且复杂的关系的研究。

8.4　艺术与品牌

品牌和艺术共享一个创作的核心思想和存在理由，我们或许能在两者之间找到某些相似之处。我们认为商品设计师和艺术家之间的主要区别在于后者通常没有之前提到的类似产品策划主管的诊断师。虽然艺术家们偶尔会有诊断师，但他们主要依靠赞助商、老顾客、代理商、画廊产生影响力。不过，艺术始终有商业的一面，品牌和艺术之间有很多共同点，并且我们会看到两者的共同点越来越多。

世界上最昂贵的名画是列奥纳多·达·芬奇（Leonardo da Vinci）的《救世主》（*Salvator Mundi*）。2017 年，佳士得（Christie's）以 4.503 亿美元的天价成功拍卖了该作品。［在 2012 年，最高纪录还是由保罗·塞尚（Paul Cézanne）的名作《玩牌者》（*The Card Players*）保持。］虽然成交价令人震惊，但与那些头部奢侈品公司的营业额相比，只相当于一个零头。如果再与中国第一大电商公司阿里巴巴集团的营业额相比，更是可以忽略不计。阿里巴巴在 2019 年"双 11"购物狂欢节的 24 小时内，达成了约合 380 亿美元的销售额，创造了新纪录。

我们回到正题。画家每两年通过画廊举办一次展览或通过拍卖行出售作品，成衣设计师每年举办两次时装秀并在独立门店或百货公司销售商品，这两者是否在商业性质上有本质区别？当代艺术展和时装秀在商业目标、销售和营销手段上是否存在很大的差异？

艺术家的创作经得起金钱或权力的诱惑吗？既然品牌、电影、电视、文学都在争相"造梦"，展望可能的未来，那么界定艺术家和设计师的边界是什么？ 为了分析艺术和品牌的交集，我们首先需要探讨两者是如何相互借鉴的。

8.4.1 从品牌到艺术

品牌能很快体会到与艺术相关联的好处。强大的文化影响力只会对品牌识别有利。反过来，艺术非常符合我们这个时代的精神，如画廊和博物馆等艺术场所越办越好，文化的教育水平也在稳步提高。艺术给品牌识别赋予了文化维度，如果品牌缺失了文化维度，它就会面临失去市场竞争力的风险。

设计师的工作与艺术创作有很多共同之处。艺术家和设计师都需要对形状、形式和色彩做出决策。真正的艺术家和设计师都拥有自己的风格，有独特的关注点、美学理念、伦理道德和价值观，他们试图通过自己的作品和目标顾客来展示自己的风格。

品牌与艺术之间的关系有多种形式。我们可以根据品牌艺术属性在品牌识别中的重要性进行分类。开始时，品牌与知名艺术家或艺术作品有一定的交集；逐渐地，品牌能将艺术完全融入其品牌识别。来自法国洛林地区的水晶品牌都慕是将艺术与品牌识别紧密结合的代表。该品牌的历史传承与 20 世纪初的南锡学派和艺术家设计并制造的水晶作品密切相关。

从与艺术产生一定交集到拥有基于艺术元素的品牌识别，奢侈品的设计和品牌传播都始终需要结合艺术，一些是为了弥补自身摇摆不定的创作灵感，另一些纯粹是为了向艺术家致敬。

在本书的前几版中，我们列举了一些主流品牌与艺术的联系。如今，从艺术作品中获取创作灵感的产品、广告和大型活动的数量呈指数级上升，我们在此仅介绍一些近期发生的案例。

接下来，我们列举所有与艺术相关的领域。

（1）绘画。

品牌经常选择绘画艺术元素。绘画展现了视觉属性，并能与世界著名艺术大师产生交集。圣罗兰是最早将艺术与时装联系到一起的品牌之一。1965 年，伊夫·圣罗兰以彼埃·蒙德里安（Piet Mondrian）的作品为灵感，推出了一系列女装产品，它们成为了西方时装史上的标志。伊夫·圣罗兰在其创作生涯中始终向大师们致敬，1979、1981 和 1988 产品系列分别以巴勃罗·毕加索（Pablo Picasso）、亨利·马蒂斯（Henri Matisse）和梵高的作品为灵感完成设计，此后的产品系列还致敬了安迪·沃霍尔（Andy Warhol）。爱丽娜米罗（Elena Mirò）在 21 世纪初参考了保罗·高更（Paul Gauguin）的作品。凡妮莎·富兰克林（Vanessa Franklin）在为法国时尚杂志《WAD》设计的匡威（Converse）运动鞋中注入了让-安东尼·华托（Jean-Antoine Watteau）、弗朗索瓦·布歇（François Boucher）和让·奥古斯特·多米尼克·安格尔（Jean Auguste Dominique Ingres）的艺术元素。2016 年，吉姆汤普森与泰国国家抽象画家伊西波·唐查洛（Ithipol Thangchalok）达成协议，公司在其丝质品上印染他五幅名作。有记者提出疑问：这种合作是否就像在博物馆里出售作品，演变成了艺术的"商业化"？这位艺术家回答道，他之前一直画平面画，吉姆汤普森的丝巾把他的作品提升到一个新高度，女士把自己裹在丝巾里，让他的艺术作品与大众群体的联系更加紧密。2010 年，锐步（Reebok）推出了一款新鞋，使用了让-米歇尔·巴斯奎特（Jean-Michel Basquiat）的涂鸦作品，并在巴黎现代艺术博物馆举办了一场展览。有时，产品上引用艺术家名字及其签名就已足够，例如，从 1998 年开始，雪铁龙（Citroen）的部分车型（Xsara、C4 等）的名字中就含有"毕加索"。

（2）建筑。

本书第 11 章将提到一些主流奢侈品品牌与著名建筑师合作设计旗舰店。一些品牌甚至要求建筑师为它们设计产品。例如，2006 年，蒂芙尼宣布与弗兰克·盖里达成了合作协议,该建筑师为其设计六个独家珠宝系列。盖里因设计了毕尔巴鄂古根海姆博物馆(Guggenheim Museum Bilbao)而闻名于世。

(3) 电影。

许多新兴品牌喜欢将电影作为其文化原真性的主要来源。电影展现了现代和发展,公众群体可以很容易认出影片中的知名演员,他们已经成为电视和互联网媒体大量使用的资源。戛纳国际电影节(Cannes International Film Festival)等大型活动是奢侈品成衣品牌梦寐以求的时装展示舞台。奢侈品品牌为了让女明星穿上它们的定制服装,不惜提供天价合同。康纳利在其官网展示了品牌与好莱坞电影界的紧密合作,许多近期热映的电影中都出现了康纳利的服装。不过,品牌通过电影进行传播推广并非刚刚兴起。很久之前,托德斯在一次重大活动中播放了加里·格兰特(Cary Grant)、史蒂夫·麦奎因和奥黛丽·赫本脚穿托德斯乐福鞋走路的镜头,成功地打造了一款标志性产品。

(4) 诗歌。

诗歌也与奢侈品联系在一起。1995 年,罗意威推出了一款围巾,上面印有西班牙著名诗人费德里科·加西亚·洛尔迦(Federico Garcia Lorca)的画作和诗句。

(5) 摄影。

最近发生的案例是,拉夫·西蒙(Raf Simons)在 2017 年佛罗伦萨男装展(Pitti Uomo)上,展示了以罗伯特·梅普尔索普(Robert Mapplethorpe)的作品为灵感的男士春夏系列。这位摄影大师拍摄的违禁照片被拉夫·西蒙转变成了时尚作品。

(6) 音乐。

品牌与音乐家合作最经典的案例莫过于香奈儿与美国知名歌手法瑞尔·威廉姆斯(Pharrell Williams)的合作,且他们有过多次紧密合作。2015 年,法瑞尔与英国超模卡拉·迪瓦伊(Cara Delevingne)一起出现在香奈儿的大型广告活动中,此后又出席了 2017 年香奈儿嘉柏丽尔手袋的发布会。他与已故的香奈儿创意总监卡尔·拉格斐关系甚密。如今,他即将推出一款中性风的香奈儿法瑞尔胶囊系列,只在一些指定的香奈儿门店出售它们。他的风格包含了嘻哈、艺术和设计,这些激发了他的创作灵感,让香奈儿实现了两个目标:其一是强势地进入男装业务,其二是品牌面向此前从未接触过的顾客。

路易威登自20世纪80年代起便是与艺术家合作的先驱者。当时,它推出了一系列艺术家和设计大师设计的围巾,相关的设计者包括飞利浦·斯塔克(Philippe Starck)、索尔·勒维特(Sol LeWitt)和詹姆斯·罗森奎斯特(James Rosenquist)。20世纪末,路易威登的经典老花帆布手袋上用了斯蒂芬·斯普劳斯(Stephen Sprouse)的涂鸦艺术,非常引人瞩目。与路易威登合作最成功的艺术家当属村上隆(Takashi Murakami),后者为路易威登设计了数季老花手袋,并制作了相关动画,举办了产品展览。2012年,法国艺术家丹尼尔·布伦(Daniel Buren)与路易威登的时任创意总监马克·雅可布的合作也取得了丰硕成果。同样,路易威登与日本艺术家草间弥生(Yayoi Kusama)的合作也硕果累累,两者一起开发了很多胶囊系列产品,并设计了橱窗。

最轰动的合作发生在2017年春季。路易威登推出了与杰夫·昆斯(Jeff Koons)联名的大师系列(Master)女士手袋、双肩背包、吊饰和围巾,并展示了对应的橱窗设计,这一系列融合了五幅西方艺术史上经典的绘画作品。这些作品包括达·芬奇1506年的作品《蒙娜丽莎》(*Mona Lisa*)、提香·韦切利奥(Titian Vecellio)1546年的作品《玛尔斯、维纳斯和丘比特》(*Mars,Venus,and Cupid*)、彼得·保罗·鲁本斯(Peter Paul Rubens)1615—1616年的作品《猎虎》(*The Tiger Hunt*)、让-奥诺雷·弗拉戈纳尔(Jean-Honoré Fragonard)1770年的作品《带狗的女孩》(*Girl with a Dog*)、梵高1889年的作品《麦田里的丝柏树》(*A Wheatfield with Cypresses*)。每只手袋以上述画家作品的副本为背景,除"达·芬奇"为银色字样外,其他艺术家的姓氏都以金色字样出现在手袋中央。路易威登的品牌标识、杰夫·昆斯姓名的首字母"J"和"K",以及一些老花图案布满手袋包身。此外,手袋上还添加了杰夫·昆斯自己的品牌元素,如从他早期的气球系列(Inflatables)作品中衍生出的小兔子和花朵。当今世界,一个奢侈品品牌与一位当代名画家和五位巨匠级绘画大师紧密联系在了一起,这简直令人难以置信,过去数百年的历史上绝无仅有。这次合作被一些评论家连连称赞,他们认为在这些三方合作创作的产品中看到了当代创造力的标志,而艺术的融合是其中最为关键的。品牌揭开了资产阶级崇尚之物的神秘面纱,有意忽视老式文化带来的象征,即使一只手袋的价格高达1 000—4 000美元,品牌要传达的观念仍然是每个人都可以拥有艺术品。这些做法完全符合第 7 章中无缘由设计策略（产品符号没有明确的含义）所描述的当下趋势（可参见图 7.15—图 7.17）。营销总监被一片赞叹声淹没，人们直呼其天才。

不过，仍有一小部分评论家持有不同意见。例如，安妮·勒·布伦在 2018 年抨击道，这种创作过程可以称得上是"文化阉割"（dépeçage）。[30] 人们无法找到任何表明这些手袋获得商业成功的证据。有些手袋甚至可以在 eBay 上买到，售价与门店定价相差无几。人们仍然能发现路易威登的经典老花手袋比杰夫·昆斯合作版手袋更受欢迎。

基金会

品牌与艺术之间最早和最常见的关联形式之一是文化基金会，如创建于 1984 年的卡地亚当代艺术基金会（Fondation Cartier Pour L'Art Contemporain），它致力于促进发展和展示所有的当代艺术形式（绘画、视频、设计、摄影和时尚等）。此外，罗意威也成立了基金会，但规模较小。该基金会创建于 1988 年，旨在鼓励年轻人创作音乐、绘画和诗歌，并设立了让很多人梦寐以求的西班牙语诗歌大奖。事实上，大多数主流品牌都以非官方的名义赞助了艺术活动。最近一次启动的重要基金会项目来自路威酩轩集团。2006 年，路易威登基金会艺术中心（Fondation Louis Vuitton）宣布成立，主体建筑在 2014 年落成。该中心致力于在历史视角下开展当代艺术创作。美国建筑师弗兰克·盖里在巴黎郊外的布洛涅森林（Bois de Boulogne）打造了一座令人赞叹的玻璃建筑，它被专用于文化与艺术的展示。贝尔纳·阿尔诺（Bernard Arnault）在该中心的官网（www.fondationlouisvuitton.fr）上写道："这个崭新的空间开启了与广大公众的对话，为艺术家和学者提供了一个辩论和思考的平台。"

值得一提的是，创建于 2008 年的开云基金会（Kering Corporate Foundation）没有与艺术直接相关的活动。它成立的初衷是打击对妇女的暴力行为。

一般而言，奢侈品品牌对艺术和艺术家的利用是十分成功的，与艺术发生交集几乎不会对品牌造成任何伤害。它有助于吸引媒体和公众的注意，重振品牌创造力。当品牌与艺术界名人联系在一起时，这些做法为品牌带来了新的相关性，并证明了品牌对美学的敏锐洞察。因此，我们确信，品牌对艺术的兴趣在未来几年会持续提升。

事实上,一些品牌的创作正逐渐向艺术靠拢。纽约古根海姆博物馆开了先河,在 2000 年组织了一次阿玛尼展览。2003 年,此博物馆展出了盖·伯丁(Guy Bourdin)在 20 世纪 70 年代为卓丹拍摄的广告照片。这些都反映了"时尚"地位的变化。请读者牢记,20 年前,"时尚"一词在艺术界几乎是"淫秽色情"的代名词。摄影成为一种不断兴起的艺术形式,与时尚和设计相关的博物馆和展会也不停地传播新理念,上述发展改变了人们原有的偏见。

品牌与艺术之间的相似性和融合性是彼此影响的。

8.4.2 从艺术到品牌

当代艺术一直在不懈地尝试解开基于学院派、超自然美学、和谐等理想艺术创作的经典概念。艺术家们在探索过程中将以前从未被纳入的元素引入艺术创作。马塞尔·杜尚(Marcel Duchamp)是著名的先驱者。1913 年,他将一个自行车的车轮放在板凳上,这成为一个经典的艺术作品。此后,他开始在其作品中融入工艺美术元素,如门把手、塑料瓶和日常用品。不过,这种理念并非杜尚首创,此前毕加索把自行车的车把和车鞍组合起来,表现了一头公牛的形象。

杜尚完善了毕加索的艺术逻辑,将现成品艺术(ready-made art)融入艺术作品中,如 1917 年在纽约展出的著名瓷器便盆。艺术家演变成一个类似于杂志主编的纯粹角色,从日常生活中挑选物品,并选择展出的时间和地点。当下的一些设计师仅仅从年轻助手设计的无数原型样品中挑出一些放在秀场上展示,他们的工作内容与那些艺术家的做法有什么差异吗?这种极端艺术表现手法确实没有给发挥真正的创造力留下多少空间。

艺术家安迪·沃霍尔将其艺术活动简化为对原始理念的探索,并成功地激发了人们对艺术的思考。(这些技巧在品牌传播中同样被广泛使用。)沃霍尔把可乐瓶堆在一起,创作了名人的彩色图片,还绘制了著名的《金宝汤罐头》(Campbell's Soup Cans)。这些艺术作品只是重现了有品牌元素的物件,除此之外并没有增加任何东西。沃霍尔自己也承认:他是一个商业艺术家,其作品中没有传达什么信息;事实上,商业最能表现艺术。沃霍尔的《金宝汤罐头》签名海报和真实作品之间的差别仅仅在于人们对它的表述方式。正是艺术理论的发展造就了艺术作品。

如果你不了解理论,你就不可能知道什么是艺术。艺术圈很小,你需要成为艺术领域的前沿探索者。因此,沟通交流在当代艺术中显得尤为重要。若你不知道现在哪个品牌是公众热点,那你就太落伍了。艺术家始终在探索开发一个成功的艺术理念,就像大多数品牌的日常工作一样。极具影响力的相对主义思想已经与后现代主义思想擦出了火花。我们认为,万物都是艺术,万物都在交流。

新兴品牌 Fenty 很值得研究。一位艺术家成为一个品牌的股东、首席执行官兼创意总监,并且这个品牌十分有潜力成为一个奢侈品品牌。其实,Fenty 并非是第一个由嘻哈明星创立的服装和配饰品牌。1999 年,著名说唱歌手肖恩·卡特(Jay-Z)创立了潮牌洛卡薇尔(Rocawear),并且业务规模已经发展得非常可观。Fenty 的独特性在于该品牌由路威酩轩集团与艺术家蕾哈娜联手在巴黎创建。Fenty 主营女士成衣、鞋履和配饰,由蕾哈娜自己经营与发展,并负责商业化和品牌传播。2020 年 2 月,Fenty 在纽约传奇的零售店波道夫·古德曼商场推出了首个产品系列。

博物馆

以前,品牌与博物馆的联合不被公众接受;如今,这些偏见已经慢慢消逝。过去 20 年,很多公司、机构、个人透支了长期以来积累的声誉或名望,急于发展品牌,狂热地举办了很多品牌活动,导致出现了很多极其古怪、不合情理的产品。

博物馆是最先在室内开设小纪念品商店的场馆之一,向喜爱艺术的游客出售海报、艺术书籍、幻灯片和明信片。当竞争对手都在扩展活动类型,并且顾客的品牌认知也没有受到什么负面影响时,举办更多活动对卢浮宫、现代艺术博物馆(MoMA)和普拉多博物馆(El Prado)等场馆的商业诱惑力也是巨大的。

如今,在一些城市的市中心或机场精品店里,我们可以看到很多不拘一格的小物件,如印象派领带、梵高鼠标垫、蒙娜丽莎 T 恤衫、毕加索冰箱贴、委拉斯开兹围裙等。商界很快就意识到这些产品的巨大潜力,艺术领域随即出现了品牌逻辑思想。比如,某博物馆的品牌标语是"来自世界各地的艺术",这是专门用来推销与艺术有关的商品的。这显然代表了艺术的全民化趋势,但并没有得到所有人的认同。毕竟,博物馆内最必要、最合理的物件不应该是馆内珍藏或展示的作品吗?

线下博物馆也已经通过互联网技术打造虚拟博物馆。Mymuseumshop.com展示了来自数百家博物馆的数千种产品以及平台自己的创新作品。艺术家们也非常提倡这种做法。萨尔瓦多·达利(Salvador Dali)一生都在不断地创作油画和石版画。那些超现实主义的艺术家伙伴因达利极其敏锐的商业意识给他取了一个绰号——"贪婪的美金"(Avida Dollars)*。他的继承者成功地打造了一个具有相当规模的用他的姓名命名的香水与化妆品品牌。帕洛玛·毕加索也成功开发了一个配饰产品系列。这些年,一些雪铁龙车型上印有"毕加索",任何人都可以体验这些独特的轿车。

当代艺术将印有品牌名的商品作为艺术作品,而真正的艺术作品被印在日常消费品上,品牌借用了艺术,让创作变得合情合理。艺术与品牌不断融合的结果就是两者的边界已经很难被清晰地定义。

品牌与艺术的确在很多方面有共同之处。例如:

● 创作的本质;

● 商业目标;

● 目标顾客群;

● 当代艺术逐渐成为一种生活方式的事实;

● 差异化、伦理、美学等应用于商业中的品牌逻辑,为达到业绩目标而运用的传播和分销。

我们必须意识到艺术与品牌的界限仍模糊不清。两者都在品牌传播过程中产生竞争,都试图通过提供乐趣而盈利,都会提供真实和虚拟的体验,都试图帮助人们"造梦"、逃避现实。两者的不断融合并非自然而然地发生。很早之前,一部分人就已经意识到可以利用艺术和品牌的模糊边界获取利润。贝尔纳·阿尔诺或弗朗索瓦-亨利·皮诺(François-Henri Pinault)等奢侈品行业巨擘不仅是收藏家,还是富艺斯拍卖行(Phillips)和佳士得拍卖行的股东,他们在

---

　　* "Avida Dollars"是把"Salvador Dali"字母顺序打乱重组而得,意指萨尔瓦多·达利非常有商业头脑。

支持两者的共生关系方面起到了相当大的作用。品牌和艺术如今可以被视为同一种业务，甚至不再需要连接的桥梁。换言之，它们的内涵已经重合在一起。

我们在本节集中讨论了艺术和品牌的共同点以及它们不断变化发展的相似特性。若有读者对艺术作品的本质和作用有兴趣，我们推荐阅读纳尔逊·古德曼（Nelson Goodman）的《何时为艺术》[31]，该文的标题已经表明了一种对艺术的研究方法——避免回答"什么是艺术"这类更传统的问题。

本章内容是关于产品策划与创作的。在本章的结尾，我们希望提出一些对数字技术快速发展的思考。数字技术的快速演进最有利于品牌传播和销售，其次有利于产品设计与开发。资历尚浅的平面设计师们都使用电脑进行产品设计，尽管其中一些设计师可以手工绘图。原型样品的 3D 打印技术与计算机辅助设计（CAD）技术的迅速发展与融合让产品设计效率变得更高，成本进一步降低。通过使用相同的软件，品牌与供应商在样品和生产方面的沟通也变得更加有效率。受到数字技术影响最大的部门是营销与销售部门——这是下一章的主题。

注释

① M. Porter，1998，*Competitive Advantage*：*Creating and Sustaining Superior Performance*，New York：Free Press.

② 本小节部分内容引用自一次会议演讲（G. Mazzalovo，"Yves Saint Laurent：Questions de Style"，*Yves Saint Laurent*：*Alta Costura*，*Alta Cultura*，The Fundación MAPFRE，Madrid，October 2011）。演讲全文发表在意大利符号学协会的官网（www.ec-aiss.it）上。演讲视频可在以下网址观看：www.youtube.com/watch?v = Vh4DrbdVdy0。

③ http://atilf.atilf.fr/tlf.htm.

④ J.-M. Floch，1995，*Identités Visuelles*，Paris：Presses Universitaires de France.

⑤ E. Panofsky，2006，*Ikonographie und Ikonologie*：*Bildinterpretation nach dem Dreistufenmodell*，Köln：Dumont.

⑥ 同④。

⑦ E. Panofsky，1989，*Idea*：*A Concept in Art Theory*，French Translation，Paris：Editions Gallimard.

⑧ J.-F. Lyotard，1979，*La Condition Postmoderne*，Paris：Editions de Minuit.

⑨ J. Baudrillard，1985，*Le Miroir de la Production ou l'Illusion Critique du Matérialisme Historique*，Paris：Galilée.

⑩ M. Featherstone，1991，*Consumer Culture and Postmodernism*，London：Sage.

⑪ F. Firat and A. Venkatesh，1995，"Liberatory Postmodernism and the Re-enchantment of Consumption"，*Journal of Consumer Research*，2(3)：239—267.

⑫ V. Postrel，2003，*The Substance of Style：How the Rise of Aesthetic Value is Remaking Commerce：Culture and Consciousness*，New York：Harper Collins.

⑬ A. Semprini，2005，*La Marque，une Puissance Fragile*，Paris：Vuibert.

⑭ Annie Le Brun，2018，*Ce Qui N'A Pas de Prix*，Paris：Stock.

⑮ G. Lipovetsky and J. Serroy，2013，*L'Esthétisation du Monde*，Paris：Gallimard.

⑯ G. Mazzalovo，2016，"Resolving Tensions among Creative Departments through Brand Identity Definition：The Case Study of Pininfarina"，*Business and Management Studies*，2(1).

⑰ H. Wöllflin，1888，*Renaissance et Baroque*，French re-edition in 1985，Brionne：Editions G. Monfort.

⑱ 同④。

⑲ E. D'Ors，1935，*Du Baroque*，re-edited in 2000 by Gallimard Education(Folio Essais).

⑳ O. Calabrese，1987，*L'Età Neobarocca*，Rome：Laterza.

㉑ M. Maffesoli，2008，*Iconologies：Nos Idolâtries Postmodernes*，Paris：Albin Michel.

㉒ W. Hogarth，1753，*The Analysis of Beauty*，New Haven and London：Yale University Press.

㉓ A. Riegl，1899，*Historische Grammatik der Bildenden Künste*，French translation(1978)：*Grammaire Historique des Arts Plastiques-Volonté Artistique et Vision du Monde*，Mayenne：Klinckseick.

㉔ G. Mazzalovo，2012，*Brand Aesthetics：The New Competitive Front in Brand Management*，Basingstoke：Palgrave Macmillan.

㉕ R. Arnheim，1969，*Visual Thinking*，Berkeley and Los Angeles：University of California Press.

㉖ M. E. Chevreul，1839，*De la Loi du Contraste Simultané des Couleurs et de l'Assortiment des Objets Colorés*，translated into English by Charles Martel as *The Principles of Harmony and Contrasts of Colours*(1854). Newer edition by M. E. Chevreul and Dan Margulis，2020，*On the Law of Simultaneous Contrast of Colors*，Atlanta：MCW Publishing.

㉗ G. Mazzalovo，2008，"Exemples d'Applications de la Sémiotique de Jean-Marie Floch à la Gestion des Marques"，*Fictions*，1000—1022.

㉘ J.-M. Floch，1985，*Petites Mythologies de l'Oeil et de l'Esprit：Pour une Semiotique Plastique*，Paris：Editions Hadès-Benjamen.

㉙ 同②。

㉚ 同⑭。

㉛ N. Goodman，1977，"When Is Art"，in D. Perkins and B. Leondar，*The Arts and Cognition*，Baltimore：John Hopkins University Press.

30 多年前,欧洲核子研究组织(CERN)将万维网(World Wide Web)技术免费献给了全世界。从那时起,世界上大部分人的生活方式发生了翻天覆地的变化,消磨时间、联系他人、获取信息的方式都产生了巨变。我们看到全新的商业活动正在兴起,金融帝国建立起来,传统市场开始消失,东方国家的经济和地缘战略的重要性不断激增。有人把数字革命比作印刷术发明,有人将之比肩工业革命,数据和传播带来了巨大的生产效益。多米尼克·卡尔顿(Dominique Cardon)在 2019 年将"数字化的迅猛发展"简单定义为"对社会生产、分享和知识使用方式的重塑"。①

2020 年 1 月 30 日,调研机构 DataReportal 联合维奥思社公司(We Are Social)和加拿大社交媒体管理平台互随(Hootsuite)发布了报告《数字化 2020:全球数字化概览》。报告中的统计数据可以说明当今形势。数据显示,数字化已经成为全球日常生活重要的组成部分。②在 78 亿世界人口中,45 亿人(占比为 58%)在使用互联网;社交媒体用户已达到 38 亿(占比为 49%)。这些数据还在继续增长。

奢侈品品牌也在持续关注这个惊人的趋势,并且大多数品牌已经大力投资数字化运营。2018 年末,在线销售额已占全球奢侈品销售额的 9%③,其增长速度超过了奢侈品市场整体的速度。所有头部奢侈品品牌都大力投资电商和数字营销,连爱马仕也开设了官方电商平台。

在这一章,我们首先将阐述数字时代的主要特征,然后揭示全新商业逻辑下数字技术引起的品牌传播变革。我们最后回顾一些传统的品牌传播方式,这仍然是客户总监(customer engagement director)日常负责的工作内容。

9.1 数字时代

我们应该如何用一句话完整地概括数字时代的特征呢?

> 无论作为信息接收者还是传播者,每个人都可以在任何地方通过任何方式即时获得所有信息。

上面这句话强调了数字时代下的信息高速传输且无处不连,但这句话过于简单笼统,没有充分强调数字化赋予每个人的行动力,也没有提到这种超级互联产生的全新价值观和商业机遇。我们将在本节用更长远的视角探索互联网,研究互联网改变了什么、互联网如何继续改变我们日常的生活方式。

9.1.1 互联网简史

因特网(Internet)诞生于美国,当初是英国和法国研究员合作完成的计算机网络互连项目。与大多数突破性发明一样,我们今天了解的网络历经了一个漫长的发展过程。随着时间的推移,它的发展速度会越来越快。

● 数字化探索先驱。现知最早的运算机器(现属计算机科学的研究范畴)是 1642 年法国数学家布莱士·帕斯卡(Blaise Pascal)发明的滚轮式加法器(Pascaline)。1834 年,英国数学家查尔斯·巴贝奇(Charles Babbage)和阿达·洛芙莱斯(Ada Lovelace)共同发明了一台可编程序的机器。虽然在历史上它从未实际工作过,但被公认为是第一台可配置计算器(configurable calculator)。1854 年,英国数学家乔治·布尔(George Boole)提出的布尔逻辑(Boolean logic)是数字语言逻辑的基础,它有三个基本原则:与(and)、或(or)、非(no)。

● 1936 年,英国科学家艾伦·图灵(Alan Turing)投稿了一篇著名论文,建立了以 0 和 1 数字元素为基础的计算机信息理论,这标志着数字计算的二进制语言的诞生。

● 20 世纪 60 年代,冷战的国际政治局势最终导致美国国防部组建了阿帕网（ARPANET）。

● 1973 年，斯坦福大学的温顿·瑟夫（Vint Cerf）和美国高级研究计划局（Advanced Research Projects Agency）的鲍勃·卡恩（Bob Kahn）共同发表了研究报告。他们基于由路易·普赞（Louis Pouzin）主持的法国 Cyclades 项目中提出的设计理念，最终建立起互联网的核心协议——传输控制协议（Transmission Control Protocol，TCP）和网际协议（Internet Protocol，IP）。

● 1983 年 1 月 1 日是因特网的正式诞生日。这天，阿帕网和美国国防数据网采用了 TCP/IP 协议，实现了不同网络上不同计算机的相互"交谈"，所有计算机和网络能够通过一种通用语言连接在一起。

● 20 世纪 80 年代末，具有商业性质的互联网服务提供商（Internet Service Provider，ISP）诞生。

● 1990 年，蒂姆·伯纳斯-李（Tim Berners-Lee）在总部位于瑞士的欧洲核子研究组织任职时发明了万维网。万维网的通信协议允许页面之间通过超文本链接（hypertext link，即 http://www）完成信息传输。万维网存储在互联网计算机中，可从中检索信息并完成简化。除此之外，还有许多其他的协议，如简单邮件传输协议（Simple Mail Transfer Protocol，SMTP）、互联网中继聊天协议（Internet Relay Chat，IRC）、文件传输协议（File Transfer Protocol，FTP）、网际 Gopher 协议和远程终端协议（Telnet Protocol）。许多网络浏览器通过使用这些协议让用户访问文件，因此，个人可能不需要这些协议。

● 1993 年 4 月 30 日，欧洲核子研究组织放弃了所有万维网软件和协议的版权，公布了源代码，所有超文本标记语言（Hyper Text Markup Language，HTML）技术都向公众开放。

● 1995 年，Internet Explorer 浏览器诞生，这标志着人们开始广泛使用互联网。

多米尼克·卡尔顿（2019）曾在著作中写道："互联网是一个理想世界，网络是一种商业承诺。"④ 这句话从哲学上强调了数字世界的双重本质，其内涵从 20世纪 70 年代的加州嬉皮士文化演变为 21 世纪盛行的个人主义和自我中心精神。一直以来，这个悖论以不同的形式呈现，如社群与个人、开放与禁令、冷漠与喧嚣、言论自由与舆论监控等辩证关系，这些仍然在当今网络上流行，也是品牌必须牢记的重要事实。

我们将与数字时代相关的基本术语汇总在参考附录 B 中。

9.1.2　数字化技术的总体影响

多米尼克·卡尔顿写道:"数字化的迅猛发展是对社会生产、分享和知识使用方式的重塑。"[5]它正深深地改变人们的思维和行为方式,挑战既定的权威,重塑新格局,并发展出一种全新文化。

我们只需要列出当今移动电话的所有功能就可以大致了解数字化的程度及其给我们日常生活带来的变化。应用程序非常多,每天都在更新,我们不会穷举出来,但这能让我们了解到很多商品和服务从日常生活中逐渐消失,我们的行为发生了很大改变。这些应用包括:

电话、日历、时钟、计时器、闹钟、计算器、打字、录音、字典、百科全书、手电筒、门钥匙、归档、笔记、钱包、银行交易、地图、交通/旅游/娱乐顾问、天气预报、旅行社、翻译、电影、音乐、参观博物馆、邮局、照片与摄像(拍摄、修图)、阅读、设计/绘图/上色、购物、逛街、演示、学习、游戏、电视、阅读报纸、电话会议,等等。

表9.1 总结了数字化技术对社会、消费者和品牌产生的广泛影响。一些对数字化技术持乐观态度的倡导者认为,数字时代拓展并强化了日常社会关系和社会活动,并没有改变什么文化氛围。我们对此并不认同。如今,你平均每天花 6 小时 43 分钟在屏幕前(2020 年的数据)[6],这意味着每年你约有 100 天处于联网状态。你只需要很舒服地点击几下屏幕,就能获得所有人类想学的知识,且无须对大脑的工作方式进行重大调整。

网络为人们开阔了视野,允许公众发声,给予他们行动的力量,并赋予他们权力去了解、产生联系、分享、行动、创造、表达意见、展现才能或不足、释放个性和情绪、记录生活等。

网络发展的成功因素之一是免费。无论购买产品和服务、与家人和朋友取得联系、搜索就业信息,还是获得资讯和新闻,大量网络服务都是免费提供的。事实上,谷歌、Facebook、Twitter 的成功都是基于一种商业模式,即通过广告获得收入,并利用获得的用户数据来定制个性化的品牌传播。

表 9.1　数字化技术对社会、品牌和消费者的影响

影　响	了解、联系与行动	结果与举例
对普通人	提升个人能力 更有能力了解、联系、分享、行动、创造和表达	搜索,预订,购买知识、产品和服务 数字艺术,共创 集体思维,智慧,创意
	不断涌现新的集体项目 创建全新业务活动 改进过去的商业模式	交易平台(社交媒体、电商等) 自发组织的社群 维护网络
	改变权力分配和价值创造	大量商品和服务(纸质地图、百科全书、旅行社订票代理等)被淘汰
	信息即时传播 即时连接世界各地 即时获得专业技术和知识	接触的信息量指数级上升
	思考与认识 不同的人脑使用方式 过去掌握的基本技能(记忆力、心算等)有所减弱 专业新词汇激增	越来越少使用大脑记忆 出现更具创造性的集体智慧 整合与集成能力减弱 手写能力减弱
	更强调个性化 未充分利用触觉	渴求面对面的真实交流,以弥补过度依赖屏幕交流
对顾客	与品牌互动,分享意见和体验 线上交易 更充分的购物前准备工作	博客等社交媒体上的反馈 与品牌共创 成为自媒体
对品牌	与顾客交流的能力 收集每个顾客信息的能力 更容易对特定顾客进行传播 强有力的市场调研新技术 更有效的前瞻性技术	争相吸引顾客的注意力 客户关系管理系统的发展 更快的市场或产品测试 更快的产品或服务反馈 能够通过数字技术定量分析所有顾客

　　这引起了人们对隐私和数据保护的关注。欧盟制定了《通用数据保护条例》(General Data Protection Regulation,GDPR),要求网站必须告知网页访问者他们的数据会被采集,并让访问者选择是否同意网站收集信息。

　　全面的数字化转型推动了很多企业的诞生。一些公司改善了传统业务,如

亚马逊、阿里巴巴；另一些公司开发了全新业务，如即时通信、技术中介公司，以及大量的移动端应用程序公司。

TikTok 是最近风靡全球的网络创意移动端应用程序。它是一家名为字节跳动的中国公司旗下的一款视频分享社交应用程序，可以录制有趣的舞蹈表演、喜剧和个人秀短视频，时长不超过 60 秒。2016 年，这款软件在中国以抖音为名推出；2017 年，它以 TikTok 为名在中国以外的市场推出，适用于苹果和安卓手机。2018 年，它与音乐类短视频社区应用程序 musical.ly 合并后在美国上市。TikTok 是 2018 和 2019 年苹果在线商店（App Store）下载量最大的应用程序。一个短视频应用程序可以在如此之短的时间内达到 8 亿活跃用户[⑦]，基本能与 YouTube 的流量相提并论。这是数字化的奇迹，奇迹的背后是 TikTok 精准的市场细分。

微信也是一个成功的案例。它整合了大量互联网服务的功能，如音频和视频通话、社交媒体、聊天、位置共享、文件传输、电商和支付等。它将品牌官网、忠诚度计划、支付方法、社交活动和广告集于一个平台上。2020 年，微信的月活跃用户数已达 11 亿。

另一个成功的中国案例是包先生。其创始人梁韬是中国最有影响力的时尚博主之一，微博粉丝超过 500 万人，微信公众号粉丝超过 85 万人，并曾与纪梵希、蔻依、珑骧和博柏利等品牌有过合作。之前，他曾在个人微信小程序"包铺 BAOSHOP"上售卖托德斯中国狗年限量版联名手袋，仅仅 6 分钟便全部售出，销售额达 324 万元。

9.1.3 对消费者的影响

在网络共鸣、品牌间互动和电商业务方面，数字化技术对消费者产生了四大主要影响。

首先，消费者对品牌决策（如品牌标识升级、新品推出等）和行为的影响越来越大。它赋予了消费者过去几乎从未有过的话语权。网络的出现使消费者不仅与品牌，而且与活跃在互联网上的所有参与者（包括家庭、好友、虚拟社区、品牌、机构、平台、新闻媒体等）实时相连。品牌与消费者的广泛互联使后者的话语权倍增。2010 年，绿色和平组织（Greenpeace）发起了一次互联网抗议运动,当时雀巢公司的棕榈油供应商正大肆破坏原始热带雨林,这次抗议使雀巢公司不得不更换供应商。这就是网络的威力,这种影响力在数字时代中发挥了重要作用。2012 年,Netflix 计划将其会员费提高 6 美元,但没有升级任何服务。消费者对此的反应异常强烈,最终 Netflix 放弃了涨价的决定。

其次是共创。很多消费者希望表达自己的创造力。我们举一个很有意思的曼城足球俱乐部的案例。2016 年,为了优化网页和移动端的界面体验,曼城俱乐部组织了焦点小组,并进行调研、用户测试与有他方辅助的原型设计,最终开发出的界面能提供移动优先、视频丰富的用户体验,设计也更加现代化,内容相关度更高。

再次,消费者需要更多时间仔细考虑是否购买。他们有更多途径获得信息和建议,并对比竞品。后文将具体阐述消费者购物历程中的购前和购后阶段。

最后,消费者可以在任何时刻、任何地点网购。

9.1.4　对品牌的影响

萨尔瓦多·菲拉格慕是既有创意天赋又有精明商业头脑的罕见人才,他曾经说过:"如果我让一个顾客不高兴,那么我就会失去一整个'圈子'*的客人。"这个"圈子"原来专指由 4—6 位女性组成的一个小群体,她们通常在下午 5 点左右聚在一起品茶,分享最新的购物体验。如今,这个"圈子"的范围广得多,这群人及其 Facebook 好友、加入的各种数字社群都被算在内。每个人庞大的关系网交织在一起,产生了指数效应。网络主要从五个方面给品牌带来积极影响:

- 收集每个顾客信息的能力;
- 更容易对特定顾客进行传播;
- 强有力的市场调研新技术;
- 吸引顾客参与的能力;
- 更有效的前瞻性技术。

事实上,这些正是品牌历史演进过程中第四阶段的特征,如表 9.2 所示。

---

　*　原文为意大利语"salotto",本意为"起居室、会客厅"。

表9.2　品牌的历史演变

阶　　段	品牌发展阶段	传递价值	本　　质
1900—1950 年	现代品牌的诞生	产品	识别、差异化
1950—1990 年	爆炸性增长	产品和品牌价值	
1990—2010 年	品牌组合与品牌并购 品牌化的逻辑开始被世人 熟知	更无形的品牌价值	价值的载体
2010 年以后	竞争态势： ● 品牌组合的合理性 ● 很容易创建一个与互联 网业务相关的品牌 ● 品牌识别的强度相对 下降	产品的可获得性与时 尚潮流 通过品牌识别形成竞 争力 与顾客交流的能力	存在感 产生影响及被影响

注：每个阶段的年份并非特别精确，本表只是为了不让时段之间出现间断。

1. 从历史发展的视角看品牌演进

从 20 世纪初到 20 世纪 70 年代，竞争压力相对较低。发展品牌只是为了区分产品并让受众记住产品。

20 世纪 70 年代起，品牌成为传播的子元素，并迅速发展为一种新的传播方式，而传统的广告是以产品为中心的。如果将产品传播和品牌传播视为两种对立的传播方式，那么可能是混淆了两者的本质。在这一时期，菲利普·科特勒的 4P 理论被认为是最有效的营销分析框架。[8] 一家企业通过调整和协调产品、价格、推广和渠道四个方面，满足顾客需求。这就是我们通常所说的营销组合（marketing mix）。当时，品牌与产品线、产品质量、产品包装、服务类似，仅为产品活动的一个要素。

20 世纪 90 年代，市场发生了一次非常明显的转变，传播开始表达与产品相关的无形价值。象征价值和符号价值变得非常重要。品牌主导了传播方式。从 20 世纪 50 年代到 90 年代，品牌仅仅是一个推广产品的传播工具；此后，品牌为产品赋予内涵，给顾客绘制了一个梦想世界，引起了顾客的共鸣。这种共鸣以服务为基础，超越了产品本身。品牌成为一个有内涵的载体，产品只是其展现方式之一。因此，后现代的品牌可以持续地创造幻想、梦想和价值，为品牌产品或服务的消费赋予特殊的含义，丰富购买体验。在这一时期，品牌在社会生活中无所不在,品牌逻辑入侵大多数社会活动,延伸到艺术、政治、教育、非政府组织等之中。

2010年前后,网络的普及和不断成熟为后现代品牌注入了新的活力。品牌在保证原有工作有条不紊开展的情况下,倍增其在线业务和传播活动,顾客在品牌管理中扮演的角色越来越重要。品牌识别不断迭代,品牌本身作为社会影响因素之一的影响力也越来越大。一个越来越明显的品牌特征是,通过提高顾客的参与度以拉近品牌与顾客的距离,品牌与顾客之间的关系已经对等了。由于人们与数字化相关的日常活动不断增加,顾客已经成为影响品牌识别和行为的主要因素。网络加强了个体的行动力和互动能力。与此同时,品牌已经影响了人们的日常生活和信仰。

2. 品牌行为

如今,所有品牌都努力地与消费者互动,希望影响他们。品牌不再是简单地推出产品并传播,它们开始通过网络与目标顾客进行沟通,并听取他们的意见。这就是为何"参与"(engagement)的概念如今在市场营销中应用得如此迅速。我们会在本章多次探讨它。2017年,阿迪达斯感知到消费者希望在保证环境可持续性的同时,拥有一双制作精良的运动鞋。因此,阿迪达斯利用海洋废弃物生产了一款跑步运动鞋,在2017年就卖出了100多万双。

数字时代的积极影响之一就是万事万物都能被迅速公之于众。在强大的网络共鸣的影响下,品牌必须诚实、真实、可靠。

另一个影响是网络信息量和信息流会产生"噪音",品牌需要拥有大胆、惊世的信息和倡议。大多数主流奢侈品品牌很难做到这一点,它们往往采取更低调的行为方式;而那些品牌识别倾向于性感诱惑的品牌则是例外,如罗伯特·卡沃利。

3. 奢侈品品牌和电商

大众品牌很快意识到网络带来的商业潜力,但奢侈品品牌相反,最初并不愿意使用网络。毕竟,奢侈品特点之一是只能在独立门店才能获得多重的感官体验。最初,一些专业购物平台在网络上销售奢侈品。2000年,路威酩轩集团成立了eLuxury在线奢侈品业务,成为奢侈品电商的第一位"试水者",销售迪奥、璞琪(Emilio Pucci)、思琳、莫杰、范思哲、杜嘉班纳、芬迪、托德斯和路易威登等著名品牌的服装和配饰。然而,这个平台在 2009 年底关闭,原因也许是大多数品牌都开设了自己的电商网站。此后,eLuxury 被改造成网络杂志《现在》(Nowness),如今它已经发展成"首发全球精选的艺术和文化的视频渠道,覆盖艺术与设计、文化、时尚与美容、音乐、食品与旅游等"。⑨

艺术永远不会对品牌造成负面影响。2017 年中,路威酩轩集团再次推出一个全新的多品牌奢侈品在线购物商店,名为"24Sèvres",名字取自于路威酩轩集团旗下奢侈品百货公司乐蓬马歇(Le Bon Marché)在巴黎的地址。在线商店内不仅有路威酩轩集团旗下的品牌,还有集团外的奢侈品时装、配饰和化妆品。网站的命名方式让人们想到爱马仕福宝大道 24 号系列(24 Faubourg)香水,名字同样取自爱马仕巴黎旗舰店的地址。24Sèvres 的运营概念十分创新,与发发奇天猫奢品(Farfetch Tmall Luxury Pavillion)和 YOOX NET-A-PORTER 等多品牌专业奢侈品电商平台不同。NET-A-PORTER 和发发奇依靠光鲜的网页内容和快速物流服务;而 24Sèvres 专注于数字"店面"橱窗,把产品放在了背景墙上,试图使网上的购物体验尽可能接近实体奢侈品门店的购物体验。

传统的多品牌分销商也很快意识到发展电商新市场的必要性。2010 年,萨克斯第五大道推出了自己的电商网站;10 年后,这个电商网站可以提供传统商店内销售的大多数品类的产品,并保证在最长 14 天内将货品送到 206 个国家。⑩与此同时,奢侈品品牌开始直接管理在线销售业务,尤其当它们拥有了品牌的传播网站时,便不顾当初的顾忌,马上投身于社交网络。

面对多品牌电商网站的快速发展,尤其随着网络购物各个细分市场的普及,奢侈品品牌也开始开发自己的电商网站。

2010 年,古驰推出了官方网店,引起了一阵热议;与此同时,菲拉格慕的网站也已经运营了一段时间。路易威登是探索数字化的先驱者之一,其网站不仅包含在线购物的电商功能,还有很多网址链接。这加强了品牌与消费者的接触,也在整体传播策略的不同维度之间产生了很多交集。

大多数主流奢侈品品牌(如梵克雅宝、迪奥、戴比尔斯、爱马仕、蒂芙尼、卡地亚、法国娇兰等)都有在线销售业务,一些规模较小的品牌也尽可能利用所有分销商开展电商业务。

香奈儿仍然在反复考量是否通过电商销售产品。该公司的高管认为电商不一定是连接年轻一代的唯一方式,这些年轻一代也并非品牌的核心目标顾客。不过,2016 年末,香奈儿开始在线销售香水、美妆和眼镜产品。2018 年,香奈儿宣布与全球奢侈品电子商务平台发发奇建立战略合作伙伴关系,开发全新数字化项目,这预示着品牌传播策略将发生进一步改变。

劳力士腕表仍然不能在线购买,它始终宣称"唯有劳力士官方授权的特约零售商方能提供全新劳力士真品腕表的销售服务"。⑪

多品牌电商平台是在线销售的主要参与者。在此,我们只提阿里巴巴集团,它成立于 1999 年,是全球最大的电商平台、亚马逊在中国的竞争对手。自2015 年起,其在线销售额(2019 年为 347 亿美元)和利润超过了包括沃尔玛、亚马逊和 eBay 在内的所有美国零售商的总和。2017 年,它为首批奢侈品品牌创建了天猫奢品平台,但是很多老牌奢侈品品牌不愿意加入该平台。自此,越来越多的奢侈品品牌关注中国如此庞大的奢侈品市场。截至 2020 年 2 月,150 多个奢侈品品牌加入了天猫奢品,其中包括博柏利、雨果博斯、海蓝之谜、玛莎拉蒂、伊莎贝尔·玛兰(Isabel Marant)、华伦天奴、范思哲、杰尼亚、托德斯、莫斯奇诺、朱塞佩·萨诺第(Giuseppe Zanotti)、MCM,以及路威酩轩集团旗下的法国娇兰、纪梵希、泰格豪雅、凯卓和真力时,开云集团旗下的麒麟珠宝和斯特拉·麦卡特尼。历峰集团旗下的著名珠宝品牌卡地亚最近也加入了天猫奢品。路易威登和古驰等头部奢侈品品牌暂时还未入驻天猫。

2010 年,历峰集团在欧洲收购了成立于 2000 年的电商网站 NET-A-POR-TER。2015 年,该网站与意大利在线时尚零售商 YOOX 合并,YOOX NET-A-PORTER 集团成立了。然而,该集团业绩不佳,2019 年未达到 40 亿欧元的营收目标,亏损不断;2020 年 4 月 27 日,YOOX 的联合创始人费德里科·马尔凯蒂(Federico Marchetti)辞去了首席执行官一职。⑫

社交网络的兴起让网络能量爆炸式增长。例如。人们在 Facebook 上讲述自己的生活,在 WhatsApp 上分享自己的快乐和烦恼,在 Meetic 上寻找伴侣,在 YouTube 上做视频介绍,在 Twitter 或其他专业论坛上发表意见,在 Foursquare 上进行预约等。我们将在后文再次论述社交网络在奢侈品品牌传播中起到的作用。

毫无疑问,对所有人而言,互联网已经彻底改变了交易和传播方式。它以可控或不可控的方式加强了品牌识别和品牌传播。网络使实时互动成为可能,增加了品牌展现方式的曝光度和强度,但也因此使管理变得更为复杂。电脑、电视、平板电脑、手机、自助一体机、视频及使用它们的方式比以往任何时候都更能决定品牌的未来发展。

传播曾是信息链的环节之一,现在它已经演变成为一条链,即传播链。科特勒经典的 4P 理论让位于品牌展现方式(如图 9.1 所示)和品牌传播链(如图 9.2 所示)。我们将在下一节详细阐述它们。

基本展现方式			媒体化展现方式			
文案与视觉效果	标识 识别系统 历史档案	通过融合、创作和美化编辑(图片、视频、文案、叙事设定和场景设置等)将基本展现方式转变为**媒体化**展现方式		纸媒与户外传播	广告、文章、宣传手册、采访	
产品	包装 定价 数字 品类 色彩与形式 材料 风格 性能 耐久性 可获得性		实体方式	门店	展示、销售员、选址、建筑、布局、装修、灯光、橱窗、店内陈列、着装规范、制服、销售接待、组织架构图	
				大型活动与公关	时装秀、展览会、独家展示会(trunk show)	
				人	面对面接触、直接对话、会谈	
空间	零售点 办公室 工厂			电视、广播	采访、新闻报道、内容	
人	企业、员工的行为 任何谈论品牌或与品牌有关的顾客或其他个体 名人背书 组织架构图 伦理		数字方式	社交媒体	品牌官方发布的与第三方发布的内容	
				网站、博客	图像处理、功能、互动	
				电商	图像处理、功能、互动	
				其他商业平台	产品编辑、图片、视频、定价	

图 9.1　品牌的基本展现方式和媒体化展现方式

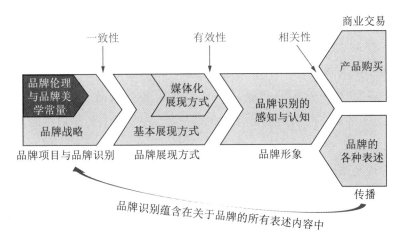

图 9.2　传播链

9.1.5　顾客参与

数字时代深刻影响了品牌的方方面面,其中之一是品牌意识到传统的推动式传播(push communication)必将被顾客参与取代。因此,我们认为非常有必要回顾一下如今在传播中广泛使用的"engage"(参与)一词。

我们参考了韦氏在线词典[⑬],"engage"有六个主要含义,其中五个确切地描述了今天品牌必须吸引顾客的方式。

(1)该词来源于法语"mettre en gage"(意为"保证,当作义务,保证、发誓或承诺做或不做某事,通过合同或承诺负责某事")。我们发现,营销界从 20 世纪 80 年代起就有了品牌承诺(brand promise)和品牌契约(brand contract)的概念。如果一个品牌无法给予定位和期望的承诺,那么它也无法触及顾客,更不用说提高顾客的参与度。

(2)意为"雇用;招募为助手;(使)入伍"。这个解释与当今的品牌也有关系。品牌需要鼓励、动员顾客参与社区活动和可持续发展事业,或让他们成为铁杆粉丝,如此,品牌与消费者之间便可以有效地建立特殊的联系。我们看到,在 2020 年新冠肺炎疫情暴发早期,品牌发起了大量倡议,如非政府组织可免费使用品牌网站,品牌为特定目的向网民筹集资金或征求网民的帮助。

(3)意为"争取,赢得并产生关联,使……产生兴趣并维持,吸引"。这的确是品牌传播的最终目标。

（4）意为"利用……的注意力和努力，占据，使……沉浸与其中，汲取"。该含义与吸引某人参与交谈有关，这也是品牌非常需要做到的。

（5）意为"与……竞争，遭遇，使……发生冲突（如与敌人交战）"。该含义不适用于品牌，品牌不想有与消费者对立的态度。在描述与竞争对手的关系时会用到这个含义。

（6）意为"使齿轮啮合（机械专业用语）"。例如，两个齿轮相互啮合，或离合器的两个组件相互啮合。这一关于齿轮的专业用语有很好的比喻义，即两个互相需要的组件共同运作并取得成果。

上述含义的确表达了整个顾客参与计划的基础内涵。

9.2 品牌传播

传播理论有很多，阐述过多理论则超出了本书的写作目的。为了探究传播本质，我们采用了一种非常笼统的说法，即"一切皆传播"（everything is communication）。言下之意，人类在地球上的所有经历和体验都会产生感知和认知。

9.2.1 品牌展现方式

品牌和消费者之间的体验和接触的场景通过品牌展现方式产生。品牌展现方式是品牌与潜在顾客和现有顾客之间产生的所有可能的感官表现。最新的接触点（touchpoint）概念与展现方式的含义非常相似，其定义为品牌与潜在顾客和现有顾客互动和展示信息的方式。展现方式的概念以品牌为中心，本质上是多重感官相结合的。尽管品牌展现的最终目的是与潜在顾客产生互动，但展现方式并不一定起到这个作用。McTigue(2019)定义的接触点非常符合我们对品牌展现方式概念的诠释："品牌接触点是品牌与消费者交互的任何一点，可以是人们看到、听到、摸到的地方，也可以是与品牌对话或体验品牌的平台。"⑭

第8章图8.12中的品牌识别的展现方式强调了所有涉及品牌传播的各种能力。然而，10年前有效的品牌传播活动的整体方案无法对应如今数字传播带来的管理复杂性。品牌展现方式的类型变得更丰富，除了品牌以外，还有其他传播的参与者会提出各自的观点。因此,品牌更多的展现方式并非由品牌本身直接掌控。

我们将扩展图8.12的模型,将品牌展现方式划分为基本方式与媒体化方式（参考图9.1）,从而揭示品牌传播管理全新的复杂性。我们强调了一些简单的"品牌生命"的基本元素,如产品和空间。这些元素,相互融合,并出现在市场上,经过创作和美化处理后,通过合适的媒体接触顾客,并与之产生交流。这是将简单的基本展现元素媒体化的过程。这一过程关注了传播内容,同时还强调了传播中网络的重要性。

品牌展现的基本方式,即传播的基本元素,与图9.1中的相同,包括产品、空间、人,以及现有的文案与视觉效果。由于现在网民高频率地使用互联网,我们需要更充分地考量关于人的元素。在构建任何传播的基本元素时,品牌会根据不同的叙事设定和场景设置做出不同的媒体化展示决策。因此,我们认为很有必要展示传播的复杂过程。我们可以参考塞普里尼的符号叙事方案（参考图7.21）。媒体化展现方式处在意义构建过程中的表层。

我们可以将媒体化展现方式分为实体方式和数字方式。实体方式过去被称为传统传播方式,包括纸媒与户外广告、公关与大型活动、门店传播、与品牌工作人员当面交流（而非通过屏幕）。数字方式按（媒体）渠道划分,包括所有网络参与者的可视化手段,如电商和其他商业平台、社交媒体、网站和博客,电视和广播也被纳入数字方式。

传播总监（即客户总监）需要指导并协调品牌与市场所有可能的接触面。这种做法源于一个基本假设,即"集中火力"比"随机开枪"能更有效地提升销售业绩。在实际商业活动中,客户总监有几种可供选择的策略。我们可以用音乐活动来类比其工作职责。他像一个端坐在钢琴前的音乐家,能够控制（或至少影响）品牌所有的展现方式,谱曲和演奏就是在充分协调所有品牌的展现方式,他最终或许能成功地呈现出美妙的（品牌）乐曲。以下列举了四种可能的策略:

（1）重复策略（repetitive strategy）。出于效率的考虑,每种品牌展现方式都要有类似的信息。尽管展现方式本质上是碎片化的,但每一种都应该包含大部分的品牌识别价值观。这是一种简单的策略,虽然没有利用丰富的展现方式,但每种展现方式都有自己的独特性和传播魅力。

（2）互补策略（complementary strategy）。不同信息在元素融合后变得很有意义。例如,经典的门店建筑元素突出了产品的巴洛克美学。

（3）不和谐策略(cacophony strategy)。我们可以称之为"无策略"(absence of strategy)。不幸的是,这种策略的使用频率非常高,每种展现方式讲述自己的故事,并没有融入其他展现方式。

（4）协同策略(symphonic strategy)。品牌最大限度地利用了每种展现方式,使顾客极易容易感知、理解品牌识别和推出的产品。例如,网络比产品本身更能全面、详尽地传递品牌理念;相比于建筑,广告更擅长表达品牌伦理。

"不受掌控"的品牌展现方式增加了客户总监的工作难度。例如,网友可以在网络上交流各种品牌信息,流量巨大,因此影响力也十分惊人。意见领袖发挥了十分重要的作用。他们是属于"人"这个子类中的一种基本展现方式,即"任何谈论品牌或与品牌有关信息的顾客或其他个体"。不过,与 Facebook 上发帖的普通顾客不同,意见领袖可以通过发帖获得品牌的酬金。

9.2.2 传播链

我们更新了上一版书中的传播链模型。整个传播过程从品牌战略(品牌识别是其重要组成部分)的正式确立开始,到品牌展现方式,再到购买行为结束。图 9.2 展现了完整的传播流程。

传播从品牌提出针对市场的明确项目开始。第二步是传播品牌所有可感知的元素(即品牌展现方式)。这是品牌的感官表现,应该符合美学处理的三个目的,即表现、装饰和功能性(具体可参考表 6.5"美学处理的三个目的")。我们在上一小节提到,品牌展现方式包含了基本方式与媒体化方式。有时,一些基本展现方式可以直接接触到公众,并没有经过媒体化的过程。例如,消费者与一双鞋或一款香水产生特殊的关系。

品牌从传播链的第一环到第二环的过程被称为"一致性转化"(consistency transition),即将品牌伦理的叙事设定和场景设置转化为品牌表述和品牌形象。第三环涵盖了品牌展现方式在市场中产生的多种感知。最后一环,也就是第四环,包含两块内容——实际购买行为和消费者在网络上随处可见的各种品牌表述。因为传播并非一定以购买行为结束,网友往往会开启新一轮的传播流程,所以第四环被分为两个部分。品牌从第二环到第三环的过程被称为"有效性转

奢侈品品牌管理(第四版)

化"(effectiveness transition)：展示方式传递预期品牌识别的效果如何？品牌从第三环到第四环的过程被称为"相关性转化"(relevance transition)，如果顾客对他们所感知的东西不感兴趣，他们就不会购买或进一步传播这些东西。

这个模型是一个十分有用的分析工具，可以应用于各种管理用途。例如，它可以直接作为品牌传播审计(brand communication audit)的方法论框架。又如，它也可以作为管理当季传播方案的工具。

从"品牌的各种表述"回到"品牌项目与品牌识别"的箭头说明了品牌和市场之间的辩证关系，即市场也有助于建立品牌识别。现在网络带来的市场影响力比以往更加显著。20世纪70年代发起的那些品牌抵制活动已经成为绝唱，网络已经足以产生巨大的共鸣，并且不断地证明顾客的能量。然而，我们应该清楚的是，在品牌识别不断迭代共构的过程中，品牌和市场都通过不同的决策权和工具进行构建。在网络舆论的压力下，品牌主动取消标识的更新，如2010年盖璞所做的。它本可以坚持使用新品牌标识，并承担所有可能的后果。是否采纳市场反馈，始终是由品牌自己决定的。

媒体融合

传播链模型主要阐述了传播元素从品牌发起到反馈回品牌的整个过程，强调了品牌并不能直接掌控所有传播元素。品牌传播正在不断发展，媒体已经被划分成三大类：

（1）品牌完全掌控的自有媒体(owned media)。例如，官方网站、官方博客、官方社交媒体账户。

（2）付费媒体(paid media)。品牌购买了这类媒体的服务，如传统广告、数字广告、付费搜索和赞助。

（3）赢得媒体(earned media)。消费者是传播渠道，品牌希望在消费者中创造口碑、声量，以及可能的病毒式反应。

从最近的演变看来，上述三类媒体最终将相互融合。许多品牌已经将赢得媒体的内容（如对自己有利的推文或Facebook帖子）添加到官方网站中。

9.2.3　传播策略

传播策略有七个主要的出发点：

（1）品牌名声的现状；

（2）现有顾客的画像和心理状态；

（3）希望得到的顾客；

（4）品牌希望公开的内部情况（聘请新设计师、首席执行官的变动、开设新店、建立新网站等）；

（5）推广的产品和服务（新品类、新业务、新服务等）；

（6）品牌希望公开的战略目标；

（7）针对竞争对手的传播策略。

传播策略的前三个出发点值得我们进一步讨论。

1. 品牌名声

数字技术给品牌带来的一个巨大进步是使实际测量并监测品牌名声成为可能。过去，这会产生巨额的市场调研成本；如今，通过融合网络和社交媒体监测、搜索引擎优化（search engine optimization，SEO）后的名声，以及人们对品牌的看法、想法、感受和期望的调研数据，我们可以不断地测量品牌名声，并得到任何举措的反馈。

2. 现有顾客和希望得到的顾客

Wertime 和 Fenwick（2008）认为市场细分的概念已经过时，他们认为"这是一个过时的术语，没有反映如今人们与周围多种渠道的互动。现在需要的是用一种更现代、更全面的方式来思考你的消费者，以及如何与他们产生持续的互动"。[15]因此，他们提出了"参与者印记"（participant print）的概念，这能"抓住品牌顾客群的本质特征"。这种印记包括三种画像。其一，消费者整体画像，由心理数据和人口统计数据组成。其二，数字画像，由三类数字化数据组成：数字设备使用习惯、内容享用偏好以及一类新型数据——消费者的内容创建情况（如虚拟化身、虚拟体育联盟的参与、个人博客等）。其三，高价值顾客的个人画像。

3. 撒辛案例

我们在附录 A 中介绍了撒辛管理学院的品牌识别研究。这是我们最新开展的相关工作，我们针对高等教育机构的特征制定了传播策略。我们清晰地认知了撒辛管理学院的名声现状，了解了"撒辛人"的独特性，明确了上述七个传播策略的基本元素。

首先,我们确定了传播的基本逻辑:

- 提高撒辛在泰国以外的整体知名度;

- 加深校友和潜在泰国学生对撒辛全新活力和创新的印象;

- 公开在撒辛发生的所有重大变革;

- 增加撒辛在当地的曝光度和互动;

- 吸引理解能力强、对社会或生态有独特见解的学生;

- 传播撒辛的品牌识别,重点宣传"泰国的全球化""重视行动""以人为本"三个基本宗旨,以及创业精神和可持续发展等最具有代表性的方面;

- 提高品牌所有展现方式的一致性,尤其是图像创意方面;

- 增加在线内容的发布频率和数量;

- 与潜在学生进行更深入的互动;

- 强调亚洲和东南亚地区的经济和地缘政治的重要性;

- 相比于去中国或新加坡,来泰国上学是一个更好的选择;

- 其他。

然后,我们制定了关键词、标语、图像环境等方面的具体内容。最后,我们制定了一个全面的传播方案。该方案考虑了所有不同的利益相关者,涵盖了所有数字和传统传播活动。具体方案与表 9.3 类似。

表 9.3 全面的媒体传播方案

		活　　　动	周数
内容生成	产品	主要关注点(高利润率、品牌更具代表性等)	
		次要关注点(大宗投资品、特殊场合等)	
	大型活动	时装秀、参加展会等	
	其他	新闻故事、采访、文章,网络研讨会、博客内容	
媒体类型	付费媒体、自然搜索	关键词搜索、分析、搜索引擎优化	
	社交媒体	制作文案并散布到指定媒体(横幅、视频等)	
	意见领袖	搜索、评估和控制	
	电子邮件营销	明确的具体信息、召回、测试和推广活动	
	纸媒及其他传统媒体	制作文案并散布到指定媒体	

如今,传播策略方案的修订频率明显上升,很可能至少每季度就要修订一次。

9.3　品牌数字传播的独特性

> 当时,我无法想象移动电话的奇迹,感慨和忏悔像光一样穿过空间,跨越鸿沟和距离。情绪上涌,五味杂陈。
>
> ——米歇尔·塞尔(Michel Serres)写于 2017 年[16]

显然,数字时代正在发生革新,使传播管理变得更加复杂。一些过时的工具已经被淘汰,这个时代需要引入更合适的工具。

我们将在本节探讨以下内容:

- 关于消费者决策历程的重要分析工具;
- 传播方案的新视角;
- 全新的关键绩效指标(key performance index,KPI);
- 主要社交网络的分类;
- 数字识别(digital identity)的全新含义;
- 广告的发展变革;
- 有关全新的组织结构的案例。

9.3.1　消费者决策历程

我们曾提出消费者购买行为的单向模型,它通常被称为"漏斗模型"(funnel model),其中有很多变量。我们认为,在购买过程中,顾客一定会经历一连串的状态,如认识、记忆、态度、熟悉、偏好、购买意向、实际购买行为、忠诚等。我们曾经将产生品牌意义作为模型的第一阶段,它会触发连锁反应后,最终产生购买行为。我们仍然认为品牌是一个复杂的系统,只有产生意义才能具有竞争力。正如玛丽-克劳德·西卡尔所说,传播给信息赋予了意义。[17]

然而,数字化的出现在很多方面完全改变了这种单向模式。如今,顾客一般都知道在购物前利用媒体资源和产品的井喷帮助他们做出决策。影响他们购买后忠诚度的因素也比以往多很多。

消费者决策历程模型更符合现状,更具有参考价值。它描述了消费者的购物历程,整合了顾客与品牌之间的接触点,以及影响顾客购物前、购物时和购物后行为的主要因素。这个过程不是单向的,而是消费者在购物前浏览大量产品选项和信息时做出反复、随机行为的过程。这个过程更像是顾客不停地在可能的信息来源、意见、经验、商品、广告、熟人建议和宽慰间徘徊的锯齿形过程。

图 9.3 显示了消费者在决策历程中可能遇到的众多接触点,一些接触点是数字化的,一些并不然。2019 年,《福布斯》发布了一份报告,其中指出平均每笔销售需要 7—10 个购买前的品牌接触点。[⑱]这只是很宽泛的平均数,不同行业中的接触点数量会不一样。买风扇或香水的过程肯定不同于买车的。

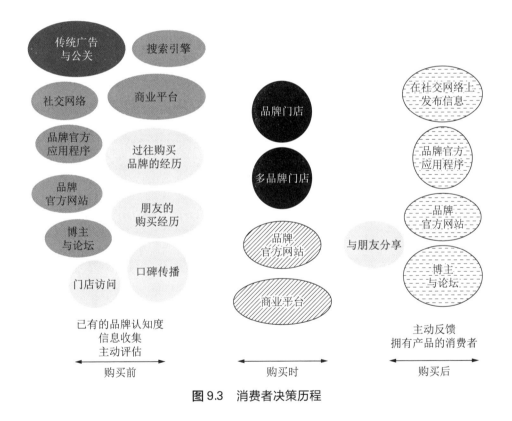

图 9.3 消费者决策历程

购买前阶段包括对现有需求或愿望的初步考虑,以及对各种选择的评估过程。这个过程是开放式的,任何品牌都会随着信息流的处理而出现或消失。显然，顾客之前的品牌意识在最初的考虑中起着至关重要的作用，因为很少有人愿意去详尽地搜索各种品牌信息。

调研专家和营销顾问提出了研究调研消费者决策历程的方法，为特定的行业、产品或服务定义了决策历程中接触点的激活数量和性质。品牌应该对这个购买历程有最大程度的了解，并根据这个历程调整传播手段。麦肯锡公司早在2009年的报告中就建议："营销人员必须采用比推动式传播更有力的传播方式，学会影响由消费者驱动的接触点。"[19]

最常见的做法是让品牌出现在所有与产品相关的接触点上（最好已有过初步调研）。

麦肯锡的研究发现，在购买前阶段激活的接触点中，三分之二由消费者主导，如网络评论、家人或好友的意见、店内互动和过往经历。当消费者站在商店货架前时，他们经常使用手机从其他来源获得额外的信息。有些出乎意料的是，许多人更愿意相信从陌生人那里获取的信息，而不是来自品牌官方的。对于品牌来说，重新获得顾客信任是一项艰巨的任务。

品牌传播面临的挑战是如何管理不断增加和变化的数字接触点，并学习如何在这些媒体上影响顾客，而大部分媒体不是由品牌直接掌控的。

麦肯锡在2013年援引路威酩轩集团首席数字运营官托马斯·罗米厄（Thomas Romieu）的观点并指出，奢侈品顾客真正想要的是简化的体验过程，他们做出尽可能少的购买决策，接触点可以精简至五个，奢侈品品牌应该专注于以下五个重要接触点[20]：

● 门店。即使在数字时代，实体店体验仍然对奢侈品顾客产生了很大影响。它仍然是最重要的接触点。

● 人际间的口碑。奢侈品购物者关心他们的同龄人怎么想。这种互动可以是与朋友的传统对话，也可以是更现代的数字对话，如电子邮件、短信或Facebook评论。

● 在线搜索。奢侈品品牌从在最好的选址开设最优雅的门店起，就投入了大量精力和资源来提升线下的曝光度。线上的曝光度也同样重要。

● 销售人员。销售人员带来的绝佳体验可以对顾客产生持久的影响，反之亦然。奢侈品品牌需要解决的难题是如何用数字技术更好地培训员工，加强他们与顾客沟通的能力。

● 品牌官方网站。顾客在品牌官网的体验是决定他们如何感知品牌的因素之一。传递的信息是否真实可靠？产品信息是否详细？产品有多少原创性或独特性？

这种演变要求品牌在购买前阶段的每一步都要考虑产品设计的灵活性和新产品开发。产品个性化定制是品牌可以考虑的一种做法，利用现有的内部或外部顾客数据为顾客提供个性化方案。

基于对现有数据的挖掘，向顾客提供全新的相关服务是另一种在顾客决策历程中与其产生交流的方式。

三分之一的接触点与品牌发起的传播活动有关。因此，这类传统营销仍然可以起到作用。

购买后阶段偶尔会被品牌忽视。消费者决策历程模型要求品牌必须关注购买后阶段，并开发更有效的传播工具。亚马逊根据历史交易记录向顾客推荐新书，它是首先开启这种模式的公司之一。除了传统的忠诚度计划之外，奢侈品品牌还可以采取许多举措让顾客参与购买后的活动，如新产品测试、意见或建议征询等，使顾客成为品牌生命中不可缺少的一部分。

9.3.2 传播方案

品牌需要遵循我们在上一节中已经详细阐述过的传播策略制定传播方案。

我们通过对比分析奢侈品品牌 2010 年前后和如今的媒体方案，可以说明很多问题。在过去，媒体方案是未来 6 个月的广告日程计划表，纵列是媒体列表，媒体包括所有纸质时尚杂志、新闻日报和媒体特殊支持［如户外广告（户外广告牌、大型建筑的广告灯箱、最新流行的户外电子屏等）］，每一行则展示当季主要的广告活动照片。由于广告位都需要实现预定，公司需要使用该计划表来安排广告物料的准备。

如今，数字传播管理迅速成为了所有传播活动的"塔台"。它像一只"贪食怪"，人们总是需要用更多的广告物料（视频为佳）来喂养它。由于资源内容庞大且发布日益频繁，传播部门所需资源的种类和数量发生了重大改变。这也是一场重大的文化革命，过去对品质、内容相关度和品牌识别的重视已经被如今的速度和流量取代。

传统的广告媒体计划已经让位于包括数字传播和传统传播在内的全面的季度传播方案。这种方案有时被称为整合媒体矩阵（integrated media matrix）或全方位传播方案（master communication plan）。它通常是按周进行规划，长长的纵列包含非常多的传播主题，其内容不局限于数字时代到来之前的纸媒（可参考表9.3）。

随着数字技术催生出众多新媒体，全面传播方案的复杂性更高。它更像是一个条形图和照片的集锦。

方案的核心内容仍然是当季的重要时刻以及与产品策划目标的关联。如今，时装秀只是一种基础传播方式，品牌可以从中提取尽可能多的素材给各类媒体使用。然而，"贪食怪"需要更多的新素材，如采访、文案、大型文化活动或艺术家的报道。这些主题不一定与品牌及其产品直接相关，并且活跃在社交媒体的顾客可能会造成巨大的负面影响，品牌需要大量人力解决这个难题。此外，品牌还需要时刻引起消费者的关注，协调商品抵达商店的时间，在电商平台上进行品牌推广等。

传播方案已经成为品牌活动的周期性计划工具，其中包含固定的时间安排，以及很多没有事先计划的活动。品牌需要不时地评估传播方案，传播团队需要抓住新机遇，提出新的想法。

9.3.3　关键绩效指标

在执行传播战略、实施传播方案时，品牌需要密切关注目标实现的动向。数字时代的特征之一是任何类型的网络行为都可以被跟踪和量化，因此诞生了大量新的绩效指标。由于大部分奢侈品时装和配饰网站既提供品牌信息，也销售产品，因此我们重点关注电商网站的关键绩效指标。品牌很早就意识到无须将提供信息和销售产品的功能分开，两者的最终目的都是完成销售目标。

为了有效地提出电商网站最重要的关键绩效指标，我们从基本的实体店零售方程开始研究。销售额是三个变量［入店客流量、顾客转化率（实际购买者占客流量的比例）、平均客单价］的乘积，即：

$$销售额 = 入店客流量 \times 顾客转化率 \times 平均客单价$$

上述方程式既适用于零售业务，也适用于电商业务。表 9.4 对关键绩效指标做了简单的分类。

表 9.4　零售与电商关键绩效指标的对比分析

销售量	流量	转化	价值/交易
数字平台和零售活动通用或等效的数据			
销售统计： 每个品类售出的单品数 订单数量 商品数据： 实销比率与库存水平	人群触达数：访问网站的人数，与页面浏览量的概念类似	实际购买人数	平均客单价
基于数字技术的数据，与零售活动也有一定的相关性			
数字平台 / 零售活动	数字平台 / 零售活动	数字平台 / 零售活动	
不同国家和地区的销售额 / 来自不同国家和地区的顾客的销售额	访问时长 访问页面数 跳出率 重复访问者数量 网站平均停留时间 / 与数字平台类似	从访客到潜在顾客 从潜在顾客到实际购买者 从访客到实际购买者跳出率 / 与数字平台类似	
特有的数字化 KPI			
	直接流量 推荐流量 自然流量		

第一类指标是数字平台和零售活动通用或等效的数据。销售数据和商品数据均适用于数字平台和实体店销售，它们的用词完全相同。只有当电商平台有专门的产品库存时，才会有实销比率和库存水平的数据。若零售网络和电商平台共享库存，那么我们就没有必要再去研究电商平台的这两个数据。

在流量监测方面，人群触达数（reach）指访问网站的人数，与经过门店的客流量类似。页面浏览量则类似于入店客流量。

实际购买人数除以入店流量得到的顾客转化率适用于数字平台和零售活动。

第二类指标基于数字技术，与零售活动也有一定的相关性。例如，各个国家和地区的在线订单销售额（前提条件是网站需对它们开放）。订单的来源地相当于销售点采集到的顾客的地域分布。

流量监测数据在数字时代的发展十分迅速。这类数据对零售业也很有意义，但由于种种执行上的困难，这类数据很难采集。我们列举了以下几种关键数据：

- 访问时长（session duration），即顾客在网店所花的时间；
- 访问页面数（pages per visit），即顾客每次访问页面的数量；
- 跳出率（bounce rate），即只浏览首页就离开网站的访客占所有访客的比例，这种访客相当于在实体店中逛了一会儿没有购物就离开门店的顾客；
- 重复访问者数量（repeat visitors）；
- 网站平均停留时间（average time on-site），相当于在门店内花费的时间。

在顾客转化率方面，"lead"一词出现在数字营销中，特指对一些产品或服务产生巨大兴趣并留下联系方式的潜在顾客。潜在顾客有可能成为未来顾客，品牌可以通过推广活动激发他们的购买意愿。这一概念在零售业中很少被使用，品牌通常只有在交易发生时才能通过收银机采集到顾客数据。

- 如果一个人把数据提供给品牌，那么他就从访客变成了潜在顾客。这种情况很少在门店发生，除非顾客没有买到他想买的商品，将自己的联系方式提供给销售人员，让销售人员在到货时联系他。

- 从潜在顾客到实际购买者的转化率是指，在注册的潜在顾客中，首次购买产品的人数占总人数的比例。

- 从访客到实际购买者的转化率在数字平台和零售活动中的含义是相同的。不同行业的数字平台的转化率差异很大：2020年，男女服装行业的转化率为0.8%，美发和美容产品的转化率为3.6%。[21]高端奢侈品电商网站的转换率可能低于1%。

- 在分析顾客转化情况时，我们可以参考跳出率的数值。电商网站的跳出率在20%—40%之间。需要注意的是，跳出率的分子是浏览首页就离开网站的顾客数，其中不含浏览更多页面但没有购物的访客数。在零售店，顾客转化率与品牌声誉和当季产品的吸引力有关。中等流量的主流品牌的顾客转化率约为30%—50%；免税店的数值更高，约为70%；古驰和路易威登的数值可能接近90%—100%。

第三类指标是数字活动独有的,在零售行业没有任何意义。

- 直接流量(direct traffic):通过在浏览器中输入网址、点击品牌电子邮件或文件链接而直接访问网站的访客数量。
- 推荐流量(referred/referral traffic):从其他网站来到品牌网站的访客数量。这些访客没有在谷歌上进行搜索。
- 自然流量(organic traffic):指通过搜索查询而来到网站的访客数量。这些访客没有确切的希望与品牌产生关联的意图。

我们介绍了一些基本的关键绩效指标,但还不够详尽。所有数据都需要被重新组合和持续监测。图9.4中托马斯品牌的数据来源于2018年其用于监测品牌数字化工作成果的数字面板,其中包含了前文介绍的大部分关键绩效指标。

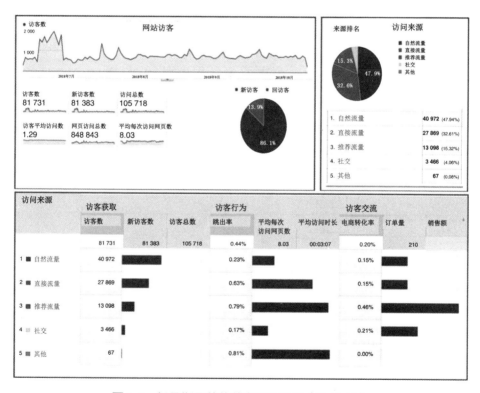

图9.4　托马斯品牌的数字面板示例（2018年）

我们必须避免采用 Willaert(2019)所说的"空洞、无意义"的虚荣指标

（vanity metric）。[22]事实上，社交媒体粉丝数量的确不一定代表品牌与顾客之间的交流程度，只能说明相比竞争对手顾客对该品牌感兴趣的程度。此外，社交帖子的点赞数与销售额也没有太多相关性。2016年，托马斯品牌浏览量最大的领带视频广告有数百万个点赞，但该领带的销售量仅是当季平均水平。

除了在网站上发生的购物行为，品牌还必须跟踪消费者购买前和购买后的行为。品牌尤其要关注社交网络上交流的内容而非访问数。

9.3.4 社交网络

互联网已经彻底改变了大众生活，任何人都可以发表观点，任何人都会有听众，所有人都可以在互联网上交谈、倾听。大众完全可以访问并获取所有信息。

然而，社交网络（或社交媒体）在2003年前后才真正变得十分重要，成为互联网发展的重要引擎。领英（LinkedIn）创立于2003年，Facebook创立于2004年。图9.5列举了社交软件用户数量的最新排名。[23]2020年2月，Facebook用户数量接近25亿；YouTube位列次席，活跃用户为20亿；WhatsApp排名第三，在全球拥有16亿用户；2010年上线的Instagram排名第六，有10亿用户；来自中国的抖音/TikTok新入榜单，排名第七，有8亿用户。这些数字非常惊人，品牌也因此迅速意识到社交网络的潜力。

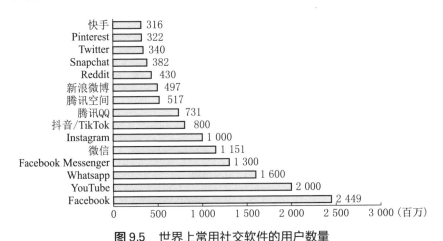

图9.5　世界上常用社交软件的用户数量

资料来源：Datareportal，"Digital 2020 Global Overview Report: We are Social and Hootsuite"，February 2020.

社交网络是一种专用网站或某种应用程序，它使得用户能够通过发布信息、评论、信息、图片等方式相互交流。简而言之,它是可以与其他人建立联系的个人页面。

例如,所有主流奢侈品品牌都在微信上开设了官方账户。微信官方账户定期发布信息和广告来提高品牌在亚洲的知名度,品牌还通过微信官方账户进行在线销售、管理忠实顾客社群,并依据用户画像、文章和广告投放效果评估品牌表现。

品牌必须了解这些众多、有影响力的数字媒体,从而以最理想的方式实现传播和业绩目标。多米尼克·卡尔顿提出了一种社交网络的分类方法,在两条坐标轴上定义了网络用户希望呈现的数字识别。[24]其中一条坐标轴是自我模拟(self-simulation),两端分别是真实自我(real self)和投射自我(projected self);另一条坐标轴是主观程度(subjectivization),两段分别是存在(being)和表现(doing)。两条轴把平面分成四个象限,一个象限代表一类社交网络。

(1)屏幕(screen)对应"真实自我—存在"象限。所有数据都是真实的,如姓名、出生日期、教育背景、职业、外貌、照片等。Meetic 等相亲网站是该类别中最具代表性的社交网络。这些平台旨在提供逐渐展示自我的空间,用户通过交流信息,不断增强与对方交流的信心。

(2)明暗(clair-obscur)对应"投射自我—存在"象限。Facebook 和 WhatsApp 最具代表性。用户分享的内容可能由个人梦想或欲望构成,只向限定的公众展示。卡尔顿将该象限取名为"明暗"也反映了内容的可见度是可以调整的。大多数通信应用程序都属于这类,是目前社交网络中占比最高的类型。品牌都愿意使用这个象限内的社交媒体。

(3)灯塔(lighthouse)对应"真实自我—表现"象限。所有内容都非常专业,向公众展示,以行动为导向。用户会展示他们独特的一面,表达对某一专业领域(如烹饪、时尚、手工艺、飞行、文化、就业、教育、政治等)的兴趣,分享爱好、观点和品位,然后在网络上聚集在一起。这些社交网络的目的是分享专业内容,品牌也会对这类社交媒体的定位产生兴趣。

(4)虚拟世界(virtual worlds)对应"投射自我—表现"象限。所有电子游戏、虚拟化身、虚拟世界(如《第二人生》)都在这个象限,这里的用户不用表现真实的自己,只需要打造一个理想化的人设并开始游戏。

我们对社交网络的四种类型做出延伸,从三大特征(展示的内容、来源可见性、目标受众）更直观地描述社交网络构成的数字识别（如表9.5所示）。

现在，品牌在选择需要关注的社交网络时可以利用很多信息。主流社交网络拥有大量用户，大多数品牌全使用所有的社交平台。不过考虑到投入的时间和资源，一些特定的社交网络在实现品牌传播目标方面比其他网络更有效率。

除了多米尼克·卡尔顿提出的指标外，品牌准备传播方案时还要考虑其他的社交网络绩效指标。

Instagram 非常值得品牌去关注，它被公认为社交媒体互动的领军者。2014 年，弗雷斯特市场咨询（Forrester Research）开展了一项研究，结果表明 Instagram 帖子的粉丝互动率为 4.21%（Instagram 的粉丝互动数包含点赞数和评论数，Facebook 的粉丝互动数包含分享次数、点赞数、评论数和回复数），其粉丝平均互动率是 Facebook 的 58 倍，是 Twitter 的 120 倍。[25]最近，Instagram 开展了网络净化工作，坚决地清理了虚假账户，粉丝互动率因此下降到 2%左右。不过，Instagram 仍然是当今最具吸引力的社交媒体平台。

每个品牌都在利用社交网络的全球影响力。它的能量和特征促使品牌必须制定明确的使用策略，这就是前文提到的品牌全面传播方案的一部分。

表9.5　卡尔顿提出的社交网络分类

四类社交网络		屏　幕	明　暗	灯　塔	虚拟世界
社交网络的三大特征	展示的内容	实际发生的真实的	情绪情感个人梦想或欲望	专业的独特的实际发生的	理想化的戏剧性的虚拟的
	来源可见性	逐渐展示自我	已知的可辨认的	完全可见的	可见的伪装的
	目标受众	公开的	受限的受控的	分享兴趣、爱好	通过投射识别分享兴趣
社交网络		Meetic Tinder Grindr Gleeden	Facebook Snapchat WhatsApp Messenger Skyblog 微信 Line	Instagram Twitter Pinterest Flickr 领英	《第二人生》 YouTube Myspace 《魔兽世界》 抖音/ TikTok

注:采用了多米尼克·卡尔顿的命名方式。

9.3.5 数字识别

如前文所述,卡尔顿用数字识别的概念划分了社交网络的类型。他参考了加拿大社会学家欧文·戈夫曼(Erving Goffman)的研究成果,后者认为一个人的识别是多方面的,可以通过模仿、态度、礼仪和举止被辨识出来。[26]卡尔顿对社交网络分类的研究卓有成效,这种行为学研究方法与我们在第6章采用的符号学研究方法存在巨大差异。不过,我们并非质疑卡尔顿的研究价值。个体的个性多面性在本质上是不断变化的,而在品牌识别的符号学方法研究中,品牌伦理和品牌美学是常量。

然而,这同时产生了相应的疑问:互联网时代的品牌识别会发生什么变化?如今,即便有一些人仍在争论品牌是否能被消费个体使用,但没有人再质疑品牌出现在网络上的必要性。在我们看来,数字识别由网络上可见的品牌识别常量决定。品牌在网络上采用的各种表达方法创造了全新的品牌展现方式,它们必须在竞争激烈、快速发展的环境中展示自己的竞争力,提升品牌识别。

如果说个体想要被别人关注的需求源于渴望他人的认可,那么品牌为了提升销售业绩更加需要被认可。因此,网络揭示了识别构建过程的集体性本质(collective nature),即一个主体通过其他主体的关注和反馈来定义自身。这种本质同样适用于品牌和个体,识别构建过程是集体性的,并不断迭代的。

显然,品牌识别在线上和线下的表现和感知存在一定的差异。如果某品牌希望在争夺网络用户注意力的竞争中脱颖而出,那么需要比其他品牌产生更大的影响力。这可以通过利用不断传递的信息、令人惊喜的内容、诱惑力的展现、夸张的表达方式、极致的语言、幽默的表现力等来实现。传统的传播和产品策略绝不可能采用上述表现形式。网络信息过于繁杂,我们需要在真实、原真性和创造力之间找到适当的平衡。由于社交媒体技术限制了很多的图像表现形式和时间的掌控,奢侈品品牌无法完整地表达其内涵,因此面临了更复杂的两难困境。

需要注意的是,"数字身份"一词*在网络技术领域被用来描述企业和个人在线安全交易的认证技术,这与我们的研究主题没有任何关系。

---

* 该词的英文也为"digital identity"。

9.3.6 广告

2020 年,美国市场研究机构 eMarketer[27]统计了一组最新数据,数据显示全球数字广告支出总额为 3 410 亿美元,传统广告支出总额为 3 790 亿美元[28]。也就是说,数字广告支出占所有广告支出的 47.3%。在新冠肺炎疫情前预测的 2021 年数字广告支出占比为 49.6%。自 1994 年第一个横幅广告横空出世以来,数字广告经历了惊人的发展过程。

如今,网络付费广告几乎与传统媒体广告(如印刷品、电台和电视广告)一样多。数字广告(即在线广告)出现在搜索引擎、社交网络、网站、应用程序、音乐流媒体服务中。需要解释的是,eMarketer 的统计数据包括所有出现在台式机、笔记本电脑、手机、平板电脑和其他连网设备上的数字广告,但不包括多媒体信息服务(Multimedia Messaging Service,MMS)、短信息服务(Short Message Service,SMS)和其他点对点信息服务的广告。

谷歌和 Facebook 占据了大部分广告市场份额,分别占美国数字广告支出的 37.2% 和 19.6%。如果将中国市场排除在外,它们在全球市场的份额会更大。考虑到手机占据了一半的网络使用方式,谷歌和 Facebook 在手机广告上的优势更加明显,两者的市场占有率可达 90%。2000 年,谷歌的广告投放工具 Google AdWords 诞生。此后,有超过一个世纪历史的广告业见证了谷歌和 Facebook 的崛起,它们迅速占据了广告业主导地位。不得不说,这是数字时代的神奇之处。从传播效果来看,广告已经成为了网络的助燃剂。广告是谷歌和 Facebook 最主要的业务,分别占谷歌和 Facebook 营业总收入的 90% 和 97%。[29]

网络广告有两种主要类型:

(1) 展示广告(display advertising),即在社交媒体(如 Facebook、Twitter、领英等)、移动端等发布的传统横幅广告。

(2) 搜索广告(search advertising),即谷歌式广告,其推广方式是数字广告创新成功的真实途径。谷歌创造了一种可自行设置的自动竞价系统(automated auction system),广告主根据网络用户在浏览器中输入的文字内容实时、自动地给出最优竞价。只有当网络用户点击广告主网站链接时,广告费用才会产生。以上所有操作在技术上都是可行的,一方面,这要归功于强大的网络"间谍"——储存在用户本地终端上的 cookie；另一方面，广告传播都是以各类用户信息为基础的。其他搜索引擎如必应（Bing）、雅虎（Yahoo!）等，它们的广告业务规模没有谷歌那么庞大。我们不再赘述与技术有关的具体内容。

其他类型的数字广告包括视频和电子邮件营销，不过两者与上述两大主要类型的广告有很多相似之处。

数据业务的盈利能力非常强，很多威胁数字广告发展的技术也不断涌现。其中之一是广告拦截软件的快速发展。在某些欧洲国家，一半的网络用户已经在使用这种拦截软件。应对措施也随之诞生：你已经可以在网络上看到广告拦截服务的广告宣传。

1. 旧式和新式

品牌希望与它们的顾客进行更有效的沟通，因此旧式和新式的交流方式都对品牌有益。

虽然传统广告的目标性不强，但能接触到更大范围的受众。一段超级碗（Super Bowl）或奥斯卡颁奖典礼的广告可能比很多数字广告有更高的曝光率。这说明了遵循读者、听众、观众的基本规律比信息接收者是否是目标人群更重要。一旦明确了目标需求，品牌必须找出最合适的媒体，并确定在何时以何种方式将信息传递给目标人群。

现在有了数字传播方式，品牌不用为没有精准定义的目标人群创造宽泛的信息，而是可以为适合的受众人群精准地定制信息。品牌可以根据受众的人口统计资料及其浏览过的网站、搜索过的内容等，用广告锁定潜在顾客或再次锁定现有顾客。我们已经从普通医师升级为高度专业化的外科医生。

数字传播方式的另一个优势是品牌可以快速、低成本地测试人们对一系列广告的反应，并监测测试结果。这对小品牌来说是一个重大的发展机遇。

相比之下，传统广告的作用正在减弱。许多杂志的主要功能变成了消磨人们的时间（如在牙医诊所等候时阅读）。杂志的发行量不断降低，杂志中广告数量不断增加，越来越极端的广告让大多数人感到不适，公众场合和移动媒体广告也在逐渐增加，更关键的是，互联网的兴起与普及都削弱了传统广告这类品牌展现方式的影响力。飒拉不是奢侈品品牌，但它是一个非常典型的成功案例。它的发展得益于一个极具竞争力的商业模式，而不是广告投入。飒拉定位于竞争异常激烈的大众服装市场,除了每年两次在报纸上刊登促销信息,它几乎不会投放任何宣传广告。2019年,它的年销售额仍然可达283亿欧元。

尽管数字广告和传统广告有很大差异,但品牌为了优化广告投放策略,必须同时管理这两种方式。两者合理的组合,再配以持续、互补的信息和视觉效果,才能使品牌与顾客成功地进行交流。例如,公交车公司在使用传统广告的同时,往往会再用公交公司网站和应用程序的横幅广告,以及社交媒体、论坛和博客平台的定向交流来进一步提升传播效果。

2. 内容

我们将在后文关于组织架构的小节中看到,内容生成(content production)在传播过程中起到了重要作用。对于具有季节性特征的奢侈品公司而言,当季广告投放和时装秀仍然是主要的传播方式。当季活动的图片、视频、轮播广告(carousels)和文案是品牌的传统与网络媒体展现方式的基本元素。传统纸媒和品牌宣传手册只会精选一些图片;如今,品牌会生成更多内容,包括台前与台后的照片和视频、活动集锦、设计师的发言、模特的内容、艺术总监采访等。这些被用来满足数字化"贪食怪"对内容的渴望。品牌也在线直播时装秀和采访。

3. 广告代理公司

传统的传播代理公司已经适应了新环境,并开发了必要的相关技术以提供数字服务。与此同时,大量新型的广告代理公司出现,专门提供特定类型的数字服务。它们通过网站广告等方式为品牌制定吸引目标顾客的策略,提供的服务一般涉及搜索引擎优化、点击付费(pay per click,PPC)广告、电子邮件营销、社交媒体、内容营销、网页设计等。

除了为奢侈品品牌提供复杂的传播方案外,这些代理公司(尤其是在数字时代之前就成立的公司)还提供创意服务,它们比经营大众市场业务的同行懂得如何更精确、规范地展示品牌识别。一般而言,品牌自行决定照片和模特的使用,并制定明确的创作方向。主流奢侈品品牌始终会选取最著名的摄影师、顶级模特和建筑师,这些都是品牌必须完成的工作。它们的品牌形象不一定具有极其独特的差异性,但这样可以减少很多风险。一些代理公司甚至成为了实际上的创意总监。例如,美国恒美广告公司(Doyle Dane Bernbach,DDB)自1959 年起就一直为大众汽车制作广告,它对大众品牌形象的贡献几乎可以与产品本身相提并论。

4. 电子邮件营销

虽然电子邮件在互联网诞生前就已经存在,但直到具备了发送图片、视频、各类文件及捕捉潜在顾客的网络技术能力后,它才真正成为了一种强有力的营销工具。

品牌利用在互联网上收集到的联络方式可以完成一些基本的顾客参与工作。例如:

- 提供关于新产品和新服务的公告信息;
- 提供特别优惠;
- 根据历史购物和搜索记录发送个性化推荐信息;
- 邀请顾客参加大型活动;
- 邀请顾客分享他们自己的过往体验。

9.3.7 可选的组织架构

网络的诞生迫使大多数奢侈品品牌必须适应品牌传播过程中不断增加的复杂性。所有品牌不得不根据传播活动彻底重建组织架构,一些品牌已经走在了前列。

我们在前文介绍了托马斯品牌。其组织架构的演变过程可给我们带来一定的启示。托马斯品牌是一个真实存在的欧洲奢侈品品牌,出于保密原因,我们隐去了真名。它的主营业务是男士和女士的个人用品(成衣和配饰),年营业额约为 1.5 亿美元。2012 年,托马斯品牌的数字化仅表现在创建了一个提供产品信息的网站。该品牌决定开展数字化转型后,聘请了一位经验丰富的数字运营总监接管品牌的数字化发展。

首先,托马斯品牌在 Instagram 和 Facebook 上提升了曝光度,开展了一次电商活动,并迅速将活动迁移至品牌官方网站。图 9.6 展示了托马斯品牌针对顾客参与改进的运营方式。

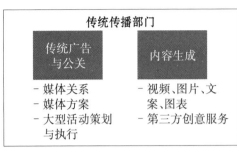

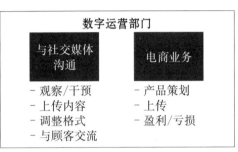

图9.6　托马斯品牌最初根据电商活动调整的组织架构

三个部门会共同处理如何触达顾客的问题。

● 传统传播部门。该部门负责媒体沟通,组织当季活动与拍摄,举办时装秀,直接向创意总监汇报工作,并维护品牌识别。最初网站的开发就由这个部门执行。

● 数字运营部门。该部门负责电商活动,提升品牌在社交媒体上的曝光度。电商活动的运营涉及上传可视化素材、商品在线销售、管理电商专用库存等。

● 零售部门。该部门通常负责客户关系管理。

负责部门比较分散,并且数字运营部门的"极客"思维模式与零售部门和传播部门的传统思维之间存在明显的文化差异,这导致了很多问题的出现。例如,数字部门抱怨内容过少,信息提供速度过慢;传统传播部门看不起数字运营部门,认为这个部门缺乏对品牌识别的敏锐认知。三个部门无休止地争论着谁才拥有上传内容的最终决策权。部门之间的冲突不断加剧,品牌为了有效解决这个问题,设立了客户总监一职,该总监会直接管控上述三个部门五方面的工作任务。

这类问题揭示了品牌在数字时代管理传播的两个方面的重要性:

（1）需要加强内容生成能力，明确数字化思维的突出优势。

（2）需要尽可能地调用资源与顾客进行交流，系统地回复所有出现在品牌官网、社交媒体、论坛、博客、评分网站等平台上的评论留言。

图9.6是托马斯品牌当初选择的组织架构。不过，组织结构的方案有很多，很大程度上取决于公司规模（及运营方式）和文化、在品牌生命周期中所处的位置，以及品牌传播的直接目标人群。上述因素都是品牌传播方案中重要的组成部分。

9.4　勿忘传统传播方式

前文提到，全球一半的广告仍然是传统广告，如今的广告管理方式融合了数字方式和传统方式的优势。其他品牌传统活动虽然同样受到传播活动数字化的影响，但转型程度相对较小，在品牌传播中仍然起到非常重要的作用。我们在本节只探讨两种最重要的传统传播活动——公关活动和产品活动。

9.4.1　公关

"公关"原本是传统的"公共关系"（public relations），后来时尚界将其定义为与新闻媒体的关系。顾名思义，公关总监主要负责建立和维护公司与报道奢侈品行业的最具影响力的记者之间的关系。杂志上刊登的品牌文章数与品牌的杂志广告预算成正比。所有线上和线下活动都遵从这个规律。

全球化品牌依靠在世界各地的公关代理公司，通常在全球范围内与六家及以上代理公司签订合作协议。品牌需要具有强有力的物流能力：当世界各类杂志和报刊都要拍摄产品照片时，品牌必须给它们提供产品样本。为此，品牌会专门生产很多样品，并把它们分发给御用的公关代理公司。小品牌无法负担在全球范围内聘用公关代理的费用和样品分发的高昂成本，它们只能依靠其他的品牌展现方式。

1. 引发轰动效应（即病毒营销）

不同时代的用词改变了，但本质现象是相同的。公关部门另一项重要工作是管理名人背书（celebrity endorsement），妥善处理好与高品位意见领袖的社会关系。这些意见领袖一般包括影星、艺术家、建筑师、设计师、歌手、乐队、体育明星、记者、政客、博主等。很多文章探讨如何引发轰动效应，让每个人都谈论时下最热门的新品、品牌、门店、设计师、大型活动等。虽然如何做到这一点对绝大多数人来说仍是个谜，但此类事件本质上仍是一种社会和传播现象——由意见领袖主导，产生在合适的社交圈内，并激活数字平台的对话交流。

2. 大型活动

大型活动一般由公关部门直接或间接管理，可分为以下三类。

第一类是品牌直接发起的活动，如时装秀、门店开幕式、品牌基金会颁奖仪式、品牌展览等。

20 世纪 90 年代末，路威酩轩集团为迪奥举办了约翰·加利亚诺（John Galliano）策划的时装秀，开启了将品牌活动转变为真正大型娱乐盛会的序幕。这些活动与电影首映式相差无几，邀请嘉宾参加成了公关总监最头疼的工作之一。这些活动成本包括礼服和配饰成本、顶级模特出场酬金、场地租金、机票费用、住宿费用、名人出场酬金、媒体记者礼物的费用等，总成本从几十万到几百万欧元不等。

那么，一场时装秀如何才算得上成功？显然不能纯粹地用次日媒体发布的文章价值来衡量。一场秀的时间非常短暂，如果当季没有在数字平台上播放该季的视频，最佳的传播效果无非是在精品店内循环播放秀场视频，仅此而已。

互联网的出现已经彻底改变了时装秀的媒体传播方式。最近 20 年，我们始终可以看到不知名的年轻人坐在秀场最前排，腿上放着一本笔记本。他们都是极具影响力的博主，是品牌认可的重要意见的传播载体。品牌还可以通过直播大幅提升大型活动的曝光度。

奢侈品品牌的门店开幕式是其重要大型活动之一，其奢华程度甚至可以和门店装修相媲美。

第二类是活动赞助，如路易威登美洲杯帆船赛，以及爱马仕赞助了 25 年之久的戴安娜赛马大奖赛（Grand Prix de Diane）*，此比赛加强了爱马仕品牌与

---

* 2008 年起，爱马仕在巴黎大皇宫自行主办"跳跃，爱马仕"（Le Saut Hermès）马术障碍赛。——作者注

马、竞争力、传统和贵族气质的紧密联系。2020 年 3 月的赛马活动因新冠肺炎疫情被迫取消，在 2021 年重新举办。

第三类是戛纳国际电影节、MTV 大奖或格莱美奖等颁奖仪式。这些场合可以给予品牌很高的曝光度。20 世纪 90 年代，当麦当娜身穿普拉达礼服领取她第 21 个 MTV 奖项时，这对当时仍属新兴品牌的普拉达产生了难以置信的积极影响。各品牌为了让经常出镜的名人展示它们的时装，展开了格外激烈的竞争。这也使得小品牌望尘莫及。电影影星和导演的戛纳红毯秀已经变成世界最著名的时装秀。

品牌或产品植入也属于重要的公关活动，它们通过支付一定的费用在电影或电视节目中植入特定的品牌或产品。美国影星莎拉·杰西卡·帕克（Sarah Jessica Parker）和电视剧《欲望都市》（*Sex and the City*）使莫罗·伯拉尼克（Manolo Blahnik）品牌家喻户晓。很多起初不熟悉这些性感高跟鞋的年轻一代消费者对该品牌产生了强烈的共鸣。

3. 意见领袖

在奢侈品行业，制造影响力并不是一件稀奇事。在过去，贵妇就是菲拉格慕的意见领袖，品牌特别担心失去这类顾客，一位贵妇就会影响她整个社交圈的喜好。公关部门一直与各类名流保持联系。如今唯一发生改变的是，Facebook 或 Instagram 上粉丝数量极高的人也被视为名人。21 世纪初，不少博主就已经被邀请参加时装秀。意见领袖会激发、引导他人的行动。在数字时代，意见领袖会在社交媒体上推广或推荐某些消费品或服务，引起潜在消费者的兴趣，从而获得某种形式的报酬。

9.4.2 产品

产品在品牌展现方式中有特殊的意义。首先最重要的是，它是品牌盈利的基础。在品牌传播链的第四环中，产品是否被购买决定了整个品牌规划成功与否。此外，产品由于种种原因比其他展现方式传递了更多的传播内容。我们可参考图 9.1 和图 9.2，产品是品牌的基本展现方式之一，它与顾客直接接触，不一定要经过媒体化的传播过程。产品除了有有形特征外，还可以在各种情境中与购买者建立特殊的关系，有效地展示品牌的创造力。

1. 有形属性

品牌以最直接、最显著、最能体现多重感官的形式进行产品广告宣传,通过以下若干个有形维度给消费者带来了最直观的印象,传递了品牌识别信息。

● 美学:颜色、形式、材料、质地、风格。一套阿玛尼西装的剪裁、面料、标签和价格可以告诉你阿玛尼所有的品牌识别。

● 功能性:可靠性、耐用性、再生性。菲拉格慕不同款式的鞋履有始终不变的合脚度,这成为了其品牌识别的一部分,也使产品目录销售和在线销售成为可能。

● 做工:高端奢侈品品牌尤其重视工艺,它仍然是一种品牌信仰,是品牌识别的基本元素。产品是品牌业务正统性的基础。它能保证品牌在某个业务领域中的专业性,也表现了品牌的原真性。

● 易获得性:它对品牌感知方式产生影响,但影响有正反两面。大量分销虽然可以提高品牌知名度,但会影响真正奢侈品的稀缺性。很多设计师在路易威登老花图案上的基础上做了很多创作,这被视为提升产品原创性的尝试。因此,产品是品牌知名度的重要基础。产品越畅销,品牌知名度越高。尤其当产品可以穿戴在身上时,人们从街道对面就可以认出这个品牌。可见,标识、材料、色彩、金属配饰和其他设计风格均旨在提升品牌识别。

● 产品策划和包装:产品系列结构、品类数量、款式数量、定价等都是产品传播的重要元素。蒂芙尼的产品系列结构和展示方式显然与时尚品牌瑷嘉莎(Agatha)不同。

只有产品才能真正反映奢侈品品牌的原真性。都慕的花瓶承载了南锡学派所有的品牌神话,使用了特殊的水晶料(pâte de verre)。因此,任何两只花瓶都不可能完全一模一样,其他品牌也不会有这样的花瓶。

2. 与顾客的关系

产品花了大量时间与购买者建立联系(显然,这个时间要比消费者在手机或杂志上看广告的时间要多得多)。品牌在产品和顾客之间建立了一种有关触觉或嗅觉的关系,即情感纽带(affective tie)。汽车、摩托车、香水、鞋履和咖啡品牌非常善于利用这种情感纽带。产品本身就可能是重复购买的缘由,它是消费者对品牌产生信心或感到失望的关键。

3. 品牌创意和创新的主要方面

品牌将大部分研究和创新资源都投入在产品上,因为产品是品牌最容易展示给消费者的内容。设计风格和技术研究密切相关。奥迪在这两方面都做出了大量努力,并收获了明显成功。

4. 保持与情境相符

至少在门店内,产品会融入橱窗、内部陈列和音乐等品牌零售的建筑概念中,身穿制服的专业销售人员向顾客宣传品牌。在这个方面来看,我们可以说品牌传播正在变得媒体化。

我们可以用下面这句话总结产品传播:糟糕的广告或负面的网络评论有可能会让品牌失去忠实顾客,但产品质量低劣一定会让品牌失去这些顾客。

9.5 本章小结

我们需要总结一下数字时代的品牌传播。首先,互联网的出现让一切变得更加现实。品牌想要引发或激起那些接收到过多信息、被网络"吞噬"的消费者的兴趣,已经变得越来越困难和复杂。

互联网带来了令人难以置信的正面影响,但我们在本章第一节也列举了一些互联网对每一个人的负面影响,即使一个人不是网民,他也会承受数字技术崛起可能带来的负面后果。奢侈品品牌需要充分意识到这些负面影响,尽可能减轻它们。

● 互联网的本质可以用几个形容词概括,如即时的、无处不在的、快速的、短暂的、匿名的、虚拟的、巨量的、不断变化的、倾向于肤浅的、花言巧语而不利于深度分析的、鼓励自我中心主义的、给予富人特权的等。

● 即使互联网是虚拟的,但万物都在此时此地不断变化。当所有知识都可以通过手机获取时,我们应该学习什么? 2016 年上线的 Instagram Stories 功能就是互联网时代的缩影。有了它之后,用户可以发布照片和视频,添加效果和图层,所有上传内容会在发布后 24 小时内消失。

● 人们长时间对着屏幕,开始渴望更多真实的接触感,至少是无须通过屏幕的现实生活交流。2018 年,亚马逊意识到这种趋势,于是开设了第一家亚马逊无人零售便利店(Amazon Go)。

● 联络(connection)与关系(relation)不是一个概念,很多人把两者混淆了。联络本身不会产生价值,通过联络完成的事情才起到作用。真正重要的事情是与顾客建立关系,我们在本章第一节将这类工作称为顾客参与。

● 大量内容的高频度投放只有利于大品牌,会对资源较少的小品牌造成伤害。我们在人力资源管理方面也得到同样的结论。大型公司可以开出难以抗拒的工作条件吸引最优秀的人才。谷歌、苹果、Facebook、亚马逊和微软都会从顶级学府招募杰出的人才。

以前,品牌沟通的目的是:传递信息,吸引消费者注意力,产生积极态度和消费欲望,让消费者喜欢品牌,让消费者牢记品牌,最终进入人们的日常生活,通过共同经历创造一定程度的亲密感。如今,全新的品牌概念正在形成,品牌像网民一样,变成了一种传播媒体。媒体信息的编辑与发布似乎比真正的创作更重要。

现在,数字时代推动了奢侈品体验的发展。人工智能和大数据的应用将品牌对顾客的了解程度和客户关系管理提升到一个新的水平,奢侈品品牌利用高科技和高感触*提供个性化服务。不过,奢侈品品牌最大的变化在于门店成为了数字化的一部分。这超越了传统全渠道分销经营的理念。数字平台一直在生成持续的刺激因素,不再仅仅是一个销售或传播渠道。实际上,Instagram 已经成为品牌全新的门店橱窗,它更有影响力,具有更多功能,并且人们可以随时随地访问它。数字化已经成为重塑门店角色和顾客体验的灵感来源。消费者在线获得的最新刺激体验不仅为下一次网购体验,而且为线下购物的期望体验设定了标准。实体店成为了顾客整体体验的一部分,这种体验本质上由数字化驱动。

专家预测,互联网将成为继司法、行政、立法、媒体之后的第五个制度性权力。

注释

① D. Cardon,2019,*Culture Numérique*,Paris:Presses de Sciences Po. 多米尼克·卡尔顿是巴黎政治学院(Sciences Po)社会学教授、媒体实验室(Medialab)主任。他出版了很多关于数字时代的专著,本书大量引用了他这本最新专著的论点。

---

* 高感触(high touch)指利用愉悦、承诺与便捷引诱人们上瘾、深陷其中而不能自拔的心理状态。

② https://datareportal.com/reports/digital-2020-global-digital-overview.

③ https://www.digitalcommerce360.com/2018/10/23/luxury-brands-aggressively-turn-to-e%E2%80%91commerce/.

④ 同①。

⑤ 同上。

⑥ https://datareportal.com/reports/digital-2020-global-digital-overview.

⑦ 同上。

⑧ Philip Kotler，1967，*Marketing Management*，Englewood Cliffs，N.J.：Prentice Hall.

⑨ https://www.nowness.com/.

⑩ https://www.saksfifthavenue.com/International.

⑪ https://www.rolex.com/watch-care-and-service/buy-rolex-watch.html.

⑫ https://www.businessoffashion.com/articles/news-analysis/yoox-net-a-porter-federico-marchetti-steps-down.

⑬ https://www.websters1913.com/words/Engage.

⑭ K. McTigue，2019，"Leveraging Touchpoints in Today's Branding Environment"，in A. M. Tybout and T. C. Hoboken(eds)，*Kellogg on Branding in a Hyper-Connected World*，New Jersey：John Wiley & Sons.

⑮ K. Wertime and I. Fenwick，2008，*Digimarketing：The Essential Guide to New Media & Digital Marketing*，Singapore：John Wiley & Sons.

⑯ M. Serres，2017，*C'Était Mieux Avant*！，Paris：Le Pommier/Humensis.

⑰ M.-C. Sicard，2001，*Ce Que Marque Veut Dire*，Editions d'Organisation.

⑱ https://www.forbes.com/sites/ryanrobinson/2019/03/13/how-sales-has-changed/♯199bbb593985.

⑲ D. Court，D. Elzinga，S. Mulder and O. J. Vetvik，"The Consumer Decision Journey"，*McKinsey Quarterly*，2009-6-1，https://www.mckinsey.com/business-functions/marketing-and-sales/our-insights/the-consumer-decision-journey.

⑳ McKinsey & Company，"Back to Basics：What Luxury Customers Really Want from Digital"，2013-8-1，https://www.mckinsey.com/business-functions/marketing-and-sales/our-insights/back-to-basics-what-luxury-customers-really-want-from-digital.

㉑ https://www.irpcommerce.com/en/gb/ecommercemarketdata.aspx?Market=1.

㉒ C. Willaert，2019，*Digital Marketing Like a PRO：Prepare . Run . Optimize*，Tielt：Lannoo Publishers.

㉓ https://datareportal.com/reports/digital-2020-global-digital-overview.

㉔ 同①。

㉕ https://www.forrester.com/blogs/14-04-29-instagram_is_the_king_of_social_engagement/.

㉖ E. Goffman，1973，La Mise en Scène de la Vie Quotidienne，Paris：Minuit.

㉗ https://www.emarketer.com/.

㉘ 不同资料来源的统计口径可能有所不同,但数字广告和传统广告支出的占比不会存在出入。

㉙ 同①。

第 **10** 章
奢侈品品牌的全球化管理

在很多顾客观念里，品牌借助大量子公司将自己推广到世界各地。实际上，品牌全球销售很大程度上依靠大量分销商完成，其中包括旅游零售商。

如果品牌想走向全球市场，必须与世界各地的百货公司搭建渠道，并且使用独立的进口商或代理商。全球分销系统不仅包括售卖产品的门店，还包括将产品从巴黎或米兰运往世界各地的物流体系。

品牌有时可能需要完全依靠第三方代为运营。以香水业务为例，阿玛尼先生不会自行生产和分销阿玛尼香水，而是把业务交予欧莱雅集团运营。汤姆福特(Tom Ford)香水也并非完全由创始人本人开发，而是由雅诗兰黛集团负责。同样，拉夫劳伦腕表的设计、生产和分销都交给了专营腕表和珠宝业务的历峰集团。因此，我们在本章主要论述特许经营。

全球化品牌管理意味着品牌需要利用所有可能的机会提升品牌知名度，并且在维持品牌地位和卓越感的前提下，将产品延伸到其他品类。

10.1 国际分销系统

我们在前文提到，奢侈品业务是全球化的。在很多人印象里，纪梵希和麦丝玛拉等品牌都通过设立全资子公司和直营门店向消费者展示它们的产品。但实际上，正如制造业惯用外包，国际分销也经常由第三方公司处理。

图 10.1 展示了一家品牌公司通过分销系统销售产品的组织结构，其中包括

外部分销商、合资公司、子公司。如果品牌公司无意直接生产或分销产品,它可以与第三方公司签订特许经营协议,后者在世界各地挑选分销商。因此,虽然品牌公司旗下拥有一些业务和品类,但它们并非都由公司自己完全控制。

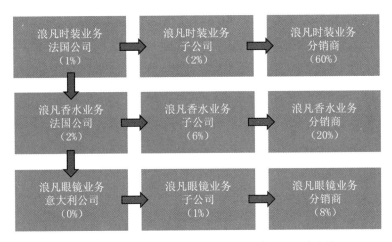

图 10.1　品牌在世界各地的经销情况(以浪凡为例)

我们现在从最简单的分销系统开始讨论。

10.1.1　巴黎或米兰的独家销售

这是品牌在决定出口产品时会采用的方式。它们在巴黎、米兰或法兰克福国际博览会上展示产品系列,并当场出售给某城市或某国家的门店或百货公司。

大多数行业每年都会有一至两次博览会,除了有面料展和时装展,还有定期的皮具、珠宝、腕表、眼镜、鞋履展会等。来自世界各地的分销商集聚一堂寻求新创意或新产品。如果它们对某些新品牌产生兴趣,就可以与之签订一般协议或独家合作协议,在它们的商店出售品牌的产品或要求获得其所在国家的品牌独家分销权。

在奢侈品成衣行业,品牌会在某一周或两周内发布时装秀,所有买手都带着一定的购买预算(采购限额计划)参加时装秀。时装品牌会特别关注中国、美国和日本百货公司的买手,这些百货公司有时会采购大量商品。时装秀结束后,买手确认订单并缴纳首付款,商品会在后续交付。时装品牌会根据订单交付情况精准地预测下一季的销售额。

　　在前往巴黎和米兰前,百货公司的买手会根据品牌在过去几年的业绩表现制定采购限额计划。由于预算是事先确定的,新品牌必须提前与百货公司或分销商进行沟通,否则会遇到很多困难。即使买手非常喜欢某个新品牌,但固定预算会限制买手的采购量。因此,新品牌最好能与主要国家的大型百货公司或分销商总部提前完成商议。

　　独家分销系统有许多优势。它风险极低,买手通常需要通过现金方式完成首付,余款在发货之日通过支票或信用卡方式付清。百货公司和品牌集合店的买手每年都会到世界各地寻找新品牌和新设计,品牌在这方面的资金投入可以降到最低。这样,品牌可以轻松地入驻一些非常高端的百货公司,全价销售它们的产品。

　　当然,独家分销系统的劣势在于品牌对百货公司或分销商的选择空间极其有限,非常依赖主流公司的商誉。如果品牌希望全面发展,则必须将这些分销渠道与在较大国家的其他专营销售点和特定渠道(如果想在小国获得市场)有效结合在一起。

10.1.2　子公司

　　很多人经常误以为奢侈品公司的分销由全资子公司完成。其实这种情况很少发生,奢侈品公司的大部分业务并非通过子公司运作。

　　首先,设立子公司的确有很多优势,其不仅能够完成营销工作,而且其销售的产品按全价(批发价)计入销售业绩表,而非出口价。如果一个公司旗下有很多子公司,它看上去会比没有子公司的企业规模更大,在国内更有影响力,该公司的高管因管理或运营一家美国、日本或中国子公司而感到自豪。

　　然而,在中东或拉丁美洲的许多国家,以及在印度尼西亚,外国公司不能持有子公司的所有股份,并且子公司只负责分销进口成品。在某些地区,子公司的设立被明令禁止。在另外一些地区,当地合作伙伴必须持有大部分股权。在俄罗斯或中国等国家,外国公司可以在当地设立全资子公司,但通常的明智做法是与当地公司合作,后者会负责与相关部门打交道。

　　其次,设立子公司往往需要高昂费用,是否设立取决于所在国家的市场规模和销售的产品类型。例如,如果预期销售额低于 400 万欧元,那么香水品牌不会设立子公司,否则营业利润不足以支付日常管理费用和员工薪酬。此外,公司预算很容易被高估,当销售业绩下降时,原本盈利的子公司可能带来高额赤字。

最后,子公司非常需要现金流:当地产品库存和应收账款必须靠总部出资解决。由于子公司分销系统的扩张比分销商网络的扩张慢得多,因此,当品牌现金流紧张时,设立子公司不再是最佳的运营方式。

很多人还会有一个错误观念,他们认为子公司很容易被母公司控制,不太可能会开展平行业务,即灰色市场(grey market)业务。然而,专家认为,子公司总经理手上拥有最多的货品来源,当子公司年度业绩不尽人意时,他可能试图清仓一些产品,顾不上管控产品的最终流向了。

超大型公司也许能把子公司运作得非常良好,但小型奢侈品公司并不会将子公司作为首选的分销系统。

10.1.3 当地分销商

当地分销商(local distributor)用自有资金采购产品,在当地建立仓库,并在它们所在的国家销售。如果奢侈品公司希望进入全球市场,这是一种成本较低的投资方式。

当地分销商通常在特定业务方面有独家的产品或品牌分销权。分销商往往代理若干个品牌,目的是为了分摊销售成本。分销商因此拥有了与百货公司和独立门店议价的能力,这对规模较小的品牌而言是一种优势。

当地分销商承担品牌在当地的所有财务风险。它们通常知道如何通过与百货公司谈判获得最佳的门店位置,以及如何获取媒体广告的折扣。总之,它们往往可以高效地处理品牌日常业务。

当然,当地分销商也具有一定的局限性。它们并不容易被品牌控制,有时会在当地自行开展营销活动,并不会始终遵循品牌理念。它们会根据不同品牌改变其分销运营方式。

最后,当某个品牌在某个业务领域发展壮大后,付给当地分销商的批发费用要比设立分公司的花费高得多。分销商是品牌初创期和发展期的理想选择,但当品牌销售额达到 1 000 万—1 500 万欧元时，就很有必要设立子公司。但是，从分销模式转为子公司模式并不容易，我们在后文具体阐释相关的原因。

10.1.4 合资模式

品牌与分销商中断合作关系很可能产生不良影响，分销商可能采用一些手段告知顾客抵制该品牌。类似案例在日本发生过，当一个成衣或珠宝品牌决定设立子公司时，百货公司放弃了品牌的独家分销权和特许经营权。

合资公司也是一种子公司形式，其一部分属于品牌公司，另一部分属于合作公司（前文提到的当地分销商就属于合作公司）。合资模式为品牌从分销模式转为子公司运营方式提供了一种巧妙的过渡方案。品牌不仅可以解决合作终止的潜在难题，又可以为之前合作的分销商提供办公场所、后台业务、当地市场信息等，继续发挥后者的重要作用。品牌可以根据合资协议不断提高持股比例，逐步完成 100% 的业务收购。

以上都是奢侈品公司可能采用的分销渠道。一般而言，奢侈品公司可能会直接与百货公司合作，或设立多达 10 家全资子公司，与之前合作的分销商一起设立 5—20 家合资公司，同时可能在全球拥有 40—60 家独家分销商。

10.1.5 价格结构

品牌不会盲目地给奢侈品定价。在定价决策过程中，它们会考虑以下几个因素：第一，在美国分销产品的成本比在巴拿马或加勒比岛高得多；第二，有些国家进口关税可能高达 100%，并且还会有配额保护制度。

奢侈品公司尽可能让全球市场的定价更加合理。它们在三个不同的区域市场有各自的价格指数区间，如表 10.1 所示。

表 10.1　不同区域市场的价格指数区间（以香水与化妆品为例）

	巴黎和米兰	纽　约	北京和东京
国内市场价	100	85—105	120—140
免税价格	80	64—84	96—112

注：时装品牌在纽约的价格指数为 120 左右，在中国和东京市场可达 140—150。

我们将巴黎和米兰的价格作为基准,指数定为100。在欧洲市场内部,产品无须缴纳任何附加税款,因此其他欧洲国家的价格指数一般为100—105,而免除关税的价格低20%左右(即价格指数约为80)。

纽约市场的价格指数约为105。在美元疲软期,如2000—2003年、2015—2020年,美元市场的定价很难上涨,价格指数往往会低至90—95。拉丁美洲和加勒比国家的免税价格会遵循纽约市场的价格。直到2020年,一些品牌的定价甚至还低于欧洲市场的免税价格。

品牌在中国或东京市场的运营成本很高,而且不同品类的产品都要缴纳进口关税(中国市场甚至还有附加奢侈品税),价格指数普遍处在125—140的范围内。因此,这些市场的免税价格也会相应比欧洲市场的略高一些。

泰国、巴西等国家的关税达到50%及以上,这些市场不一定会采用基准价格指数来定价。品牌会根据当地市场和游客可接受的零售价水平相应降低产品出口价,但品牌营业利润会相对较低。

为了让读者理解确定出口价和零售价的方式,我们先提出一个基本定价原则:品牌不会设置统一的出口价格。事实上,品牌往往根据特定情况调整定价。例如,某个国家的合作伙伴先确定产品的理想零售价,然后品牌据此合理地预估营业利润,并制定在这个国家市场特定的出口价。

事实上,在奢侈品行业,有多少种顾客,常常就有多少种出口价。这种定价策略有时会遇到难题,许多国家有法律明令禁止操控价格,因此,品牌与分销商决定的定价只能作为建议零售价。但是,几乎每个顾客最终都会接受这个价格,这种定价策略更简单,也更具有商业意义。

根据表10.1中假定的价格指数(巴黎和米兰市场的为100),各个国家都有一个合理有效的零售价。结合不同国家和地区的标准零售利润、不同水平的增值税或其他地方税的影响,我们可以计算出批发价。根据品牌与分销商的协议内容,批发价减去分销商利润和广告与传播预算,就是产品的到岸成本。只要知道某个国家或地区的进口关税和其他成本(即运费和保险费),我们就可以确定产品的出口价。

表10.2给出了欧洲国家A和B的价格结构示例。

表 10.2　欧洲国家的成本结构（以香水与化妆品为例）

	法　国	国家 A	国家 B
零售价	100	105	110
批发价(不考虑增值税)	50	52.5(100%)	57.5(100%)
分销商利润		25.2(48%)	25.875(45%)
广告与传播预算		10.5(20%)	8.625(15%)
到岸价		16.8	23.0
运费、保险费和关税		0.6	0.6
出口价		16.2	22.4
产品成本	12.5	12.5	12.5
毛利率	75%	22.8%	44.2%

　　为了便于计算,我们假设 A 国的零售价指数为 105,B 国的零售价指数为 110。批发价等于零售商减去相应利润(利润率分别为 50% 和 47.7%)。批发价减去相应的分销商利润和广告与传播预算,则得出到岸成本指数分别为 16.8 和 23.0;再减去运费、保险费和关税,可以得出 A 国产品的出口价指数为 16.2,B 国为 22.4。

　　虽然 A 国和 B 国产品的成本结构看上去十分相似(分销商利润率分别为 48% 和 45%,广告与传播预算各占 20% 和 15%),但最终毛利率的差距十分明显,A 国为 22.8%,B 国为 44.2%。

　　在法国,该品牌的毛利率非常高(可达 75%),但将之与其他国家的业务进行对比并没有意义。品牌在法国国内直接销售自己的产品,不需要考虑分销商和广告成本。我们可以从表 10.2 中明显地发现,A 国业务的盈利能力并不强,毛利率仅为 22.8%。因此,这家法国公司需要有非常高的本土市场利润,才可以支持品牌在 A 国和 B 国的长期分销活动。

　　广告与传播预算一般被纳入成本结构,这笔钱款由进行这些活动的分销商支配。

　　在欧洲,各个国家的到岸成本和出口价之间的差异不大。不过,我们在后文会举一些特例。

　　表 10.3 给出了两个有代表性的国家,它们的关税较高,运营成本也有所不同。

表 10.3　日本和墨西哥的成本结构（以香水与化妆品为例）

	法　国	日　本	墨西哥
零售价	100	150	150
批发价(不考虑增值税)	50	67.5(100%)	78(100%)
分销商利润		37.125(55%)	35.1(45%)
广告与传播预算		10.125(15%)	11.7(15%)
到岸价		20.25	31.2
运费、保险费和关税		2.94	8.09
出口价		17.31	23.11
产品成本	12.5	12.5	12.5
毛利率	75%	27.8%	45.9%

墨西哥市场的成本结构与欧洲市场相差无几,只是由于进口关税很高,其零售价远高于美国市场。

在日本市场,我们需要考虑进口分销商没有与百货公司或其他门店建立直接联系的情况。日本百货公司的化妆品楼层通常由百货公司直接经营,但香水柜台却不是,这类柜台由一些批发代销商(rack jobber)运营,利润率可达25%。在日本,零售商、批发商、分销商等中间商十分常见,并且会有很多层,这也在一定程度上解释了日本市场极高的运营成本。

应当指出的是,在上述成本结构中,百分比的计算有不同的方式。其基数可以是零售价或批发价,也可以是出口价(用来估算运费、保险费和关税)。

一般而言,成本结构中的系数指零售价与出口价的比值。因此,日本市场的成本结构系数为8.66,而墨西哥的成本结构系数为5.62。

在讨论某个国家不同的潜在分销商时,我们需要比较各自期望的定价结构。各国有不同的成本结构系数,这意味着与全球不同的分销商合作具有不同的经济优势。此外,我们还需要关注成本结构中包含的广告预算。

10.1.6　广告成本结构和广告投放政策

如前文所述,在日本市场的成本结构中,出口价指数为17.31,广告预算指数为10.125,广告预算几乎是出口价的60%(可参考表10.3)。为何成本结构中需要包括当地广告预算?这项费用原本可以算入出口价,作为品牌的直接费用。若是如此,这里会产生一个问题:如果法国品牌向墨西哥分销商开具了34.81 的发票(而非 23.11),其中包括了来自巴黎的广告预算,那么品牌还需要支付基于墨西哥当地广告花费的进口税,这显然是荒谬的。

这就是香水与化妆品的广告预算被包含在成本结构中的原因。成衣的广告预算占销售额的比例通常小得多,即使这部分当地费用没有出现在产品成本结构中,也会被写入合同中。这会产生如下结果:

● 品牌所有者(通常我们称之为"品牌主")认为,它们已经降低了产品出口价,广告预算应当另算。

● 分销商认为,它们已经为产品支付了合理的价格,广告预算不应再计算在自己的开销内。

然而,双方的争议还不止于此:

● 品牌主注重建立品牌知名度,以及稳固在特定市场的品牌地位,因此它们尝试将大部分广告预算用于媒体投资。

● 分销商对短期投资更感兴趣,更喜欢即时的促销活动。此外,分销商尝试将分销产品时产生的费用(如销售员薪酬、传播推广成本、门店销售佣金等)计入广告预算内。

又如,双方都认为,为了分销香水产品,成本结构中广告预算仅占 15% 是不足的,品牌必须额外花费数百万欧元用于广告投放。此时,双方又会产生什么分歧? 我们列举了以下不同的观点:

● 经销商认为他们没有品牌的长期使用权,如果品牌计划在当地市场拥有更高的知名度,那么需要品牌主自己承担额外费用。

● 品牌主认为在当地市场发生的一切是对分销商有利的,它们对其销售业绩产生直接影响;因此,任何额外的广告投资应由分销商独自承担。

这种讨论有可能对双方的关系产生负面影响和破坏作用。好在,标准原则是双方平摊超支费用。

显然,管理分销系统需要品牌投入大量时间和精力。大多数公司必须处理好旗下若干家子公司和大量分销商之间的平衡。子公司管理者属于公司员工,即便远离公司总部,但与总部员工一样能获得激励。分销商属于公司的独立合作伙伴,前者需要为成功打造品牌投入自己的资金。独家分销协议的有效期限一般是 3—7 年,有时品牌主不妨可以提前与合作伙伴续约,后者获得安全感后更有动力帮助品牌继续发展。在某些情况下,双方必须商讨合资协议的签署事宜。

一些品牌希望发展全球业务,但无力承担在世界各地进行直接投资,它们的首选显然是构建分销系统。高层管理者有责任去直接了解公司的分销合作伙伴,就像他们会亲自与世界各大百货公司的产品策划副总裁建立联系一样。这对于香水与化妆品、葡萄酒与烈酒业务尤为重要。

10.2 电商运营

分销商和特许经营商都是品牌的合作伙伴,可以帮助任何品牌建立起有吸引力的实体店网络。不过,这并非是奢侈品分销的唯一途径,线上销售也是一个不错的选择。

我们将在下一章具体阐述品牌建立一套无缝对接的 O2O 系统的必要性。我们估算,如今时尚奢侈品品牌的线上销售额占总销售额的 25%。不过,在数字零售业务中,品牌是应该将物流和技术工作外包给第三方公司,还是应该自己运营呢?

可以肯定的是,从 2001 年 NET-A-PORTER 诞生以来,越来越多的数字零售商和互联网百货公司相继成立,它们为时装奢侈品品牌提供金融、传播、物流服务等。2004 年,NET-A-PORTER 开始盈利,获得“英国时装协会最佳时装店奖”,并且发展非常迅速,不久后被历峰集团收购。此后,历峰集团又收购了YOOX,并将两者合并为新公司 YNAP。2019 年,YNAP 的销售额为 22.62 亿欧元。YNAP 公司扮演了数字百货公司的角色,它出售寄卖的时尚产品,零售利润率可达 40%。

另一家电商平台发发奇的总部同样位于伦敦。它为时装奢侈品公司提供与 YNAP 类似的服务,但其运营模式略有不同,其 2019 年的销售额为 10.21 亿美元*。发发奇也采用的是寄卖模式,通常每个品牌管理各自的分销与物流。

---

* 原文数据有误,已按官方年报数据修正,参见 https://s22.q4cdn.com/426100162/files/doc_financials/2019/ar/2019-Annual-Report.pdf。

此外,发发奇是面向全球市场的电商平台,它可以向所有顾客提供国际化数字百货公司的服务。

时尚奢侈品品牌可以选择自己开设直营电商平台,也可以将电商业务外包给 YNAP 或发发奇。

顾客会在线上购物和线下购物方式之间不断切换。线上和线下购物都是不可或缺的,并且它们是互补的。因此,一旦其中一种购物方式遇到了难题,另一种购物方式也不会继续发展。例如,人们可能会认为在新冠肺炎疫情愈发严峻的背景下,品牌遵照防疫要求关闭了实体店,数字销售将会极速发展。然而,事实与预想的结果完全相反,2020 年 3—4 月奢侈品的在线销售额同比远低于前几年。换言之,随着奢侈品实体店的关闭,顾客已经没有心思再去购买奢侈品了。

不过,有一种行为是不会改变的:顾客在购买奢侈品前都会在线上和线下获取产品信息。

表 10.4　顾客在购买前的在线研究

不同国家消费者对产品在线研究的比例		偏爱的研究信息来源	
英　　国	54%	多品牌(全价)网站	39%
美　　国	52%	多品牌(折扣价)网站	34%
法　　国	51%	百货公司	34%
日　　本	48%	品牌官方旗舰店	31%
意大利	45%	奢侈品论坛	29%
中　　国	33%	多品牌大型活动	26%
平　　均	48%	奢侈品博主	21%
		Facebook	15%
		Twitter	13%

资料来源:L. Dauriz, N. Remy and N. Sandri, "Luxury Shopping in the Digital Age", McKinsey & Company, 2014-5-1.

显然,奢侈品品牌管理者必须时刻准备在世界各地开设实体店,同时提供有效的在线平台。这是他们在发展品牌全球业务时面临的又一项挑战。

10.3　特许经营业务

特许经营在奢侈品行业是一个比较敏感的话题,但它却起到了平衡经济的重要作用。有些品牌反对任何形式的特许经营,并且从不发展此类业务,如路易威登、爱马仕,又或是像罗伯特·克雷哲里这样的小品牌。(卡地亚原本也属于这类品牌,但它的烟草产品由历峰集团之前的兄弟企业生产;自从开云集团直接管理眼镜业务后,卡地亚就把眼镜业务授权给了开云集团的眼镜部门。)此前很多年,香奈儿一直没有任何特许经营业务,但如今它与陆逊梯卡集团就眼镜业务达成了特许经营协议。

品牌通过特许经营授权第三方公司使用其名义生产或分销产品系列。如果第三方公司只负责生产,那么它被称为外包生产商。如果品牌授权了某业务的独家分销权,它与被授权方之间将签订分销协议(distribution contract)或授权经营协议(franchise agreement)。我们在本节只会介绍品牌将生产、分销业务授权给第三方公司的案例,这些公司专门负责产品开发、生产、全渠道传播(包括广告、推广和公关)。

特许经营业务有时会占品牌收入的很大一部分。例如,活希源、姬龙雪、乔普等品牌收取的特许经营费可达总收入的50%以上。如果取消特许经营业务,它们将举步维艰。

事实上,特许经营是品牌在非核心业务领域发展品牌的最佳经营手段。多年来,眼镜业务就一直如此运行着,因为它们需要特殊的专业生产技术和专卖店。香水业务通常也如此做,香水一般只在世界各地的高端百货公司销售,在产品开发和生产方面也需要专业技术。

尽管奢侈品品牌几乎都拥有成体系的特许经营业务,但这会对品牌造成负面影响。一些专家认为负面影响产生的原因不是特许经营本身,而是品牌对特许经营管控力度不足,从而破坏了品牌形象的一致性。一些法国奢侈品公司代表在谈及法国奢侈品品牌相对意大利品牌的弱点时,认为"当意大利的商业体系纯粹到没有任何特许经营业务时,法国早就发展了这些业务"。正如我们将在本节中看到的,意大利奢侈品品牌在许多其他产品领域通过特许经营发展品牌,并且一直运营得很出色。

很多人抨击特许经营业务,认为这可能会导致提供的产品缺乏内在逻辑性、部分产品的质量低劣、传播工具不入流,并引用了皮尔卡丹和姬龙雪的失败佐证他们的观点。不过,他们忘了香奈儿眼镜业务与陆逊梯卡集团、古驰香水业务与科蒂集团的成功合作。

很多人还有另外一种常见的观点，他们认为特许经营会导致人们将高档品牌与比较低端、随处可见的产品相提并论，以至于这些品牌通过传统产品线的排他性和稀缺性塑造出的良好品牌形象被削弱——例如，乐富门集团（Rothmans Group）生产的卡地亚香烟拉低了卡地亚的品牌形象。然而，事实并非一定如此。卡地亚香烟出现在一个价格带相对低很多但仍旧高端的市场中，这反而进一步提高了卡地亚品牌的曝光率，从另一个维度提升了品牌的奢华感。

事实上，只有在使用不当、发展不良或控制不力的情况下，特许经营业务才会饱受诟病。

第10.3.1节将介绍几个几乎完全采用特许经营模式的品牌，以此证明奢侈品品牌也可以成功发展特许经营业务。第10.3.2节将阐述特别适合采用特许经营模式的奢侈品业务类型。第10.3.3节将通过一些特许经营的案例阐述特许经营业务的运营及管控方式。第10.3.4节将介绍特许经营业务的四阶段流程。

10.3.1　完全采用特许经营模式而发展起来的品牌

代表性品牌之一是设计师沃尔夫冈·乔普（Wolfgang Joop）创立的德国品牌乔普。乔普旗下的诸多品类（女士成衣、香水、鞋履、皮具、内衣等）都由独立的特许经营公司运营，这些公司通过协同实现增效。虽然这个品牌在德国非常有影响力，其多款香水的销量在德国市场排名前十，但它在德国以外的市场并没有那么为人熟知，其国际化发展并不尽如人意。

我们在此讨论两个国际化发展做得十分出色的品牌——卡尔文·克莱恩和雨果博斯。它们在发展之初没有获得任何投资：卡尔文·克莱恩创立于1968年；雨果博斯从1967年开始由创始人的两个孙子发展壮大。1989年，后者被出售给一个日本集团；1991年，它又被出售给意大利玛卓托集团，最后被英国私募基金公司帕米拉（Permira）收购。* 特许经营一直是这两个品牌在没有任何启动

---

*　2015年3月17日，帕米拉公司宣布，其控股公司出售了剩余12%的雨果博斯股份，正式退出与雨果博斯的合作，可参考 www.permira.com/media-centre/news/permira-iv-exits-hugo-boss-after-over-7-years-of-successful-partnership。

投资资金的情况下还能快速健康发展的主要原因。

1. 卡尔文·克莱恩

1968年,26岁的卡尔文·克莱恩与儿时伙伴巴里·施瓦茨(Barry Schwartz)一起开始他们的商业合作。当被问及如何定义自己的业务时,他说:"我们是一个有创造性的设计和营销工作室。"这巧妙地解释了品牌为何将所有业务外包给特许经营公司。事实上,卡尔文·克莱恩甚至很少参与这个以他名字命名的品牌的产品设计和开发工作。

自2003年起,该品牌由美国Phillips-Van Heusen(PVH)集团管理。PVH集团旗下的美国箭牌(Arrow)衬衫十分有名,该集团也是汤米希尔费格品牌的母公司。PVH集团的年度报告披露了相应的财务情况:2018年,卡尔文·克莱恩的销售额为33.5亿欧元,集团的销售总收入达106亿欧元。

PVH集团除了自主管理女士成衣、泳衣和内衣业务外,还通过特许经营模式将其香水、眼镜和腕表等品类的业务进行授权。

那么,谁来投资广告传播? 无疑,特许经销商将会支付大部分费用。PVH集团的广告预算总计约7.5亿欧元,这部分费用要么由特许经销商直接支付,要么由PVH集团在获得特许经销商的特殊出资后支付。

2. 雨果博斯

雨果博斯与乔普和卡尔文·克莱恩不同,它并没有完全采用特许经营模式,但在20世纪90年代通过广泛的特许经营交易网络不断发展。2010年,其特许经营收入可占净利润的40%以上。

雨果博斯的香水业务与科蒂集团合作,腕表业务与摩凡陀集团合作,眼镜业务则与霞飞诺集团(Safilo)合作。

该公司如今的业务与它成立之初的业务已相去甚远:它最初是一家德国军装制造商,此后开发出影响力很大的男士成衣系列,并拓展至女装。与卡尔文·克莱恩相反,它的业务核心并不是特许经营,而是自行开发时装产品,分包生产,并管理其品牌独立零售店。2019年,雨果博斯共开设了1 113门店(包括直营店和由第三方经营的门店)。特许经营有助于品牌在创立初期提升知名度和曝光率,也为品牌在成长期的发展提供了很大一部分资金支持。

特许经营模式加速了雨果博斯的成长,还为其带来了高品质产品。

10.3.2　以特许经营模式为主的业务类型

在这里,我们指的是香水、腕表和眼镜三种业务类型。这三类业务的产品技术含量相对较高,且与成衣类的生产和商业模式相差甚远。此外,这三类业务都需要特定的零售分销渠道和大量的销售点,以及能够亲临这些销售点的专业销售团队。

1. 香水与化妆品

我们将主流的香水品牌分为三组(如表 10.5 所示):

(1) 始终特许经营;

(2) 始终内部开发;

(3) 曾经特许经营,如今内部开发。

表 10.5　不同模式下的香水品牌（2020 年）

特许经营	曾经特许经营,如今内部开发	内部开发
阿玛尼	香奈儿	宝格丽
宝诗龙*	思 琳	卡地亚
博柏利*	迪 奥	爱马仕
卡夏尔	纪梵希	凯 卓
卡尔文·克莱恩	帕克拉邦纳	罗意威
蔻 依	蒂埃里穆勒	莲娜丽姿
大卫朵夫		菲拉格慕
杜嘉班纳		
唐纳卡兰		
艾斯卡达		
古 驰		
姬龙雪		
浪 凡*		
普拉达		
拉夫劳伦		
都 彭		
梵克雅宝		
乔 普		
伊夫圣罗兰		

注:带"＊"的品牌如今采用特许经营模式,但在过去的某个时期,其香水产品是由品牌内部开发的。

出乎意料的是,在上述 32 个时尚或珠宝品牌中,有 25 个(近四分之三)曾经采用过或一直保持特许经营模式。

我们可以得到一个明确的结论:大多数香水业务都是在特许经营模式下发展起来的。如果一个全新的成衣品牌能与声誉良好的香水集团签订香水特许经营协议,那么这个结果一定是令人满意的。

值得一提的是,虽然如今香奈儿品牌内部开发香水业务,但在 1921 年,可可·香奈儿女士曾将其香水业务出售给持有妙巴黎香水品牌的投资人,后者在 25 年后将香奈儿的时装业务一并收购。迪奥也是一个特例,其香水业务如今隶属于路威酩轩集团,多年以来,迪奥集团的香水与时装业务分属两个独立的公司。

为什么内部创立并开发的香水品牌都没能取得骄人的发展业绩呢?

● 可能是因为香水与化妆品行业与众不同。一款全新的香水总是难以定位,香氛气味的选取是专业人士的工作,随着时间的推移,其气味会产生强大的影响。因此,这项工作最好由真正了解香水业务的人来完成。

● 因为主要的香水市场(如美国、拉丁美洲或中东)不同于主要的成衣市场(如日本和中国)。

● 因为香水与化妆品品牌必须在各个国家设有大量的产品销售点,而时尚品牌很难在巴西、沙特阿拉伯或哥伦比亚等市场开设足够多的门店,这样它们难以成立子公司或吸引分销商加入合作。除此之外,百货公司采购时装和配饰的买手与采购香水和化妆品的买手完全不同。

● 因为香水业务的一部分重要营收来源于免税店。读者将在后文了解到,免税店为了增加必要的议价能力,会同时与几个品牌进行商谈,这比仅与一个品牌合作更为有效。

毋庸置疑的是,如果品牌想发布一款全新香水,最好能得到一位专业人士的支持,以此提高品牌的议价能力。我们认为宝格丽香水是由品牌内部开发的(参见表 10.5),那是因为宝格丽品牌虽然隶属于路威酩轩集团,但其香水业务没有归入路威酩轩集团的香水部门。

2008 年 7 月 1 日,PPR 集团(如今开云集团的前身),即圣罗兰时装业务的母公司,将伊夫圣罗兰的香水业务出售给了欧莱雅集团。PPR 集团当初或许认为欧莱雅集团能比自己更好地开发伊夫圣罗兰香水品牌。我们极其不赞同那些所谓的专家反对特许经营模式的凭空臆想。

2. 腕表

此处的一个范例是,拉夫劳伦在 2007 年与历峰集团签订腕表业务合资特许经营协议。这个合资项目的销售目标不同于以往,拉夫劳伦自 2009 年 1 月在日内瓦钟表展(Geneva Fair)上首发腕表系列起,其腕表作品都非常美观。该品牌的市场份额不断扩大,如今它已经拥有了一条具有影响力的高品质腕表产品线。

与香水业务的情形相似,路易威登、卡地亚、香奈儿、爱马仕等主流奢侈品品牌也会在内部开发腕表业务。其中,卡地亚和路易威登等品牌隶属于一个拥有腕表部门的大集团;包括香奈儿在内的一些品牌通过收购瑞士制造商的方式开发腕表业务。

古驰集团另当别论。在 20 世纪 70 年代初,古驰集团与来自加利福尼亚州的商人塞弗林·伟门(Severin Wunderman)开启了腕表特许经营业务合作。古驰集团于 1997 年收购了伟门的公司,并将腕表业务整合到集团中。

一些大型集团(如斯沃琪集团和历峰集团)似乎对特许经营模式很感兴趣,而另一些集团(如摩凡陀集团)似乎是腕表特许经营方面的内行(摩凡陀集团拥有卡尔文·克莱恩、雨果博斯、法国鳄鱼、蔻驰和汤米希尔费格等品牌腕表业务的特许经营权)。

采用特许经营模式发展腕表业务是出于下列不同的考量:

● 腕表制造是一项专业化的技术工作。

● 腕表由各种不同零件(如表壳、表盘、指针、机芯等)组成,生产非常分散,通常采用分包形式,最后完成组装。因此,对于腕表品牌而言,只有熟悉各种零件制造商才能在第一时间以合理的价格获得腕表零部件——这点非常重要。

● 腕表品牌需要在全球各地建立分销系统,专业的销售团队也需要在各个腕表店内提供服务。

● 需要提供有效的售后服务。

就腕表业务而言,品牌的两个可选方案分别是:(1)找到一家优质的特许经销商;(2)投资组建一个机构、部门或组织,它需要具有与生产分包商进行商谈的信誉,并且拥有建立全球分销系统的实力。

3. 眼镜

眼镜业务甚至更具有技术性。品牌可选择在直营店内销售墨镜,或选择与专业公司签署特许经营协议,让后者负责制造生产,并在最负盛名的眼镜店内进行全球销售。

但从 2017 年起,眼镜业务的经营模式发生了巨大变化。开云集团决定将所有眼镜业务都集中在集团内部的眼镜部门,在意大利帕多瓦设立了一家主厂和一个配送中心。该集团汇集了旗下的 14 个品牌,其中包括古驰、圣罗兰、巴黎世家和葆蝶家,以及从历峰集团手中获得特许经营权的卡地亚和万宝龙。

其他大多数奢侈品品牌仍然保留着传统的眼镜业务特许经营模式,例如:

● 陆逊梯卡集团负责宝格丽、博柏利、香奈儿、杜嘉班纳、拉夫劳伦、普拉达、菲拉格慕、蒂芙尼和范思哲的眼镜业务。

● 霞飞诺集团负责阿玛尼、雨果博斯、艾莉萨博、吉米周、凯特丝蓓、莫杰、麦丝玛拉、莫斯奇诺、皮尔卡丹、汤米希尔费格和华伦天奴的眼镜业务。

● L'Amy 集团负责莲娜丽姿、凯卓、巴黎罗莎、蔻依和法国尚飞扬(Chevignon)的眼镜业务。

● 迈创集团(Marchon)负责芬迪、璞琪、吉尔·桑达、卡尔文·克莱恩和卡尔拉格斐的眼镜业务。

● 马可林集团(Marcolin)曾负责迪赛、盟可睐、欧米茄和汤姆福特的眼镜业务。

变化一直在继续。2018 年,看到开云集团在整合眼镜业务并组织制造和全球分销系统,路威酩轩集团决定收购马可林集团 10% 的股份,并与其在意大利隆加罗内成立了一家名为"Manifattura Thélios"的合资公司,前者持股 51%,后者持股 49%。该合资公司负责路威酩轩集团所有的眼镜业务。

现在,眼镜业务呈现两极分化的趋势。主流奢侈品集团(如路威酩轩集团和开云集团)已经将它们的眼镜业务集中化、内部化经营,而独立品牌则通过与陆逊梯卡集团(现隶属于依视路-陆逊梯卡集团)、霞飞诺集团、迈创集团等签订特许经营协议来发展眼镜业务。

10.3.3　特许经营公司案例：CWF 集团

前文介绍了历峰集团的腕表业务，欧莱雅集团、科蒂集团、依特香水集团的香水业务，以及陆逊梯卡集团的眼镜业务。我们还想介绍一个专营儿童成衣的集团——Children Worldwide Fashion（CWF）集团。

这是一个并不为人熟知的法国集团，它为雨果博斯、蔻依、唐可娜儿、纪梵希、卡尔拉格斐、浪凡、莫杰、添柏岚（Timberland）和萨迪格＆伏尔泰等公司管理儿童成衣的特许经营业务。

该集团认为在女装店内销售儿童时装的效果不会很理想，它需要提供更多的礼物来满足儿童的需求。2018 年，该集团的销售额估计为 2.5 亿欧元，它同时管理 35 个展厅，拥有 1 000 名员工（遍布全球 56 个国家）。它在 2 700 个销售点，或在 Youngly、Ateliers de Courcelles 等服装店内分销其产品。

10.3.4　特许经营业务流程

1. 选择特许经销商

在选择特许经销商时，品牌需要对方能够开发新产品且能在世界各地分销产品。事实上，由于特许经销商是用自己的资金进行投资，因此它们还必须要有足够的财力。

产品开发的成本十分高昂。一条完整的香水产品线包括含酒精产品线（如香精、淡香水等）和洗浴产品线（如肥皂、爽身粉、粉扑、皂液、身体霜等），用以创建香水产品线的一整套玻璃和塑料模具的成本可高达 50 万欧元。这类成本在销售开始前就已经产生。这与开发全新的腕表系列很相似，在商品到店前就会产生成本，并且这笔费用只是总成本的冰山一角。

大多数香水、腕表或新系列眼镜的投资是以营利为目的的。鉴于前期的广告和推广投入是巨大的，并且品牌无法保证成功，因此品牌不得不考虑潜在的特许经销商是否有足够的财力承担亏损，并继续投资下一个项目。当然，毋庸置疑的是，特许经销商需要获得最好的原材料，并且拥有自己的生产设施，有能力制造出符合所有产品质量和品牌识别要求的商品。

2. 特许经营下的产品开发

开发一款达到所需标准的产品可能需要 12—18 个月的时间，将这款产品分销到世界各地可能再需要 18 个月的时间,这显然需要签订特许经营协议的双方做出长期承诺。香水等产品的协议有效期有时长达 20—25 年;而对于腕表产品而言,如果合作时间少于 7—10 年,特许经营将无法实现任何目标。因此,我们几乎可以将特许经营协议视为对特许经销商的长期承诺,这也意味着授权方要面临主要的长期风险。

那么,特许经营的回报是什么? 一般而言,特许经销商需要支付的特许经营费是批发销售收入的 10%。但也有例外:由于香水行业的规模可能很大,特许经营费一般为批发和出口销售额的 3%—5%;而那些无法轻易开发和销售的产品(如男女士成衣)的品牌可以把特许经营费率定在 6%—8% 之间。从另一方面来看,对于那些与品牌授权方的产品差别较大或对品牌整体形象没有太大影响的产品,品牌有时可以收取最高 12% 的特许经营费率。除此之外,这些品牌每年可以强制规定特许经营商的最低销售额(或至少支付的最低特许经营费)和最低传播预算。

奢侈品公司一定要区分好投资类业务(如香水、腕表、眼镜、成衣等能提升品牌地位的业务)和消费类业务(如皮带、内衣、手帕等消耗品牌形象且不能带来额外价值的业务)。良好的特许经营组合应当平衡好投资类业务和消费类业务。

香水的特许经营模式还有另一个特点:市场规模相当大,并且香水的广告成本占其销售收入的比例可高达 20%,而成衣业务的广告成本的相应占比一般仅为 2%—4%。因此,香水广告的投资一般会比时装广告高出好几倍。香水广告的强大表现力可以提高品牌认知度,并有助于同品牌的时装业务的发展。其中的一个例子就是卡尔文·克莱恩。当迷你唐卡公司(Minnetonka,曾被联合利华集团收购,现隶属于科蒂集团)开发卡尔文·克莱恩香水产品线的特许经营业务时,这个时装品牌在欧洲几乎无人知晓。正是通过大量香水广告传递了品牌的各种信息,卡尔文·克莱恩的成衣业务才得以在美国以外的市场发展壮大。

如果不考虑香水和腕表业务,日本曾经是品牌获取特许经营收入的头号市场。品牌通常会与专业公司签订特许经营主协议,然后与不同的当地公司签订特许经营子协议。

在表 10.6 中,我们按照品类细分了日本的特许经营业务,可惜这些数据已经过时了。

表 10.6 按品类细分的日本特许经营业务销售额（2009 年）

品　类	销售额（百万欧元）	占总销售额比例（%）
女士成衣	33.7	17.9
男士成衣	24.1	12.8
运动服	26.6	14.1
衬　衫	3.4	1.8
泳　装	2.9	1.5
童　装	7.8	4.1
女士内衣	4.1	2.2
男士内衣	10.4	5.5
睡衣与家居服	2.7	1.1
领　带	2.0	1.0
围　巾	1.8	1.0
手　帕	4.1	2.2
鞋　履	11.8	6.2
手袋和皮具	12.7	6.7
皮　带	7.3	3.9
其　他	33.7	17.9
总　计	189	100

资料来源：Yano Research Institute，2009.

3. 对特许经销商的管控

特许经销商有时会对品牌持有一种相对短视的观点：它们希望自己的投资能尽快实现盈利。此外，当特许经销商需要履行义务支付占销售额 10% 的特许经营费时，它们可能会冒着风险低报销售额。特许经销商有时还会主观地认为，不应对打折销售或工厂直销收入收取特许经营费。正因如此，特许经营协议通常会明确规定特许经销商无论实际销售额为多少都应当支付的最低特许经营费。根据我们的经验，在大多数特许经营中，只有这笔费用被支付了。

有时，品牌授权方会想办法控制其产品的产量：它们可能会决定控制所有标有品牌名标签的印刷工作，而向特许经销商发放标签的数量仅限于满足特许经销商的具体销售需求。品牌授权方也可能会在标签中加入水印或其他难以复制的图案——这与央行发行票据时的做法大体相同。

不过，对特许经销商的管控不能局限于财务方面，品牌授权方必须保证最

奢侈品品牌管理(第四版)

终产品的风格和质量,其中包括包装质量和产品外部的各个方面——从产品的呈现到保修安排,再到售后服务。

许多顶级品牌会提供特许生产或分销产品的完整设计,有时提供的是产品的原型样本。那些不那么高端的品牌有时会让特许经销商自行开发产品。当然,在这种情况下,品牌授权方无法真正管控后续事宜了。

品牌授权方必须确保特许经销商会重视并提升其品牌形象,这点非常重要。例如,20世纪90年代中期,菲拉格慕与一家德国公司签订了开发其第一款香水的特许经营协议。协议谈判花费了不少时间,因为菲拉格慕一丝不苟地对待品牌识别问题。尽管特许经销商的数个创意团队经过了大量尝试,但它们始终无法设计出与菲拉格慕家族的品牌识别相一致的概念、香水瓶和名称。经过几年的努力,双方同意取消协议。后来,菲拉格慕与宝格丽成立合资企业,以发展它的香水业务。

当品牌授权方采用提供原型样本的方式时,它们可以管控产品的外在条件及最终产品的质量。它们还必须管控产品分销。品牌授权方有时会专门指定分销渠道,而不是实际的销售点。此外,它们还可以与特许经销商一起拟定价格与费率。

4. 特许经营的不同阶段

似乎所有对特许经营业务的抨击都围绕着皮尔卡丹这个品牌。皮尔卡丹几乎不开发产品,专门从事中低端手提箱或中等质量厨具的特许经营业务。但是,正如我们在前文提到的乔普案例,品牌的特许经营业务还有其他的产品开发方式。

为了阐明上述这个观点,并确定特许经营业务的真正价值,我们有必要从奢侈品品牌的生命周期的视角切入特许经营业务的研究。

(1)第一阶段。

该阶段启动时,一个品牌需要曝光度。当它在最初时期销售产品时,它必须在一大群消费者中树立认知度和品牌识别。特许经营业务是品牌提升业绩和曝光量的有效方式。

在这个阶段的初期,潜在的特许经销商不愿意帮助一个缺乏足够认知度的品牌来推出新品类的产品。不过,如果一个女士成衣品牌可以签订男装特许经营协议,只要品牌认可新品类产品的品牌识别,并且产品质量非常好,那么这显然是一个很好的发展机遇。对建立腕表、时装首饰或眼镜等主流特许经营业务的品牌而言,这也是一次良机。

处于该阶段的欧洲品牌在特定领域开展特许经营业务,可以推动品牌在本国的发展,并提高其国外知名度。亚洲国家,尤其是日本,是提高品牌知名度或增加现金流的理想国度。日本公司对特许经营业务非常感兴趣,并针对本国市场成功开发了很多特有的品类产品,如印有长围巾印花的女士手帕。

随着日本对特许经营的兴趣有所减弱,中国已经顺势取代日本成为特许经营的重要市场。

(2) 第二阶段。

当一个品牌不断发展,并在本国市场更加成功时,它则可以启动下一个阶段的特许经营业务。

当品牌拥有足以开展特许经营业务的知名度时,其香水和化妆品、腕表、书写器具、时装首饰等全球特许经营业务将变得有吸引力。

正是通过特许经营业务的开展,品牌可以提高表现力和知名度。如前所述,香水的广告预算比时装业务的广告预算要高得多,而拥有一款印有品牌名的香水无疑可以给品牌带来更大的信誉。洛俪塔特许经营的香水可能比其时装业务更出名,姬龙雪在欧莱雅集团特许经营的香水也比其时装业务更加有名。

选择香水特许经销商是品牌发展的重要环节。1982年,当路易斯·费劳德(Louis Féraud)与美国雅芳化妆品公司(Avon)签订香水特许经营协议时,他犯了一个严重的错误。香水主要依靠上门销售,因此未能获得主流杂志强大的广告支持。此外,雅芳在美国的影响力比在欧洲更大,这也使得这个起源于巴黎的品牌举步维艰。假如当初费劳德能与欧莱雅集团或普伊格集团达成特许经营协议,它的发展前景也许会好很多。

第二阶段是通过特许经营开发品牌的最佳时机。

在这个阶段发展香水特许经营业务,品牌可以建立全球影响力并开发其他业务。假如阿瑟丁·阿莱亚在二三十年前成功开发了香水特许经营业务,其时尚业务如今可以强大得多,并且被更广泛的消费者熟知。如果阿莱亚还开发奢华腕表系列,这位杰出设计师的创造才华无疑可以更上一个台阶,他的个人形象也将转变一个成熟的奢侈品品牌识别。

当一个品牌开始广为人知时,香水特许经营业务的推出最有意义,这能扩大并加速品牌发展。不过,这种业务不应该过早开展。1990年,克里斯汀·拉克鲁瓦推出他的第一款香水"这就是生活"(C'est la vie)时,他的同名时装店才刚刚创立两年。他的名字在巴黎和纽约非常有名,但在其香水的售卖地——杜塞尔多夫、曼彻斯特或日内瓦,他的名气却没有那么响亮。业务加速的时机对于品牌发展至关重要。1990年香水线的失败一直影响着克里斯汀·拉克鲁瓦。如果当初多等五年再推出香水线,天知道结果会如何!

(3) 第三阶段。

一个品牌经历了前两个阶段的发展后,它的下一步则是在世界主要城市开设独立门店。这一目标有时可能与特许经营业务发生直接冲突——从特许经营的定义来看,它的分销网络更广。如果一个品牌已经通过特许经营在百货公司和品牌集合店内销售内衣、皮带、围巾和皮具等,它将很难在直营精品店内销售相同的产品,尤其是当百货公司门店对这些产品进行打折促销时。这种不协调的分销模式可能会向消费者发出具有迷惑性和破坏性的信号。

如果品牌开设了精品专营店(如只销售成衣系列),将配饰产品放在更大的分销网络内销售,那么具有迷惑性的信号也会出现。而只销售有限产品的品牌精品店将很难盈利。

因此,策略方向在第三阶段发生了重大变化。品牌管理者必须减少特许经营业务数量,以便开设直营店并不断发展它们。但品牌也不应该过于仓促地行动,以巨额代价快速剥离现有特许经营业务是不可取的(圣罗兰在被皮诺-春天-雷都集团收购时也得出了这个结论)。从强势的特许经营业务转型到精品零售并不容易,但也不是没有可能,迪奥就成功转型了。

2002年以前,迪奥在日本市场的特许经营业务非常强势。迪奥管理层可能提前多年就为转型做好了准备。迪奥开设了独立门店,但由于受到主流百货公司自有特许经营业务的竞争,这些门店无法盈利。但是,当迪奥的特许经销商佳丽宝公司(Kanebo)的主协议到期后,迪奥没有与它续约,并成功地直接进口引进了其成衣和配饰产品。迪奥在与佳丽宝公司的多年特许经营合作中建立起的品牌知名度,为此奠定了坚实基础。

由此可见,采用特许经营模式的时机至关重要:太早,品牌缺乏必要的知名度;太晚,品牌则失去了强劲势头。

（4）第四阶段。

当一个品牌在世界主要城市开设了直营店时，这并不代表它应该终止所有的特许经营业务。如果它的香水特许经营业务十分强势，它应该维持现状，这对品牌而言是额外的资金收入。同理，如果它有领带和眼镜的特许经营业务，而且其精品店主要满足女性消费者的需求，那么它没有理由放弃男士系列的特许经营业务。

我们之前提到，即使是香奈儿也有特许经营业务。华伦天奴和莫斯奇诺也同样如此：华伦天奴有由欧莱雅集团经营的香水业务、由陆逊梯卡集团经营的眼镜业务、由天美时钟表集团（Timex）经营的腕表业务；莫斯奇诺的手袋和皮具由意大利特许经销商波旁公司（Borbonese）生产。这是品牌发展到第四阶段时必须达到的又一次平衡。

因此，特许经营业务在品牌发展的每个阶段中都有存在的必要，也是品牌在全球市场中达到财务表现和品牌识别平衡的一环。那些反对特许经营的人不明白的是：采用特许经营模式的时机几乎可以决定一切；在某一时期有用甚至必要的东西在以后可能毫无用处。

10.4 特例：免税店运营

很大一部分奢侈品是人们在旅行途中购买的。例如，据估计，全球大约有15%—20%的香水是在免税店内售出的；干邑和领带的免税店销售额有时最高可占其全球总销售额的20%。

根据专业研究公司 Generation 估计，2018 年免税市场总额为 733 亿欧元，按地理位置进行划分，亚洲占 49.2%，欧洲占 26.6%，美洲占 15.1%，中东地区占 8.0%，非洲占 1.1%。其中，葡萄酒与烈酒为 113 亿欧元，时装与配饰为 100亿欧元，香水与化妆品为 293 亿欧元。不过，另一家研究公司 Statista 公布的数据稍有不同：2018 年免税市场总额为 729 亿欧元。

我们来想象一下奢侈品行业将如何受到新冠肺炎疫情及随之引发的航空旅行大幅下降的影响。在许多国家，便利的和不受限的旅行大幅下降，这使得跨国航班（商务和旅游）急剧减少。人们预计 2024 年或 2025 年才能恢复到

2019 年的航班量水平。

我们此处讨论免税业务,因为它对奢侈品行业非常重要。不过,我们前文提到的是历史数据,并非四五年后的发展趋势。

大多数免税店都位于机场。在机场内的人群通常时间充裕,并且有消费能力。这些商店恰好借此机会在精致的购物环境中提供折扣价格和实在的顾客福利。以前旅行的游客很少,免税店为少数特权阶层提供了特惠市场。即便在几乎人人都会旅行的当今,它仍保留了奢侈品的部分特性,毕竟乘坐飞机或邮轮旅行仍是一种相对高端的出行方式。

如表 10.7 所示,虽然免税店开设于各大机场内,但乘客人数与业务规模之间并不总是直接相关的。

表 10.7　主要国际航空/渡轮港口的免税业务估值

	2018 年销售额 (百万欧元)	2018 年乘客人数
迪拜国际机场	1 200	86 400 000(2019 年)
伦敦希思罗机场	1 200	66 037 578
首尔仁川国际机场	1 000	28 000 000(E)
新加坡樟宜机场	800	37 203 078
巴黎戴高乐机场	700	57 906 866
芬兰诗丽雅游轮	600	—
阿姆斯特丹斯希普霍尔机场	500	43 570 370
香港国际机场	500	45 508 807
曼谷机场	400	40 500 224
法兰克福机场	400	50 932 840
奥斯陆机场	400	18 000 000(E)
伦敦盖特威克机场	400	35 000 000(E)
曼彻斯特机场	300	19 500 000(E)
特拉维夫本·古里安机场	300	12 000 000(E)
罗马机场	300	33 723 213
伊斯坦布尔机场	300	30 000 000(E)
圣保罗机场	300	13 699 657
布鲁塞尔扎芬特姆国际机场	200	15 000 000(E)
东京成田机场	200	61 903 656
英国 P&O Ferries 邮轮	200	—

注:"(E)"代表估计值。

资料来源:估计值来源于 Generation 数据库和 Duty Free News International (DFNI)数据库;International Airport Review,2019-4-2。

10.4.1 免税业务体系

免税业务运营有两个基本条件。由于免税商品未真正进入当地国家,因此不承担任何进口关税。由于免税商品不在当地国家销售,因此免税店运营商不会像当地分销商那样受到利润约束。不过,当地免税店运营商虽然不用承担进口关税或地方税,但是它们需要向机场支付佣金,这反而会比上述税费高出2—3倍。

表10.8说明了免税业务体系的运作。

表10.8 免税定价系统 单位: 欧元

	法国国内 零售价	欧洲免税 零售价	德国当地分销商 零售价
全零售价格	100.00		105.00
无增值税(20%)的零售价格	83.33		
免税零售价格		80.00	
批发价格	50.00		52.50
出口价格		32.00	16.20

注:我们将表10.2中A国的数据作为德国零售价。

例如,一家香水公司在德国的一家商店以105欧元的零售价出售其产品,则其出口价格实际上可能是16.20欧元(如表10.8所示);差额由分销商利润(占大头)、广告与推广预算产生。当产品被直接销售给免税店运营商(如法兰克福机场免税店)时,香水公司以32欧元的价格发货。换言之,免税零售的出口价格几乎是德国分销商出口价格的两倍之多。因此,所有人都可盈利:顾客享受到了更优惠的价格;生产商以更高的出口价格销售产品(即使成本费用中没有广告预算)。

表10.9从免税店运营商的角度解释了免税业务的运营。

表10.9 免税店运营商的价格结构

	总金额(欧元)	占比(%)
机场零售价	80	100
机场佣金	32	40
免税公司利润	16	20
出口价格	32	40

免税店运营商以 32 欧元的价格采购商品时，只能获得 20% 的利润。出口价格与免税零售价的大部分差额被用于向机场支付佣金。事实上，机场有两个主要的收入来源，即飞机起降服务费和免税佣金。在多数情况下，后者占机场总收入的一半以上。

免税店运营商通常通过"最高价竞标"的方式获得机场的免税业务特许经营权。这种特许经营的协议可以持续 3—7 年，但大多数为 7 年。免税店运营商在准备投标时会根据航班数量、目的地、全国航线和旅客类型（如旅游或商务出行）预测其业务量，并向机场承诺支付佣金（占销售额的 35%—55%），有时还承诺每年最低佣金。

一般来说，对于客流量庞大的机场而言，免税业务竞争激烈，全球大多数免税店运营商都会参与竞标。

免税店运营商在投标时考虑机场时段（为新目的地或新航线安排的）等因素，并自行预测每一类奢侈品购买者的国籍和旅行类型。例如，日本消费者比美国消费者更爱吸烟，但他们主要抽日本最畅销的香烟品牌七星（Mild Seven）。美国人喜欢购买威士忌和干邑，他们首选的干邑品牌是轩尼诗，其次是人头马。基于此，免税店运营商准备商业计划书，预测最高销售额和支付给机场的最高佣金。

机场收取的佣金非常高，甚至超过免税零售价的一半。中国香港、关岛、新加坡和巴拿马等免税地会在市中心设立免税店或大型免税购物中心，这样免税店运营商就省下了支付给机场的高昂费用。

不过，在这种情况下，免税店运营商又得重新制定规划：除非它们有办法向品牌施压获得折中的解决方案，否则它们要与当地分销商争夺市场。当然，这些市中心的免税店也是伴随着不同地方的特殊免税体系而出现的。

不同地区的价格差异很大，但这通常是当地价格的差异（香烟在中国市场非常便宜）和机场不同的零售价格策略导致的。例如，只要众多产品的免税价格在欧洲是最低的，那么阿姆斯特丹斯希普霍尔机场就愿意收取较低的佣金。原因是，机场运营部门相信，通过采取这种政策，其可以比伦敦、巴黎或法兰克福机场吸引更多的中转乘客（如从波士顿到赫尔辛基或从休斯敦到汉堡的乘客）。

2019 年的一项研究发现，人们会选择在基辅、马德里或科罗拉多大峡谷购买葡萄酒与烈酒，在伦敦、迪拜和维也纳购买化妆品，在马德里、波尔图或伦敦购买香水，在新加坡、中国香港或曼谷购买香烟。

10.4.2　主要免税公司

全球一半以上的机场免税店主要由 8—10 家大型免税店运营商管理。很显然，免税店运营商的经营规模能带来极强的优势：顾客购买潜力越大，免税店运营商就越能向供应商施加压力，要求后者降低出口价格。它们获得的采购价格越低，它们就越有可能通过向机场提供更高的佣金来获得机场的免税业务特许经营权。我们将在本小节介绍主要的免税店运营商（按市场规模由大到小的顺序）。

1. 杜福睿集团

杜福睿集团（The Dufry Group）在 2019 年的销售额为 84 亿欧元，它经历了几次重大并购：2014 年收购竞争对手瑞士纽恩斯（Nuance）集团，2015 年与寰宇免税公司（World Duty Free）合并。它几乎经营着所有西班牙和英国机场的免税店，以及在巴塞尔、米兰、巴拿马、墨西哥城、纽约、新加坡、莫斯科、尼斯等城市的免税店，并且获得了巴西机场的免税业务特许经营权。2019 年，杜福睿集团管理着分布于 24 个国家和地区的 2 300 家门店。它还在巴塞罗那、巴拿马科隆（Colón）和克罗地亚担当船舶供应商（ship chandler），即为给当地水域的邮轮公司和港口免税公司供应食品杂货及船上用品。

2. 海内曼集团

海内曼集团（Heinemann）位于汉堡，是一个家族企业，2019 年的销售额为 45 亿欧元。它运营着所有德国机场的免税店和大多数奥地利机场的免税店，以及主要葡萄牙机场的免税店，并在迈阿密机场和纽约机场开设了免税店。该集团在东欧城市（如华沙、布达佩斯、布拉迪斯拉发、柳比亚纳、莫斯科）及土耳其和南非的发展非常迅速。

该集团 2019 年的销售额划分如下：酒类、烟草和化妆品占 56%，香水与化妆品占 34%，时装占 8%。其业务按地域销售划分如下：德国占 12%，其他欧盟国家占 26%，其他欧洲国家占 37%，亚洲占 19%，其他占 6%。

海内曼集团在食品与烟草产品方面表现强势，并且在德国国内也有分销业务。

3.法国拉加代尔集团(旗下有爱利免税店)

我们很难将法国拉加代尔集团(Lagardère Group)与其他免税店运营商进行比较。2019年,该集团的销售额达34亿欧元,它主要有两项业务——在机场和火车站销售报纸和书籍[通过经纬书店(Relay)]及免税业务。在34亿欧元的总销售额中,免税业务的销售额可能略高于20亿欧元。该集团最初由法国航空和巴黎机场合资建立。2015年,它收购了美国帕拉迪斯机场的免税店,将业务范围扩大到亚特兰大、达拉斯、丹佛、拉斯维加斯及美国其他城市的机场。它在巴黎的销售额约占其总销售额的40%,但它总共有250个主要销售点,其中包括戴高乐机场和奥利机场,以及英国、波兰、爱尔兰和西班牙的机场。

4.环球免税集团

环球免税集团(Duty-Free Shoppers,DFS)隶属于路威酩轩集团,在1960年由两个美国商人在中国香港创建。1996年,环球免税集团被路威酩轩集团收购。据估计,该集团2019年的销售额约为31.5亿欧元。它的大部分业务都在太平洋地区。集团总部位于中国香港,主要免税店位于旧金山、洛杉矶、巴厘岛、新加坡和火奴鲁鲁机场,在香港、新加坡、夏威夷、旧金山、洛杉矶、巴厘岛、关岛、塞班岛和阿布扎比等15个重要的太平洋地区城市经营着150家门店。

环球免税集团专为日本和其他亚洲顾客提供服务,拥有很强的供应商议价能力。它在城区通过DFS Galleria门店运营着非常成功的免税业务。

5.泰国王权集团

泰国王权集团(King Power)是泰国最大的免税店运营商。2004年,它获得了曼谷机场15年的免税业务特许经营权,并在2019年将新协议延至2029年。它提供了比乐天免税店(Lotte Duty Free)和杜福睿集团等其他免税店运营商更高的佣金。它还管理着所有泰国国内的免税店。2018年,其销售额为22.3亿欧元。

6.乐天免税店

乐天免税店是一家特殊的免税店运营商,它的机场免税业务主要在韩国市中心的百货公司完成。顾客可以向免税店出示航班号和出发日期,享受免税价格,并在机场自行提货。乐天免税店的年销售额约为20亿欧元。

7. 迪拜免税店

迪拜免税店(Dubai Duty Free)作为机场免税店运营商希望始终保持独立运营，直接向外国供应商采购要在机场销售的商品。2019年，其销售额为20.3亿欧元。迪拜免税店每个月会组织一次幸运抽奖，中奖者可以得到一辆全新的法拉利跑车。迪拜免税店在机场运营免税业务不仅是为了盈利，它还想以很低的商品价格吸引那些往返于欧洲和亚洲的旅客到迪拜转机。

8. 美洲免税集团

美洲免税集团(Duty Free Americas)由费利克三兄弟拥有(他们还是拉克鲁瓦公司在宣布破产前的最后所有者)。集团总部设在佛罗里达州，2019年的营业额超过14亿欧元。它最初是一家边境商店，在美国和加拿大、美国和墨西哥的国界上经营生意。如今，它还在美国的60个机场运营免税业务，其中包括纽约肯尼迪机场和拉瓜迪亚机场，以及芝加哥、波士顿、华盛顿和底特律的机场。

9. 艾尔·里安塔集团

位于爱尔兰的艾尔·里安塔集团(AER Rianta)实际上是机场免税体系的创造者：早在1947年，它在香农机场开始经营免税业务。它隶属于爱尔兰机场管理局，其年销售额超过10亿欧元。1979年起，它允许俄罗斯航班在香农机场停留加油，并且一直与苏联民用航空总局(Aeroflot)保持值得信赖的关系。通过与苏联民用航空总局签订合资协议，它开启了在莫斯科机场和圣彼得堡机场的免税业务。2020年初，有新闻谣传该集团即将向其俄罗斯合作伙伴出售其所有的俄罗斯机场业务的股份。此外，它还在蒙特利尔、渥太华、温尼伯、塞浦路斯、贝鲁特和德里机场开设了免税店。

小型免税店运营商通常在希腊、委内瑞拉和阿根廷等许多其他国家管理1—2座机场的免税业务，并往往可以得到当地国家的支持。

10.4.3　业务谈判

品牌与这些免税店运营商的谈判通常非常艰难，品牌高管希望在机场不仅能提高曝光度，还能尽可能多地售出商品，但这就必须付出高昂的成本。首先，品牌必须支付各种费用，并需要支持推广活动，相关的费用包括：

- 带有商品价目表的纸媒广告费用；

- 货架选址费用；

- 在店内展示品牌名或广告的费用；

- 品牌特价促销活动的花费；

- 销售员的奖励金。

在大多数情况下，品牌直接招聘销售员，并支付他们薪水。综合上述因素后我们可以得出结论，小品牌很难打入有潜在高利润的免税市场。

10.5 灰色市场：存在的原因与后果

平行市场（parallel market）即灰色市场（gray market），商店在这些市场中大量出售不该出现的商品。平行进口商*在价格最低的地区以尽可能低的价格购买大量商品，并把它们带回门店进行销售，而顾客在这些店里本无法买到这些商品。采用选择性分销策略的品牌在灰色市场发展得更快，其商品很难被买到而且价格也因地而异。

10.5.1 灰色市场存在的原因

在此，我们按照品类分类讨论。

1. 香水

香水产品很容易从一地转移到另一地。平行进口商的逻辑如下：如果它们能在巴拿马以非常低的批发价格购买香水，同时日本的香水零售价通常较高，那么在日本销售香水就可以获利。这种套利手段与货币或粮食期货的套利大致相同，平行进口商的唯一任务就是从价格低廉的地方购买香水，并在有需求的市场以更高价格出售香水。

香水品牌的形象建立在选择性分销策略的概念上，大多数品牌都确保顾客无法在欧洲的超市、大型综合超市和在美国药房**中买到它们的香水。由于品

---

* 在经济学中，"平行进口商"（parallel operator）也可称为"灰色市场运营商"（gray-market operator）。为便于读者理解，我们将原书中的"parallel operator"和"gray-market operator"统一译为平行进口商。可参考：王春燕，《平行进口法律规制的比较研究》，中国人民大学出版社 2012 年版。

** 美国药房也兼售化妆品、家居用品、饮料、零食等。

牌需要营造稀缺性,并以此作为一种立足市场的方法,它们不希望产品在某些场所(如母亲节前一周在布鲁塞尔郊区的家乐福大卖场)被买到,因为这会损害品牌形象的吸引力和独特性。

品牌要避免产品在药房和大型综合超市被售卖并不容易,因为在大多数国家,法律禁止生产商挑选零售店,生产商需要向每家商店都提供产品,而不能差别对待某些零售店。因此,香水品牌必须做出规定:只将产品销售给那些环境独特、奢华、配有美容顾问且对产品了如指掌的门店。换言之,品牌将产品销售限制在传统香水店和美妆连锁店。

假设品牌允许家乐福超市在母亲节或圣诞节期间销售它们的产品,这会对全年销售该品牌的传统香水店非常不公平,由于它们的香水销售额可能不及这些大型超市,它们将无力承担分销成本。

在美国,香水和化妆品的销售集中在百货公司,各品牌相互争夺最佳的门店位置和大型柜台,并争先进入大型香水精品店。如果香水还在药房内出售,那么品牌的整体形象会被削弱,品牌与百货公司谈判的能力也会降低。

另一方面,药房对销售顶级品牌很有兴趣,因为这能改善它们的形象,而且它们可以借此将产品线延伸到更有吸引力的品类。

因此,平行进口商也会充当批发商的角色,并能够随时向美国药房提供几乎任何品牌的香水。它们拥有所有香水的货源,但价格大不相同。雅诗兰黛和香奈儿等很难在灰色市场买到的品牌将其产品直接以零售价或九折的价格出售给药房。这意味着当药房决定销售这些品牌的商品时,它们做好了亏损的准备。而像皮尔卡丹等可以轻易在灰色市场买到的品牌,在一些特定时期可以将其产品按二五折至四折的价格出售给药房。

鉴于香水业务几乎不可能远离灰色市场渠道,香水品牌的目标是使产品难以被买到。例如,这些品牌以批发价进入灰色市场,这会让售卖该品牌香水的零售商无利可图。

2. 配饰

配饰业务的发展历程有所不同。时装业务非常特殊,时装产品在货架或商店内的"存活寿命"很短,即很快会过时,很难在灰色市场中找到它们。因此,灰色市场的主要目标是普拉达、路易威登或香奈儿等品牌的独立精品店里独家销售的配饰。

例如,香奈儿或路易威登手袋往往出现在日本小型皮具店的橱窗里,顾客会被这些享有盛名的顶级品牌吸引入店。顾客一旦入店,销售员就会说,"这个包的性价比太低了……我可以给您看一款更时尚的",然后尽其所能推销其他利润更高的品牌。因此,商店将香奈儿或路易威登的产品摆在店里并不是用于出售,而只是用于吸引顾客。

3. 葡萄酒与烈酒

葡萄酒与烈酒业务很复杂。大多数国家对酒类商品征收重税,这从商店内的酒类售价就可以看出。酒类业务的难题不仅包括品牌的选择性分销策略,还有酒精税的避税方式。有时,酒类产品会通过走私入境。为了防止这种情况的发生,一些国家将税票贴在瓶口,将其作为缴税凭证。当然,顾客仍然可以买到走私商品,但只能从灰色市场或非官方渠道购得,并且他们必须自行承担风险。

10.5.2 灰色市场获取商品的方式

平行进口商使用各种方式采购商品:一些人乘坐小卡车逛遍法国或意大利的香水店,购买门店运营商打算出售的所有商品,支付的价格可能是零售价的7折。当门店运营商的预算不够或库存积压过多时,它们很可能会冒着风险抛售库存。尽管香水品牌与零售商之间的分销协议禁止任何此类交易的发生,但监管起来并非易事。香水品牌和香水销售员需要借鉴一个深刻的教训:强迫门店运营商购买过多商品会带来不小的风险。这种方式对于食品超市采购大众产品而言非常普遍且有效,但对奢侈品精品业务来说却非常危险。

平行进口商购买路易威登、普拉达或香奈儿手袋的方法更简单。通常,它们的员工会出钱请路人进入正规店,代他们购买各种产品。我们估计路易威登等品牌每年有价值超过2 000万欧元的商品被各种巴黎买手购得,这些商品最终在小型的二流皮具店内被售卖出去(这种现象主要发生在日本)。有人认为这还涉及2 000万欧元的洗钱交易:从日本小型零售商处获取正规支票,最后将这笔金额存入一个真实存在的日本银行账户。

灰色市场产品还有其他来源。例如,来自巴拿马、巴拉圭和新加坡等国家的分销商都认识一些平行进口商,并可能试图以合理的价格抛售库存。如果它们被查出问题,它们将面临无法续签分销协议的风险。有时,一些品牌本身也会将积压的库存出售给一些批发商。

可以肯定的是,奢侈品会以比自身价值低的价格在世界各地被兜售。因此,在新加坡购买的香水或在巴黎购买的手袋很可能最终出现在美国药房或日本皮具店里。无论如何,这些产品都不是在正规渠道中被销售的。

10.5.3 如何打击灰色市场

当灰色市场的产品流入正规市场时,分销商或当地子公司的经理会向品牌总部表示不满。他们说:"那些产品来自你的工厂,所以你应该知道它们去了哪里、发生了什么事。"他们这么说有一定的道理。

那些打击灰色市场业务的品牌必须确保它们可以合理地追踪到产品去向。大约 30 年前,生产商开始在每个纸盒套上刻印激光识别码,以便它们能够了解产品是否进入或如何进入灰色市场。平行进口商对此的对策是,小心谨慎地把所有激光识别码从它们拿到的纸盒套上抹去。

大约 20 年前,品牌在每个香水盒上刻印一个特定的激光码,该码可以与买家客户一一对应起来。即使外部纸盒套上的激光码被抹掉,买家信息仍然可以被识别。平行进口商也会划抹纸盒套上的其他地方,希望尽可能抹掉分销商的识别标记。虽然这种做法并不总是成功,但它往往足以制造出不确定性,使跟踪商品变得困难。

当今,真正关注打击灰色市场的香水制造商会利用特定系统制作盒子。这个系统能够通过计算机记录和跟踪所有从仓库运往客户处的产品,并根据最终目的地查明每个产品的来源。

现在,当一款香水出现在一个本不该出现的商店内时,我们一般都可以查明货品来源。虽然分销商允许印标产品进入灰色市场不一定触犯法律,但这样做绝不利于品牌声誉。不管怎样,如果分销商与批发商(后者与平行进口商有正式交易)之间没有可以证明彼此关系的发票,那么我们很难认定这款香水是来自分销商的。更不要说,这种发票是很难拿到的。

美国海关曾经发明了一种非常高效的制度来打击灰色市场业务:只有有权在美国完成品牌注册的分销商才能进口相关产品并需要缴纳关税。然而,这仍然无法干涉到走私业务。可以肯定的是,平行运营商将在未来很多年里继续扰乱分销系统,因此,品牌的主要目标是尽可能地止损——但灰色市场却可能永远存在。

第 **11** 章

零售管理

多年来,奢侈品管理的重点是创意过程及紧随其后的产品(应有商业化的可行性)开发。奢侈品品牌都会在品牌起源的地方开设一家大型门店,总部办公室则设立在该店内或者该店附近。爱马仕在巴黎福宝大道(rue du Faubourg Saint Honoré)设有一家超大型门店。菲拉格慕的一家门店坐落于佛罗伦萨的费罗尼·斯皮尼古堡。当初,阿玛尼先生希望随着其创意的不断发展也在米兰开设一家超大型门店。嘉柏丽尔·香奈儿和拉夫劳伦的旗舰店则分别坐落于巴黎康朋街(rue Cambon)、纽约麦迪逊大道。他们都希望能借助大型旗舰店来传达他们的理念,并且如果条件允许,还要展示完整的产品系列。

作为品牌总部的特殊门店每天会有很多顶层管理者前来视察,但其他销售和零售网络就不在公司的优先考察之列了。很多奢侈品品牌在国外的发展都是依赖百货公司,然而,2000年前后,它们发现百货公司业绩的年平均增长率仅为2%,而奢侈品品牌的已经超过了8%。为了更快地发展,它们不得不移除百货公司分销的环节。

此外,来自莫斯科、布宜诺斯艾利斯或台北的商人们会前往主流品牌的总部,游说这些品牌在他们所在的城市以特许经营或"独家分销"的方式建立加盟店。在这种情况下,品牌则可以在巴黎发展国际批发销售业务,并提升品牌的全球表现力。

如今,主流品牌以多种形式建立了全球销售网络,例如,在主要城市开展零售业务,在部分城市开设百货公司店中店,签订独家分销协议或开设加盟店,以及在品牌集合店内发展批发业务。

我们用万宝龙品牌的发展历程来阐述"从批发到零售"的模式转变。1990年以前,万宝龙钢笔全部都是通过批发销售的。我们在世界各地的百货公司、办公及学校用品店都可以找到万宝龙的钢笔,它的主要竞品派克(Parker)、犀飞利(Shaeffer)和威迪文(Waterman)也采取了类似的批发销售方式。1990年,万宝龙总裁决定在香港开办第一家独立精品店,随后在品牌起源地汉堡开设了第二家。今天,万宝龙在世界上拥有350家独立精品店。1997年,万宝龙成功推出了多元化产品——腕表,此后还开发出皮具、珠宝、香水等产品线。2020年,万宝龙的销售额估计值为6.5亿欧元,并且其利润率维持在一个较高的水准。它的竞争对手不再是派克或威迪文,而是珑骧或浪琴;换言之,它不再与钢笔生产商处于同一赛道。不过,由于批发业务在过去和现在都有很大的利润空间,因此,在开发直营店业务网络时,万宝龙必须非常谨慎,不能损害其批发业务的发展。

万宝龙的例子见证了过去30年商业形态的变化,同时揭示了零售业在当下面临的新挑战:零售业务必须从纯粹的线下门店体系,转向线下实体店和线上商城组合的模式。从消费者的角度来看,线下实体店和线上商城的无缝连接才是未来品牌的发展趋势。

我们将在本章讨论当今零售业扮演的角色,阐述零售管理的基本指标,并讨论门店选址与设计。我们将本章的最后探讨奢侈品品牌在2020年面临的挑战,即线下到线上(offline to online,O2O)平台的建设。

11.1 为何零售在今天如此重要?

我们随机选取了六个奢侈品品牌——宝格丽、卡地亚、梵克雅宝、古驰、路易威登和蒂芙尼,它们门店的历史数据如表11.1所示。

这六个品牌的门店总数从2000年的781家增加到2019年的1 834家,几乎增长了1.5倍。我们可以估算,目前全球已有超过2万家奢侈品独立精品店。这意味着全球还要有2万名店长、众多商店协调员、一些区域零售经理,以及若干产品视觉策划师和奢侈品零售店建筑师。

表 11.1　一些品牌的门店数量和历史销售数据

	2000 年	2003 年	2010 年	2019 年
宝格丽				
销售额(百万欧元)	376	759	926	3 200(E)
门店数量	126	182	273	259
卡地亚与梵克雅宝				
销售额(百万欧元)	1 500	1 994	2 688	7 083
门店数量	250	250	364	398
古驰				
销售额(百万欧元)	1 200	1 800	2 266	9 628
门店数量	143	174	283	454
路易威登				
销售额(百万欧元)	1 500(E)	2 200(E)	5 000(E)	13 500(E)
门店数量	143	317	440	448
蒂芙尼				
销售额(百万欧元)	1 334	1 600	2 167	3 966
门店数量	119	141	220	275

注:"(E)"代表估计值。
资料来源:公司年报与作者估算。

　　我们将在本节描述奢侈品零售业的现状,对比批发和零售模式之间的差异,并阐述全零售模式如何改变整个时装与奢侈品公司的商业模式,让读者了解传统零售的未来发展。

11.2　奢侈品品牌的零售现状

　　我们不能臆断奢侈品业务已经完全从批发转向零售。事实上,批发和零售业务很大程度上取决于业务类型和品类。

11.2.1　时装与配饰和珠宝业务的分销

　　时装和珠宝的门店网络明显走向了完全直营的模式。路易威登和爱马仕只在直营店独家销售其产品。路易威登一直等到小众香水成为消费者会普遍考虑的备选产品后,才在直营店独家推出香水产品线。相比之下,爱马仕也专注于直营店,但它的香水产品在许多品牌集合店内都有销售。此外,诺悠翩雅和香奈儿完全自主控制其各个业务(除了香水和眼镜业务)的零售体系。

但像巴尔曼、蔻依或范思哲这些市场规模较小的品牌,其大部分销售仍来自批发业务;它们的香水和眼镜业务也是如此。不过,其成衣仍由百货公司采购后陈列在自己的柜台,或被出售给伦敦布朗斯百货(Browns Fashion)、香港连卡佛或新加坡 Glamourette 等时尚品牌集合店。

最常见的时装、配饰与珠宝业务的零售体系是直营店、第三方特许经营店、百货公司店中店和品牌集合店的组合。这种分销渠道的组合会随着品牌发展而变化。表 11.2 给出了三个品牌的组合示例。

表 11.2　三个不同业务体量的品牌的分销系统组合(截至 2019 年的门店数量)

	品牌独立店	百货公司店中店	品牌集合店	总　计
香奈儿	240(E)	180(E)	0	420(E)
纪梵希	65	68	120(E)	253(E)
巴尔曼	19	88	179	286

注:"(E)"代表估计值。
资料来源:Michel Chevalier and Michel Gutsatz, 2020, *Luxury Retail and Digital Management*, Hoboken, NJ: John Wiley & Sons.

我们从表中可以发现,即使是像香奈儿这样的顶级品牌,直营店也并非其分销时装产品的唯一途径。目前,香奈儿的百货公司店中店共有 180 家,主要分布在美国和日本。

纪梵希和巴尔曼之间的差异也很有意思。一般而言,纪梵希被公认为有强大影响力的中等奢侈品品牌。它拥有足够的资金投资运营 65 家直营店。相反,巴尔曼的市场规模曾经很小,资金十分有限,直营店的数量也很少。如今,巴尔曼被卡塔尔王室的投资公司 Mayhoola 收购,它有足够资金来开设品牌独立店。由于该品牌的销售业绩甚佳,它已经在百货公司和品牌集合店中产生了强大的表现力。如果市场对巴尔曼的需求继续非常强劲,我们可以预计它到 2023 年或 2024 年将拥有 75 家直营店。

因此,一个时装品牌在发展零售业务时总是在进行权衡:是入驻品牌集合店或百货公司获得收入,还是动用资金开设直营店,以此提升品牌实力从而盈利。

我们也可以用此方式分析珠宝品牌的零售业务。如今,强势的珠宝品牌都开设了直营店。

一些时装品牌将其分销渠道按产品功能进行划分。例如,它们在直营精品店内销售完整的成衣系列,向品牌集合店批发大量手袋或围巾等配饰。很多品牌没有能力开设直营店并实现盈利,它们可以通过这种方式挖掘顾客需求。然而,一旦奢侈品品牌发展出了包含100—200家品牌独立店的销售网络,它们往往会关闭在品牌集合店中的专柜,从而提高直营店的市场份额。通过这种方式,品牌直营店更容易达到收支平衡。

11.2.2　腕表和香水业务的分销

腕表和香水通常是在品牌集合店内出售的:顾客希望能在一家门店内找到所有产品。她们会在雅诗兰黛美丽系列香水(Beautiful)、迪奥真我香水、香奈儿嘉柏丽尔香水之间犹豫不决。因此,她们会去丝芙兰店试用各款香水,最后购买最喜欢的那一款。同理,人们会去一家传统腕表店,把劳力士、卡地亚或宝玑戴上比较,然后买下偏爱的款式。

1. 腕表

如今,腕表和香水的销售绝大部分都是在品牌集合店内。不过,玉宝于1994年在香港开设了第一家腕表品牌独立店,开启了先河。可惜的是,当时这个模式过于超前,并且该品牌的影响力不足以吸引顾客进入店内,玉宝几乎宣告破产。

这个模式随后被其他品牌采纳。例如,作为中国市场的腕表领导品牌之一,欧米茄在中国市场建立了包含200家门店的销售网络,其中有100家是直营店,另外100家是品牌集合店。劳力士在中国市场的业务起步较晚,但它在中国也有50多家品牌独立店。

那么,如何销售腕表呢?如果一个强势品牌准备投入大量资金到重点开发的市场,品牌独立店应该是最佳方案。事实上,并非只有劳力士和欧米茄这样做了。伯爵在全球拥有80家品牌独立店,万国表有79家,宇舶表有71家,江诗丹顿有 63 家,宝玑有 35 家。宝玑采用了一种独特的营销策略,它的销售业绩主要来自品牌集合店,但在一些重要城市,它也会开设选址极佳的直营店。这些门店不仅起到零售的作用,它们还是为品牌集合店的运营部门和公关部门打造的展厅。

可以说,腕表过去只在品牌集合店内销售,但现在,一切似乎都有可能,品牌开设的门店类型取决于其盈利能力。

2. 香水

香水、化妆品与护肤品通常被认为是在品牌集合店内销售的传统产品。随着丝芙兰、艾尔塔(Ulta Beauty)、屈臣氏集团旗下的玛莉娜美妆(Marionnaud)、道格拉斯等大型零售商逐渐发展壮大,它们为美妆品牌贡献了大部分销售业绩(在某些国家,销售占比可高达 80%)。

安霓可·古特尔、祖玛珑和馥马尔等小众香水品牌正在开拓全新的香水细分市场。香奈儿、阿玛尼、迪奥和兰蔻等主要香水品牌正在开发产品系列,它们的产品通常不在上述传统分销渠道内销售,而是在全新的品牌独立店分销网络内出售。

如果小众市场发展得十分迅速,那么这将改变现有的分销模式。然而,至今绝大多数香水品牌似乎仍然在品牌集合店内销售其产品。

11.2.3 完全直营模式将给奢侈品行业带来哪些改变?

如果品牌能够完全控制其分销渠道,并在品牌独立店或完全自营的在线商城中独家销售其产品,那么这是否会改变零售管理模式?

对于时装品牌而言,时装秀的存在改变了它们立足于市场的原因。通常来说,时装秀为百货公司和品牌集合店的买手提供了提前了解下一季时装系列的机会,买手们会精心选购他们将于 6 个月后在自己的门店中销售的产品。但是,当时装品牌完全控制销售点时,它们可以决定门店里必须卖什么。此时,参加时装秀就不再是选购商品的必要条件了。在结合每家门店或每个国家此前的销售模式的基础上,这种选购可以在内部或通过编程进行。同时,品牌也不再需要时装生产日程计划表,因为管控着直营店的品牌每年可以提供尽可能多的产品系列。20 年前,时装奢侈品牌每年都有两个主要的产品系列,即春夏和秋冬系列,另外还有两个度假系列。如今,只要它们认为合适,它们甚至可以复制飒拉的做法,每年推出 26 个产品系列。

在这种情况下,时装秀不再是生产和销售过程的一部分,而完全成为一种传播工具,如有必要,可以在临近销售季时举办时装秀。

品牌需要更加成熟的物流系统以应对这种运营变化。生产系统必须更加一体化,如果生产是外包的,相应的管控则必须更加严格。品牌应该依据其产品的历史实际销售业绩和预期销售,决定运送到门店的产品数量。品牌还需要搭建物流平台,并提升运营效果。此外,门店还应处理退货,并将其运送至产品售出可能性更高的门店。如此,品牌的整个物流过程才算得上顺利,并且有效地得到了改善。

在某种程度上,品牌在运营常规的零售业务时,应该确保物流系统的顺畅和高效,使其内部流程同样在线上商城取得成功。

11.3　零售管理的基本概念

品牌通过零售管理积累了对各类零售业务处理的反馈,可以利用这些反馈决定在哪里开设新门店,判断某家门店的货品是否充足,以及提升销售员的工作效率。

11.3.1　门店存在的理由

人们往往问的第一个问题是:这个店开在这里的理由是什么? 门店可以被划分为三大类:

(1) 目的型门店(destination store):顾客一年只去几次的门店。当一个人想改造他的厨房水槽时,他准备拜访厨房设备门店,不过他并不指望这类门店离家非常近。他准备下午花一些时间参观各家门店,完成一次很有目的的购物之旅。由于顾客一定会花费时间到这些门店去,因此,厨房设备生产商不需要在一个大城市开设 3—4 家门店,开设 1—2 家即可,顾客一定会努力找到这些店。

(2) 便利型门店(convenience store):与目的型门店相反,售卖报纸的门店必须开在人们生活或办公的地方附近。如果一个人很难找到报摊,那么他就不会再去购买和阅读报纸。因此,报刊亭就属于便利型门店。人们不会千方百计地寻找这些店铺。

(3) 拦截型门店(interception store):如果一个人想配一把钥匙,与其花一下午时间去找五金店,不如在冰箱门上贴上便笺,提醒自己下次去火车站或商场时,记得带上要配的钥匙。这些店铺必须位于一些人们经常去的场所,即拦截点(interception spot)。

人们可能会认为奢侈品门店是目的型门店。事实上,中国游客去米兰旅游时,会把去普拉达和古驰门店购物列在待办清单上,这在某种层面上揭示了这些门店的拦截型特征。奢侈品品牌可以考虑在纽约或北京拥有比竞争对手更多的小型门店,这样它们会比竞争对手更容易被消费者找到。

11.3.2 基本指标

店长关注门店每天的销售额和毛利润,并比较日度实际毛利润与理论值,后者等于将所有产品以全价出售(没有任何折扣或特价)而得的利润。

另一个非常重要的指标是转化率,即实际购物者人数占所有入店人数的百分比。即使在大型超市,这个比例也不可能达到100%,因为当两个人一起进入超市时,入店人数记录为2,但购物次数一般记录为1。

许多游客都将去知名的品牌旗舰店参观或购物列入待办清单,这些店的转化率可能远远超过50%。时装店的转化率可能为18%—25%,香水与化妆品品牌集合店的可达20%—33%,画廊的可能不到1%。

品牌门店的转化率在不同的国家和地区是不一样的,也受到门店性质的影响,但平均转化率可以表明品牌在某地开设新店后预计达到的效果。来自不同地域的顾客的购物行为不同,这也会影响品牌门店的转化率。

通过分析门店转化率,品牌可以对销售员的工作效率、门店的具体位置与其提供的产品品类之间的一致性做出初步判断。

客单价也是一个关键指标,因为它是许多会计分析的基础。有多少人进入门店?转化率是多少?有了客单价后,我们就可以得到一定时期内的销售水平。每单平均购买的商品数也是一个有用的指标,销售人员得到这个数据后可以考虑如何向顾客销售第二或第三件商品,这个指标常用于时装店或鞋店。

还有另外两个有用的销售统计指标。

实销比率是新系列产品在一段时期内(第一个月、前两个月……)的销售量占进货量的比例。对于时装或季节性产品而言,这个指标表示顾客在近一两个月内购买的新系列产品的占比,品牌由此可以更方便地预测在四个月的全价季节性销售后的剩余库存,且不得不甩卖这些库存。这就要求店长在清仓甩卖前寻求特价销售或特别促销计划,这样损失会相对较小,销售效果会更好。在此之后,品牌还可以计算一下全价销售和清仓甩卖的占比。

吸引力比率(attraction ratio)是另一个统计指标。它记录了进入门店的人数与经过门店人数的比值,尤其适用于购物中心。这个指标衡量了品牌实力和橱窗装饰的效果,这两大因素决定了顾客是否会被吸引入店。我们还可以用它来比较奢侈品购物中心的某一条通道上两家相邻门店的吸引力,以及判断哪一家门店具有更强的魅力。

11.3.3 人们在门店里是如何表现的?

追踪研究[特别是帕科·昂德希尔(Paco Underhill)所做的研究①]被用于分析顾客在门店里的行为。研究表明,顾客在入店时会直视前方,只有在入店数米后才真正开始环顾四周。他们以为自己是直行的,但事实上他们会不自觉地往右侧走,也许是因为他们想用右手去触摸产品。由于他们略微向右移动,门店的左下方通常是顾客走动最少的区域。如果商店布局合理的话,这个区域是试衣间的理想位置。人们倾向于向右走的现象解释了为什么超市的入口一般不在正中间,而是在右侧。

在门店里,人们想要:

● 触摸产品;

● 与其他人交谈,但店员有时候并不知道如何开启对话。

在门店中花费的时间与购买概率(即转化率)之间有很强的相关性。门店越有吸引力,越令人感到愉快,人们停留的时间越长,转化率越高。因此,品牌希望顾客在门店里停留的时间越长越好。然而,顾客的行为受到内外部因素的影响。帕科·昂德希尔的一项研究测量了顾客在美国的一家家具店中花费的

平均时长,结果如下:

- 两位女性同行:8 分 15 秒。
- 带孩子的女性:7 分 19 秒。
- 女性独自逛店:5 分 20 秒。
- 一男一女同行:4 分 41 秒。

其他研究还分析了如何增加购买的可能性。例如,如果销售人员主动向顾客发起对话交流,转化率可提高 50%。因此,针对店员的培训越来越受到欢迎。通过培训,店员学会如何向入店顾客发起积极的横向对话(horizontal conversation)。同等条件下,当店员与顾客进行积极的对话时,如果顾客在试衣间试穿了一件衣服,那么购买的可能性会增加 100%。

此外,品牌需要关注入店后又离开的那些顾客!他们可能会在下次入店时购买产品,也可能在线下单。如果他们离开门店时并不愉快,那么很可能不会去在线商城下单了。当然,很重要的一点是,店员需要时刻友好地对待在店里购物的顾客,确保他们对门店有好的印象。

11.4 门店选址

初看之下,在一个主流奢侈品市场为门店选址似乎非常容易:去古驰或香奈儿门店的旁边。然而,问题接踵而至:应该开设什么类型的门店? 一家超大型的店? 一家一楼空间相对较小但二楼非常精美的小店? 一家位置一般的门店,还是一家位置特别好的门店?

品牌首先要解决的问题是开店希望达到什么目的,其次是门店对顾客而言意味了什么。我们将在下文首先介绍不同类型的门店,然后阐释选址的经济性分析,最后探讨租赁体系。

11.4.1 门店类型

品牌必须区分不同类型的门店。我们可以按规模将它们进行分类,也可以按门店的所有权或地理位置来定义它们。它们是在街道边的独立门店吗? 它们入驻了奢侈品购物中心(这种情形在中国很常见)吗? 或者,它们入驻了百货公司？

1. 按门店规模进行分类

我们首先想到的是旗舰店（flagship store）。它们过去代表了品牌的起源地。如今,大型品牌已经在世界上各个主要地区开设了超过 1 000 平方米的大型门店:首先在巴黎或米兰(这里通常有品牌总部旗舰店),然后在香港、东京、上海和纽约也相继开店。品牌在旗舰店里展示全系列产品,有时还会打造一家品牌博物馆或若干工匠工作台和工坊——在这里,工匠为顾客准备个人定制产品。旗舰店不仅是一个零售店,而且是一座城市的地标和旅游目的地。

其次是面积大小不一的标准门店（standard store）。面积超过 300 平方米的门店是 A 类店,有完整的产品线;100—300 平方米的是 B 类店,只有品牌主营品类的产品线;小于 100 平方米的是小型店,产品有限。随着数字时代的发展,这种分类和开店目的也将会发生很大改变。

另一种是快闪店（pop-up store）。这个想法最初由川久保玲品牌提出,此后包括普拉达、迪奥和香奈儿在内的几乎所有品牌都效仿这种做法,开发这类门店。品牌一直在寻找大型、独立的商业空间。当一座大型商场或整个商业街区正在翻修时,品牌可以以非常低的租金租用此类商业空间 3—4 个月的时间。快闪店的选址可以不走寻常路,未必一定要在最佳地段开设快闪店,因为它们完全是消费者的打卡点。品牌能在快闪店内举办社交活动或公关活动,如和博物馆联名举办活动,或发布独家签名皮具,等等。品牌希望用较低的租金创建一个特殊的公关场所,顾客在此了解品牌,记者在此参观并撰写关于产品及其特性的长篇报道。一个比较理想的时间安排是在每年 9 月租用这个场地,9 月底筹备开业,10 月初邀请记者参观,那么他们可以在 11 月发表新闻报道,而顾客在 11 月或 12 月访问快闪店或品牌其他门店。最初,这种做法非常成功,但商场业主逐渐意识到地处偏僻的小场地也有市场,便开始提高租金。快闪店模式的经济效益因此大幅下降。

2. 按门店的所有权进行分类

人们还应该根据门店的所有权来区分它们。第一种是品牌直营店。第二种是第三方特许经营店,即加盟店,这种门店由品牌外部人士所有和管理,他们会遵守特许经营的规则,承诺每年产品采买的最低数量,并根据其零售额支付一定比例的特许经营费。最常见的外部零售模式是在每个国家指定独家分销商,这也属于第三方特许经营业务,这些独立的分销商能够在某一地区以批发或零售的方式分销某一品牌的产品。

3.百货公司店中店

百货公司是另一种分销产品的途径。过去,百货公司挑选商品并买下它们,然后在品牌集合柜台出售它们。当时,百货公司的任务是以最优价格找到最好的产品,然后向顾客销售贴牌、无牌或百货公司自有品牌的商品。但在过去的50年里,这个商业模式已经转变为开设店中店(即百货公司内的门店)。品牌决定选址和装修,商品一般属于品牌,销售员是品牌雇用的员工,身穿品牌制服。当某个顾客挑选产品时,他会得到一张销售单据,接着把它交给百货公司收银员,并支付费用。然后,百货公司将从总营收中扣除零售利润,将批发业务收入支付给该品牌。这些普普通通的店中店承载着品牌和百货公司的共同业务活动。品牌提供产品和员工,百货公司吸引顾客,让销售成为可能。

11.4.2 门店选址的经济性分析

通过互联网,我们可以了解到世界上每个街区的居民人数、居民平均收入、手机数量、信用卡数量、入室盗窃案的数量和信用卡逾期还款的次数。我们也可以查看距离每个街区不到5分钟、10分钟、15分钟或30分钟车程的门店及其面积,从而确定消费体量是否充足。

品牌可以据此确定哪里有足够的潜力来开设一家新门店,并选择最合理的位置。

我们需要研究的问题是:当一个顾客到一个城市和另一个城市的门店都是20分钟车程时,他会选择去哪里?1929年,威廉·赖利(William Reilly)完成了一项研究,并给出了关于这个问题的答案:在两个行驶时间相等的门店之间,消费者会选择居民数量较多的或商业门店数量较多的城市。由此,我们可以画出两个城市商业区吸引力的等线图。

这是通用法则,但一些次要变量也会影响商业区的吸引力:

(1)顾客不愿意过河去购物。例如,在中间有一条河流的大城市里,品牌至少需要开设两家门店。

（2）高速公路不会产生重大影响，但它们也在顾客脑中划分了地理区域。

（3）铁路带来了大量的潜在客流。对于百货公司而言，选址不必紧邻火车站，选在离火车站1—2个街区以外的地方可能更好。地铁站的情况类似，但其作用较小。

（4）宽阔街道两边的吸引力是不同的。一般而言，人们更喜欢走在阳光明媚的一边，而不喜欢走在阴影里。这不太会影响高目的型门店，但对鲜为人知的门店和便利型门店而言，街的不同边会极大地影响门店的销售潜力。

11.4.3 不同的租赁体系

在大城市中获得绝佳的门店位置并非易事：这些位置非常稀缺，并且租金高昂。承租商往往还需要预付大额保证金。世界上有若干种租赁体系，每一种都有独特的规则和特征。

1. 美式租赁体系

美式租赁体系通常没有对保证金的要求。业主出租一个场地9年或10年，租约到期后，承租商必须按市场价格与业主进行新租约的谈判。如果双方不能就新租约达成一致，或承租商无意续租，双方都无须进行赔偿。

美式租赁体系十分平衡，非常开放，但有着十分隐蔽的陷阱：当门店出现亏损，或销售量在一夜之间急剧下降（如"9·11"事件发生后）时，承租商受合同约束，需要在整个租赁期内继续支付租金。

许多外国奢侈品品牌都发现自己处于这种困境中，有时甚至无法转租这些店铺。即使原始合同中有允许转租的条款，但合同也严格限制了承租商经营的品类和其品牌定位。遇到销售困境后，承租商可能不得不以较低的租金转租，并在租赁期内支付差额。

如果承租商高瞻远瞩并且足够谨慎，则会为其在美国的每一家门店设立一家全资子公司，并在合同中签订退租条款：如果门店运营遇到困难，全资子公司可以根据《美国破产法》第11章的规定申请破产保护，从而避免继续支付租金。不过，业主也有相应的对策，当业主发现承租商子公司签署租赁合同时，会要求对方总部提供资金担保。

东南亚的许多国家都采用了美式租赁体系，但一般只签3年或4年合同。

虽然,在这些国家,业主和承租商之间的关系可能比在美国更加平衡,但业主能根据市场的当前需求,每3年提高1次租金。

2. 日式租赁体系

日式租赁体系对业主更有利。在日本,租期很长,一般是10年,但在签订租约时,承租商必须预付相当于10年租金的保证金。如果承租商提前结束合约,保证金在租约期满后才会由业主退还给承租商。实际上,这就相当于业主向承租商申请了免息贷款。若承租商以更高的租金续约,需要支付额外的预付保证金,以弥补租金差额。

这种租赁体系对业主非常有利,许多外国奢侈品品牌发现在日本开店是很难的,它们根本没有足够资金承担保证金。为了解决这个问题,这些品牌只能通过百货公司店中店发展品牌。例如,路易威登原则上在世界各地只开设独立店,但在日本却被迫入驻百货公司。截至2019年底,路易威登在日本有45家门店,其中只有12家是独立店,其余33家都是店中店,它们几乎遍布日本的连锁百货公司。

2000—2005年,零售业发展放缓导致需要支付保证金的年限从10年缩减至5年。此外,奢侈品公司已经决定购买土地权,成为直营店的业主,但这也需要大量的前期资金和银行贷款的支持。

3. 法式租赁体系

法式租赁体系不同于上述两个体系,对承租商有利。业主出租门店的期限为9年,但承租商每3年可以单方面退出合约。若承租商在9年后决定续约,业主必须再出租9年,租金涨幅根据法国建筑成本指数(national construction cost index)而定。除了至少续租3年外,承租商没有其他义务,并且有权永久租赁。如果门店位于客流量很大的地区,那么随着时间推移,其租金会比新入驻的毗邻门店便宜很多。

承租商还有另一种选择——转租,然后向新承租商索要保证金。不过承租商需要告知业主,将租赁义务转移到新承租商。

这笔保证金将作为投资项目出现在新承租商的资产负债上,新承租商希望之后以更高的价格转移这笔投资。承租商也有赚钱的可能,建立这个制度是为了让小店主在退休后有维持生计的资金。

综上所述,在主流奢侈品市场挑选、租赁门店是一项长期投资。品牌可能需要预付巨额保证金(有时甚至相当于数年的销售额)。这种投资还可能带来很大的风险,例如,当采用美式租赁体系的品牌业绩不良时,其没有任何办法削减成本。

百货公司店中店或小商店的情况则完全不同,业主通过收取销售抽成的方式向品牌提供门店位置。对品牌最不利的条件是,百货公司可能会要求品牌每个月支付一项最低费用。品牌必须自行支付装修费用、销售员薪水、促销活动的费用。

总而言之,奢侈品公司制定全球门店开设计划的部分原因是,其奢侈品业务需要更多的现金投资。完全拥有门店所在楼宇所有权的品牌需要巨额资金;那些在世界各个城市的最佳地段开设门店,还必须预付高昂保证金的品牌,也需要大量资金。

11.5 预算、规划与控制

商业规划显然会从制定预算开始。在制定预算前,首先要有销售目标,然后要进行库存预测,这样才能保证采购量与预期销售量一致。

11.5.1 销售目标

品牌应依据其引领能力、门店规模和产品线宽度制定销售目标。品牌必须预测每个月的预期销量。(时装店的冬季平均客单价比夏季高。)

新店的销售额至少会增长两年。当顾客熟悉了新门店成为回头客后,门店销售额将趋于平稳。当门店运营良好时,把它搬迁到其他区域(哪怕只是两三百米外)是错误的做法,因为顾客不得不重新熟悉门店的位置。

品牌通常需要在新店开业前的财务分析报表中详细制定销售预算。一般而言,在欧洲,租金成本应低于销售额的 10%—20%;在亚洲,租金成本可达到销售目标的 20%,在某些情况下可达到 30%。整体的损益情况因国而异,在某些国家,员工薪资的预算非常有限。

当新门店在 6 个月后未能达到销售目标时,管理层倾向于保持乐观并等待业绩改善。不幸的是,除非品牌完善产品组合或提升销售团队,否则门店业绩几乎不会出现提升。

11.5.2　库存预测

有了销售预测和毛利率目标(与理论毛利率不同)后,品牌就可以按月编制库存预测,但必须为不同的品类分别进行预测,两大品类是成衣和配饰,后者又可分为皮具和其他配饰。成衣库存应分为经典产品(这些产品一直出现在店内,当年和次年都会销售)的库存和季节性产品(这些产品必须在当季结束前销售完,可以通过清仓甩卖或工厂直销的方式)的库存。

品牌每个月都要跟踪产品大类甚至单品的实际销售业绩和库存情况。每家门店每月都必须比较剩余库存与当月计划库存和累计销售额的差异,并把结果记录在记分卡上。若累计销售额比预测值低 30%,而且这种趋势一直持续到年底,那么记分卡就会显示出门店需要大幅削减或取消未来交货的订单,或对销售方式做出重大改变。这种月度记分卡不可或缺,有助于门店在早期就对低于或高于预期的销售表现做出反应。时装品牌更需要这种记分卡,因为季节性采购是它们最重要的业务活动。

我们在前文提及,百货公司将采购安排称为采购限额计划。香水或常用配饰的品牌会根据前一年的销售情况进行月度预测。因此,这种预测体系很难适用于已在 12—18 个月前失去市场地位的品牌。它们的采购限额计划中的采购量会大幅减少,如果没有足够充分的理由,品牌不会违背这一采购计划。

门店若按照采购计划行事,就能有足够商品来实现其销售目标,但门店每个月需要重新调整销售目标和可能性最大的销售水平。

在奢侈品零售行业,门店内部陈列系统规定的款式数量和单品数与每个销售点当季的采购量密切相关。如果品牌要在门店内展示其采购的所有款式(这是理所应当的),那么采购量完全取决于门店内部陈列空间的设置。80 平方米的门店不可能像 400 平方米的门店那样陈列全系列产品。因此,采购的款式数量取决于每个销售点的整体货架空间,采购深度 * 取决于采购限额计划的预算。

---

　*　采购商品总数与款式数量之比,即每一个单品的采购数量。

11.5.3 利润控制

如前所述,理论利润和实际利润并不总是相同,差异的产生与清仓甩卖、特价折扣和货品盗窃有关。

当品牌没有谨慎地预测目标和计算销售业绩时,清仓甩卖就会发生。

销售员向品牌忠实顾客提供特价折扣。路易威登或卡地亚等品牌从不提供折扣,但有些品牌会给老顾客发放会员卡,给予他们10%左右的折扣。在许多地方,在重要顾客名单上的媒体人或VIP贵宾甚至可以获得高达40%的折扣。特价折扣会大大降低实际利润,但品牌相对容易控制这种销售方式。

当特价折扣可以影响顾客的想法或有可能让顾客再买一件商品时,一些品牌允许销售员在预先确定的顾客范围内提供个人折扣。不过,这种销售方式需要经过严谨的计划和控制。如果有必要,特价折扣可以成为日常销售活动。

货品盗窃可能发生在仓库或门店。百货公司的大多数失窃商品是被员工从货架、仓库或柜台上偷走的。奢侈品门店发生这种情况的可能性较小。不过,品牌有必要经常盘点货品去向,至少应该在当季销售和清仓抛售后立即进行盘点。

11.5.4 门店信息系统

大多数奢侈品品牌的直营店的收银机都与其全球计算机系统相连。由此,品牌获得了一个在线库存报告,能够跟踪库存预测和实时订购的产品。为了减少营运资金并确保所有门店高效工作,使用这个系统是非常必要的。例如,有了这个它,品牌每天都可以在同个城市的不同门店间调货。

品牌可以通过门店信息系统在线查看每家门店的业绩,了解门店现状与预算目标的距离。使用该系统能够实现精准的销售预测,并简化供应链流程。

11.6 员工配置、培训与评估

11.6.1 员工配置

品牌倾向于聘用曾经在竞争对手工作过的员工,他们可以为品牌带来良好的口碑和足够的顾客资源。有时,引进新人才并为他们提供公司特有的培训反而会更好。这样做可能增加了人才培养难度,但新员工对工作流程没有先入为主的观念。

店长招聘也是如此。提拔销售员成为店长的做法十分可取,但一些主流品牌聘用顶尖大学的毕业生为管理培训生,观察他们在公司的职业发展情况。

11.6.2 培训

显然,有能力的销售员会提高门店转化率和平均客单价。店员的工作态度、与顾客共鸣的能力及应变能力至关重要。

在一些于巴黎举办的零售业研讨会上,我们有时会派遣高管作为神秘访客光顾奢侈品门店,评估服务质量。通常情况下,评估结果令人满意;但令人惊讶的是,派往同一家门店的两个团队(一个上午去,一个下午去)有时会得到完全不同的服务感受。这可能因为他们不是与同一个销售员交流,显然,即使是顶级的奢侈品品牌,在顾客服务方面也有很大的提升空间。

销售培训和产品培训完全是两类培训。我们曾在纽约的一家蔻驰精品店内向一名女销售员咨询,问她某款手袋是否为"中国制造"(其实,手袋内的大标签上注明了原产地为中国)。她回答说:"我并不清楚,但很有可能。我们一直寻求顶级工艺,而我认为,当今一些中国工坊生产的产品质量极高。"显然,这名销售员事先演练过这类问答交流,她的回答令人印象深刻。

针对品牌主营产品的产品培训一般都做得很好。万宝龙销售员对钢笔产品如数家珍,珑骧销售员同样非常了解皮具产品。但是,他们是否熟悉万宝龙的腕表或者珑骧的成衣呢?销售员的专业知识水平不一定像预期的那样广泛和完整。

当然,品牌可以通过经常组织员工参加内部培训(如产品培训)和外部培训(如一般销售实践和技巧培训)来解决上述问题。不过,品牌要实现这个目标并不容易:在欧洲,门店销售员的年流动率为50%;在东南亚,这个数字甚至更高。

11.6.3 评估与激励

每个品牌,尤其是严重依赖直营店或百货公司专柜的品牌,都在寻找评估和激励员工的最佳方式。品牌应该每年进行两次正式的员工评估。

各个品牌的激励机制各不相同。像路易威登这样的品牌担心灰色市场造成的不良影响,因此不给销售员提成,并确保员工不对外推销产品。其他的员工评估与激励方式还包括：

● 对个别员工或门店员工整体给予销售提成奖励，可以在每次销售时生效，也可以在达到月度预算目标后才开始执行。

● 当达到每月目标（个人销售目标或门店销售目标）时，给予特别奖金。

● 混合使用上述两种方式。

品牌选择哪一种评估与激励机制取决于品牌目标。品牌需要在有关员工个人的激励机制中设计一个轮岗系统，使每个销售员轮流向顾客发起对话。但是，这种机制可能会导致销售员不再善待他们认为购物可能性较低的顾客，只服务他们希望服务的对象。此外，采用团队激励机制是以拥有强大的团队精神和一名能力很强的店长为前提的。

11.7　门店：品牌传播工具

奢侈品门店可以提升品牌的曝光度，因此，门店一直是品牌整体形象构建的一个组成部分，这也是为什么门店设计是零售过程中非常重要的一环。品牌通常希望其门店使用相同的概念，创造相同的购物环境，让消费者无论身处何地都感觉像在巴黎或米兰总店内一样。

宝格丽打破了这种常规，尝试了一种完全不同的门店设计体系，通过其零售店的建筑风格传递美丽、大胆的品牌内涵。宝格丽的每一家门店都与众不同，引人注目。它在纽约第五大道的门店与在东京或北京的门店毫无共同之处。普拉达并没有一味地追求每家店的设计都与众不同，但它也成功打造了各种独特的门店，有些给人留下了深刻的印象。

其他大多数品牌都在一个概念上下功夫，它们根据门店结构的不同形状、大小以及各自的客流进行调整。同一名建筑师将负责某品牌所有门店的设计工作，以确保外观的连续性。彼得·马里诺（Peter Marino）、雷姆·库哈斯（Rem Koolhaas）、安藤忠雄、安诺斯佳·亨佩尔（Anoushka Hempel）等建筑师和设计师专为品牌设计门店，他们努力给品牌创造独特的风格和氛围。即使品牌努力统一门店设计，但也并非一定可以实现，因为概念会随着时间的推移而改变，而且随着新设计的出现，可能会存在风格过渡的时期。不过，品牌会小心翼翼地确保设计变化不会太明显,以免对品牌识别产生影响——因为品牌识别几乎不会随着时间的推移而改变。

然而,门店设计可能因主营业务不同而有所差异。一些品牌希望门店主要销售女士成衣。其他品牌希望门店同时销售男士和女士成衣,这是一个相当大的挑战。另一些品牌则希望门店将重点放在配饰产品上。无论品牌如何选择,消费者通常一入店就能感受得到。

同样,也有品牌打破了这种常规,它就是迪赛。虽然迪赛算不上一个真正的奢侈品品牌,但迪赛牛仔系列门店非常值得一提。迪赛以非常混乱的方式陈列商品,迫使顾客向销售员寻求帮助。它希望顾客搞不清产品系列,创造了一个并不友好的购物环境,这让使顾客别无选择,只能与销售员互动交流。只有认知度高、识别强有力的品牌才能要求顾客跟着自己的节奏走。

我们在前文提到过,顾客喜欢触摸产品。路易威登或爱马仕的门店与高档珠宝店相似,产品在玻璃柜台内展示,一般不允许顾客触摸。顾客要想近距离体验产品,必须询问销售员。

我们在第 6 章探讨过,门店的概念与设计是品牌识别的重要组成部分,品牌可以借此向周围和目标顾客传达强有力的品牌内涵。

这就是为何如何处理员工和顾客所处的空间已成为全新的竞争前沿问题。只有特定人才才会设计门店的空间和逼真的 3D 环境创意布局,品牌很难在传统的人力资源中挖掘到这类人才。在创造一个既能表达品牌内涵又能产生必要营收的环境时,品牌需要考虑特定的美学和功能因素,这往往需要巨大的资金投入。贝尔纳·阿尔诺将建筑描述为形象塑造的一种形式。[②] 因此,自 20 世纪 90 年代末起,全球奢侈品品牌开始竞相吸引最顶尖的建筑大师。这一趋势如今还影响了更小的品牌。

11.7.1 地标项目

后文将概述过去 20 年来的一些极具创意、令人叹为观止的零售项目。我们只介绍其中的一部分内容,并没有巨细靡遗地列出所有项目。

1. 纽约

● 1999 年,路威酩轩集团邀请 1994 年普利兹克建筑奖得主克里斯蒂安·

德·包赞巴克(Christian de Portzamparc)为集团在美国创造一个标志性建筑。他在东57街设计了一座23层的路威酩轩大厦,它拥有非常新颖的分形外墙(fractal facade),该建筑师在大厦顶层打造了一个4层玻璃立方体——"魔法空间"。后来,他又在巴黎蒙田大道设计了路威酩轩集团的新总部大楼。

● 2000年普利兹克建筑奖得主、荷兰建筑师雷姆·库哈斯设计了位于百老汇的普拉达门店。该店于2001年12月开业,耗资3 200万欧元,拥有2 300平方米的零售空间。缪西娅·普拉达和帕吉欧·贝尔特利(Patrizio Bertelli)给库哈斯提供了足够的自由空间,他后来还设计了普拉达在洛杉矶和旧金山的门店。

● 英国极简主义教父约翰·波森(John Pawson)构思了坐落于麦迪逊大道上的卡尔文·克莱恩"冰宫"旗舰店的设计。

● 2018年,美国建筑师兼装饰师彼得·马里诺受邀重新装修位于东57街的香奈儿门店。他完全改造了这个1 400平方米的空间,连楼层数也改变了。

● 同样是彼得·马里诺,他受邀翻新宝格丽450平方米的零售空间。他是2018年美国建筑师协会"纽约年度设计大奖最佳中型零售项目奖"的得主。

2. 东京

● 2001年在银座购物区开业的爱马仕之家是伦佐·皮亚诺(Renzo Piano)的心血结晶。他的设计灵感源于传统的日本幻灯(magic lantern)。在白天,人们通过半透明的外墙能隐约看出厚玻璃背后举办的活动和陈列的物件是什么。到了晚上,整个建筑从内部发出灯光。这座高大、颀长、典雅的建筑(长45米,宽11米)既古典又创新,像一件精心制作的珠宝一样脱颖而出。该建筑的位置极佳,其设计既体现了对传统文化的尊重,又蕴含了世界大同主义(cosmopolitanism)和创新理念,很难有比这更贴合爱马仕品牌识别的建筑了。

● 2003年,继库哈斯设计的纽约门店取得成功后,普拉达在时尚潮人的东京朝圣之地青山开了一家商店,继续着它在零售店建筑设计方面的激进创新。被誉为"瑞士双子星"的雅克·赫尔佐格(Jacques Herzog)和皮埃尔·德·梅隆(Pierre de Meuron)的设计思想是"重塑购物、快乐和交流的概念和功能,促进消费和文化的充分融合"。

● 2007年,阿玛尼先生邀请多丽安娜·福克萨斯(Doriana Fuksas)和马希米亚诺·福克萨斯(Massimiliano Fuksas)夫妇为阿玛尼在银座建造一座大型办公大楼。

● 2014 年,迪奥邀请彼得·马里诺和 SANAA 建筑事务所在表参道设计迪奥大型精品店。

● 2019 年,日默瓦邀请斯蒂芬·瓦利(Stephan Vary)在银座建造它在日本最大的一家门店。

3. 首尔

● 首尔在奢侈品门店设计方面的卓越表现值得一提。

● 著名的案例是 2006 年由丽娜·杜马(Rena Dumas)设计建造的爱马仕之家,2011 年由克里斯蒂安·德·包赞巴克设计的迪奥门店,以及由弗兰克·盖里设计的路易威登门店——其风格与巴黎路易威登基金会博物馆的设计非常相似。

4. 米兰

● 阿玛尼先生委托安藤忠雄将米兰大运河区的雀巢工厂设计改造成了一座蔚为壮观的时装剧院。安藤忠雄改造的这座 3 400 平方米的大剧院由钢筋混凝土砌成。巨型长廊由大量立柱支撑,可移动的时装秀舞台采用了模块化建设设计,剧院主体可容纳 680 人入座,并与餐饮区和水庭院相连。这座剧院内还设有阿玛尼展厅和商务办公场所。

● 阿玛尼先生选择了迈克尔·加贝利尼(Michael Gabellini)在曼佐尼街(via Manzoni)设计建造一家大型阿玛尼家具店。这个来自美国的极简主义者因设计了吉尔·桑达在米兰和巴黎蒙田大道的圣堂级旗舰店(门店地板都使用了石灰石材料)而在时尚界声名鹊起。阿玛尼说,他希望新店的设计调性做到不偏不倚,而不是突出建筑的展现风格。"著名建筑师的问题在于,他们的作品太容易被人一眼认出来,"他说,"因此最好与不同的建筑师合作。"

● 彼得·马里诺特别值得一提。他是卓越设计和施工高质量的代名词,他致力于历史建筑的保护和现有建筑的改造再利用,追求艺术、建筑与室内设计的融合,他在全球范围内备受推崇。在所有与奢侈品品牌合作的著名建筑师中,他拥有最骄人的业绩表现。这些年,他的项目包括五家香奈儿门店、两家芬迪门店、四家路易威登门店、三家迪奥门店(2002 年)、阿玛尼纽约门店等。

● 尽管一些小品牌的投资能力较为有限,但它们也开始追随这一趋势。这其中也不乏一些近期的成功案例,比如 Future Systems 建筑与设计事务所完成的两个令人惊叹的项目：一个是位于伦敦斯隆街的玛尼（Marni）旗舰店，该设计充满活力，建筑师采用了模块化设计，时装成为门店整体构图和设计的一部分；另一个是位于东京的川久保玲门店。

● 2016 年，杜嘉班纳邀请法国建筑师格温内尔·尼古拉斯（Gwenael Nicolas）设计它在米兰的新店。之后，该品牌又邀请他设计位于世界各地的 12 家新店。

● 2017 年，巴乔奇（Baciocchi）设计了萝贝拉（La Perla）在米兰蒙特拿破仑大街的门店（面积达 270 平方米），他在设计中运用了新的概念。

● 2018 年，万莱斯特选中日本建筑师隈研吾来设计它在米兰的门店。

大型奢侈品品牌选择使用外部建筑师和设计师，因为他们可以带来很高的声望和赞誉，也因为他们不太可能创造出索然无趣的作品。此外，产品与门店创意之间存在着自然的分离，就像包装箱或珠宝盒与其内容物有本质上的不同。包装箱或珠宝盒不是用于销售的，而是用于展示的，并有助于展示产品。门店是品牌实力的象征，与文化产生了永久的联系。对于时尚巨头来说，建筑是新的战略主题。长期以来，政府一直是建造现代化建筑的主要倡议者，而奢侈品品牌可能成为提倡"新文艺复兴"的佼佼者。奢侈品品牌已经深刻地意识到：建筑师为前卫的客户服务，往往在审美趋势上领先一步，将美学概念渗透到产品设计和时装中。

同样的逻辑也适用于办公场所和工厂设计。法国传奇刀具品牌拉吉奥乐（Forge de Laguiole）的锻造厂由菲利普·斯塔克（Philippe Starck）设计，该厂的原始建筑风格正吸引着大量外国游客前往奥布拉克（Aubrac）小镇。

11.7.2　门店的传播能力

门店在传播中扮演的角色是任何其他单一的品牌展现方式所无法比拟的。这种传播能力是由以下几个因素造成的。

首先，品牌将各种品牌展现方式汇聚在一起，门店在其中起到的作用是呈现产品，并向顾客提供最完整的品牌体验。同时，顾客受到建筑、产品、销售员审美的影响。门店也提供了一种多感官体验，产品、音乐、气味、装饰、灯光、标识和广告素材都能被顾客切身感知到。门店在本质上是互动性的，是顾客获得最多品牌信息和接受奢华服务的场所。

耐克城(Nike Town)、迪斯尼商店、东京爱马仕之家和路易威登香榭丽舍大街店都被视为游览胜地,以一种顾客难以抗拒的多感官方式提供了最完整的品牌切身体验。在添柏岚最小的精品店中,它精心策划并掌控了门店环境(如产品、苹果香气、温度、材料、颜色、脚底木材触感),创造并传递了一种身处喜马拉雅小木屋的体验。

我们在前文中介绍了唐璜品牌,阐述了如何在品牌传播管理中运用品牌展现方式。在规范构建识别并重新制定竞争战略的过程中,该品牌设计了一个全面传播方案,拟定了需要传递的所有品牌信息,并将其应用到每个品牌展现方式中,以确定它可以最有效地开展该传播方案的哪一部分。通过这种系统化的方式,品牌能整合协调所有的传播能力,每种品牌展现方式都被赋予一个特定角色,并与其他展现方式保持一致。

图 11.1 突出诠释了销售点在传播方案中起到的传递信息的作用。每种类型的展现方式都可以在门店中被实现。

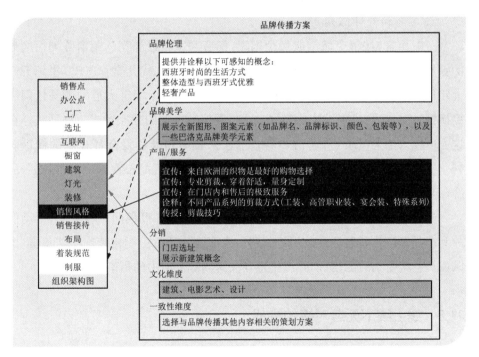

图 11.1　门店提供了品牌真实和虚拟元素的最完整体验

1.人员沟通技巧

沟通始于门店入口处的门卫、接待员或客服电话接线员，这些人通常是品牌外聘的员工。他们往往是顾客与品牌的第一接触点——第一印象会根深蒂固。

奢侈品品牌与大众市场品牌的主要区别之一是销售技巧不同。奢侈品门店的销售人员与潜在顾客接触、交谈和打交道的方式非常特别。他们必须适应顾客，在顾客提出要求时提供帮助，并知道何时让顾客独处。这样做的目的是建立一种超越纯粹商业交易的关系。销售与顾客之间的许多个人关系就是这样诞生的。销售员是非常宝贵的品牌资产。1999年，当美国得克萨斯州太平洋投资集团收购巴利并决定发展"奢华生活方式"品牌战略时，首席执行官做的第一件事就是取消了一条零售政策——将是否有能力向进入商店的任何顾客推销皮夹克作为衡量销售员的指标。

销售员的制服和妆容始终非常重要，在奢侈品行业更加如此。欧莱雅的女销售员的妆容、鞋履品牌的销售员或首席执行官的鞋面都应该是完美的。

2.内部和外部陈列

一般而言，在每个城市或每个国家，都有一家以最漂亮的橱窗陈列而闻名的零售店。纽约萨克斯第五大道百货的圣诞橱窗让几代儿童着迷；20世纪五六十年代，罗意威在西班牙的橱窗被万众期待；每当位于福宝大道的爱马仕门店更换橱窗时，都会出现排队的现象。这是奢侈品行业的独家标志。路易威登在这方面投入了大量资金，聘请知名艺术家来装饰和准备复杂且壮观的橱窗陈列——这才是真正的艺术作品。要在全球450家门店都布置这种橱窗陈列，品牌需要投入巨资，并具有极强的物流和宣传能力。

橱窗是街头广告的一部分，其功能与广告牌或海报相同。事实上，活动照片和产品等广告元素经常被用于陈列。内部陈列通常由橱窗装饰团队负责，团队成员会接受细致的培训，并严格遵守品牌内部手册中的指南和准则。

11.8　线上线下无缝对接的挑战

实体店有未来吗？随着在线业务的发展，人们担心实体店可能会成为过去式。事实上,情况要稍微复杂一些。

11.8.1 奢侈品品牌对数字业务发展的第一反应

20 世纪 80 年代,许多外行人认为,在线销售业务的发展不会对奢侈品产生任何影响。他们认为奢侈品顾客在购物前一定想触摸产品,喜欢试穿衣服,而且对在家收取贵重物品的快递可能毫无兴趣。他们还认为高级珠宝价格如此之高,在线销售是行不通的。

另一个问题经常被提及:在线时装零售店的商品退货率据说会达到 25%,因此它们不得不在门店打折销售产品。假如古驰和香奈儿服装的退货率也那么高,这些品牌不得不以甩卖价出售服装,那么品牌整体的营收状况将十分堪忧。

奇怪的是,据估计,在线奢侈品店的商品退货率要比普通服装店低得多。

事实上,奢侈品在线销售业务的发展比预期要快得多,也更容易。

就数字化进程而言,奢侈品品牌的处境比肥皂或洗发水等大众消费品要好得多。奢侈品品牌一般会与顾客直接联系,往往会记录顾客姓名或地址。因此,品牌可以建立一个比较完整的数据库,从而方便地直接与顾客联系。

此外,昂贵的奢侈品需要一个非常精妙、有仪式感的购物过程,这与邮递员站在居民家楼梯口要求顾客签收的情形完全不同。例如,珠宝产品的交付可以由身穿制服、培训有素的销售员完成。我们可以想象,销售员在介绍顾客订购的珠宝时,也会介绍同样价格范围内的其他产品,并比较它们,最终顾客可能会有不同的购买选择。

11.8.2 现状

另一个令人惊喜的现象是:网购顾客从未遗忘线下实体店。例如,爱马仕发现网购顾客比那些从未网购过的顾客更频繁地访问实体店。

对他们而言,线上和线下并非对立,而是并存的。

麦肯锡在 2018 年发表的关于数字时代的研究报告中描述了这个过程(参见表 11.3):在购物之前,法国顾客与品牌平均有 9 次接触,其中 4 次是与实体店,5 次是与在线商店。购买行为发生在顾客与品牌的第 9 次接触期间(实体店接触已经计算在内)。这份报告得出的要点是,我们不需要再担心网购顾客无法接触到产品。他们在网购前已经去过实体店了,他们清楚地知道自己想要网购什么,并准备好下单。他们希望能够在特定时间内以最便利的方式完成购物。

表 11.3　购买前和购买期间的线上和线下接触次数

	2014 年			2016 年		
	线上	线下	合计	线上	线下	合计
中　　国	7	6	13	7	8	15
韩　　国	6	5	11	6	7	13
意大利	5	4	9	5	6	11
全球平均	5	4	9	5	6	11
巴　　西	5	3	8	5	5	10
日　　本	4	3	7	5	5	10
法　　国	4	3	7	4	5	9
美　　国	4	3	7	4	4	8
英　　国	4	2	6	4	4	8

资料来源：Antonio Achille, Sophie Marchessou and Nathalie Remy, "Luxury in the Age Of Digital Darwinism", McKinsey & Company, 2018-2-1.

因此,虽然那些质疑在线销售业务发展的观点并非毫无根据,但质疑者没有考虑到完整的购买过程。这个过程不是指一次线上或线下的过程,而是指复杂多变的顾客在线上与线下的活动并存的过程。

11.8.3　预想的未来

本书的一位作者在其最近出版的《奢侈品零售和数字化管理》(*Luxury Retail and Digital Management*)一书中估算了不同类型门店的奢侈品销售占比(见表 11.4)。

表 11.4　时装奢侈品品牌的各类分销渠道的销售占比

	1960 年	1990 年	2010 年	2025 年
品牌独立店	20%	50%	65%	55%
品牌集合店(包括百货公司店中店)	80%	50%	30%	20%
在线商城	0%	0%	5%	25%
总计	100%	100%	100%	100%

资料来源：Michel Chevalier and Michel Gutsatz, 2020, *Luxury Retail and Digital Management*, Hoboken, NJ: John Wiley & Sons.

从表 11.4 中可以发现,2010 年,在线销售额仅占总销售额的 5%。这个占比在 2019 年可能达到 10%,在 2025 年将达到 25%。事实上,在 2020 年的全球封控期间,在线业务占比曾达到过 18%—20%。当然,这一占比的增长十分引人瞩目,但实体店仍将是最大的零售渠道,其销售额占总体的 75%。

正如前文所述,没有开发强大数字化系统的奢侈品品牌不能指望线下实体店业务始终保持强劲。顾客希望在做出最终购买决定之前,从一个系统(线下实体店)转移到另一个系统(在线商城)。如果他们无法在完美无缝对接的系统之间来回切换,他们可能就对这个品牌没有兴趣了。

事实上,顾客想要的是线上线下无缝对接的系统。他们既想访问实体店,又想访问在线商城。假设他们在网上买了一双圣罗兰的鞋子,但收到鞋子后,发现鞋子太小了。从理论上讲,他们可以把鞋子重新包装好,并将鞋子寄回在线商城。不过,他们也可以去圣罗兰门店退货,并试穿大一号的鞋子,这样更容易,也更有保障。如果鞋子合适,他们可能希望穿着这双新鞋走出店门。他们也可能试穿另一双鞋,并希望立即买下它,但商店里没有合适的尺码。他们可以在商店支付第二双鞋的费用,圣罗兰的在线商城负责发货,他们第二天就能在家收到快递。上述设想都应该成为现实,整个系统应该做到线上线下无缝对接。

退货、售后服务及任何其他业务需求或业务办理都应该如此。

每家零售店都应该能够处理退货,且要事先就确定好退货流程,并让顾客知晓如何进行退货。要求退货的顾客在入店时,不必知道这家门店是品牌直营店还是外部加盟店。如果顾客到百货公司退货,店员不能对顾客说"这家店中店不是圣罗兰直营店,我们不接收来自其他门店的退货"。在任何情况下,店员都应该接受退货(品牌必须事先与百货公司制定专项程序或签订专项财务协议)。

为了开发一个完全无缝对接的系统,所有的门店或销售点都应该以相同的零售价出售产品(品牌需要思考如何处理进口关税的问题)。

这似乎是未来需要研究的课题,但品牌现在就应该规划、组织和管理这个系统。这至少是年轻顾客期望从奢侈品品牌那里获得的体验。

1. 线上线下构建

要想构建一个完全无缝对接的分销系统,品牌应该同时拥有良好的线上和线下业务组织架构。很显然,线下业务需要强大的门店网络,第三方特许经营门店需要愿意满足线上线下业务无缝对接的要求;品牌还需要与百货公司约定特殊的操作流程,以便门店拥有足够的业务灵活性。由于一些产品可能并非在特许经营店内出售,品牌需要建立一个特殊的组织,并为销售员制定激励机制,让他们愿意处理退货和售后事宜,并且让他们能够灵活地服务顾客。

线上业务则相对复杂一些。无缝对接的系统需要完善的物流系统,其中涉及仓库、订货准备、装运和快递程序,还需要一个易于访问的在线商城。顾客能轻松找到这个商城,并顺利、毫不费力地在线购物吗? 这也是一个难题。

2. 当前的线上构建

爱马仕、路易威登或普拉达等品牌都有自营的多语言电商平台,其他品牌则倾向于使用主流的时尚电商平台。

一个成功的电商平台是 NET-A-PORTER,它由娜塔莉·马斯奈(Natalie Massenet)于 2000 年在伦敦创建;另一个是 2015 年在米兰创建的 YOOX。现在两个平台合并成为 YNAP(隶属于历峰集团)。第三个平台是发发奇,由一位葡萄牙企业家于 2008 年创建,总部设在伦敦。YNAP 和发发奇专为时尚和奢侈品品牌服务。它们可以称得上是基于全球市场的数字化百货公司,只接受寄售产品,并愿意销售所有产品系列。它们在世界各地都有数字平台或物流平台,一般来说,它们的销售利润率为 40%。

不过,建设数字平台或物流平台的公司不止这几家。美国的亚马逊集团和中国的阿里巴巴集团都对时尚电商平台的发展有浓厚的兴趣。线下门店系统可能与任意一家在线运营商产生交集,即使这些在线运营商如今还没有奢侈品业务。

11.9 奢侈品零售的未来

我们预计奢侈品的在线销售额将达到总销售额的 25%,这意味着,对于年轻一代来说,在线购物可能占他们购物总开销的 30%—40%,并成为了日常购物的主要途径。

但是,主要的在线客流是通过品牌自营平台获得(如直接点击进入"香奈儿"或"普拉达"官方平台)的吗? 顾客更愿意通过发发奇平台来访问品牌在线商城吗? 这些大难题仍然未被解决。如果大部分在线业务是通过品牌自营平台完成的,那么这些品牌在与发发奇这样的多品牌电商平台的谈判中就会占据优势。如果大部分在线业务是通过多品牌电商平台完成的,那么这些电商平台会拥有很强的话语权,而品牌对零售情况的管控力度将被削弱。

如今,品牌试图保留选择的余地:一方面,它们以最快速度尽快开发自营在线商城,同时在大型多品牌电商平台试水。这似乎是一场零售渠道的竞赛,所有品牌都想要拔得头筹。

是否有可能预测哪种在线零售模式最终会赢得竞赛? 现在下结论还为时过早,但这个问题的答案一定会决定未来奢侈品零售体系的格局。

另一方面,品牌也会自行调整门店开设节奏:

● 主流品牌已经在全球市场开设了门店(约 450—500 家)。它们可能不会再大幅增加门店数量,而是改变或翻修现有的多家门店。

● 迈克高仕、凯特丝蓓、蔻驰或汤丽柏琦等新兴品牌会快速发展自己的实体店网络。

● 门店的组合会有所不同。我们在前文中已经详细阐述,如今主流品牌的门店类型分为三种——A 类店(旗舰店,展示完整的产品系列)、B 类店(主流门店类型,展示大部分产品系列)、C 类店[产品品类有限,只展示一小部分产品系列(只有女装,但没有男服;有完整的配饰系列,但只有一小部分女装;等等)]。

在未来,每家门店都将展示其全部产品系列的一部分,但可以接受品牌全系列的订单,并承诺第二天发货。每家门店都能卖出所有产品系列。在这种情况下,C 类店的租金更低,因此比 B 类店的盈利能力更强。这类店代表了未来的发展趋势。

在前文提到的四五百家店中,顶级品牌可以有 300 家 C 类店,25 家大型旗舰店(即有零售功能,也有游览参观功能)。品牌对 B 类店的需求将会减少,而且这类店的运营成本往往太高。最后一个难题需要请教房地产专家:品牌的 B 类店应该做些什么?

毋庸置疑,新的或改造后的奢侈品门店将继续成为很多重要大都市的美丽地标。

注释

① 除特别说明外,本章的所有研究结果均源于帕科·昂德希尔的著作 *Why We Buy*:*The Science of Shopping*(New York:Simon & Schuster,2008)。

② Bernard Arnault and Yves Messarovitch,2000,*La Passion Creative*,Paris:Plon.

第 **12** 章

可持续性与原真性

我们重点关注那些会影响奢侈品行业中(长)期的发展趋势,对奢侈品行业宏观和微观经济的发展历程进行研究。

自 1995 年以来,全球奢侈品市场已经增长了 3.6 倍,正如我们在第 2 章中的估算,2019 年,奢侈品业务的营收总额达 2 970 亿欧元。据《福布斯》报道,路威酩轩集团的"掌门人"贝尔纳·阿尔诺在 2019 年成为世界第二大富豪。[①] 在初期,奢侈品业务对许多参与者(品牌所有者、生产商和分销商)来说都是好事,消费者也从中获益。

奢侈品市场的增长并不稳定,该市场依然受到经济环境的影响。在 2001 年 9 月世界贸易中心遭到袭击和禽流感暴发后,2002 年、2003 年全球奢侈品市场的体量都出现了下滑。2009 年,受次贷危机的影响,奢侈品市场也出现了类似的萎缩;现在又受到了新冠肺炎疫情的冲击。

尽管如此,奢侈品市场仍然表现出了强大的韧性,在很大程度上得益于全球生活水平的提高和世界上许多国家的中产阶层的出现。奢侈品消费的增长还得益于一些地区市场的不断推动。菲拉格慕就是一个例证。1990 年,菲拉格慕营业额的一半(约 1 亿欧元)来自美国顾客。创始人萨尔瓦多·菲拉格慕曾在美国开启了他的事业,在回到意大利后,他始终与美国百货公司维持着特许经营合作的关系。1996 年,菲拉格慕一半的营业额(刚刚超过 4 亿欧元)来自日本顾客。2019 年,该品牌 45.7% 的营业额是在亚洲产生的[②],如果我们把中国顾客在海外的消费计算在内,那么亚洲顾客带来的营收可以轻松占到总营收的

60%—70%。

随着可以开发的地区市场越来越少(不过,印度和非洲市场成为新的奢侈品"增长引擎"应该还有很长一段路要走),我们可以合理地预测未来几年奢侈品行业的主要趋势,但只能推断出一些当前比较明显、易于理解的趋势。表 12.1 中列出了我们认同的未来发展趋势。

表 12.1　奢侈品市场的中(长)期趋势

战略背景

中产阶层和"超级富豪"(高净值人群)的数量持续增长

中国奢侈品品牌在全球市场出现

某些奢侈品原料(皮革、稀有皮料)的短缺

奢侈品品牌之间的竞争加剧,尤其是大型多品牌集团之间的竞争

超级品牌(mega brand)变得更加强势,将蚕食小品牌的市场份额

数据管理(人工智能、大数据、数据分析)彻底改变了业务流程,品牌变得更具有前瞻性

电商业务继续快速发展

可持续性被纳入所有的战略考量中

整体消费趋势

某些后现代消费特征将不断增多,如美学化、巴洛克化和产品虚拟化

奢侈品消费趋势

宏观经济层面

　　炫耀性奢侈品和真正的奢侈品继续加速发展

　　中等奢侈品正不断地被纳入大众奢侈品的范畴中

　　新奢侈品更注重体验而非拥有感,产品的独特性比排他性更重要

微观经济层面

　　品牌及其所有展现方式的原真性是维持品牌竞争力的基本要素

　　可持续发展价值观融入品牌识别和品牌战略,对品牌的所有方面产生影响

　　在品牌运营过程中,大量使用移动技术和互联网,尤其是不断寻求与顾客的交流

产品

　　广泛使用 3D 打印技术

　　科技不断进步,高级定制可以继续发展

　　产品界面更加简洁,便于顾客使用

　　结合科技材料和更珍贵的传统材料

　　从关注产品加速转变到关注体验

　　二手市场持续发展

每一个趋势都值得深入剖析。我们在前文已经阐述了其中一些趋势(如数

字化的影响、中国消费者的重要性、奢侈品消费的演变、超级品牌越来越强势等），但限于本书的篇幅，我们无法深入分析每一个趋势。我们只强调其中的两大趋势，即越来越重视可持续性和原真性。尽管品牌受到消费者情绪和价值观的巨大影响，但在寻求品牌竞争力的过程中，这两大要素将变得越来越重要，并且均处于品牌管理者的控制之下。

12.1　可持续性

1987 年，布伦特兰委员会（Brundtland Commission）在《我们共同的未来》（*Our Common Future*）报告中给出了"可持续发展"（sustainable development）一词的定义。该委员会于 1983 年由联合国创建，目的是团结各国共同追求可持续发展。这个委员会的前身是世界环境与发展委员会（World Commission on Environment and Development，WCED），现在以委员会主席、挪威前首相格罗·哈莱姆·布伦特兰（Gro Harlem Brundtland）的名字命名。可持续发展应该是在不损害后代人满足自身需求的情况下，满足当代人的需求。这个定义的优势和当时具有的原创性在于它融合了人道主义和代际公平（intergenerational equity）的概念。它引入了"需求"的概念，特别是世界上最贫穷的人的基本需求，也考虑了在技术和社会组织层面，环境满足当前和未来需求能力的"局限性"。尽管有些人认为发展的本质是不可持续的，可持续发展一词显然运用了矛盾修辞手法（oxymoron），但可持续发展仍然可以被视为可持续性的组织原则。

可持续发展的趋势并不是奢侈品行业特有的。这种"绿色"推动力存在于所有经济和文化领域，因此也在奢侈品品牌的考虑范围内。可持续发展不再是个体的选择，而是所有公司发展的先决条件，否则公司就有可能失去竞争力。悍马汽车就在生态逻辑的推动下被淘汰了，因为它是为军事战争而设计的，不适合在正常的路况上行驶，而且油耗过高。

12.1.1　奢侈品与可持续发展之间的相容性

奢侈品行业经常被指责对地球环境问题日益增多的认识应对迟缓。还有人认为，奢侈品和可持续发展这两个概念是不相容的。这种明显的不相容性也是这个行业在对生态主题的认识上比其他行业相对滞后的原因之一。我们有必要纠正这些错误观念。我们至少可以从四个方面推翻这种不相容性观点。

第一，不存在本质上的不兼容。通过研究这两个概念的定义，我们能很明显地发现它们在本质上并不冲突。可持续发展的公认定义是：满足现有需求且不损害后世人类满足自身需求条件下的发展模式。即使奢侈品行业的确产生了额外的成本，但没有任何客观证据表明奢侈品公司没有能力在这个定义下运营。我们在第1章引用了弗洛克对奢侈品的定义，将真正的奢侈品品牌伦理基础描述为"违背经济性逻辑"，即不追求成本最低化。因此，我们发现奢侈品和可持续发展之间是完全相容的，即使生态友好型的运营过程通常会产生比非生态型品牌更高的成本。

第二，真正的奢侈品也是对"一次性用品"的否定。许多行业，特别是那些以销售量逻辑为主导的大众时尚品牌所在的行业，都在计划淘汰产品。真正的奢侈品行业将成功归功于产品的耐用性。例如，巴利在1951年推出的Scribe系列的高端男鞋可以免费更换鞋底，且没有时间限制。直到2001年，该品牌才停止了这些服务。许多奢侈品品牌会对其产品进行维修和重新包装，特别是在制表领域。百达翡丽在其著名的广告语中清晰地说明了其产品的寿命："没有人真正拥有百达翡丽，只不过为下一代保管而已。"

第三，使用天然产品是奢侈品品牌识别的一部分。亚麻、丝绸、棉花、羊绒、羊毛、木材、宝石等原材料都是奢侈品品牌识别的组成部分。使用这些原材料通常比使用合成产品在生产过程中消耗更少的能源，最重要的是，它们是可再生的。诺悠翙雅是提倡可持续发展的范例。该公司正是以羊绒和骆马毛等天然和珍贵的材料而蜚声世界的。诺悠翙雅原本是一家意大利家族企业，2013年被路威酩轩集团收购，是世界上最大的骆马毛买家。骆马生活在安第斯高原的高海拔地区，以其非常精细和丝滑的皮毛而闻名。骆马的数量在20世纪60年代因偷猎而减少到5 000只。诺悠翙雅等品牌参与了动物保护行动，2013年，秘鲁和智利的骆马数量增加到了22万只。同年，诺悠翙雅收购了一座占地85 000公顷的庄园，为白骆马建立动物保护区，并确保对该物种的保护和对品牌原材料的供应。

第四，保护祖传工艺。这种做法旨在善待那些没有专门行业的工匠，并使传统手工艺行业和文化得以延续。香奈儿、都慕、莱俪、巴卡拉、宝珀等品牌都是保护祖传手工艺的范例。爱马仕更是最具代表性的标杆品牌,它开展的项目融合了创造力和特殊手工艺,其战略眼光十分长远。

因此,奢侈品与生态不相容的说法完全是错误的,并且与事实相反。当我们跳出奢侈品概念中狭义的"多余、过剩"内涵,并跳出生态概念中常有的"质朴"(rusticity)内涵时,我们发现:事实上,奢侈品在本质上是主张生态保护的,因此,奢侈品公司应该是极其特殊的可持续发展的天然倡导者。

人们对生态挑战的日益敏感造就了新奢侈品的生存条件。绿色奢侈(green luxury)与和谐奢侈(balanced luxury)是很容易理解的概念,但我们需要进一步解读其他一些概念。

● 更深层次的奢侈(deeper luxury)。这是吉姆·本戴尔(Jem Bendell)和安东尼·克林修斯(Anthony Kleanthous)于 2007 年在世界自然基金会宣讲的报告的主标题。该报告将原真的奢侈品品牌定义为"那些认定其消费者有能力和动机去尊重人类和地球的品牌"。两位学者呼吁奢侈品品牌勇敢地面对它们的责任。

● 智能奢侈(intelligent luxury)是索尼娃度假村(Soneva Resorts)和六善养生酒店提出的标语。两家公司在马尔代夫和其他亚洲国家都建造了酒店,通过设计、建筑和服务培育自身的感知力,在这种环境中定义奢华的最高国际标准,将自然与顾客体验融为一体。悦榕庄酒店及度假村是最早提出生态酒店概念的品牌之一。1994 年,它在普吉岛建造了第一家酒店。那里曾被一个锡矿占用,它对该地进行了全面清理,并种植了 7 000 棵热带树木。从那时起,可持续发展就成为悦榕庄品牌识别的一个决定性元素。

可持续发展倡议在世界各地成倍出现,这反映了人们对地球的生态和社会演变越来越敏感,越来越有责任感,在年轻人中更是如此。互联网是与这些感受产生共鸣的绝佳空间,资本推动的消费者趋势和意识的恢复也在其中起作用。可持续发展倡议具有多样性,我们将阐述一些特别有意义的项目。

12.1.2 可持续发展敏锐度提升的标志

虽然董事会和高层管理人员在环境问题上的参与程度还有待提高,但如今大多数公司都会定期发布可持续发展报告，努力提高能源效率，并向那些对品牌的环境表现越来越感兴趣的顾客推出更加环保的产品或服务。

1. 时装行业

时装行业在环保方面的声誉很差。多年来，我们已经习惯了反对使用皮草的抗议。一些抗议取得了成果，并影响了一部分品牌。然而，时装行业还存在更多的问题：

● 根据艾伦·麦克阿瑟基金会（Ellen MacArthur Foundation）在 2017 年发布的报告，时装行业生产的服装使用率较低，且很少被回收再利用，每年给全球带来了 5 000 亿美元的经济损失。③

● 时装行业的能源效率不高，它造成污染并产生大量废料。20%—35%的进入海洋的微塑料由时装行业产生。④

● 时装行业的碳足迹（占全球碳排放的 10%）超过了国际航班和购物排放的总和。

● 时装行业的农药使用量占全球农药使用量的 22%。

● 奢侈品品牌往往故意烧毁未售出的成衣，以保持其独特性。2018 年，博柏利在其 2017 年的年度报告中宣布，它已经销毁了价值 2 860 万英镑的未售出商品。⑤

● 消费者的某些生活习性助长了非循环经济现象的产生，导致出现更铺张、更体现短暂性的消费行为。相比 2000 年，服装的销售额翻了一番，而人们真正穿戴的物品却减少了 29%。⑥

时装行业仍没有足够认真地对待其可持续发展的责任。在可持续发展方面表现最好的是那些大型集团和一些规模中等的家族企业，而超过一半的市场主要由中小型企业构成，它们到目前为止没有做出什么努力。其余的企业则表现得中规中矩。2017 年，丹麦哥本哈根的非营利组织全球时尚议程（Global Fashion Agenda）与波士顿咨询公司联合发布了一份市场调查报告，此报告中的内容也证实了这一点：在受访的时装行业高管中，三分之二的人尚未将环境和社会因素的指导原则纳入其公司战略。⑦

然而，消费者对当前时装行业的非可持续性有了更多认知，这更加意味着时装品牌将不得不重新审视它们的运作方式。

监督机制正在形成,倡议也在成倍增加:

● 在 2019 年 9 月举办的伦敦时装周上出现了常见的环保抗议活动。

● 更有意义的是,在法国总统埃马纽埃尔·马克龙(Emmanuel Macron)的倡议下,2019 年 8 月,开云集团董事长兼首席执行官弗朗索瓦-亨利·皮诺发起了《时尚公约》(*Fashion Pact*)。⑧时装与纺织业(涉及成衣、运动、生活方式和奢侈品品牌)中的约 250 个品牌及其供应商和分销商签署了此公约。它们致力于实现三个关键的环境目标——阻止全球变暖、恢复生物多样性、保护海洋。此协议在法国比亚里茨(Biarritz)举行的七国集团峰会上被提交给各国元首。

● 2019 年秋,在 2020 春夏时装秀上,大多数品牌似乎更多的是在可持续倡议上进行竞争,而不是在展示的产品上进行竞争。瓦妮莎·弗里德曼(Vanessa Friedman)在 2019 年 10 月 12—13 日两天的《国际纽约时报》(*International New York Times*)上写道:"忘掉街头服饰。可持续性是当天最热门的造型。"⑨古驰和 Gabriella Hearst 品牌宣布它们的秀是无碳的;开云集团承诺到 2025 年减少 59% 的温室气体排放;路易威登、迪奥和亚历山大麦昆确保时装秀所用的材料是可重复利用的;等等。英国时装协会(British Fashion Council)宣布成立时装环保学院(Institute of Positive Fashion),召集了一批品牌,旨在建立绿色业务的标准。

2. 斯特拉·麦卡特尼

这位设计师在时装界享有特殊的地位。1997 年,她接替卡尔·拉格斐担任蔻依的设计师,她上任的条件是"坚决不使用动物皮毛"。她立即确立了蔻依的品牌伦理,并明确地提出了她的信仰。她使用的人造皮革通常是以石油为原料的,这导致其无动物皮毛政策招致了诸多批评。尽管如此,她于 2001 年离开蔻依后推出的个人同名品牌仍然沿用了她之前的举措(开云集团在该品牌成立之初持有一半股权)。2019 年,她回购了开云集团持有的股权;此后,路威酩轩集团收购了其品牌的少数股权。同时,她还被任命为路威酩轩集团的执行委员会成员,并担任董事长兼首席执行官贝尔纳·阿尔诺的可持续发展特别顾问。

3. 最新案例:工人为可持续发展举行抗议活动⑩

抗议活动并不是时装业的专属。即使在 2020 年 2 月新冠肺炎流行期间,数千名清洁工人在美国明尼阿波利斯进行游行,这可能是第一次美国工会批准的关于气候问题的罢工运动。抗议者不仅要求提高工资和工作条件,还向富国银行(Wells Fargo)和联合健康集团(United Health Group)等施压,要求它们在气候变化问题上采取行动,也就是说,实现他们的价值观。

千禧一代强烈呼吁公众关注全球变暖的问题,而公众确实越来越重视相关问题,各个公司正面临来自包括员工在内的所有利益相关者的压力,他们要求公司为其产品、服务和运营方式提出明确的与气候相关的目标。员工现在要求公司承诺应对气候变化。抗议活动采取不同的形式,如游行、罢工、请愿、在线讨论。2019年,数以千计的谷歌员工签署了一封在线信件,要求公司更积极地参与气候变化倡议。越来越多的公司,如 Alphabet、微软、巴塔哥尼亚(Patagonia)、Adobe、亚马逊等,陆续宣布了各自的可持续发展承诺,一些员工也强烈要求公司采取更多行动。

4. 可持续发展思维

2019年4月至2020年3月,位于佛罗伦萨的萨尔瓦多·菲拉格慕博物馆举办了品牌展,展览的标题为"可持续发展思维"(Sustainable Thinking)。这家博物馆展示了品牌传承下来的图片档案,以及这位天才设计师创作的历史鞋样。如今,菲拉格慕品牌与时装设计师、艺术家、建筑师和其他博物馆进行合作,提出了关于可持续发展的系列倡议,其中包括使用全新的生态和可回收材料,举办年轻设计师大赛,发起奢侈品员工和柏丽慕达时装学院(Polimoda Institute of Fashion Design and Marketing)共同参与的可持续发展倡议,以及创作致力于提升多样性、与大自然建立更好关系的艺术作品等。

这次品牌展还提醒人们,萨尔瓦多·菲拉格慕是利用天然材料的先驱。第二次世界大战期间,由于皮革供应困难,他开始在制鞋业中使用以前从未使用过的材料,如酒椰叶纤维(raffia)、鱼皮、软木、编织纸、玻璃纸、稻草、纤维织物等。

5. 指数与大型会议

在过去的25年里,我们见证了可持续发展评估指数、展览会和相关大型会议数量的激增。我们介绍如下几个:

● 道琼斯可持续发展指数(The Dow Jones Sustainability Index)于1999年推出,是第一个监测致力于可持续发展的公司的财务业绩的指数。现在,它已经发展成为一个指数系列,从经济、环境和社会标准方面跟踪全球领先公司的股票表现。2019 年的企业可持续性评估(CSA)涵盖了 61 个行业,公司的参与度和总体数量都创下了历史新高。Alphabet(谷歌的母公司)属于媒体和娱乐行业,是交互媒体、服务和家庭娱乐领域的领导者。标致汽车公司属于汽车行业。一些领导企业属于奢侈品行业:盟可睐属于纺织、服装与奢侈品行业;希尔顿集团属于酒店与度假村行业、游轮业;法航荷航集团(Air France-KLM)属于航空业;开云集团连续七年被评为纺织、服装与奢侈品行业的领导者之一。

● 品牌可持续性指数(The Sustainable Brand Index)创建于 2011 年,该指数从消费者的角度分析品牌的主要利益相关者对其可持续性的看法,并探索了可持续性如何影响品牌传播和业务发展。该指数每年公布一次,自 2017 年起,开始关注决策者的角度。该指数关注 8 个国家(瑞典、挪威、丹麦、芬兰、荷兰及波罗的海三国)的 1 400 多个品牌、35 个行业和 58 000 名消费者。事实上,该指数的主要局限性在于其覆盖的国家数量有限。我们希望随着时间的推移,这个指数的覆盖范围能够增加。在关于荷兰的报告中,非荷兰本土品牌的部分排名如下:特斯拉在全球排名第 4,是汽车行业的领导者;宜家排名第 7;美体小铺排名第 13;丰田(Toyota)排名第 44;起亚(KIA)排名第 85;大众(Volkswagen)排名第 87;标致排名第 93;梅赛德斯-奔驰排名第 101;欧宝排名第 112;欧莱雅排名第 158。

● 全球 100 指数(The Global 100 Index)。因其是最客观和最透明的可持续发展指数而闻名,它由总部位于多伦多的媒体和投资咨询公司企业爵士(Corporate Knights)拥有。每年,该指数的最新版本都会在达沃斯世界经济论坛上公布。它基于 12 个量化的绩效指标,其中包括能源、碳、水的使用与废物污染,创新能力,缴税比例,首席执行官与一般员工的薪酬比较,养老金情况,安全绩效,员工流失率,领导团队的多元化,清洁资本薪酬挂钩(clean capitalism pay link,将高管薪酬与 ESG* 指标挂钩)情况。例如,开云集团(时装与配饰产品)在 2020 年的排名下滑到第 23(在 2019 年排名第 2),阿迪达斯排名第 55,Alphabet 排名第 52,特斯拉排名第 74,欧莱雅排名第 98。这个指数的主要局限

---

* ESG 即环境(environment)、社会(social)与治理(governance)。

之一是,它只涉及了100个集团,而且只考虑市值至少达到20亿美元的集团。

● 地球品牌指数(Planet Brand Index)由英国《卫报》(*The Guardian*)发起,与上述指数稍有不同,它对100个"可以拯救世界"的品牌进行分类。该指数强调的不是结果,而是对可持续发展的呼吁。它考虑了三个标准:影响力、全球规模、对可持续发展的理解。我们会在其中发现大多数美国蓝筹股,如迪士尼、微软、苹果、雅芳,以及古驰、路易威登、法拉利、欧莱雅、飒拉、博柏利、卡地亚、梅赛德斯-奔驰、星巴克、阿迪达斯、奥迪、红牛、耐克和佳能。

● 巴黎1.618(1.618 Paris)。这个机构每两年组织一次以可持续奢侈品为主题的展览。它始于2011年,组建了一个由品牌、企业家、思想家、非政府组织和艺术家汇集而成的国际社区。它致力于建立一个更美好的世界,并试图重新定义21世纪的奢侈品。它用一个否定句定义了新奢侈品:"真正的奢侈品不是大批量生产的,不会破坏环境,不会忽视社会问题。"[11] 1.618其实就是黄金比例的近似值。该机构于2018年组织的第五届会议汇集了建筑、设计、移动、旅游、美食、时尚、珠宝和健康等行业的41个品牌。第六届会议计划于2020年12月举行。

● 第26届联合国气候变化大会(COP26)原本应于2020年11月在格拉斯哥召开,后来被推迟到2021年。"COP"(Conference of the Parties)指代的是《联合国气候变化框架公约》(United Nations Framework Convention on Climate Change,UNFCCC)缔约方大会。近30年来,世界各国政府每年都举行会议,以形成对紧急情况的全球回应。根据1992年的《联合国气候变化框架公约》,地球上的每个国家都有条约义务——"避免危险的气候变化",并找到在全球范围内公平地减少温室气体排放的方法。这些年度会议有的成功了,有的失败了。根据《巴黎协定》(The Paris Agreement),各国同意将21世纪全球气温的上升控制在两摄氏度以下。自2015年起,《财富》500强公司承诺的减少碳排放量已经翻了两番[12],这背后的主要推动者是公司员工。

这类大型活动、倡议和评价指标还有很多。重要的是,现在大多数的奢侈品品牌都宣布了它们对可持续发展的承诺。为了说明奢侈品品牌在可持续发展方面的认真态度,我们选择了路威酩轩集团、开云集团、爱马仕集团和菲拉格慕公司作为例子。

6. 可持续的奢侈品品牌

2007 年,世界自然基金会委托第三方进行了一项研究,根据奢侈品品牌对环保的重视程度将它们进行分类。排在第一梯队的是欧莱雅集团、路威酩轩集团和爱马仕集团,得分为 C +;其次是蔻驰公司,得分为 D +;然后是斯沃琪集团、PPR 集团(如今开云集团的前身)和历峰集团,得分为 D;排名靠后的是托德斯集团和宝格丽公司,得分为 F。这项研究也有局限之处(入选的奢侈品品牌和多品牌集团数量很少,仅通过品牌传播信息得出等级,等等),但它揭示了奢侈品市场和品牌对生态主题的认知相对不足。

从那时起,大型多品牌集团已经更多地参与生态和社会事业。例如,路威酩轩集团从 20 世纪 90 年代就已经开始了。大多数集团已经跨过了只提出具体倡议的阶段,很早就将它们的努力融入战略决策、产品设计和供应链选择中。各品牌的年度报告真实地记录了它们为可持续发展所做的努力。

2020 年 1 月 28 日,路威酩轩集团发布了 2019 年年度报告。我们在报告摘要中看到:"路威酩轩集团的动力来自我们对完美和品质的永久承诺,以及在我们所有的公司行为中与责任感相结合的长期愿景,特别是我们对环境保护、可持续发展和生态包容的承诺。"

路威酩轩集团强调了四项承诺:传播与专业知识、领导力与创业精神、艺术与文化、社会与环境责任。我们列出了与第四项承诺有关的主要倡议:

● 路威酩轩集团环境倡议项目(LVMH Initiatives For the Environment,LIFE)在 2012 年推出,旨在提高路威酩轩集团及其品牌的环境绩效。它是每个品牌战略业务计划的一个组成部分,以关键的环境绩效因素来衡量绩效。为了加强行动,2020 年,集团明确了所有品牌的四个共同目标:提高所有产品的环境性能、在供应链中确保高标准、减少二氧化碳排放、节能。

● 环境学院(The Environment Academy)成立于 2016 年,负责对集团员工进行自然资源保护方面的宣传和培训。

● 路威酩轩集团在 2011 年发起了筹款晚宴(Dîner des Maisons Engagées),这是一个年度晚宴,筹到的资金用于防治镰刀形红细胞贫血症。

● EllesVMH 项目在 2007 年成立,旨在通过各种举措助推集团各岗位、各层级的女员工的职业发展。

● 路威酩轩集团开发了 WeCareForModels.com 网站，用于支持 2017 年与开云集团共同制定的合作规定。该规定提出改善它们与时装模特的工作关系，为时装模特提供专业营养师和教练的建议，在这个见证了大量虐待行为的行业增强各方的责任感、透明度，以及为弱势方赋权。

● "再生奢华"特别项目（Maison/0）：路威酩轩集团与著名的艺术和设计学校伦敦中央圣马丁学院共同邀请年轻人才参与该项目，鼓励他们创造颠覆性的解决方案，以解决奢侈品在可持续发展和创新方面的问题。

路威酩轩集团发布了一份 2019 年的年度环境报告，其中回顾了该集团始于 1993 年的环境承诺，并提供了所有可持续发展举措的量化结果。在 2019 年 9 月的巴黎时装周上，路威酩轩集团宣布了一系列在环境和生物多样性方面的措施，比如制定《动物原材料采购宪章》（Animal-based Raw Materials Sourcing Charter），其中规定集团 70% 的皮革要在有英国皮革认证（Leather Working Group，LWG）的制革厂采购，目前获得认证的制革厂只有 48 家。

2020 年 1 月 20 日，路威酩轩集团任命了一名新的环境发展总监伊莲娜·瓦拉德（Hélène Valade）。她是这个领域的专家，她的直接领导是安托万·阿尔诺（Antoine Arnault）。安托万·阿尔诺除了担任集团的传播和形象主管外，还将监督集团的环境部门。

2013 年，开云集团选择了一个音似"caring"的名字"Kering"，前者的意思是"细心的，仁慈的，关注……"开云集团官网首页的功能模块选项包括：集团简介、旗下品牌、人才、可持续发展、财务、媒体、加入我们。开云集团的可持续发展理念被描述为："'奢侈品和可持续发展是同体共生的。'为了反映弗朗索瓦-亨利·皮诺的这一坚定信念，可持续发展一直是开云集团战略的核心。它不仅仅是企业伦理的需要，而且是集团及其旗下品牌和利益相关者勇于创新和创造价值的驱动力。"

在公司治理方面，董事会、可持续发展委员会、集团的品牌管理者都参与到可持续发展项目中。一名首席可持续发展官带领约 50 人共同参与了可持续发展项目的实施。他们已经开发了环境损益表，把它作为开云集团可持续商业模式的一个关键指标。自 2008 年以来，开云集团基金会将打击对妇女的暴力行为作为其行动的重点。开云集团在 2019 年发布了四份报告：《2019 年开云集团

ESG 报告的补充信息》(*Additional Information to Kering ESG Reporting 2019*)、《2019 年开云集团关于现代奴隶制的声明》(*Kering Group Modern Slavery Statement 2019*)、《2018 年社会报告的方法说明》(*Methodological Note of Social Reporting 2018*)和《2018 年环境报告的方法说明》(*Methodological Note of Environmental Reporting 2018*)。

开云集团的大量举措都被列在其官方网站上。它与路威酩轩集团可能是在可持续发展领域最活跃的奢侈品集团。

爱马仕的品牌识别与其祖传的独特手工艺密切相关,它自然也会积极致力于可持续发展。爱马仕在 2019 年的通用注册文件、年度财务报告中发布了两份声明,强调这个品牌生来就坚持可持续发展,除了有具体的举措,它的品牌识别本身也是可持续的:"爱马仕的使命是创造独特的原创物件,优雅地满足顾客需求和欲望。它的目标是追求每件作品和服务的卓越,将手工艺作为品牌使命的核心。""过去十年,世界经历了剧烈的不确定性,人们普遍开始关注环境和公共健康问题,但爱马仕的产品和服务始终体现了品牌对这些问题的关注,并广受欢迎。爱马仕的产品和服务建立在创造经久耐用的作品的基础上,这是我们最基本的品牌理念。"⑬手工艺和永恒性是爱马仕最重要的品牌识别。

爱马仕主张人文主义,对所有参与其流程的人都深表尊重。爱马仕认为它的"工艺模式小心翼翼地留下了环境足迹",在生产基地的建设中考虑到了生物多样性;在公司内部,品牌通过保护自主生态系统和参与全球倡议,对其供应链产生了积极影响。但最重要的是,提供持久、可修复的作品是减少过度消费和浪费的有效途径之一。因此,爱马仕在重视生态、社会、经济和文化环境的同时,也关注、关心并致力于开展有可持续性的活动。

我们在前面的章节中已经看到了菲拉格慕的"可持续发展思维"倡议。这个佛罗伦萨品牌始终致力于可持续发展,其网站显示,它提出了六个可持续发展目标,并据此开展具体的内部行动。⑭集团围绕健康、福利、优质教育、可负担的清洁能源、体面的工作和经济增长、可持续发展的城市和社区、负责任的消费和生产等方面做出承诺。2018 年,菲拉格慕公司加入了世界上最大的推进企业可持续发展的组织,即联合国全球契约组织(United Nations Global Compact)。

我们已经举出了一些大型奢侈品集团的案例,但仍然有一些品牌在行动上落后于它们。一般而言,这些品牌主要是缺乏资金,而不是缺乏可持续发展的意愿。即使有些品牌有时还停留在只有临时举措的层面上,它们也在认真参与可持续发展的进程。

7. MBA 项目

可持续发展 MBA 项目的增长是可持续发展敏锐度提升的另一个明显标志。这些项目的共同主题是:在自由经济的背景下,探索环境和社会的可持续发展可以达到何种程度。由此,基本只关注为股东创造利益的旧式硬性资本主义(hard capitalism)向以人类发展为核心的企业愿景逐渐演化发展,企业的业务活动已经成为了社会的一部分,它们必须对下一代负责。

2003 年,普雷西迪奥研究生院(Presidio Graduate School)启动了可持续发展项目,这被公认为第一个完整的可持续性项目。该学院在旧金山和西雅图设有 MBA 项目。截至 2020 年 7 月,全球共有 52 个与可持续发展相关的 MBA 项目。[15]各个学校的可持续发展 MBA 项目差异很大,52 个 MBA 项目的名单中不包括将与可持续发展相关的主题纳入课程的传统 MBA 项目,也不包括研究生院的项目(例如,撒辛管理学院早在 2000 年就率先将可持续发展的价值观纳入其品牌识别和教学项目中)。

总而言之,这里介绍的可持续发展敏锐度提升的标志都具有很强的相关性和时效性。让人欣慰的是,无论是品牌方还是消费者,都认识到需要通过更有效率的努力来改变我们与自然的关系,改变我们的消费模式;一些人有不同程度的承诺和成果,但他们都清楚地认识到可持续发展不仅仅只是一种选择了。

12.1.3 可能的消费者细分

领英公司 2018 年职场报告显示,86% 的千禧一代为了在那些有着与自己一致的价值观的公司工作,可以考虑减薪。这说明了年轻一代对可持续发展的态度和起到的作用。

然而,年龄并不是唯一有意义的细分维度。

我们在前文介绍的品牌可持续性指数基于消费者对可持续发展的态度,

提出了一个有趣且简单的消费者细分方法,并且这可能对奢侈品品牌有用。⑯
图 12.1 展示了通过个人利益和提倡可持续发展两个维度划分出的四类消费
者。虽然该研究分析只在有限的欧洲国家内完成,但分类框架适用于全球消
费者。

● 专注型(dedicated)顾客在其个人生活中始终追求可持续发展。这类顾
客约占总体的 10% 以下,但在过去七年中几乎翻了一番,并且在过去三年中还
在不断增加。

● 自我型(ego)顾客对可持续发展没有任何兴趣。他们是保守者和传统主
义者,在购物决策中关注性价比。这类顾客几乎占了总体的四分之一。在过去
七年内,该比例下降了 10 个百分点,并且在过去三年内加速下降。这类人可能
转变成为了温和型顾客。

● 温和型(moderate)顾客是最大的群体,占总体的 44%。这类顾客是普通
市民,追随时代潮流,对可持续发展有一定的兴趣,因为他们觉得可持续发展对
人类越来越重要。自 2015 年起,这类顾客的数量有所下降,但在过去三年内略
有增长。

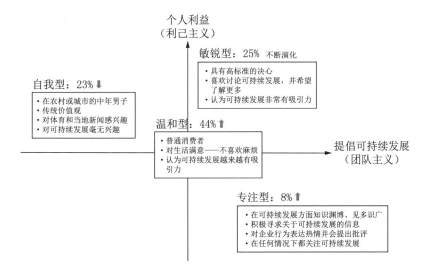

图 12.1　消费者对可持续发展的四种态度

注:数据为五个国家(荷兰、瑞典、挪威、丹麦和芬兰)的加权平均值。
资料来源:2019 年的品牌可持续性指数官方报告(荷兰发布)。

● 敏锐型（smart）顾客追求对自己有利的事物，试图将这些事物与对保护地球结合在一起。这类顾客占总体的四分之一，往往对可持续发展保持好奇心。在过去七年内，敏锐型顾客的比例上升了 7 个百分点。

对这些人群进行持续监测是十分有意义的，我们希望更多国家可以参与这项调研。

12.1.4 漂绿

漂绿（greenwashing）的概念已今非昔比。人类对气候变化的认知更加深刻，互联网虚拟公共空间不断发展，这些都一直在改变社会规则。如今，人们比以往任何时候更愿意核实事件真相，揭露并谴责谎言和空头支票。我们已经习惯了许多公司在生态和社会原则上发表伟大的声明，声称采取了可持续发展的举措，并吹嘘它们的信念。我们将在本章的第二部分深入分析对原真性的追求。消费者希望清楚地看到，品牌所披露的可持续发展计划是真实的，并具有深远的影响。

能源领域的最新例子之一来自英国石油公司，它在 2019 年初推出的清洁能源广告激起了人们的反感。在墨西哥湾"深水地平线"钻井平台的原油泄漏事件发生后，英国石油公司推广的首个全球广告活动被非政府组织 ClientEarth 指责为骗人的、虚伪的。⑰借助"不断前进"（keep advancing）这个标语，英国石油公司最新的广告活动宣传了一个广泛的通用声明——公司致力于让所有类型的能源变得更加清洁和美好。这给人们留下一个印象，即英国石油公司在清洁和可再生能源领域投入了大量资金。实际上，它在这方面的投资仅占其总支出的3%，其余资金仍被投资于传统石油和天然气业务。

如前所述，旨在核实可持续发展主张真实性的监督无处不在。

12.1.5 关于可持续性的结论

美国可持续商业委员会（American Sustainable Business Council）的联合创始人兼主席大卫·莱文（David Levine）表示："没有为新冠肺炎疫情这样的重大危机做好准备，说明我们对气候变化导致的极端天气事件的准备也会是不足的。"许多人类活动的受限和由此产生暂时中断让我们突然意识到：很多真实

存在的事物和事件,或是我们已经淡忘了,或是我们从未见过或经历过的,
比如:

- 威尼斯清澈海域中的海豚;
- 在离印度 200 公里的地方可以看到喜马拉雅山脉;
- 出现在市中心的鹿;
- 码头上的鲸鱼;
- 城市上空没有飞机的白色尾流;
- 个体、民企、公共实体之间空前的团结一致;
- 空旷城市的美丽风景;
- 静谧;
- 处于危机中的我们有时间去反思危机。

大自然正在夺回它的权利,我们可以清楚地看到许多人类活动造成的后
果。新冠肺炎疫情只不过揭示并加快了这个始终存在的趋势。我们希望人们
的可持续发展敏锐度可以进一步提升,市场双方的决策者可以采取直接行动,
倡导更加尊重自然和人类的消费行为和生产方式。

我们相信,奢侈品行业一定可以证明,在尊重地球、参与可持续发展行动的
同时,也可以让人们购得梦想。接下来,我们将阐述原真性在这一宏伟目标中
发挥的作用。

12.2 品牌的原真性

原真性是当前奢侈品消费者的主要诉求之一。自 20 世纪 70 年代起,它就
是大量文献的主题(Benjamin,1969[13];Baudrillard,1976[19];Derbaix and De-
crop,2007[20];Gilmore and Pine II,2007[21])。这个概念很复杂,有很多含义。
这种多义性使得我们很难理解它的性质和它产生意义的机制。因此,我们有必
要清晰地阐释这个词,以便品牌管理者能够更好地掌握并利用这一市场越来越
关注的概念。

最近原真性概念突然大热,但我们不能否认一个事实:原真性始终伴随着
人类历史的发展。谁会喜欢假货? 早在公元前 7 世纪第一枚硬币出现时,打击

假货的活动就开始了。[22] 例如,9 世纪时就有假文物交易,17 世纪时就有假的中国瓷器。阿尔布雷特·丢勒(Albrecht Dürer)在 16 世纪初就已经打赢了伪造其画作的官司。[23] 几千年来,人们对原真性的思考一直是许多学科思考的核心。人们面对着自己的表现活动,寻找真理和意义这些思考则一直伴随着人们。从柏拉图在《理想国》(*The Republic*)中对模仿艺术的思考,到本雅明就翻印技术对艺术品原作的思考,再到存在主义理论所主张的原真人类(authentic man),人们耗费了大量的笔墨讨论原真性的概念,并将其应用于客体、主体、创作者和人生经历等各个方面。

品牌管理者除了仔细洞察市场,还必须深谙原真性概念,以及与之紧密相关的社会、伦理、文化、哲学、识别、道德和战略本质的概念,更好地与消费世界接轨。一些统计数据显示了这种新趋势。例如,自 1920 年以来,在通过谷歌搜索到的英文文献中,"authentic"(原真的)和"authenticity"(原真性)这两个词的使用频率分别增加了 83% 和 200%。[24] 消费市场中就出现了大量实例。

在供给侧,我们可以注意到有机产品的成功、慢食运动、对受控原产地名称的要求,以及基于怀旧和"过去更真实"观念(如复古时尚、电影翻拍、具有历史主题的旅游公园等)的活动的出现。在需求侧,消费者对原真性的迫切需求有多种形式:寻求公开透明、诚实、原创和复古;坚持过去的价值观,关注地理或文化起源;符合制造标准的要求;对识别或价值观体系的一致性进行感知;渴望与他人建立真正的关系;等等。这种对原真性的追求通常不仅存在于品牌表述和媒体表述中,也存在于政治纲领和学术出版物中。

消费者对原真性新一轮的兴趣可能源于他们对许多事物的反应,我们可以列出一个不完整的清单:

- 剽窃行为的增加;
- 在品牌传播和产品提供中大量使用拟像手法(simulacrum);
- 对大多数消费者过度宣传了理想化、遥不可及的世界;
- 社交网络虚拟体验的增加;
- 消费者对品牌必须扮演的社会角色的期待;
- 全球化的同质化力量。

尽管原真性概念具有模糊性和多义性,我们还是可以尝试引入一个通用的定义。原真性的概念通常与真实性、一致性和正统性的价值观相关。[25]原真性是一个物件、存在事物、系统或概念与参照物的关系的质量。这种关系可以是一致关系、连贯关系、充分关系、相关关系、类比关系、归属关系、血统关系、进化关系、起源关系等。从符号学角度而言，无论如何这都属于一种连接关系，是或多或少都存在实际上或理论上的相近关系。图 12.2 形象地展示了我们认为的原真性的组成部分。

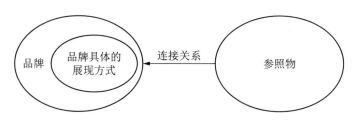

图 12.2　品牌原真性（与参照物的关系的质量）的组成部分

参照物的本质及其与实体之间的关系是决定原真性类型的两大维度。

1. 作为原真性来源的参照物

参照物可以有不同本质。它们是原真性的来源，决定了与相关实体的关系类型。外部参照物既可以是有形的，也可以是无形的。内部参照物在很大程度上与品牌识别有关。

2. 外部参照物

表 12.2 列出了品牌原真性的 11 类可能的外部来源（Mazzalovo，2015）[26]，以及使用这些来源的实例。正是因为原真性来源的多重性，因此我们在本章的标题中采用了复数形式"brand authenticities"。

这份包含 11 类外部参照物的列表[27]并不是详尽无遗的，也没有遵循同质分类的标准（如"创新"适用于"设计""材料""流程"等其他来源）。不过，表 12.2 指出了原真性可能有的参照物的多样性。实力强大的奢侈品品牌从多种参照物中打造其原真性。

市场氛围正是通过原真性的参照物才被传达出来。例如，按照传统工艺流程制作的手工作品唤醒了历史、地点、流程等原真性参照物，而现在人们希望回到过去，摆脱如今发生在身上的各种生活烦恼，这些作品因而获得成功。

表 12.2　品牌原真性的外部来源

来源		类　型	实　例
有形来源	地域	区域特色和特征与选址、渠道、车库	巴卡拉、拉吉奥乐、葡萄酒、奶酪、餐厅、惠普
	材料	特殊材料(羊绒、钻石、水晶、水晶料、编织皮革、带标识的面料)的使用	路易威登、巴卡拉、都慕、琉园(Tittot)、葆蝶家、施华洛世奇、诺悠翩雅
	功能	银行、审计、餐厅、酒店	红牛、劳力士、佳明(Garmin)、颂拓(Suunto)、卡特彼勒(Caterpillar)、毕马威(KPMG)
	流程	竞争力:智慧、知识、灵巧、诀窍、方法	服务、设计、手工艺品、数字设备与肯德基、可口可乐、星巴克、谷歌、亚马逊、Twitter
	设计	标识、色彩、外形、艺术风格和创意	卡特尔(Kartell)、卡西纳(Cassina)、无印良品、斯沃琪、路易威登、万宝龙、香奈儿
无形来源	个性	品牌创始人、虚构人物、历史人物	卡尔·拉格斐、伊夫·圣罗兰、米老鼠、凯蒂猫、芭比娃娃
	机构	国字号协会和文化机构	法国精品行业联合会、英国广播公司、红十字会
	艺术	博物馆、艺术家、电影	现代艺术博物馆、卢浮宫、都慕、洛卡薇尔、Fenty、基金会
	时间	品牌历史、创立年份	金宝汤公司、坎大哈(Kandahar)及"中华老字号"标签
	价值	可持续性、绿色、生态与女性美学标准	王及王建筑设计公司(ONG & ONG)、联合国教科文组织、多芬、美体小铺及有机产品
	创新	所有的功能创新或其他来源	谷歌、亚马逊、Facebook、苹果、微软与斯沃琪、YOOX

　　品牌唤醒外部原真性参照物或与之产生关联的做法可以很简单,比如,在产品上标记"意大利制造",从而借用所有与意大利生产和创意技术相关的价值观,或者在网站或产品手册上注明"法国精品行业联合会成员",以此迈入奢侈品行业的门槛。但在大多数情况下,打造原真性参照物的效果需要经过更复杂、漫长的过程才会明显地显现出来。原真性参照物通过品牌表述以广义的文

本形式(图像、文字、空间、人物等)表达出来,然后接受市场对其可信度的检验。

我们通过比利时皮具品牌德尔沃的例子揭示通过外部参照物打造品牌原真性的复杂性。2008年,德尔沃推出了在产品正面印有一段文字的 Brillant 系列手袋(这是诞生于1958年的畅销系列),这段文字是"你看到的不是德尔沃"(Ceci n'est pas un Delvaux)。品牌经常使用这种拟像手法传播品牌信息,通过模仿和区分的双重过程创造出一个参照物(Mazzalovo,2014)。[28] 在德尔沃的例子中,双重过程唤醒了三个主要参照物。为了不与原真性概念中的参照物混淆,我们将把三者称为拟像参照物(simulacrum referent):

(1)《形象的叛逆》(*The Treachery of Images*)。1929年,比利时超现实主义画家勒内·马格里特(René Magritte,1898—1967)完成了这幅著名画作,画面中的烟斗下方写着"你看到的不是烟斗"(Ceci n'est pas une pipe)。

(2)比利时画家保罗·德尔沃(Paul Delvaux,1897—1994)。

(3)所有梯形形状的手袋。

德尔沃的目标是提升其原真比利时奢侈品品牌的定位。奢侈品品牌往往与艺术界联系在一起以宣示其地位,德尔沃因此向两位比利时画家发出邀请。梯形形状的手袋是一些奢侈品皮具品牌(如爱马仕、菲拉格慕)的传统产品。通过这种方式,使用三个拟像参照物,德尔沃成功地打造了两个原真性参照物——奢侈品和比利时品牌。然后,它交由消费者来判断品牌的正统性。

3. 内部参照物

学术界和业界对原真性的概念有了新认知——它与有形或无形的外部来源关系不大,而与品牌识别的真实本质保持一致。我们在第6章提出了品牌识别的符号学定义,品牌识别就是原真性的内部来源(如表12.3所示)。内部参照物的概念与自我实现和个人潜力发展有关,并且同时存在于西方和亚洲哲学体系中。品牌的内部参照问题涉及实践操作和客观存在两个层面。一名新设计师的第一个系列(如1958年伊夫·圣罗兰首次为迪奥推出的产品系列,1997年马克·雅可布或2014年尼古拉·盖斯奇埃尔首次为路易威登设计的产品系列)是否符合品牌或其创始人的精神?这是品牌设计师的两难选择。理想情况下,这种一致性(或至少是兼容性)应在美学和伦理层面上同时表达出来。一个原真的爱马仕手袋不仅是品牌实际生产的产品,也通过美学常量、手工艺专长的体现、精英与贵族世界的投射刻画了爱马仕的品牌识别。

表 12.3 品牌原真性的内部来源

来　　源		品　　牌
品牌识别	美学	绝对伏特加、劳力士、德诗高
	伦理	多芬、美体小铺、红十字会、联合国

我们在此提出的品牌对自身忠诚的概念并非什么新说法。我们可以在其他涉及原真性的参考资料中找到这一概念,例如,一些关于领导力的文献提出,原真领导力的基础应建立在这种对品牌自身的忠诚之上(Walumbwa et al., 2008)。[29]

我们回顾艺术史后发现,美学曾被定义为事物的内在品质,而当 18 世纪的经验主义者将美学概念转变为感性和主观体验时,原真性概念不再是指物体品质,已经演变发展为物品的体验质量。正如 Lozano(2013)所说,"原真性已经不再是纯粹物体本质的问题了"。[30]

特别是,构成主义者(constructivist)认为原真性绝非是指物体品质,而是一种通过社会试验不断重塑的文化价值(Olsen,2002)。[31]Wang(2000)提出了一个体验式原真性的概念,这种状态可以由非日常活动引起,在这种活动中,人们感到比在日常生活中更接近自己;因此,这种原真性来自对日常生活约束的逃避,它将释放出一种原真的自我感觉。[32]

一旦我们辨别出基于产品、体验和识别的原真性,就更容易理解此概念在品牌上的延伸。原真性检验了品牌特征(如识别、价值观、产品和体验)与特定参照物的一致性关系。

原真性体验反映了参照物(原真性来源)的主观性特征。我们已经重点介绍了有形和无形的参照物,以及与品牌识别相关的内部和外部参照物。一些内部参照物与消费者相关,因此具有完全的主观性本质。Santos 等(2014)在他们的研究中提出了一个相关案例——韦士柏(Vespa)踏板车的爱好者对新产品原真性的判断基于他们对产品理想设计的个人预期。[33]

Semprini(2013)进一步扩展了这一概念,他宣称在后现代时期,当我们谈及原真性时,并非想探讨有关真理的问题,而是想讨论品牌的自我忠诚。[34]他认

　奢侈品品牌管理(第四版)

为,原真性的主要来源变成了品牌应对人们内在自我的能力,品牌对人们的欲望和识别需求做出的新的回应。表 12.4 显示了品牌原真性来源从现代到后现代时期的演变。

表 12.4　品牌原真性来源的演变

	现　代	后现代
时　间	面向过去	面向未来(规划、梦想等)
参照物	客观性、可验证性	主观性
关注焦点	事实、外部元素	个人情感
品牌定位	产品、起源	体验、识别、情感联结

后现代时期的原真性从最初的纯客观性和可验证性向主观性演变。Leigh 等(2006)的研究总结了如何通过有不同本质的原真性的集合构建顾客的原真消费感知。[35] 三位学者分析了名爵(MG)车主的消费行为,验证了产品原真性、拥有感、驾驶体验、车主自我识别的构建与确认最终产生了被车主认可的原真消费行为。

不同类型的原真性可以并存。品牌管理者必须考虑到这种多重性,并理解它们的产生机制,以便能够对品牌原真性产生影响。为了应对不同类型的原真性所带来的复杂性,品牌有必要筛选各种术语措辞,并明确需要考量哪些原真性。

12.3　本书总结

本书涵盖了奢侈品品牌管理的微观和宏观分析,读者应该认识到奢侈品行业的复杂性、生命力和普遍性。我们每隔五年就必须推出新版,这也证实了奢侈品行业的快速演变,它有激起人类社会发生巨大变化的能量。为了跟踪奢侈品行业的发展轨迹,我们需要直接参与其中,并密切关注它。

奢侈品的普遍性既是全球化的驱动力,也是全球化的结果。它混合了有不同文化背景和出身的投资者、消费者和分销商。欧洲品牌由亚洲资本拥有,一些西方集团是中国品牌的股东,亚洲的生产商生产欧美品牌,欧洲的生产商生产中国品牌。设计团队有越来越多的来自不同民族的成员。人们可以反驳说，这没什么新意。如果没有从波斯矿场提取并沿丝绸之路进入中国的氧化钴，那么中国青花瓷（可能是世界上第一批奢侈品）绝不可能在 14 世纪如此成功。1714 年，意大利耶稣会士朱塞佩·卡斯蒂利奥内（Giuseppe Castiglione）进入康熙皇帝的宫廷，在皇帝委托的画作上绘制了人物和马，清朝画家则负责画风景。

奢侈品品牌采用镶嵌法（mosaic approach）*将不同文化元素融合到一起。由于市场竞争的迫切需要，这种处理方式变得不可或缺。敏锐的品牌如今寻求与品牌最相关的元素、功能和人才，通信和运输技术的进步有助于品牌在世界各个角落搜集资源。

世界上所有大城市的主要商业街都呈现出明显的标准化布局，我们当然可以视之为文化贫乏。只有世界上最强大的品牌才能负担得起最佳零售空间的租金成本，甚至买下这座建筑。现在，不少多品牌或品牌自营电商平台正在全球范围内推动品牌商品的购买，而品牌无须投资那些租金高到令人望而却步的核心零售店。即使品牌转而寻找高质量的国际分销商，我们也不应该忘记，每个品牌的价值观构成了品牌识别。品牌往往反映了公司核心决策层的文化环境，并在这个环境下发展壮大。品牌识别很自然地借用了其诞生地与成长地的价值观。无论迪奥的设计总监（自 2016 年起，由意大利设计师玛丽亚·嘉茜娅·蔻丽担任）来自什么国家，该品牌永远与巴黎的某种理念联系在一起。大家都很清楚，古驰和菲拉格慕的产品反映了意大利人的情感，就像路易威登和香奈儿表达的是法国文化，蔻驰和克莱斯勒（Chrysler）代表了美国的生活方式，夏姿·陈（Shiatzy Chen）和上下（SHANG XIA）彰显了中国的价值观。奢侈品品牌尤其通过其全球分销方式传达出这样一种印象——人们的生活方式在一定程度上被标准化了，有时它们通过视觉趋同的传播活动强化这一印象。但是，奢侈品品牌首先表达的是特定的品牌识别。顺带一提，品牌识别是加入法国精品行业联合会的五个标准之一（我们已在前文详细介绍过品牌识别）。

---

* 又称为"马赛克方法"，是由英国学者艾莉森·克拉克（Alison Clark）和彼得·莫斯（Peter Moss）提出的一种研究儿童的方法。后来，这种方法被广泛运用于品牌管理中，即利用混合多元的方法充分激发品牌自身属性与特征的展现。

全球品牌媒体活动的增强和传播有助于促进其他地区的特定文化。对其他文化认知的加强有助于人们更好地理解不同的价值观,对文化差异持有敬重之心。事实上,我们开始意识到,异国情调在广义上被理解为不同文化的相遇,这成为了奢侈品业务发展的主要驱动力之一。这一话题涉及众多内容,需要更深入的研究,可能成为未来著述的主题。

　　同样,奢侈品的普遍性基于对特定奢侈品价值的共享。所有人都渴望追求卓越、完美品质、美感体验和非同凡响,拒绝短暂的东西。奢侈品是一面镜子,反映了我们的品位、情绪、期望和野心。我们作为品牌管理者或消费者去观察、了解、体验奢侈品,就是在积极地面对地球生活,并走在了在技术、美学和战略层面上最具创造性的创新前沿。

　　几十年来,许多市场预言家一直预测奢侈品消费将不可避免地衰落。在他们看来,众多二手奢侈品店的出现似乎是市场饱和的前兆。这可能更多的是一种可持续发展敏锐度提升的标志。我们不认可奢侈品消费正在衰落的说法,它有一个光明的未来。全球中产阶层的崛起与人类对卓越和美感的自然渴望将继续推动奢侈品行业的发展——不仅是地域扩张,更可能是有机增长。

注释

① https://www.forbes.com/billionaires/.
② https://group.ferragamo.com/en/investor-relations/financial-documents/2019.
③ Ellen Macarthur Foundation,2017,"A New Textiles Economy:Redesigning Fashion's Future".
④ Imran Amed,Anita Balchandani,Achim Berg,Saskia Hedrich,Shrina Poojara and Felix Rölkens,"The State of Fashion 2020:Navigating Uncertainty",McKinsey & Company,2019-11-20.
⑤ Madison Darbyshire,"Fashion:That's Tailored for a Fragile Planet",*Financial Times*,2019-12-5.
⑥ 同上。
⑦ Global Fashion Agenda & Boston Consulting Group,2017,"Pulse of the Fashion Industry".
⑧ https://thefashionpact.org/?lang = en.
⑨ Vanessa Friedman,"Fashion's Race to Sustainability",*New York Times International*,2019-10-12 & 13.
⑩ https://www.huffpost.com/entry/employee-activism-climate-change _ n _ 5ea04b1ac5b6a486d082480d?nci.
⑪ http://www.1618-paris.com/.
⑫ 2019 年报告,请参见 https://www.naturalcapitalpartners.com/company。
⑬ https://finance.hermes.com/var/finances/storage/original/application/059c282fc6a5e9e4eff1a6befa69a890.pdf.
⑭ https://csr.ferragamo.com/en/responsible-passion/sustainable-development-goals/.

⑮ https://en.wikipedia.org/wiki/Sustainable_MBA.

⑯ https://ssusa.s3.amazonaws.com/c/308477602/media/44735e465a2100c6724218169857950/Official%20 Report%20NL.pdf. 本报告由位于斯德哥尔摩的研究机构 SB Insight AB 撰写,该机构创造了品牌可 持续性指数。自 2011 年以来,此项研究每年都在进行。2019 年,它分析了 20 多个行业的 5 万名消费 者对可持续发展的态度。该研究每年在瑞典、挪威、丹麦、芬兰和荷兰进行。

⑰ Harry Dempsey and Anjli Raval,"BP Accused of 'Greenwashing' in Cleaner Energy Ad Cam- paign",*Financial Times*,2019-12-4.

⑱ Walter Benjamin,2010,*L'Œuvre d'Art à l'Époque de Sa Reproductibilité Technique*(version 1939), Paris:Editions Gallimard.

⑲ Jean Baudrillard,1976,*L'Échange Symbolique et la Mort*,Paris:Gallimard.

⑳ Maud Derbaix and Alain Decrop,2007,"Authenticity in the Performing Arts:A Foolish Quest?", *Advances in Consumer Research*,34.

㉑ James H. Gilmore and Joseph B. Pine II,2007,*Authenticity*,Boston:Harvard Business School Press.

㉒ Museum of the National Bank of Belgium,https://www.nbbmuseum.be.

㉓ Olivier Babeau,2013,*Le Management Expliqué par l'Art*,Paris:Editions Ellipse.

㉔ Google Books Ngram viewer,https://books.google.com/ngrams.

㉕ *Trésor de la Langue Française Informatisé*,http://www.atilf.fr/tlfi.

㉖ Gérald Mazzalovo,2015,"Autenticidades de las Marcas",*Revista de Occidente*,404:15—35.

㉗ 同上。

㉘ Gérald Mazzalovo,2014,"Simulacrum in Building Brand Myths". 此文已在赫特福德大学商学院举 办的第九届全球品牌年度会议上发表,具体内容参见意大利符号学会官网(http://www.associazio nesemiotica.it)。

㉙ Fred Walumbwa,Bruce Avolio,William Gardner,Tara Wernsing and Suzanne Peterson,2008, "Authentic Leadership:Development and Validation of a Theory-Based Measure",*Journal of Man- agement*,34(1):89—126.

㉚ Jorge Lozano,2013,"L'authentique n'est pas l'unique,mais quand même". 此文已在瑞士苏黎世卡 理多斯应用科学大学举办的品牌原真性研究会议上发表。

㉛ Kjrell Olsen,"Authenticity as a Concept in Tourism Research",*Tourist Studies*,2(2):159—182.

㉜ N. Wang,2000,*Tourism and Modernity*,Amsterdam:Pergamon.

㉝ Fernando Pinto Santos,Anne Rindell and Ana Pinto De Lima,2014,"Heritage and the Quest for Authenticity". 此文已在英国赫特福德大学商学院举办的第九届全球品牌年度会议上发表。

㉞ Andrea Semprini,2013,"Brand Authenticity:A Time-related Issue?" 此文已在瑞士苏黎世卡理多 斯应用科学大学举办的品牌原真性研究会议上发表。

㉟ Thomas W. Leigh,Cara Peters and Jeremy Shelton,2006,"The Consumer Quest for Authenticity: The Multiplicity of Meanings within the MG Subculture of Consumption",*Journal of the Academy of Marketing Science*,34(4):481—493.

附录 A
品牌识别分析工具的应用

本附录介绍了关于泰国顶级商学院朱拉隆功大学撒辛管理学院（曼谷校区、普吉校区）的案例。

我们在此特地收录了于 2020 年初完成的关于撒辛管理学院的品牌识别研究。本书的其中一位作者在撒辛管理学院任教并担任高级研究员，他与其他教员和一些 MBA 学员共同完成了这项研究。

该研究是运用了本书第 6 章介绍的品牌链接点模型的最新成果，充分反映了品牌识别的符号学工具的广泛适用性。这是我们第二次将该工具应用于服务品牌（第一次研究了宾尼法利纳汽车公司），这也是我们首次将它应用于高等教育机构。

大学品牌的管理才刚刚起步，运用符号学研究大学品牌的品牌识别的案例更是少之又少。

撒辛管理学院致力于成为一个以奢侈品研究为专长的教育机构，这也正好给我们提供了一个机会去探索教育行业中的奢侈意味着什么。人们经常用卓越、高效、相关、技术、实用等词描述教育行业，几乎不会使用奢侈一词。

我们将介绍我们的主要思路，并不会过多探讨细节。为了将奢侈概念扩展到教育行业，我们采用了以下原则和第 1 章中的相关定义：

● 学术排名代表了各学院或机构在教育行业的水准，是具有一定参考价值的主要数据来源。

● 另一种直观的评判指标是学院历史上所有教授、在校生、校友的质量和名望。例如,他们获得了多少诺贝尔奖,获得多少其他荣誉,拥有多少专利等。世界历史上有很多著名案例,如亚里士多德和马其顿国王亚历山大大帝也许是最著名的一对师生。亚里士多德并没有让他的徒弟苦研三段论或几何学,而是给他灌输了与勇气、勇敢、慷慨、节欲、无畏有关的良好准则——这些准则至今仍然十分有价值。撒辛管理学院始终在坚持并发展一对一的导师制度,其中的价值观引起了我们的关注。

● 与教育问题直接或间接相关的文献非常多,可以追溯至古希腊时期和中国古代。如今,人们仍在研究这些高质量、极具参考价值的文献。我们都记得法国思想家米歇尔·德·蒙田(Michel de Montaigne)在其著作《随笔》(Les Essais, 1595)中的名句——"头脑是需要磨砺的,而不需要被简单地填满"。

● 奢侈品品牌案例(相关性、原真性、一致性)(参见第 2 章)。

● 新奢侈品与品牌伦理的定义(参见第 1 章)。

● 与奢侈品相关的服务。

A.1 撒辛的品牌伦理

朱拉隆功大学撒辛管理学院在泰国却克里王朝第九位国王普密蓬·阿杜德(Bhumibol Adulyadej,即拉玛九世)的发起下于 1982 年成立。该学院由朱拉隆功大学与凯洛格管理学院(Kellogg School of Management)和沃顿商学院(Wharton Business School)合作创办,是泰国第一个在 2010 年获得 AASCB 认证和 EQUIS 认证的管理学院。1987 年 12 月 5 日,拉玛九世在其 60 大寿当日为学院赐名。其名源自两个梵文单词——"sasa"和"indra","sasa"的意思是"兔子",代表了拉玛九世的生肖,而"indra"的意思是"领袖、国王"。因此,"Sasin"(撒辛)的字面意思是"兔子的国王"。

如今,撒辛管理学院是泰国首屈一指的商学院,开创了访问教授担任学院教员的先河,他们与全职教授、东南亚国家的其他专家学者共同构成了撒辛管理学院的教师团队。学院开设了 MBA、双学位、博士项目。

我们在表 A.1 中列举了撒辛品牌识别研究的结论。

表 A.1 撒辛管理学院的品牌伦理（2020 年）

关于品牌伦理的建议

价值观与世界观
    (1) 基本价值观
        朱拉隆功大学和撒辛管理学院的丰富、独特的历史和传统
        泰国/泰国人/泰国文化
        东南亚地区/亚太地区/亚洲/全世界
        新奢侈品(在很多方面是卓越的)
        实用主义
        ● 行动学习(action learning)与行动研究(action research)
        ● 归纳逻辑
        ● 为实现撒辛的目标在全球范围内选取最优质的资源与思想
        从各种信息源中汲取精华,整合并设立具有创新性的项目和研究方法(在泰国吸引人才、交换人才、创造人才)
    (2) 工具性价值观(行为方式与特征)
        精英主义
        慷慨/共情/情感共鸣
        忠于自我,忠于真理
        多种原真性
        实用主义
        创业精神
        自由思想
        严格把控质量
        具有创新性的项目和研究方法
    (3) 目的性价值观(世界观)
        可持续性
        智慧与团结的世界
        亚洲和西方哲学的合理、有前瞻性的平衡
    (4) 欠发展的幽默感
        艺术
    (5) 辩证关系

撒辛的品牌识别也体现在以下对立关系中:
        传统与创新
        东方与西方
        科技与手工艺
        行动与思考
        包容与排他
        自然与文化

我们在本书中研究了另一个泰国品牌吉姆汤普森,从中发现了东方与西方

的辩证关系。朱拉隆功大学与凯洛格管理学院和沃顿商学院合作创办学院的宗旨是在全球范围内获取最优质的资源,这为在全球商业活动中产生的难题提供了一种泰国式的观点。

我们介绍了一种品牌价值观的分类方式。这种方式部分引用了社会心理学家米尔顿·罗克奇(Milton Rokeach)在 1973 年的研究成果。[①] 他认为,价值观与受到偏好影响的行为有关,是一种持久的信念,是一种现有行为或目标特定模式的个体或社会最优解。因此,价值观可以进一步分为不同类别:有关生存或行为方式的价值观是工具性价值观(instrumental value);有关现有目标和世界观的价值观是终极性价值观(terminal value),它也被称为目的性价值观(teleological value),因为它代表了最终目的。

我们在研究中补充了基本价值观(essential value)。例如,泰国风代表了一种文化价值观,它可以归入前两种价值观类型。不过,为了保证品牌传播的效率,我们将它单列为一类价值观。此外,我们还强调了品牌识别的辩证关系。我们在总结出表 6.2 时,已经提供了足够的附加材料,考虑到篇幅原因,我们不再赘述这部分内容。

A.2 撒辛的品牌美学

撒辛管理学院的品牌识别包含了一组美学常量,如表 A.2 所示。

表 A.2 撒辛管理学院的品牌美学(2020 年)

持久的感官元素
(1) 两个标识:帕基奥(Phra Kieo)和兔子
(2) 学院颜色:蓝色、黄色、深蓝色、白色、黑色
(3) 毕业典礼的学位袍
(4) 曼谷校区和普吉校区(特点与校区位置)
(5) 所有泰国和曼谷的特点
(6) 有持久性的学院代表词(主要出现在网络资料和学院宣传手册中)
MBA 学位、博士学位、MBA 双学位
可持续性与创业精神
研究方向与方法论(行动研究和归纳法)
英语授课
(7) 奖项与认证(EQUIS 和 AACSB 认证标识)
(8) 与国外顶级学府(沃顿商学院、凯洛格管理学院等)的联系

撒辛管理学院的独特之处之一是它拥有两种品牌标识(如图 A.1 所示)。

图 A.1 撒辛的两种标识

● 帕基奥是朱拉隆功(Chulalongkorn)国王[*]的个人标识。瓦栖拉兀(Vajiravudh)国王^{**}以父亲之名命名了朱拉隆功大学,并将帕基奥授予这所高校,此后它也成为了撒辛管理学院使用的标识。帕基奥是泰国王室的高级成员才能佩戴的皇冠。在泰国,一周七天各自对应了一种颜色。拉玛九世出生在星期一,对应黄色,帕基奥标识被配上了黄色背景,黄色也成为了撒辛的代表色。这个品牌标识非常传统,有非常严格的使用标准(始终出现在一页内容的顶部)。

● 兔子直接来源于学院的名字,我们在前文介绍撒辛管理学院的历史时提到了它的来历。撒辛的意思是兔子的领袖,学院轻而易举地拥有了第二个标识,它更有趣,也更易于使用。

● 在很多文化背景下,皇冠都有了丰富的内涵,它与品牌伦理和品牌美学密切相关。它从三个维度构成了撒辛管理学院的品牌伦理,共包含 9(= 3²)个

---

  * 朱拉隆功国王即拉玛五世。

  ** 瓦栖拉兀国王即拉玛六世。

元素（如图 A.2 所示）。

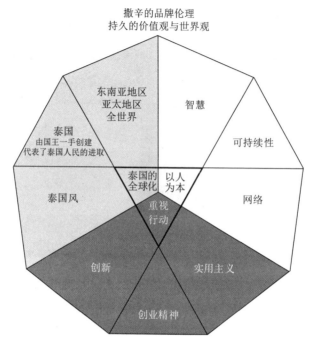

撒辛的品牌伦理
持久的价值观与世界观

东南亚地区
亚太地区
全世界

智慧

泰国
由国王一手创建
代表了泰国人民的进取

可持续性

泰国风

泰国的
全球化

以人
为本

网络

重视
行动

创新

实用主义

创业精神

图 A.2　撒辛品牌伦理的九边形结构

我们根据表 A.1 中的元素推导出以下内容：品牌伦理的三个基本维度是泰国的全球化、以人为本（可持续性是其中最重要的元素）和重视行动（主要体现在创业精神上）。此外，我们从图 A.2 和图 A.3 中可以看到，九边形完整地展示了撒辛所有的价值观。

对撒辛管理学院品牌识别的研究仍在继续，它永不会结束。正如我们在吉姆汤普森的案例分析（参见图 6.5）中所展示的，品牌识别是所有品牌展现方式的伦理维度和美学维度的基本组成部分之一。设计师、室内装修师、（网页与平面）视觉设计师、产品策划设计师在准备创意摘要时，需要利用品牌识别，它还被运用于大学分析课程的设置和教学方法的准备之中。

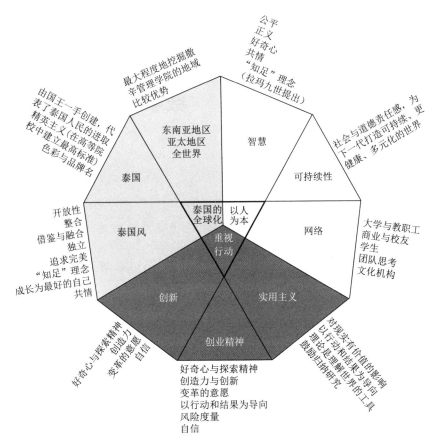

公平
正义
好奇心
共情
"知足"理念
(拉玛九世提出)

最大程度地挖掘撒
辛管理学院的地域
比较优势

社会与道德责任感，为
下一代打造可持续、更
健康、多元化的世界

由国王一手创建，代
表了泰国人民的进取
精英主义(在高等院
校中建立最高标准)
色彩与品牌名

东南亚地区
亚太地区
全世界

智慧

泰国

可持续性

开放性
整合
借鉴与融合
独立
追求完美
"知足"理念
成长为最好的自己
共情

泰国风

泰国的
全球化

以人
为本

重视
行动

网络

大学与教职工
商业与校友
学生
团队思考
文化机构

创新

实用主义

创业精神

好奇心与探索精神
创造力
变革的意愿
自信

好奇心与探索精神
创造力与创新
变革的意愿
以行动和结果为导向
风险度量
自信

对现实有价值的影响
以行动和结果为导向
理论是理解世界的工具
鼓励归纳研究

图 A.3　撒辛品牌伦理九边形结构的具体解析

注释
① M. Rokeach，1973，*The Nature of Human Values*，New York：Free Press.

附录 B
数字时代的相关术语

我们会简要介绍一些数字时代常用的基本术语,这有助于读者更好地理解本书内容。[①]

App

英文单词"application"(应用程序)的缩写。它是一种为特定目的而设计的,可以下载到手机或其他移动设备上的计算机程序或软件。网络 App 是指无需下载即可直接在互联网上使用的应用程序。

CC

英文"Creative Commons"(知识共享)的缩写。2001 年,劳伦斯·莱斯格(Lawrence Lessig)创建了这种新型的软件许可协议。通过这种协议,软件开发者可以在保证自己权利的前提下,规定其他人使用软件的条件。

Cookie

1993 年,路·蒙图里(Lou Montulli)创造了这个概念。这是一个储存在用户本地终端上的小型文本文件,网络用户在浏览网页时,网站通过这个文件辨别网页访问者的身份。我们可以用 cookie 中收集的用户浏览信息建立用户画像。

Engagement rate

用户参与度衡量用户与其关注的某条信息的互动程度。相比纯粹的点赞数、转发数、评论数,该指标能更精确地代表信息内容的质量。针对不同的平台,我们有不同的用户参与度的计算方式。例如,我们会用转发数、点赞数、反

　　　　　　　　　　　　　　　　　　　　　奢侈品品牌管理(第四版)

应数和评论数的总和衡量 Facebook 的用户参与度,用点赞数和评论数之和衡量 Instagram 的用户参与度。

在第 9.3 节中,我们还列举了其他的关键绩效指标。

Facebook Ads

Facebook 广告是 Facebook 的定向技术产品之一,它使用了可以触及特定用户的定向广告投放技术。广告商可以通过地理位置、性别、年龄、工作性质、社会关系与地位、个人兴趣爱好、购物模式、设备使用情况等特征精确地锁定广告的投放人群。

GAFAM

谷歌、亚马逊、Facebook、苹果和微软的英文名称的首字母组合。

Google Ads

谷歌广告的前身为谷歌 AdWords,它是谷歌公司开发的在线广告投放平台。广告商利用这个平台,通过支付一定的费用投放短广告、服务介绍、产品列表、视频等。广告不仅可以出现在谷歌搜索(Google Search)等搜索引擎网站的用户搜索结果中,也可以出现在非搜索类网站、移动端应用程序和视频中[它们是谷歌展示广告网络(Google Display Network)的成员]。谷歌广告使用了极具创新性的竞价模式,通过按点击付费的策略提供服务。这已经成为 Alphabet 的主要收入来源:2019 年,广告收入高达 1 348 亿美元。

HTML

超文本标记语言(Hyper Text Markup Language)。

HTTP

超文本传输协议(Hyper Text Transfer Protocol)。

HTTPS

超文本传输安全协议(Hyper Text Transfer Protocol over Secure Socket Layer)。它类似于 HTTP,但为了保证信息传输过程的安全性,在其基础上加入了安全套接字协议(Secure Socket Layer,SSL)。网站可以使用 SSL 加密技术进行通信,保证数据传输的安全。当一个网站的统一资源定位系统(URL)以"https://"开头时,这表明该网站是安全可靠的。

Influencer

意见领袖,产生影响力的人物。这类人会激发、引导他人的行动。在数字时代,意见领袖会在社交媒体上推广或推荐某些消费品或服务,让潜在消费者对它们产生兴趣。

Internet

因特网不同于万维网。因特网基于传输控制协议和网际协议,实现了不同网络上不同计算机之间的连接。它最初是由美国国防部下属的高级研究计划局在20世纪60年代开发的。1983年,开发工作顺利完成,如今的因特网得以形成。很多科学家参与了此项目,温顿·瑟夫和鲍勃·卡恩作出了主要贡献。

Lead

一个"lead"即一个对某些产品或服务产生了巨大兴趣,并留下了联系方式的潜在顾客。

Meme

模因指在某特定氛围或主题中,人与人之间通过模仿传播的思想、行为或风格。该词最初源自英国著名科学家理查德·道金斯(Richard Dawkins)在1976年出版的著作《自私的基因》(*The Selfish Gene*)。互联网模因是指通过网络在人群之间迅速传播的模因。这些模因的重要形式是表情包(image marco),即配以解释文字或标语的图片,它们通常用戏仿、合成或混搭的方式表达超现实或荒诞的主题。

MMS

英文"Multimedia Messaging Service"(多媒体信息服务)的缩写。用户可以通过这种手机服务互相发送多媒体信息,如照片、视频和音频文件。

PageRank

谷歌搜索引擎的算法。

SEO

英文"Search Engine Optimization"(搜索引擎优化)的缩写。它是一种抓取特定关键词、提高网站访问量、提高网站在搜索引擎中自然排名的技术。

SMS

英文"Short Message Service"(短信息服务)的缩写。它是被人们广泛使用的在手机间传输文字信息的服务,它承载的文字信息长度为每条 160 个西文字符。最初,该服务仅适用于使用全球移动通信系统(Global System for Mobile Communications,GSM)的手机,如今所有主流手机系统都支持该服务功能。

The Web

万维网的出现比因特网稍晚。1990 年,蒂姆·伯纳斯-李在总部位于瑞士的欧洲核子研究中心任职时发明了万维网。它代表了一种通信协议,允许页面之间通过众所周知的超文本链接完成信息传输。万维网被包括在因特网之中,前者使用起来更加便捷,后者还涵盖简单邮件传输协议、互联网中继聊天协议、文件传输协议等。

1995 年是互联网元年,得益于这一年 Internet Explorer 浏览器的诞生,人们开始广泛使用互联网。

Troll

这一网络俚语在中文世界里可以指代钓鱼者、引战者、喷子等。这类人在网络社群交流中发表具有煽动性、不合逻辑、不相关、偏离主题的言论,从而激起网友的情绪反应。如今,钓鱼、引战行为已被视为网络骚扰行为。

URL

英文"Uniform Resource Locator"(统一资源定位系统)的缩写。它是一个特定网页或文件在网络中的地址。

Webinar

网络研讨会,即在线举办的研讨会或演讲。参与者可以在任何一个地方在线收看、收听网络研讨会的内容,并可以提问,甚至投票。

Wiki

维基,即沃德·坎宁安(Ward Cunningham)于 1995 年在美国发明的技术。所有人都可以通过该技术对网页内容进行创建、删除或修改。

注释
① 本附录的主要资料来源如下:
  https://www.merriam-webster.com/dictionary/;

https：//en.wikipedia.org；

https：//techterms.com/definition；

https：//dictionary.cambridge.org/dictionary/english；

https：//corporatefinanceinstitute.com/resources/knowledge/ecommerce-saas；

D. Cardon，2019，*Culture Numérique*，Paris：Presses de Sciences Po.

图书在版编目(CIP)数据

奢侈品品牌管理:第四版/(法)米歇尔·舍瓦利
耶,(法)热拉尔德·马扎罗夫著;上海交通大学奢侈品
品牌研究中心译.—上海:格致出版社:上海人民出
版社,2022.11
ISBN 978 - 7 - 5432 - 3374 - 4

Ⅰ.①奢… Ⅱ.①米… ②热… ③上… Ⅲ.①消费品
-品牌营销 Ⅳ.①F76

中国版本图书馆 CIP 数据核字(2022)第 148933 号

责任编辑 赵 杰 程 倩
装帧设计 人马艺术设计·储平

奢侈品品牌管理(第四版)

[法]米歇尔·舍瓦利耶 热拉尔德·马扎罗夫 著
上海交通大学奢侈品品牌研究中心 译

出 版 格致出版社
上海人民出版社
(201101 上海市闵行区号景路 159 弄 C 座)
发 行 上海人民出版社发行中心
印 刷 上海商务联西印刷有限公司
开 本 720×1000 1/16
印 张 28
插 页 2
字 数 424,000
版 次 2022 年 11 月第 1 版
印 次 2022 年 11 月第 1 次印刷
ISBN 978 - 7 - 5432 - 3374 - 4/C·273
定 价 120.00 元